"十三五"国家重点出版物出版规划项目
中国特色社会主义法学理论体系丛书

中国环境资源法学的基本理论

蔡守秋　著

中国人民大学出版社
·北京·

编 委 会

总 序

《中共中央关于全面推进依法治国若干重大问题的决定》高度重视中国特色社会主义法治理论建设，明确提出："中国特色社会主义道路、理论体系、制度是全面推进依法治国的根本遵循。必须从我国基本国情出发，同改革开放不断深化相适应，总结和运用党领导人民实行法治的成功经验，围绕社会主义法治建设重大理论和实践问题，推进法治理论创新，发展符合中国实际、具有中国特色、体现社会发展规律的社会主义法治理论，为依法治国提供理论指导和学理支撑。"在这样的历史和现实背景下，中国法学会决定组织撰写"中国特色社会主义法学理论体系丛书"，全面总结、梳理中国特色社会主义法治建设的实践经验和理论研究成果，提炼出一套具有中国特色的社会主义法学理论并逐步形成相应体系。这对于促进中国特色社会主义法治理论创新，无疑具有重要的理论意义和实践意义。

首先，有助于发展和完善中国特色社会主义理论体系的研究。新中国成立以来，我们党领导人民在治国理政方面开始了艰辛的探索和实践，特别是在改革开放新时期，不断推进马克思主义中国化进程，逐步形成了内涵丰富、思想深刻的中国特色社会主义理论体系，成功地开辟了中国特色社会主义道路，取得了举世瞩目的成就。这些历史无一不证明，中国特色社会主义事业要不断进步和繁荣，就必须始终坚持和发展中国特色社会主义道路和中国特色社会主义理论体系。"中国特色社会主义理论体系"是指包括邓小平理论、"三个代表"重要思想、科学发展观以及党中央治国理政新理念新思想新战略在内的科学理论体系。这个理论体系是包容的、开放的、与时俱进的，不仅继承和发展了马克思主义、毛泽东思想，更凝结了几代中国共产党人带领人民不懈探索实践的智慧和心血，是马克思主义中国化的最新成果，是党最宝贵的政治财富、精神财富，是全国各族人民团结奋斗的共同思想基石。究其具体内容，中国特色社会主义理论体系应是涵盖了历史、经济、政治、文化、法律、社会、生态、军事、党建等各个领域的一系列重大思想理论。其中，中国特色社会主义法学理论体系毫无疑问是中国特色社会主义理论体系的重要组成部分，总结、归纳、提炼、升华新中国成立以来特别是改革开放后中国特色社会主义法治建设的实践成果以及在这个过程中形成的法律思想与法学理论成就，并将其体系化，诚然有助于发展和完善中国特色社会主义理论体系的研究。

其次，有助于推动中国特色社会主义法学理论体系的构建。回顾我国社会主义法治建设的历史进程，我们可以看到，党和国家提出了一系列具有鲜明中国特色和时代特征的法治思想与方针政策，人民群众进行了诸多实践创新，法学法律界开展了丰富深入的研究。正是这些党和国家本土化的依法治国方针政策、人民群众鲜活的法治实践、学者们深厚的理论积淀，构成了中国特色社会主义法学理论体系最为重要、最为基础和全面的内涵。然而现阶段这些资源和智慧还是零散的、片断化的，因而迫切需要我们将其系统地总结、梳理、整合、升华，从而构建出一套外在框架完整、内在逻辑结构严谨的法学理论体系。

再次，有助于推动中国特色社会主义法治建设实践进程。所有的理论都来源于实践，并反过来为实践服务。长期以来，法学界以繁荣法学研究、推动法治建设为己任，把握正确方向，立足中国实际，破解现实问题，开展了卓有成效的研究工作，取得了一大批优秀研究成果，为法治实践提供了可靠的指导。当前，全面建成小康社会已进入决定性阶段，改革已进入攻坚期和深水区。党和国家面对的改革发展稳定任务之重前所未有、矛盾风险挑战之多前所未有，必然需要更加切实有效的理论来引领实践。系统地总结、梳理我国在法治建设过程中积累的实践经验和形成的法学理论，同时合理借鉴国外法学理论成果，提炼出一套符合中国实际、具有中国特色、体现社会发展规律的社会主义法治理论，进而指引实践，必将有力推动其发展进程。

最后，有助于向世界展示中国法学研究的理论成就，提升中国法学在国际学术舞台上的话语权。习近平总书记在哲学社会科学座谈会上指出：“我国是哲学社会科学大国，研究队伍、论文数量、政府投入等在世界上都是排在前面的，但是目前在学术命题、学术思想、学术观点、学术标准和学术话语上的能力和水平同我国综合国力和国际地位还不太相称。”作为哲学社会科学中具有支撑作用的法学学科，在发展过程中也面临着上述问题：民族特色彰显不够，在国际上的声音还比较小，还处在有理说不出、说了传不开的境地，对世界法学的贡献还极为有限。针对这个问题，中国法学法律界应该加强对传统法律文化资源的理论发掘，加强对社会主义法治建设实践经验的理论研究，致力于总结出一批真正富有中国特色、中国气派、中国风格的法学理论成果，为世界法治贡献中国法学智慧，提升其在国际学术舞台上的话语权。

新中国成立以来，中国特色社会主义法治建设取得了丰硕的成果。中国法学学者在阐释研究中国特色社会主义法律制度、法律体系、法治实践等方面也已经积累了相当丰富的经验。撰写“中国特色社会主义法学理论体系丛书”最为重要和最为根本的任务就是总结、归纳、概括和提炼出符合中国实际、具有中国特色、体现社会发展规律的社会主义法学理论。从其内涵来看，这套理论应该包括中国特色社会主义法治基本理论、各部门法理论以及阐释社会主义法治实践中重大问题的专门理论。正是基于这样的考虑，本套丛书收录了三个方面的选题：一是从宏观上阐释中国特色社会主义法治基本理论的著述，二是从不同部门法及其制度角度分别阐释相应部门法理论发展与创新的著述，三是从专题视角阐释社会主义法治建设中重大理论与实践问题的著述。这三个角度的著述，既有理论研究的深厚积淀，又有对实践问题的有力回应，从理论到实践，再从实践到理论，有机结合，互相补充，共同构成一套较为完整的“中国特色社会主义法学理论体系丛书”。

在中国特色社会主义法治建设的历史进程中，我国广大法学法律工作者天地广阔。中国法学会组织撰写“中国特色社会主义法学理论体系丛书”，是希望更多的法学法律工作者积极投身于中国特色社会主义法治理论研究，并能够立足中国、借鉴国外，挖掘历史、把握当代，关怀人类、面向未来，研究形成一套真正具有中国特色、中国风格、中国气派的法学理论体系，引领和指导全面推进依法治国的伟大事业，为统筹推进“五位一体”总体布局、协调推进“四个全面”战略布局、实现“两个一百年”奋斗目标、实现中华民族伟大复兴的中国梦作出应有贡献。

目　录

第一章

中国的环境资源法、环境资源法学概述

第一节　中国环境资源法概述

环境资源法是关于环境、资源与生态系统的开发、利用、保护、改善及其管理的各种法律规范和法律表现形式的总和，又称环境保护法、环境与资源保护法、环境资源生态法、生态法，简称环境法。这些不同的称谓反映了它在不同国家和不同时期的内容和侧重点，表明它是一种开放的、不断发展丰富的法律体系。

一、环境资源法的概念和定义

环境资源法在不同国家有不同的名称和定义，即使同一国家的不同学者也对其有不同的称谓和定义。在一些西方国家，特别是英美法系国家，人们注重的是各种环境资源法规中的内容，不太强调统一的环境资源法定义，也很难在法院的案例文献或法学教材、著作中找到一个公认的标准定义。即使是给环境资源法下定义，其思维方式与中国学者的也有明显的差别。例如，美国教授威廉·罗杰斯（William H. Rodgers）认为："环境法可以被定义为行星家政（Planetary Housekeeping）法。它是旨在保护这颗行星和它的居民免受损害地球及其生命支持系统的活动所产生的危害的法律。"[①] 这个定义

---

① 王曦．美国环境法概论．武汉：武汉大学出版社，1992：58.

实际上是将环境法直接理解为保护地球和它的居民免受损害地球及其生命支持系统的活动所产生的危害的各种法律。威廉·戈德伐教授（William Geldfarb）认为："环境法是关于自然和人类免遭不明智的生产和发展的后果之危害的法规、行政条例、行政命令、司法判决以及公民和政府求助于这些'法律'时所凭借的程序性规定。"[①] 这一定义中的环境法，是指有关保护人与自然不受不合理的生产、开发活动所产生的后果之危害的各种实体法和程序法。上述定义没有采用"调整"和"社会关系"这些术语来界定环境资源法的内涵，也没有把环境资源法仅仅理解为保护环境或防治污染的法规。苏联和俄罗斯法学界习惯于用"调整对象"和"社会关系"给环境资源法下定义，如俄罗斯莫斯科大学法律系教授弗·弗·彼得罗夫认为："生态法是为了当代人的利益，调整社会与自然界相互作用领域里的生态社会关系的法律规范的总和。它规定人们在利用和保护自然环境方面的准则。"[②] 这一定义将生态法（即环境法）理解为调整人与自然关系，或者调整人们利用和保护自然环境的行为的法律规范的总和；所谓调整社会与自然界相互作用领域里的生态社会关系的法律规范，显然包括调整人与自然的关系以及与生态、自然有关的人与人的关系的法律规范。

我国法学界有些学者因循苏联法学界定义部门法的模式，习惯于用"调整"、"社会关系"和"法律规范"给环境资源法下定义，但对何谓"调整"和"环境社会关系"则有不同的理解。[③] 例如，有些学者分别将环境资源法定义为：调整、防治因环境污染和其他公害而产生的社会关系的各种法律规范的总称；调整因保护环境（或生活环境和生态环境）而产生的社会关系的各种法律规范的总称；调整因开发、利用、保护、改善环境而产生的社会关系的各种法律规范的总称；调整因合理开发、利用和保护、改善环境和自然资源而产生的社会关系的各种法律规范的总称；等等。显然，上述定义都没有回避或脱离法律与环境资源的关系。

---

① 王曦. 美国环境法概论. 武汉：武汉大学出版社，1992：60.

② 王树义. 俄罗斯生态法. 武汉：武汉大学出版社，2001：15. 参见弗·弗·彼德罗夫. 俄罗斯生态法. 莫斯科：ЮРИДИЧЕСКАЯ ЛИТЕРАТУРА出版社，1995：1.

③ 有的学者认为，"环境社会关系"仅仅指人与人的关系，不包含人与自然的关系。笔者认为，"环境社会关系"不同于没有"环境"的"社会关系"，"环境社会关系"中既包括人与人的关系，也包括人与自然的关系，离开了环境就不能形成"环境社会关系"。

笔者认为，环境资源法是有关环境资源的开发、利用、保护、改善及其管理的各种法律规范和法律表现形式[①]的总和。这个定义包括以下四层意思。

1. 环境资源法是法的一种

环境资源法同其他法一样，是国家制定或认可的、用特定形式颁布并以国家强制力保障其实施的行为规则。环境资源法具有行为规范性、国家强制性等法律基本特征，它既不同于环境道德规范，也不同于企业事业单位的内部规章和其他非法律文件。这是对环境资源法一般属性的肯定。

2. 环境资源法是某类法律规范、法律规定和其他有关法律表现形式的总称或综合体

环境资源法不是指某一个法律规范、某项法律规定或某部环境资源法规，而是具有共同宗旨、性质相似、相互关联的一系列法律规范、法律规定和其他有关法律表现形式的集合。这里的法律规范，是指由国家制定或认可，以国家强制力保障其实施，并由假定（或条件）、指示（或处理）、后果三要素组成的行为规则；包括但不限于由假定、处理和制裁三要素组成的制裁性法律规范。这里的法律规定和其他有关法律表现形式，泛指各种法律、法规以及国家认可的其他法律规范性文件中的有关规定和其他有关法律表现形式，包括：实体性内容，程序性规定，法律规定的理念、原则和政策，习惯和判例等。这是对环境资源法的表现形式的概括。

3. 环境资源法调整的是因环境资源问题而产生的人与自然的关系和人与人的关系，简称为环境社会关系

环境资源法既调整人与自然（环境、资源、生态）的关系，又调整与环境资源有关的人与人的关系；或者说，环境资源法调整因环境资源问题或环境资源事务而产生的社会关系，可以把这种不能离开环境的社会关系简称为

① 这里采用的是法律表现形式的概念，而没有采用法律渊源的概念。关于法律表现形式和法律渊源的区别与联系，请参看张文显主编．法理学．北京：高等教育出版社，北京大学出版社，1999：58；陈金钊．法律渊源的概念及其方法论意义．http：//article．chinalawinfo．com/article/user/article _ display．asp? ArticleID=23669。他们的基本观点是：法的渊源不宜代替法的形式。在汉语中，渊源指根源、来源、源流，这同法的表现形式是两回事。法律渊源是指法律几种特定法律表现形式的来源；在立法上把法律表现形式当成法律渊源实际上是颠倒了法律渊源与法律表现形式的逻辑关系，不是法律规范的表现形式是法律的根源，而是法律的表现形式来自法律渊源。

环境社会关系或生态社会关系。这种社会关系始终离不开环境或对环境有影响的人为活动，始终以环境为媒介。因此，环境社会关系是人与人的关系和人与环境关系的综合，调整环境社会关系实际上包括调整人与人的关系和人与环境的关系这两个方面。这是对环境资源法这一新兴的、独立的法律部门的基本特征、功能、目标和调整对象的概括。

4. 环境资源法主要调整因环境资源的开发、利用、保护、改善及其管理而形成的环境社会关系

因人对环境资源的行为即环境资源行为（简称“环境行为”）而形成的环境社会关系（包括人与自然的关系以及和环境资源有关的人与人的关系）很多，环境资源法对这些关系的调整是逐步发展的，目前环境资源法主要调整因环境资源的开发、利用、保护、改善及其管理而形成的环境社会关系。调整的方向，是将对环境资源的不合理的或不可持续的开发、利用关系，调整成合理的、可持续的开发、利用关系；将污染和破坏环境的关系，调整成保护和改善环境的关系；将任意掠夺、剥削和侵害环境资源的统治（government）关系，调整成尊重自然、热爱生命、合理利用资源和保护环境的治道（governance）关系。这些环境社会关系包括保护和改善环境资源、防治环境污染和环境破坏、合理开发利用环境资源的人与自然关系。这是对环境资源法主要实体内容的概括。

二、环境资源法的性质

正如对于法的性质和本质一样，关于环境资源法的性质和本质，在我国法学界有各种不同的认识和理解。学者对法的性质和本质这两个概念有不同的理解，有人认为法的性质即本质，本质即性质；有人认为性质不同于本质，性质有几个，本质只有一个，本质是最基本的性质；有人认为本质也是多层次的。除了概念之争外，还有内容之争。有人认为法的性质是指法的强制性、规范性、阶级性等，有人认为法的性质就是指法的阶级性；有人认为法的本质是法的阶级性，有人认为法有阶级本质和社会本质两种本质。笔者认为，中国环境资源法由国家立法机关制定或认可，反映国家意志，代表先进生产力、先进文化和最广大人民的根本利益，它作为国家法律总体系中的一个重要组成部分，属于中国特色社会主义国家性质的环境资源法类型。环

境资源法既有阶级性也有公益性。环境资源法的阶级性，是指环境资源法由执政阶级或领导阶层制定和认可，反映执政阶级或领导阶层的利益和要求；但这并不是说环境资源法不反映非执政阶级或被领导阶层的利益和要求。环境资源法的公益性，是指环境资源法的保护对象主要是作为公众共用物的环境资源，环境资源法的防治对象——污染、破坏和浪费环境资源的行为主要是一种公害，环境资源法维护的环境资源保护事业基本上是一种公益事业，合理开发、利用和保护环境资源对全社会都有好处；但这并不是说环境资源法不反映执政阶级或领导阶层的意志、利益和要求。环境资源法这种阶级性和公益性的统一，是由社会的物质生活条件决定的，是由人与自然或社会与自然的相互关系决定的，是自然生态规律、社会经济规律和人与自然相互关系的规律同时起作用的结果。

探讨环境资源法属于公法、私法、第三领域法[①]（即社会法）或其他什么法律，是探讨环境资源法性质的另一种途径。王家福先生认为："虽然没有哪一个国家的立法明文规定'公法'或'私法'概念，但是现代法以区分公法私法为必要，乃是法律上的共识。公私法的区别，是现代法律秩序的基础，是建立法治国家的前提。在现代国家，一切法律规范，无不属于公法或私法之一方，且因所属不同而不同其效果。关于区分公私法的标准，约有三种学说，其一为利益说，即以规定国家利益者为公法，以规定私人利益者为私法。其二为意思说，即规定权力者与服从者的意思，为公法；规定对等者的意思，为私法。其三为主体说，即公法主体至少有一方为国家或国家授予公权者，私法主体法律地位平等。其中第三说为通说"；"对于任何法律法规，若不究明其属于公法或属于私法，就不可能正确了解其内容和意义，不可能正确解释和适用"[②]。基于上述"公法、私法二分"的范式，我国法学界

---

① 学界对何谓第三领域法有不同的理解。有的学者认为第三领域法是指社会法，在中国主要指劳动和社会保障法。有的学者认为，凡不能纳入私法和公法范围的法律都属于第三领域法。笔者认为，可以将全部法律划分为私法和公法这两个主要部门，但不宜机械地将全部法律仅仅划分为私法和公法这两个部门，也不宜机械地将全部法律划分为私法、公法和社会法（或劳动和社会保障法）这三个部门，应该根据各类法律的特点和各国的国情划分法律部门。环境资源法是既不等同于传统私法，又不等同于传统公法，也不等同于传统社会法（或劳动和社会保障法）的一个新的法律部门。

② 王家福. 关于社会主义市场经济法律制度建设问题. 九届全国人大常委会法制讲座第五讲，中国人大网 1998 年 11 月 26 日（http：//www. npc. gov. cn/npe/xinwen/1998－11/26/content－1459905. htm).

曾出现过“环境资源法属于公法”、“环境资源法属于行政法”和“环境资源法属于经济法”等主张。但是，随着现代社会活动的日益多样化和社会关系的日益复杂化，当代法律法规也日趋多样化和复杂化，有些法律法规同时具备公法和私法的某些特征，甚至出现了不同于公、私法划分标准的新特征，它们很难被按照“不是公法就是私法”的“非此即彼”模式对号入座，即简单的、粗略的“公法、私法二分”已经不能适应复杂多样的法律现实。与“法律领域划分理论同当代生活状况不一致的现象”相适应，在法律教学、研究、法典编纂以及法律适用中，人们对于公法与私法的划分产生了诸多困惑。[①] 有的学者甚至认为，当代大陆法系传统的公私法分类已经出现危机；在某些新兴法律领域，“公私法的二分已经没有太大意义”[②]。根据美国法学家约翰·亨利·梅利曼在《大陆法系》一书中的分析，公私法划分的危机主要表现在十个方面，包括“国家与个人关系发生了巨大变化”“19 世纪以个人为本位的国家已为 20 世纪以社会为本位的国家所取代。国家政府权力的扩大，促成私法自治范围的缩小”“私法公法化”“公法私法化”“社会团体的兴起”“新兴法律部门的勃兴”等。作为对这种危机的应对，大陆法系国家中一些既不是公法又不是私法的法律部门（如劳动法、土地法、社会保障法和环境资源法等）开始产生并完善起来，这些法律部门的形成冲破了公私法划分的边界。于是，法学界出现了社会法、第三领域法等既不简单属于公法也不简单属于私法的法律领域划分理论。在中国特色社会主义法律体系中，更难找到纯粹的私法部门。西方“法治国家”的法学界一般认为民法典和物权法是完全的、纯粹的私法；但是人们却很难认定中国的《民法总则》（2017 年）、《物权法》（2007 年）等民事法律是完全的、纯粹的私法。例如，中国《民法总则》（2017 年）中规定了“适应中国特色社会主义发展要求，弘扬社会主义核心价值观，根据宪法，制定本法”等内容，其中有些内容显然不属于法教义学所认为的私法价值观的范畴。这时，我国法学界有的学者又提出了环境资源法律属于社会法即第三领域法的主张。环境资源法学界非常欢迎包括民商法、刑法、行政法、经济法、社会法和诉讼法在内的公法、

① 赵红梅. 私法与社会法——第三法域之社会法基本理论范式. 北京：中国政法大学出版社，2009：22－24.

② 约翰·亨利·梅利曼. 大陆法系. 顾培东，禄正平，译. 北京：法律出版社，2004：99.

私法和第三领域法的学者对环境资源法的研究和参与，因为这对于环境资源法和环境资源法学的发展有百益而无一害；但是“主、客一体”研究范式、“生态人”模式和公众共用物理论等理性思维和现实考量，却使环境资源法学界很难接受将环境资源法纳入单纯的公法、私法或社会法即第三领域法的框子的主张。

笔者认为，将法律归类为公法和私法这两大类，具有基础意义、理论指导意义和宏观作用；在此基础上提出第三领域法的主张，也是可以讨论和接受的。但是，如果将这种分类绝对化、机械化、简单化，认为现行复杂的法律法规和法律部门不是公法就是私法，或者再加一个以社会法为代表的第三领域法，并认为某项社会事务或行为关系只能由单纯的一类法律予以调整，也会导致学术研究情绪化、简单化，理论研究脱离法律实践，学术壁垒妨碍法制创新等弊病。迄今为止，西方法治国家法学界一般认为：私法以个人利益为本位，主要通过市场调节机制追求个人利益最大化，维护交易安全和私有制；公法以国家利益为本位，主要通过政府调节机制追求国家利益的最大化，维护国家安全和国有制；社会法以社会利益（特定多数人的排他性利益）为本位，主要通过社会调节机制追求社会公共利益（特定多数人的排他性利益）的最大化，维护社会安全和社会弱者的利益（社会弱者的排他性利益）。上述三种利益都是指排他性的利益，上述三种法律维护的都是具有排他性的私权利、公权力和弱者权利。但是，环境资源法以具有非排他性或共享性的环境公共利益（包括环境资源生态公共利益，简称环境公益）为本位，以人与自然的和谐为首要价值取向，主要通过以生态化调整机制为特点的综合调整机制追求环境公益的最大化，维护环境生态安全（人类生态系统安全）和公众共享利益。包括生态法、动物福利法在内的环境资源法具有既区别于纯粹公法，又区别于纯粹私法，还区别于以劳动和社会保障法为代表的第三领域法的特点；环境资源法虽然涉及国家利益、私人利益和具有排他性的社会利益，但主要涉及的是环境公益，有时还涉及后代的利益、全人类的利益和以动物为代表的自然体的利益；环境资源法虽然涉及私权、公权和社会弱者的权利，但主要涉及的是公众对作为公众共用物的环境资源的共享性权利，甚至涉及人类权、以动物权为代表的自然体权利；环境资源法虽然涉及平等主体之间的关系、不平等主体之间的关系等人与人之间的关系，但主要涉及人与自然的关系，包括作为主体的人与作为客体的环境资源之间的关系、当代人与后代人之间的关系，在特定情况下（如在动物保护法、动物福利法等法律中）还涉及作为主体的人与作为主体的动物等自然体的关系。这些特点和区别是深刻而重要的，它说明环境资源法是一个新兴的、独立的法律部门（或法律领域、法律类型），起码在现阶段还没有将其纳入单纯的或典型的公法、私法和以劳动保护法为代表的第三领域法的充分理论。

三、环境资源法的特点

环境资源法既具有法律的共性，也具有许多不同于其他部门法律的特点，其主要特征如下。

1. 适用范围和研究对象的特定性

首先，环境资源法有其特定的适用范围，它是专门适用于环境资源的开发、利用、保护、治理及其管理的法律，是直接、专门为生态文明社会建设服务的法律。中共十八大报告指出，“良好生态环境是人和社会持续发展的根本基础”，“必须更加自觉地把全面协调可持续作为深入贯彻落实科学发展观的基本要求，全面落实经济建设、政治建设、文化建设、社会建设、生态文明建设五位一体总体布局”；“把生态文明建设放在突出地位，融入经济建设、政治建设、文化建设、社会建设各方面和全过程，努力建设美丽中国，实现中华民族永续发展”。环境资源保护是生态文明建设的关键、主阵地和根本措施，是建设美丽中国的主干线、大舞台和着力点。虽然中国的大多数法律都与环境资源保护、生态文明建设有关，或者说其他法律部门都与生态文明社会建设存在联系，但谁也不否认环境资源法律与生态文明社会建设具有特别紧密、直接和主要的关系，有关生态文明社会建设的法律规范主要集中、体现在环境资源法律中。生态文明社会建设法律体系是以环境资源法为基础、主干、主体的法律体系，生态文明社会建设法律的主要内容是保护和改善环境、防治环境污染和生态破坏、合理开发利用和管理自然资源（能源）、进行自然保护和生态建设。从某种意义上可以认为，生态文明建设法律体系也就是环境资源法律体系，甚至可以用环境资源法律体系来代表生态文明社会建设法律体系或作为其主体和标志。任何一个法律部门都不是万能的或包揽一切的，法律的类型化或将全部法律分类就是为了明确或区别不同法律部门的适用范围或调整对象。当代中国社会主义事业的总体布局从“四位一体”扩展为“五位一体”（“四位一体”中的四位是指“经济建设、政治建设、文化建设、社会建设”，“五位一体”中的五位是指“经济建设、政治建设、文化建设、社会建设、生态文明建设”，这“五位一体”的总体布局对应着全体国民的经济、政治、文化、社会、生态五大权益），不仅说明生态文明建设在中国整个社会主义建设事业中的地位、分量和特征，而且说明环境资源法在中国整个法律体系中的地位、分量和特征。环境资源法的基本特征和特色不是像其他法律部门那样基于传统的“经济建设、政治建设、文化建设、社会建设”，而是基于或源于“五位一体”中的生态文明建设。看不到环境资源法的特征和特色，实际上是看不到生态文明建设的特征和特色。

其次，环境资源法有其特定的调整对象，它既调整人与自然的关系，又调整和环境资源有关的人与人的关系，它是集中、专门调整人与自然关系的法律。调整人与人的关系，保护有利于执政阶级或阶层的社会环境（包括社会制度、社会秩序、民族文化传统等），维护执政阶级的利益，维护有利于执政阶级的人与人之间的关系，这是一切法律在调整对象方面的共性，环境资源法也不例外。但是，环境资源法的调整对象具有不同于其他法律部门的特殊性，它既调整人与自然的关系，也调整和环境资源有关的人与人的关系；既保护有利于执政阶级的社会环境、社会关系和社会秩序，也保护人类共享的自然环境，更强调保护人与自然和谐共处的关系和秩序。人与自然的关系成为环境资源法的调整对象，这不仅是一种法学理论和法律观点，也是一种法律实践和法律规定。目前许多国家的环境资源法律和国际环境资源法律政策文件已经明确或承认人与自然的关系。例如，1971 年 2 月 2 日签订于伊朗拉姆萨的《关于特别是作为水禽栖息地的国际重要湿地公约》申明，“承认人类同其环境的相互依存关系”。在所有的各种环境资源法律中，都有规定人与自然关系的法律条款，环境资源法律所规范的人的行为大都是对环境资源有影响、有作用的行为，它所保护的对象都是影响人类生存和发展的环境要素、自然资源和生态系统。现代环境资源法的根本目的和宗旨，是保护公众的环境利益即保护人类赖以生存发展的环境，协调人与环境的关系。例如，俄罗斯《联邦环境保护法》（1991 年）第 1 条规定，“以保护自然资源和个人生活方式为目标、调整社会与自然的关系，是俄罗斯联邦环境立法的首要任务之一”。环境资源法调整对象的特殊性，是其作为一个独立的法律部门、区别于其他法律部门的基本标志，也是环境资源法具有综合性、科学技术性和公益性的基础。环境资源法调整人与人的关系反映法的共性，调整人与自然的关系反映环境资源法的特性。人与自然的关系不是自然物与自然物的关系，更不等于自然或自然物，而是与人的行为、人的利益密切相关的关系。从总体上看，调整人与自然的关系，是环境资源法这一独立的法律部门产生的基本原因、发展的决定因素、长期存在的根本目的，是环境资源法的主导方面、本质方面；调整人与人的关系，是为了调整人与自然的关系的需要，是实现人与自然和谐共处的途径和手段。

2. 综合性

综合性又称广泛性和交叉性。环境资源法是在污染防治法、自然资源（能源）法、生态保护法、土地法、灾害防治法和区域开发整治法基础上的综合。环境问题的综合性、环境保护对象的广泛性和保护方法的多样性，决定了环境资源法是一个高度综合化的法律部门；相关法律部门的交叉和相关学科的渗透，则为这种综合性奠定了雄厚的基础。目前，整个环境资源法体系已经向涉及环境、经济、社会这三个领域的可持续环境资源法的方向发展，当代环境资源法正在成为“对所有环境、资源进行统一规划管理”“着眼于环境、经济、社会可持续发展、协调发展”“面向系统”的法律。值得注意的是，这里的综合性、广泛性不宜被简单地理解为其适用范围（包括适人范围、适时范围、适地范围、适物范围、适事范围等）宽于或适用的人的活动的数量多于其他部门法律的范围或数量，而是指环境资源法律不能被简单地、对号入座地纳入公法、私法和以社会法为代表的第三领域法的范畴。例如，环境资源法中的《环境保护法》主要涉及作为公众共用物的环境资源，但也涉及具有排他性的私人财产或政府所有的财产；主要涉及具有共享性的公民环境权，但也涉及具有排他性的自然资源资产产权（自然资源物权）。《矿产资源法》中的矿业权（探矿权、采矿权）兼具公权和私权的某些属性，同时受公法和私法共同规范，既不能用公权力管制、侵犯矿业权人的合法权益，也不能因物权保护豁免矿业权人基于公权力管制和公众环境权要求的土地复垦和环境保护义务。《水法》中水资源使用权，既包括具有排他性的、作为用益物权的取水权，又包括具有共享性的一切自然人为满足其生存生活需求而具有的基本用水权；既不能用公权力管制、侵犯取水权人的合法权益，也不能以物权保护为由而豁免取水权人基于公权力管制和公众基本用水权所要求的环境保护义务。

环境资源法的综合性主要表现在以下几个方面：(1) 环境资源法调整的关系涉及各种错综复杂的行政关系、经济关系、区域关系和生态关系，既调整人与自然的关系，又调整与环境资源有关的人与人的关系。环境资源法律关系的主体广泛，客体丰富，权利义务责任涉及人类社会和自然环境、自然资源和社会资源、环境与经济社会发展等领域。(2) 环境资源法是环境实体法和程序法的结合，具有公法和私法的交叉性，其法律规范既包括具有特色的环境资源法规范，也包括有关的宪法规范、民法规范、行政法规范、刑法规范、经济法规范、诉讼法规范和国际法规范，还有法定化的技术规范和法定化的道德规范。(3) 环境资源法的调整机制包括市场机制、行政机制、社会机制和生态化机制等多种机制，它的法律措施涉及经济的、行政的、技术的、宣传教育的各种手段。强有力的行政执法机构、多样化的经济激励手段和广泛的公众参与相结合，则是这种综合性的突出表现。

3. 科学技术性

环境资源法具有很强的科学技术性，它不仅反映社会经济规律和自然生态规律，还反映人与自然相互作用的规律（也称环境规律）。现代环境资源问题是科学技术进步的副产品，现代环境资源保护工作是一种科学技术性很强的活动，旨在解决环境资源问题，为环境资源保护工作服务的环境资源法必须建立在科学理论和科学技术的基础上。环境资源法的目的和任务，是保障合理开发、利用、保护和改善环境资源，而自然界是按照自身所固有的客观规律发展的，不以人的意志为转移。因此，环境资源法必须遵循自然生态规律，依靠科学技术才能达到其目的。环境资源法的根本宗旨，是协调人与自然的关系，实现人与自然的和谐相处，而人与自然的关系（即相互作用和影响）有其特定的规律，环境资源法必须遵循人与自然相互作用的规律。

环境资源法的科学技术性，体现在它重视运用综合生态系统管理方法或生态化方法，并含有许多法定化的技术性规范和技术性政策，如法定的环境标准、环境监测规程、合理开发利用环境资源的操作规程、防治环境污染和破坏的清洁生产工艺技术要求等。环境资源法中的许多规定措施都来自环境科学研究成果，没有环境科学技术，就没有切实可行的环境资源法规。曾任美国国家科学院环境部人事处处长的迪尔·戴维斯认为，环境法基本上是“科学和法律强制结合的产物”①。《美国国家环境政策法》（1969年）关于“在作出可能对人类环境产生影响的规划和决定时，采用一种能够确保综合自然科学和社会科学以及环境设计工艺的系统的多学科的方法”的规定，充分体现了环境资源法的科学技术性。概括地说，环境资源法的科学技术性特征主要根源于环境资源法具有调整人与自然关系的宗旨和功能，其主要表现是许多环境资源法律规范兼有技术规范的特性。

4. 公益性

在一个法治国家或法治社会，从形式上讲法律是一种公开的、供公众共同使用的公众共用物或公共物品，环境资源法也不例外。但是，环境资源法的公益性不是指上述法律作为公众共用物的性质，而是指从内容和实质上环境资源法具有直接、主要维护公共利益（主要指环境公共利益）的性质。一般认为，民法主要维护具有排他性的民事权益，即主要维护民事主体的人身权利和财产权利；西方法治国家的民法学甚至公开宣扬民法就是私法、民事权利就是私权，民法主要维护排他性的个人利益。行政法主要维护具有排他性的行政主体的权益和具有排他性的民事权益，西方法治国家的法学家虽然称行政主体的权益为公权利（或公权力）和公共利益，但他们所讲的公权利（或公权力）和公共利益主要是指由国家（或行政主体）行使的、具有排他性的权利（或权力）和公共利益。并且西方法学家普遍认为公共利益是不可定义的或不能明确的，其中不少民法学家认为多数个人利益的总和就是公共利益，不少行政法学家则认为国家组织或行政主体依法拥有的权益就是公共利益。但是，环境资源法学所讲的公共利益，主要指公众（即不特定多数人）可以自由、直接、非排他性享用的环境公共利益（简称环境公益），因为环境资源法中的环境资源基本上或主要是一种公众可以自由、直接、非排他性享用的公众共用物。非排他性享用的利益也就是公众共同享用的利益，并且是一种真正的、名副其实的公共利益（即公众共同享用的利益）；而排

① 菲利普·沙别科夫．周律，等译．滚滚绿色浪潮．北京：中国环境科学出版社，1997：115.

他性享用的利益只能是特定人（包括特定多数人）享用的利益，因为它强调利益拥有者具有排除他人共享的权利（或权力）。所谓环境资源法的公益性，就是指环境资源法维护公共环境利益这种特性，它主要体现在如下几个方面：环境资源法的直接保护对象是作为公众共用物的环境、资源和生态系统，它倡导的主要行为是作为公益活动的环境资源生态保护活动，它防治的主要对象是作为公害现象的环境污染、生态破坏和资源浪费；环境资源法的直接目标不在于建设以排他性财产为基础的财产私有制、财产政府所有制，以自由交易、资本运作为特征的商品市场经济，而在于建设以共享环境资源为基础的共享社会和共享经济。这是因为，环境资源法保护的环境资源，是人类生存、经济发展、社会繁荣的物质基础；防治环境污染和生态破坏，保护和改善环境，是公众的共同愿望。人类（落实到某个具体时间空间范围则表现为公众）赖以生存发展的自然环境、自然资源和生态服务功能基本上是大自然的恩赐，虽然其中可能包含不同程度的人力或人类劳动的成果，但这些成果的作用相对于大自然的作用而言则微乎其微；人类共同生存的地球和共同拥有的天空特别是其环境功能，是不可分割的（即不可用排他性权利之墙隔开，或确权的成本太高）的整体，整体环境特别是环境功能、生态功能不可能为任何阶级、阶层或个人独占或排他性享用。环境资源法保护的主要是作为公众共用物的环境资源，它具有享用非排他性（或不可独占性）即共享性，保护环境资源就是保障公众共同享用的环境公共物品即环境公益。环境资源法防治的环境污染和生态破坏，主要是一种伴随生产、生活活动产生的公害，许多环境污染和生态破坏具有流动性、累积性、复合性，环境质量的恶化不会仅对某个阶级、阶层的人有害而对其他阶级、阶层的人有利。环境资源法所保障的环境资源保护工作，基本上是一种公益事业，是人道主义性质的大业；它不仅为整个中华民族及其子孙后代造福，也为整个人类及其子孙后代造福。目前，臭氧层破坏、全球气候变暖、生物物种锐减、荒漠化和水资源紧缺等环境问题和资源危机，已经发展到危及整个人类共同体生存的程度，保护环境资源已成为全人类的共同要求。虽然公益（或公共利益）在法学上曾被认为是无法统一定义的不确定性概念，但是，环境是一种公益或是公益的一种载体、环境保护是一种公益活动，已经基本成为共识，我国法律通过排除法或列举法将环境定义为一种公益也已经成为法律上的事实。

作为公益性的表现形式和必然结果，是环境资源法的共同性；同其他法律相比，各国环境资源法有许多共同的、可以相互借鉴的内容，包括环境资源保护的原则、手段、措施、标准、制度和程序方面的共同性。

另外，环境资源法在其指导思想、价值观、基本理念、基本原则、基本权利义务、法律制度、法律责任、发展历史、调整机制、调整方法等方面也有其特点。

第二节　中国环境资源法学概述

一、环境资源法学的概念和内容

环境资源法学是以环境资源法及其相关现象为研究对象的学科。它又被称为环境保护法学、环境与资源保护法学、环境资源生态法学，简称环境资源法学、环境法学。

环境资源法学研究的范围广泛、内容丰富。其研究内容主要有：环境资源法治建设的发展历史与规律；环境资源法治建设的基本理论，包括环境资源法的正当性依据、研究范式和研究方法、法律人模式、调整对象和调整机制等；环境资源法的发展历史和法律体系；环境资源法的内容、特点、目的、任务、理念、价值、原则、权利（义务）、规则、措施以及法律制度等；环境资源的监督管理体制和环境资源治理体系；环境资源法的制定与实施（包括环境资源立法、行政执法、司法、守法、法律监督、法律服务等）；环境资源法的法律责任、问责机制、环境资源损害和环境纠纷处理、环境资源诉讼（特别是环境资源公益诉讼）等。其研究方向主要有：环境资源法学基础理论，中国环境资源法，外国和比较环境资源法，国际环境资源法；环境保护法（或环境污染防治法），自然资源能源法（包括土地法、水法、海洋法、矿产资源法、节约能源法等），生态破坏和自然灾害防治法，生态保护建设法（包括生物多样性保护法、自然保护法、区域开发整治法、城乡环境综合整治法等）；环境资源政策和法律，环境资源管理和法律；环境资源刑法，环境资源民法，环境资源行政法。值得注意的是，虽然环境资源法学研究的主要对象和核心内容是稳定的，但是其研究范围的边缘和外延却是扩展的，即环境资源法学的研究范围和内容具有发展性、开放性。

二、环境资源法学的特点

环境资源法学既具有法律学科的共性，也具有不同于其他法律学科的特点。其主要特征如下。

1. 环境资源法学具有特定的研究对象和服务范围

（1）环境资源法学的研究对象具有独特性。

环境资源法学的主要研究对象，从法律法规方面讲是环境法这一新兴法律部门，从法律关系方面讲是人与自然的关系以及与环境有关的人与人的关系。马克思、恩格斯在《费尔巴哈》一文中谈到三种关系，即人与人的社会关系、物与物的自然关系、人与自然的关系。他们认为：人的发展或人的生命的生产表现为双重关系，“一方面是自然关系，另一方面是社会关系；社会关系的含义是指许多个人的合作”；自然关系即物与物的关系，“它对他物的（自然）关系不是作为（社会）* 关系存在的”①；同时还指出：人类活动的“一个方面——人们对自然的作用”，“另一个方面，是人对人的作用”②，即“历史的每一阶段都遇到……人和自然以及人与人之间在历史上形成的关系”③。

上述三种关系在法学理论或法律上都有反映。据考察，在古罗马人看来，法律规定的地役权是土地与土地之间的关系，具有永久性；人役权是人与物之间的关系，具有暂时性的特点④；债权是人与人的关系。因此，全部人类法律可以抽象地分为三大类型：一是以调整人与人的关系为主的法律；二是以调整自然体与自然体的关系为主的法律；三是以调整人与自然的关系为主的法律。第一类法律包括传统的各种部门法律，如民法、商法、刑法、行政法等，基本上都是以调整人与人的关系为主；这里说的是“为主”，不是说“唯一”，在以调整人与人的关系为主的部门法律中，有时也涉及或也

---

* 括号为笔者所注。

① 马克思恩格斯选集：第 1 卷. 北京：人民出版社，1972：34－35.

② 同①41.

③ 同①43.

④ 屈茂辉. 用益物权论. 长沙：湖南人民出版社，1999：13.

调整一些人与自然的关系，但其根本目的是调整人与人的关系。对第二类法律是否存在或包括哪些法律，法学界存在不同的观点。有的法学家认为，在人类活动的初期，那时人与动物没有区别，都是自然体，那时人与动物或人与自然体活动的共同规则就属于调整自然体之间的法，即“自在法”，又称初级自然法。“罗马人从直观出发，认为地役权是物与物之间的关系，是需役地与供役地之间的关系”①，故需役地是地役权不可或缺的条件。自古以来的通例是，地役权的设立必须以有一需役地为前提，否则便不能成立。博登海默在《法理学：法律哲学与法律方法》中曾经引述乌尔比安（Ulpian）的如下论述：“自然法是所有动物所通有的法律。这种法律并不是人类所特有的，而是属于生活在陆地或海洋中的所有动物，也属于空中飞翔的鸟类。”② 孟德斯鸠在1748年发表的名著《论法的精神》中认为，“从最广泛的意义来说，法是由事物的性质产生出来的必然关系。在这个意义上，一切存在物都有它们的法”③。有的新自然法学家认为，将来人类通过自身的进步和人类意识的升华，发展成为大自然中与其他自然体和谐共处（即人与自然共同体）的一员，那时人与自然活动的共同规则即是调整自然体之间关系的法律，又称高级自然法。第三类法律包括现代各种新兴的环境资源法律，如环境保护法、自然资源法、土地法等，基本上以调整人与自然的关系为主，同时也调整和环境资源有关的人与人的关系，实际上是同时调整人与自然的关系和人与人的关系。这里说的也是“为主”而不是说“唯一”。“为主”是指环境资源法的根本目的和出发点是调整人与自然的关系，而为了调整人与自然的关系，必须同时调整有关的人与人的关系。

对上述三种法律关系，目前主要有两种法学理论。第一种法学理论是专门研究人与人的社会关系的传统法学理论，它们只承认、只研究人与人的社会关系，不研究人与自然的关系。第二种法学理论是既承认、研究人与人的社会关系，又承认、研究人与自然的关系，认为这两种关系相互联系、相互

① 周枏．罗马法原理．北京：商务印书馆，1994：305．周枏（1908—2004），字叔厦，“枏”是“楠”字的异体字。

② E．博登海默．邓正来，译．法理学：法律哲学与法律方法．北京：中国政法大学出版社，1999：16．

③ 孟德斯鸠．张雁深，译．论法的精神：上卷．北京：商务印书馆，1997：1．

影响，可以同时存在于法律之中。这种理论既吸收了传统法学理论的合理内核，也吸收了当代自然科学和人与自然关系思想的科学成分。当代环境资源法学就是这样的法学理论。主要研究人与自然的关系以及和环境资源有关的人与人的关系的这一独特性质，是区分环境资源法学与刑法学、民法学、行政法学、诉讼法学等传统学科的重要特征。

（2）环境资源法学是与环境、资源、生态保护活动紧密联系，为生态文明社会建设服务的新兴法律学科。

党的十八大报告不仅将中国特色的社会主义事业总体布局从“经济建设、政治建设、文化建设、社会建设”的“四位一体”，扩展为“经济建设、政治建设、文化建设、社会建设、生态文明建设”的“五位一体”，而且把生态文明建设摆在现代化建设“五位一体总体布局”和“突出地位”的高度，确立了“加快”、“大力”、“全面落实”和“大力推进生态文明建设”的战略、目标和任务，科学地阐明了生态文明社会与“五型社会”的关系、生态文明建设与“五大建设”的关系。虽然其他法律学科都与生态文明社会建设存在联系，但谁也不否认环境资源法学与生态文明社会建设具有特别紧密、直接和主要的关系。如果说环境资源法是依附于、适用于、服务于生态文明建设的法律，那么环境资源法学则是依附于、适用于、服务于生态文明建设的法学。包括绿色文明、环境文明在内的生态文明是指人类遵循自然生态规律和社会经济发展规律，为实现人与自然和谐相处及以环境为中介的人与人和谐相处，而取得的物质与精神成果的总和；是指以人与自然及人与人和谐共生、良性循环、协调发展、持续繁荣为基本宗旨的文化伦理形态。生态文明是对工业文明的继承和超越，生态文明社会是对工业文明社会的继承和超越，生态文明和生态文明社会具有许多不同于工业文明、工业文明社会的特点。由于生态文明建设所具有的不同于经济建设、政治建设、文化建设和社会建设的特点，作为直接为生态文明社会建设服务并提供法学理论支撑的环境资源法学，必然具有与生态文明社会建设相适应并且不同于其他法律学科的学科特点。例如，环境资源法学具有与生态文明建设相适应的指导思想、价值观、基本理念、认识论和方法论，既遵循与环境资源保护有关的自然生态规律，又遵循与环境资源保护有关的经济社会发展规律；既研究人与自然之间的关系，又研究与环境资源有关的人与人之间的关系；既关注人与自然之间的环境生态秩序，又关注由环境资源问题引起的人与人之间的社会经济秩序的变化。它在私法理论和公法理论的交叉边沿地带发展，在人文精神与科学精神、价值科学与自然科学之间架起桥梁。

2. 环境资源法学具有综合性、跨学科交叉性

新的学科不断产生，学科门类越来越多、越细，这是科学技术和文化思想无限性和多样化的必然结果。交叉、边沿、综合性学科的不断出现，各门学科之间的交叉、渗透、合并越来越多，这是客观物质世界相互联系性和统一性的必然结果。环境资源法学既是法学的一个分支，又是环境学、生态学的一个分支，具有环境学、生态学等自然技术科学与法学、经济学等人文社会科学相互交叉渗透的特点，但在实践中或学科分类标准中主要将其列为法学的一门分支学科。

按照“二分法”，传统上或学界主流将所有学科划分为人文社会科学和自然科学两大类：人文社会科学主要研究人或人类社会（包括各种社会现象、社会规律、人与人的关系），强调人文文化（又称第一种文化）和人文精神；自然科学主要研究自然物或自然界（包括各种自然物质、自然现象、自然规律、物与物的关系），强调科学文化（又称第二种文化）和科学精神。与上述两种科学或两种文化相对应的是，我国高等学校和科研部门长期流行的文科与理工科、文科科研处与理工科科研处、文科类奖与理工科类奖、社会科学院与科学院等“二分法”。随着人类经济社会文化的发展，出现了一些在人文社会科学和自然科学之外或边缘地带、交叉地带的新兴学科，有的学者将其称为综合科学（或综合学科）、跨领域的边缘性交叉性科学，这些综合科学（或综合学科）主要研究人与自然（包括人与物、人类社会与自然界之间或其交叉发生的现象和规律，各种人与自然的关系），强调人文文化与科学文化的整合（又称第三种文化）、人文精神与科学精神的融合。环境资源法学就属于上述综合科学（或综合学科）的范围。在一个相当长的时期内，学界一般不承认上述综合科学（或综合学科）及其学科理论和特点。但随着文化和科学技术的进一步发展，学界开始冲破传统的学科“二分法”，开始承认综合科学（或综合学科）或第三种文化，并从事和坚持其研究。在我国，从党的十一届三中全会实行改革开放战略以来，国家和学界逐渐兴起、重视和大力推行综合科学的研究。根据《中华人民共和国学科分类与代

码国家标准》(GBT 13745－2009，简称《学科分类与代码国家标准》，2009年5月6日发布)，我国在学科分类表中将全部学科分为5个门类[①]，将这5个门类分为三大类即自然科学、社会科学和综合科学，将综合科学列在自然科学与社会科学之间；对交叉或具有双重属性的学科，可在两处列类，只在一处给代码，其相关位置不给代码，在说明栏注“见×××·××××(代码)”或“参见×××·××××(代码)”。根据我国综合学科发展的现状和学界的多数主张，《学科分类与代码国家标准》已经将“环境科学技术”“安全科学技术”“管理学”这三个一级学科确定为综合学科，在学科表中列在自然科学与社会科学之间。按照该国家标准中学科分类表的排序，法学属于人文社会科学大类中的一级学科，在法学下共设有5个二级学科[②]，其中部门法学这个二级学科又包括19个三级学科[③]，而环境法学则是19个三级学科之一。笔者通过分析《学科分类与代码国家标准》中的学科分类表及各种学科的名称和内容发现，虽然环境法学（即笔者所称环境资源法学）属于人文社会科学中的法学（一级学科）中的部门法学（法学二级学科）下面的一个三级学科，但其实它与自然科学中的某些学科、人文社会科学中的某些学科、综合科学中的某些学科、法学中的其他学科，都存在密切的联系和不同程度的交叉。这种密切的联系和不同程度的交叉，充分反映了环境资源法学的综合性、跨学科交叉性。

(1) 环境资源法学作为法学中的一门三级学科，与自然科学中大多数一级学科[④]都有关系。例如，信息科学与系统科学中的基础学科（如信息论、控制论、系统论），物理学中的声学（如噪声、噪声效应及其控制），地球科学中的大气科学（如大气环境学）和海洋科学（如海洋生态学、环境海洋

① 5个门类指：自然科学类、农业科学类、医药科学类、工程与技术科学类、人文与社会科学类。

② 5个法学二级学科是指：理论法学、法律史学、部门法学、国际法学、法学其他学科。

③ 19个法学三级学科是指：宪法学、行政法学、民法学、经济法学、劳动法学、婚姻法学、民事诉讼法学、行政诉讼法学、刑事诉讼法学、刑法学、刑事侦查学、司法鉴定学、军事法学、卫生法学、环境法学、安全法学、知识产权法学、宗教法学、部门法学其他学科。

④ 例如信息科学与系统科学、力学、物理学、化学、天文学、地球科学、生物学、心理学、农学、林学、畜牧兽医科学、水产学、基础医学、预防医学与公共卫生学、工程与技术科学基础学科、信息与系统科学相关工程与技术、自然科学相关工程与技术、矿山工程技术、能源科学技术、核科学技术、化学工程、土木建筑工程、水利工程、交通运输工程、环境科学技术及资源科学技术、安全科学技术等一级学科中的某些学科。

学、海洋资源学），生物学中的生态学（如生态系统生态学、生态工程学、恢复生态学）和动物学（如动物行为学、动物驯化学），农学中的植物保护学（如有害生物综合防治、农业转基因生物安全学），林学中的生物保护学（如森林防火学），预防医学与公共卫生学中的环境医学（也称环境卫生学），工程与技术科学基础学科中的标准学（如标准原理与方法、标准化机制与体制研究、标准管理学、质量控制与评价标准化），自然科学相关工程与技术中的农业工程（如水土保持学），能源科学技术中的节能技术（包括工业节能、生活节能、建筑节能等），核科学技术中的核安全（包括核电站安全），水利工程中的环境水利（如水资源保护），等等。值得注意的是，无论是生态学界还是环境资源法学界都普遍认为，生态学①与环境资源法学具有十分密切的联系，生态学理论是指引人类正确调整人与自然关系的重要理论，其中人类生态学对环境资源法关于调整人与自然关系的理论具有特别重要的影响。生态学是德国生物学家 E. 海克尔（E. Haeckel）于 1866 年创立的，他指出："我们可以把生态学理解为关于有机体与周围外部世界的关系的一般学科，外部世界是广义的生存条件"②。人类生态学是研究人、社会和自然界相互作用的科学，它主要从"人与自然的统一体"出发研究人与其环境、人与自然的相互关系。生态学家弗·迪卡斯雷特认为，把人和自然界的相互作用的演变作为统一的课题来研究，才算找到生态学的真正归宿。③ 现代生态学是自然科学和社会科学的桥梁。美国著名生态学家奥德姆（E. Odum）在其《生态学基础》一书第 2 版中增加的一个副标题就是"联系自然科学和社会科学的纽带"。当代环境资源法是根据生态学规律制定的法律，当代环境资源法学是生态学与法学结合的交叉学科。

（2）环境资源法学作为法学中的一门三级学科，与人文社会科学中的多数一级学科都有关系。例如，哲学中的自然辩证法（亦称科学技术哲学）、中国哲学史（如先秦哲学）和伦理学（如生态伦理学、环境伦理学），经济

---

① 有很多学者认为，应该将当代生态学列入综合科学的范畴，而不宜将其列入自然科学的范畴。

② E. 海克尔．有机体普通形态大批量//余谋昌．生态学哲学．昆明：云南人民出版社，1991：12.

③ 弗·迪卡斯雷特．生态学——一门关于人和自然的科学是怎样产生的．信使（中文版），1981（11）.

学中的技术经济学（如资源开发利用技术经济学、环境保护技术经济学）、生态经济学（如农业生态经济学、森林生态经济学、草原生态经济学、水域生态经济学）、资源经济学（如矿产资源经济学、能源经济学、资源开发与利用）、环境经济学和可持续发展经济学，政治学中的政治制度（如政治制度理论、行政制度、司法制度、比较政治制度），社会学中的应用社会学（如环境社会学），统计学中的环境与生态统计学（如资源统计学、环境统计学、生态统计学），等等。值得特别注意的是，我国环境资源法学与马克思主义具有密切的关系，马克思主义创始人关于人与自然关系的思想、关于法律的理论，以及马克思主义在中国的具体化，如毛泽东思想、邓小平理论、“三个代表”重要思想、科学发展观、习近平新时代中国特色社会主义思想中有关环境资源保护、生态文明和法治建设的思想和理论，是环境资源法学的指导思想和理论基础。中国环境资源法学区别于西方法治国家环境资源法学的一个重要特点，就是它建立在马克思主义关于人与自然关系的思想、关于生态文明的观念、关于法律的理论的基础上。

（3）环境资源法学作为法学中的一门三级学科，与综合科学或综合学科（即列在自然科学与社会科学之间的“环境科学技术”“安全科学技术”“管理学”等三个一级学科）具有密切的关系，例如，环境科学技术及资源科学技术（简称环境科学技术）中的环境科学技术基础学科（如环境生态学、自然环境保护学、环境管理学、环境经济学、环境法学）、环境学（如大气环境学、水体环境学、土壤环境学、区域环境学、城市环境学）和环境工程学（如三废处理与综合利用、环境质量监测与评价、环境规划、环境修复工程）；安全科学技术中的安全科学技术基础学科（如安全史、安全科学学、灾害学、安全学）和安全社会科学（如安全社会学、安全法学、安全经济学、安全管理学、安全教育学、安全伦理学）；管理学中的管理理论（如组织理论、行为科学、决策理论、系统管理理论）、科学学与科技管理（如科学社会学、科技政策学、科学体系学、科技管理学）和公共管理（如行政管理、危机管理或应急管理）。必须指出的是，我国环境科学界和环境资源法学界的大多数学者都一致认为，环境科学技术基础学科和环境学与环境资源法学具有特别密切的关系。环境学是以“人类与环境”系统为对象，研究其发生和发展、调节和控制以及改造和利用的科学，或者说是研究人与自然相互作用的规律的科学。它包括环境地学、环境生物学、环境化学、环境医学、环境工程学和生态学等环境自然科学，以及环境经济学、环境管理学、环境法学、环境社会学、环境伦理学等环境社会学科。环境法既被纳入环境科学，也被纳入法学；既与自然科学有关，也与人文社会科学有关。环境资源法学与综合科学或综合学科的关系是如此密切，以至于达到了两者互相包含、互相融合的程度。例如，环境资源法学（或环境法学）既出现在法学一级学科中的三级学科中，也出现在环境科学技术及资源科学技术一级学科的三级学科中，还体现在安全科学技术一级学科的三级学科（安全法学）中；不仅中国高等院校的法律院系正式开设有环境资源法课程，中国高等院校的一些环境科学等理工科院系也开设有环境资源法课程；不仅中国法学会中有一个环境资源法学研究会，中国环境科学学会中也有一个环境法学分会。因此，环境资源法学的综合性、跨学科交叉性，是一种直观的、真正的、高度的综合性，这是其他法学三级学科所不可比拟的，虽然也有一些学者认为，其他法学三级学科甚至法学一级学科也具有综合性。①

（4）环境资源法学作为法学中的一门三级学科，与法学一级学科中的许多三级学科都有关系，例如，理论法学（法学二级学科）中的法理学、法哲学、比较法学、法社会学等法学三级学科，法律史学（法学二级学科）中的中国法律思想史、外国法律思想史、法律制度史等法学三级学科，部门法学（法学二级学科）中的宪法学、行政法学、民法学、经济法学、民事诉讼法学、行政诉讼法学、刑事诉讼法学、刑法学、卫生法学等法学三级学科，国际法学（法学二级学科）中的国际公法学、国际私法学、国际刑法学、国际经济法学、国际环境法学等法学三级学科。必须指出的是，环境资源法学与行政法学、民法学、经济法学、国际环境法学的关系特别密切，其中国际环境法学既被列入国际法学，也被列入环境法学之中，有些大学的行政法学、

① 例如，李凯尔特（H. Rickert）认为："法律学处于自然科学与社会历史科学两极之间，属于中间领域的文化科学，法律学的概念是自然科学与社会历史科学的概念的混合形态"。（伊东研祐．法益概念史的研究．东京：成文堂，1984：117.）美国新自然法学家菲尔姆·诺思罗普（Filmer Northrop，生于1893年）强调，现代世界的自然法既不能根据亚里士多德—托马斯的自然法观念，也不能以洛克和杰斐逊的自然权利哲学为基础，而必须以得到现代物理学、生物学和其他自然科学（包括心理学）支持的有关自然和自然人的观念为基础。（E. 博登海默．邓正来，译．法理学：法律哲学与法律方法．北京：中国政法大学出版社，1999：192.）

经济法学学科点则将环境资源法学纳入其中。

3. 环境资源法学是一门新兴学科

环境资源法学是随着环境资源问题的日趋严重、环境生态保护活动的日益加强，以及环境资源法的产生和发展而出现的一门新兴学科。在古代或很早以前就有有关防治环境污染、保护自然资源的法律法令，但那时并没有形成现代意义的环境法和环境法学。

第二次世界大战以后，特别是进入 20 世纪 50 年代以来，许多工业发达国家都面临着严重的环境资源危机，这些问题引起了有关学科和许多专家学者的注意。1954 年，美国一批学者最早提出了“环境科学”这一名词并成立了“环境科学学会”；不久，国际科学联合会理事会于 1968 年设立了环境问题科学委员会。同时，环境问题的日益严重和环境管理的强化，也对环境立法提出了迫切的要求。以往有关解释防治环境污染、合理利用自然资源和保护动植物的法律的学说，大都以“极端的人类中心主义者”的意志、以调整人与人的关系作为出发点，将这些法律法规仅仅作为保护人、人类社会秩序和社会环境的手段和工具，甚至仅仅是保护主权者或统治阶级利益和秩序的手段和工具，排斥“人与自然和谐论者”的意志，否认将这些法律法规用于保护自然、环境和资源的动机和功用，没有认识到这些法律在协调人与自然的关系、促进人与自然和谐共处方面的作用。为了适应环境立法的理论需要，在新兴的环境科学的带动下，包括新自然法学派在内的法学家们开始研究对环境问题实行法律调控的理论，一些工业发达国家在 20 世纪 60 年代兴起了关于公众共用物（或环境公共物品）、环境权和人与自然关系理论的学术讨论和研究。这种理论讨论和研究，一方面促使许多国家开始形成以综合性的环境保护基本法为中心的环境资源法体系；另一方面也造就了一大批研究、讲授和从事环境资源法实务的专业环境资源法工作者队伍，他们成立环境法研究机构，创办环境法杂志，在大学开设环境法课程，纷纷出版、发表有关环境资源法的论文、教材和学术著作，从而加速了环境资源法学的形成。随着环境资源问题的深化、环境伦理的普及、人与自然和谐共处思想的形成和可持续发展战略的实施，一门用法律调整人与自然环境关系的新的理论和学说开始出现，这就是当代的环境资源法学。在我国，由于“文化大革命”等历史原因，直到 20 世纪 80 年代初人们才开始把环境资源法作为一个独立的分支学科进行研究。但是，三十多年来，我国的环境资源法学发展相当迅速，并且一直是我国法学界最活跃的一个领域。目前，这门在古老的法律学中最年轻的一个分支学科，已经初步形成自己独特的基本规范和理论体系，并日益显示和发挥出它对中国环境法制建设的理论指导作用。

认识到环境资源法学是一门新兴学科，可以帮助我们更好地理解它的特点。例如，法学主要是一门从法律规范出发、运用法律概念和术语进行法治思维的学科，法学经过漫长的发展，一些传统的法律学科（如民商法学、刑法学、行政法学、诉讼法学等）已经基本形成一整套法律规范、法律概念和术语，并且赋予了这些法律规范、法律概念和术语以特定的含义，即已经将法律所涉及的存在于现实生活中的事物、法学所研究的对象定名定位；用一句通俗的话讲，就是一些传统法律学科已经将法学大厅的位置都占领了。环境资源法学作为一个后来者或新来者，要想挤进大厅找到一个空位或者在里面建造一个新位，是相当困难的。例如，包括环境资源法学在内的环境资源法治建设经常使用主体（或客体）、权利（权力、权益、法权）、财产（财富）、利益（法益）、损害、诉讼、法治（法的统治和法的治理）等概念或术语，但这些概念或术语早已被传统法律学科（如民商法学、刑法学、行政法学、诉讼法学等）特定化了。为了更好地运用法律武器和充分利用现有的法律知识资源（包括法律概念、术语等）去保护和改善环境，环境资源法学理所当然地将新近大量出现的环境（资源、生态）、环境（资源、生态）利益、环境（资源、生态）权利、环境（资源、生态）损害、环境（资源、生态）诉讼等观念或主张纳入传统法学的知识体系（包括法律概念、术语体系）中。例如，环境资源法学认为环境是一种新型财产，环境是公众共享的利益或利益载体，公众共享环境是一种权利即公众环境权，环境损害是对公众环境权利的损害，环境公益诉讼是因侵犯公众环境权而提起的诉讼。但是，以大陆法系德国民商法学为代表的一些法学家却不这样认为，甚至拒斥上述认识，因为他们奉行的是僵化的“主、客二分法”、僵化的法律秩序观、僵化的法律权利观。他们早已习以为常地认为：财产只能是与产权联系在一起的概念，环境不是财产；权利只能是主观私权利或排他性的权利，公众共享环境不能成为公众环境权；利益只能是排他性的利益，公众共享环境不能称为利益（而只能称为反射性利益或溢出利益）；损害只能是对权利的损害，环境损害不是权利损害；诉讼只能是因权利受到侵犯而提起的诉讼，环境公益诉讼不是因公众环境权利受到侵犯而提起的诉讼。凡此种种，使得代表新问题、新需求、新主张、新观点的新兴的环境资源法学学科，不仅容易给其他传统法学学科带来“标新立异”或“挑战常识”的错觉或误解，而且经常受到它们的质疑、阻碍和反对。上述种种现象实际上已经构成环境资源法学研究经常遇到的一种情况，甚至表现为环境资源法学研究的一大特点，它要求在开展环境资源法学研究时，必须特别注意其所用概念、术语的内涵，及其与其他法律学科相关概念、术语的联系和区别。

第三节　环境资源法是一个独立的法律部门
环境资源法学是一个独立的法学学科

一、环境资源法是一个独立的法律部门

1. 环境资源法是一个独立的法律部门的含义

所谓法律部门，是法学上对一国的法律规范或法律法规按其所调整的对象、调整方法、适用范围、核心内容或其他标准所作的基本分类，是性质、目标和调整对象、手段相似的法律法规的集合。所谓环境资源法是一个独立的法律部门，是指环境资源法已经成为具有特定的调整对象、调整方法、价值观念、目标任务、适用范围、核心内容和特色制度的法律体系。这里的环境资源法是指环境资源法律体系，它包括该体系的主体和外延两个部分。主体部分是指专门性的环境资源法律，是那些基本的、主要的、起支架作用的环境资源专门法律，即其主要目的和任务是保护环境、自然资源和自然生态，防治环境污染和生态破坏的法律和法规。外延部分是与其他法律部门相交叉的领域，即宪法、民商法、行政法、社会法、经济法、军事法、诉讼与非诉讼程序法等其他法律中有关环境资源生态保护的法律规范或法律条款。我们可以从如下几个方面来理解环境资源法是一个独立的法律部门的含义。

（1）应该从法律体系类型化的角度理解“环境资源法是一个独立的法律部门”的含义。

首先，必须指出的是，对一个国家的全部法律的分类，目前还没有适用

于各国的、公认的、统一的标准、模式和法律依据，也没有适用于所有国家法律分类的、公认的理论和学说，所谓“通行的”或“主流的”法律部门分类或分类标准，都是分类者（如某些法学家）在某个历史时期根据其需要而提出的主张或标准。现实社会中的法律法规数量繁多、类型多样，无论是立法机关还是法学家，都只是根据某种需要、依据和条件（包括价值观、重要性、利益、目的、任务等）对其进行分类即类型化。比较好的法律分类是能够反映法律的性质和特点、符合现实和发展需要、具有正当性理由的分类。另外，对全部法律的分类不是绝对的、一成不变的，而是因不同国家、不同历史时期和经济、社会、文化、科技的不同发展状况而有所发展变化的。社会实践是法律的基础，法律是实践经验的总结，并随着社会实践的发展而不断发展。实践没有止境，法律体系也要与时俱进、不断创新。社会实际变化了，法律体系必将随之变化并与之相适应。随着经济、社会的不断发展，我们需要及时制定新的法律规范，修改原有的法律规范，废止不符合社会实际、过时的法律规范，不断改善和健全法律体系。一个国家的法律体系不是静止的、封闭的、固定的，而是动态的、开放的、发展的、与时俱进的。我们不能用孤立的、僵化的眼光看待法律体系和法律分类，而应当持发展的、开放的态度。此外，一国法律的类型化往往是分层级的，如第一层级的法律、第二层级的法律、第三层级的法律等，至于如何称呼各个层级的法律（如部门法、领域法①、法律体系、子体系等），则一般由分类者界定。②

其次，学者所称“环境资源法是一个独立的法律部门”与国家（政府）

① 笔者认为，单纯从词义上理解，法律部门与法律领域，其含义基本相同且很难区别。例如，当说到法律领域、道德领域、政策领域或政治领域、经济领域、文化领域时，法律领域的范围是非常广泛的，它可以指一国的全部法律，法律领域下可以包括不同的法律部门；当说到民事法律部门与民事法律领域、刑事法律部门与刑事法律领域时，法律部门与法律领域没有什么根本区别。但是，当说到民事法律部门下面包括人身法领域、物权法领域、债权法领域、知识产权法领域时，部门法的范围显然大于领域法的范围，这时可以将人身法、物权法、债权法、知识产权法视为民事法律部门下面的子体系。

② 例如，将一国全部法律分为：两大部分，如公法和私法，宪法（含宪法相关法）和民法（含商法），实体法和程序法，国内法和涉外法律；三大部分，如私法、公法和社会法，第一领域法、第二领域法和第三领域法，宪法、宪法相关法和民商法；四大部分，如私法、公法、社会法和诉讼法，私法、公法、环境资源法和诉讼法；五大部分，如宪法、民法、行政法、刑法和诉讼法；六大部分，在前面五大部分中加上经济法；七大部分，如宪法及宪法相关法、刑法、民法商法、行政法、社会法、经济法、诉讼与非诉讼程序法；八大部分，在前面七大部分中加上环境资源法；九大部分，在前面八大部分中加上军事法；十大部分，在前面九大部分中加上执政党的党内法规 ；等等。

有关部门对环境资源法的称谓和排位，既相互区别又相互联系；既不能以国家（政府）对法律体系的某种分类来否定“环境资源法是一个独立的法律部门”的学术主张，也不能用这种学术主张去否定国家（政府）对法律体系的分类。例如，时任第九届全国人民代表大会常务委员会委员长的李鹏曾明确指出，“关于法律部门，法学界有不同的划分方法，常委会根据立法工作的实际需要，初步将有中国特色社会主义法律体系划分为七个法律部门，即宪法及宪法相关法、民法商法、行政法、经济法、社会法、刑法、诉讼与非诉讼程序法”①。在环境资源法学中，“环境资源法是一个独立的法律部门”主要是一种学术主张、一种法学表述。它是法学家对我国全部法律法规进行类型化即分类的产物，是从法学上对具有共同宗旨、性质相似、相互联系的某类法律规范或法律法规的理论概括和综合；它具有理论指导性，反映了法学家对环境资源法在整个国家法律体系中的地位、功能和发展趋势的理性评价和理论预见。这种学术主张虽然具有较强的理性思维和理论指导性，但不一定等同于国家（政府）机关为了统一立法管理或法律实施而对环境资源法律作出的定位和称谓，更不意味着所有环境资源法律法规都应该由一个国家行政部门或一个专门的环境资源法院来统一主管或实施。这是因为，一个国家的法律法规很多，为了更加有效地规划、管理、实施法律即进行法治建设，就产生了将繁多的法律法规进行分类即法律类型化的问题。各个国家或政府对法律的分类是根据其现实和工作需要而定的，因而具有较强的国别性、历史阶段性、可变性和差异性。由于法学家主要根据其理论或学说对法律进行分类，因而其提出的法律分类往往具有较强的理想性和稳定性；由于国家有关部门往往从其职责或工作任务出发对繁杂的法律进行分类，所以各国在不同历史时期或阶段的法律分类的差异或变化较大。例如，英美法系国家的立法实行的主要是案例法体例，没有公法与私法、民法与商法的区分，遂称民商合一体例。大陆法系国家的立法（以法国和德国为典型代表）有公法与私法、民法与商法的区分，一般采取民商分立的体例。在日本，明治初期有法国五法之说，明治九年（1876 年）近藤圭造抄译的《法兰西五法略》公开出版，五法这一用语开始出现；至 1907 年，由宪法、民法、商法、刑法、

① 李鹏. 全国人民代表大会常务委员会工作报告——2001 年 3 月 9 日在第九届全国人民代表大会第四次会议上.（2001-03-19）. http://www.chinanews.com/2001-03-19/26/79548.html.

刑事诉讼法和法院组织法组成的日本六法全部编制完毕。中华民国政府在1928年至1946年这段时间，基本建构了“六法全书”的法律体系，狭义的六法是指国民政府制定的“宪法”、“刑法”、“民法”、“刑事诉讼法”、“民事诉讼法”和“行政法”。在中华人民共和国成立前夕的1949年1月，毛泽东主席在《关于时局的声明》中，提出了包括“（二）废除伪宪法；（三）废除伪法统……[①]”的八项主张。同年2月，中共中央发出了《关于废除国民党〈六法全书〉与确定解放区司法原则的指示》。同年4月1日，华北人民政府发出了废除国民党政府的六法全书及其一切法律的训令。中华人民共和国成立后，在相当长的一段时期，不再采用区分公法与私法、民法与商法或“六法”的法律体系。1978年召开的党的十一届三中全会，使我国进入了改革开放的新时期。在同年12月13日举行的中共中央工作会议闭幕会上，邓小平在讲话中[②]提出，“应该集中力量制定刑法、民法、诉讼法和其他各种必要的法律，例如工厂法、人民公社法、森林法、草原法、环境保护法、劳动法、外国人投资法等等”[③]。在2001年3月9日召开的第九届全国人大第四次会议上，全国人大常委会委员长李鹏作全国人大常委会工作报告，宣布：“构成有中国特色社会主义法律体系的七个法律部门已经比较齐全，各个法律部门中基本的、主要的法律也大多已经制定出来。因此可以说，以宪法为核心的有中国特色社会主义法律体系的框架已经基本形成。”[④] 但是，不少学者对这种“七个法律部门”的分类法提出了不同的意见。例如，沈宗灵教授认为，我国法律体系划分为宪法部门、行政法部门、民法（民商法）部门、经济法部门、劳动和社会保障法部门、教科文卫法部门、资源环境保护法部门、刑法部门和诉讼法部门[⑤]；孙国华教授认为，我国法律体系可以分为宪法法（国家法）、行政法、民商法、婚姻家庭法、经济法、财政金融

---

① 毛泽东. 毛主席关于时局的声明. 吉林：吉林书店，1949.

② 这次中央工作会议为随即召开的中共十一届三中全会作了充分准备，邓小平同志的这个讲话实际上是十一届三中全会的主题报告。

③ 邓小平. 解放思想，实事求是，团结一致向前看（1978年12月13日）//邓小平文选：第二卷. 北京：人民出版社，1994；（2000-12-29）. http://www.people.com.cn/GB/channel1/10/20000529/80792.html.

④ 李鹏. 全国人民代表大会常务委员会工作报告——2001年3月9日在第九届全国人民代表大会第四次会议上.（2001-03-19）. http://www.chinanews.com/2001-03-19/26/79548.html.

⑤ 沈宗灵，主编. 法理学. 北京：高等教育出版社，2004：336-341.

法、劳动和社会保障法、生态（环境）法、刑法和诉讼法十个部门，他已经将生态法即环境资源法作为一个法律部门。[①] 上述情况说明，国家（政府）对一国法律体系的分类或部门划分不同于学者的分类，也没有一个统一的标准，并且是不断变动的。当然，法学家对法律的分类，并非脱离国家法治建设的实践，也不仅仅是为了学术研究或学科发展的需要，而是最终服务于或应用于国家法治建设的，如果法学家有关法律分类的学术主张能够或最终得到国家或政府的认可或采纳，那是最好不过的事情；这就是环境资源法学者主张环境资源法是一个独立的法律部门的意义所在。

（2）环境资源法是一个独立的法律部门与环境资源法学是一个独立的学科，是相互依赖、影响、促进的两个方面。

环境资源法是一个独立的法律部门，是法学研究深入发展的产物，与环境资源法学这一新兴的、独立的法学学科的形成和发展具有密切的联系。环境资源法学是一个独立的法学学科，是环境资源法这一法律部门发展的结果，与环境资源工作和环境资源法制建设具有重要的联系。无论是环境资源法学者还是国家政府，其将环境资源法视为一个独立的法律部门，都是环境资源工作和环境资源法制建设深入发展的产物。例如，美国佩斯大学著名环境法学家罗宾逊（Nicholas A. Robinson）教授认为，“实践证明，把环境法确立为一个新的法律部门绝非易事，该目标任重而道远。在 1972 年召开的斯德哥尔摩联合国人类环境大会上，我们甚至还在争论环境法这个法律部门是否存在或者应当存在。即便是目前，仍然有很多人居然不知道环境法是可持续发展的基本前提”；但是，“环境法作为一个新的法律部门，其地位已经确立并飞速发展”；“无论如何，亚洲开发银行、联合国环境规划署以及世界自然保护联盟环境法项目通过多年的项目——‘亚太地区高校环境法能力建设’证明，环境法这个法律部门已经确立并飞速发展”；“20 世纪后半期，人们开始自觉地制定环境法并对环境法这个新的法律部门在国家和国际层面上均已产生达成共识”。另一位美国教授 Donm craig 在评价亚太地区环境资源法时认为，亚太地区在确立环境资源法这个新的法律部门时在国际上处于

① 孙国华，主编. 中国特色社会主义法律体系研究——概念、理论、结构. 北京：中国民主法制出版社，2009：164.

领先地位。[①]

（3）环境资源法是一个独立的法律部门，最集中、扼要地体现了环境资源法的主体部分和根本特征。

主体部分是指那些基本的、主要的、起支架作用的环境资源专门法律，根本特征是指它是调整人与自然（即人与环境资源）关系的法律，是规定人对环境资源的行为规范。说环境资源法是一部独立的法律部门，并没有否认环境资源法与其他法律部门的联系，而是最集中、扼要地揭示了环境资源法的主体部分和根本特征，表明环境资源法与宪法、行政法、民法、经济法、诉讼法（包括民事诉讼法、刑事诉讼法和行政诉讼法）、军事法、社会保障法、国际法（包括国际公法、国际私法、国际经济法）等法律部门有十分重要、明显的区别。另外，任何法律部门的外延（即主体部分之外的扩展部分）都具有某种模糊性、变动性和开放性，往往与其他法律部门的法律存在相互交叉和渗透的现象，这表明该体系与整个法律体系或其他法律部门的联系。

（4）将环境资源法确定为一个独立的法律部门，具有十分重要的理论意义和现实意义。

首先，它有利于提高人们对环境资源法的认识和理解，克服将环境资源法视为一部孤立的法律的肤浅认识。例如，中国法学界至今仍然有人在谈论法律体系和法律部门时认为："尽管存在着一些'孤立'的法律，例如《环境保护法》《军事法》等等，但是，由于它们不在官方承认的法律部门之中，这些法律也不属于任何一个法律部门，也就不属于一个法律体系，因此，它们不得不处于一种相对孤立的境地。"[②] 显然，将环境资源法确定为一个独立的法律部门，有利于提醒那些轻视环境资源法的人注意，环境资源法不仅不是孤立的一部法律，而且是数量庞大、种类多样的一群法律。其次，

① 罗宾逊．第二代环境法不断发展所面临的挑战//黎莲卿，玛利亚·索科罗·Z．曼圭亚特．亚太地区第二代环境法展望——世界自然保护联盟/全球环境战略研究所/亚洲开发银行研讨会论文集．邵方、曹明德、李兆玉，译．北京：法律出版社，2006：34．Nicholas A. Robinson. Challenges Confronting the Pro-gressive Development of a Second Generation of EnvironmentalLaws ［A］．Lye Lin-Heng & Maria Socorro Z. Manguiat. Towardsa "Second Generation" in *Environmental Laws in the Asianand Pacific Region*：*Select Trends* ［C］．UK：Henry Ling Ltd，2003，pp. 27－32.

② 吴玉章．论法律体系．中外法学，2017（5）．

它可以增强和促进我国环境资源立法的系统化，进一步健全我国的环境资源法律体系，可以加强和促进环境资源法学学科建设，集中和凝聚环境资源法学研究和教育的人才、队伍和资源，推动环境资源法学研究、教育和法律服务的发展，从而促进我国的环境资源保护事业、环境资源法治建设，推动“五型社会”[①] 的建设，以及经济、社会和生态文明建设的可持续发展。

2. 环境资源法是一个独立的法律部门的理由

人类社会的法律虽然已经诞生了数千年，但将种类和数量繁多的法律法规进行类型化即划分为不同的法律部门，则主要是近现代社会发生的事情。目前，各国学者对环境资源法是否是一个独立的法律部门还有一些不同的认识，这是环境资源法和环境资源法学发展过程中的一个正常现象。我们说环境资源法是一个独立的法律部门，其主要理由如下。

（1）环境资源法是一个独立的法律部门，是由其特定的调整对象、适用范围和特点决定的。

一个法律部门能否独立，主要取决于它是否有独特的调整对象。不同的法律部门有不同的调整对象，作为一个独立的法律部门必须有特定的调整对象。学界普遍认为，环境资源法有特定的调整对象，正是其特定的调整对象，才使其发展成为一个独立的法律部门。笔者认为，环境法的调整对象包括人与自然的关系以及和环境资源有关的人与人的关系，其直接调整对象主要是人与自然的关系。自古至今，人们一直观察到并认为存在着人与人的关系、物与物的关系（即自然物或非人物之间的关系）、人与自然（即人类与其环境）的关系等各种关系。传统的人文社会科学或坚持“主、客二分”研究范式的人文社会科学，将现实世界机械地划分为人与物或人类社会与自然界这两大部分，将各种关系机械地划分为人与人的关系和物与物的关系这两大关系；将人与人的关系称为或定性为社会关系，并机械地认为人类社会中只存在人与人的关系，将物与物的关系称为或定性为自然关系，并机械地认为自然界中只存在物与物的关系；至于是否存在或如何定性人与物或人与自然的关系，以及人与自然的关系究竟是属于社会关系还是自然关系，则是

① “五型社会”是指和谐社会、环境友好型社会、资源节约型社会、循环经济（或生态经济、绿色经济）型社会和生态文明社会。

"主、客二分"研究范式很少关注、难以理解或存在不同解释的问题。随着社会经济和科学技术的发展，以及环境资源问题（包括资源紧缺、环境污染和生态破坏等问题）的加剧，人们（包括政府、社会和学界）开始关注和研究人与自然的关系问题，并由此产生了专门因应人与自然关系的知识、学科、伦理、政策和法律。基于"主、客二分"研究范式的人与人和人与自然的关系的二分法，由于否认或没有人与自然关系的位置，而受到学界和社会的质疑和扬弃。一些学科转而采用"主、客一体"的研究范式，将人类社会视为人与其密切相关的物的综合体或人类生态系统或人与自然的共同体，将人与自然的关系纳入社会关系的范畴，承认人类社会既存在人与人的社会关系，也存在人与自然的社会关系。在当代中国，无论是政府、社会还是学界都已经认识到，人与物、社会与自然不是截然分开和对立的，人与自然是一个共同体，人类社会中存在着人与物、人与人的关系和人与自然的关系。和谐社会包括人与人的和谐、人与自然的和谐，环境友好型社会突出人对环境的友好即人与自然的关系，资源节约型社会强调人对资源的节约即人与自然资源的关系，循环经济（或生态经济、绿色经济）型社会重视人对资源的节约、人对环境的保护，即人与环境资源的关系，生态文明社会则追求人与自然共生共荣，即人与自然的和谐。也就是说，在中国当代社会，人与人的关系和人与自然的关系已经成为两种基本的社会关系，不管立法者和法学家的主观认识如何，他们始终都离不开、甩不掉这对矛盾。从这两种基本关系出发，所有法律可以分为两大部门：一是强调直接调整、主要调整人与人的关系，以保护人的社会环境、维护人与人的社会秩序为直接立法目标的法律部门，这就是传统的民商法、行政法等法律部门；二是强调直接调整、主要调整人与自然的关系，以保护人的自然环境、维护人与自然的生态秩序为直接立法目标的法律部门，这就是环境资源法（包括环境保护法、资源法、生态法、国土开发整治法、灾害防治法）这一新兴的法律部门。现代环境法的根本目的和宗旨，是保护人类赖以生存发展的环境，协调人与环境的关系。生态文明观认为，保护环境和保护人、调整人与人的关系和调整人与自然的关系不是水火不容、有你无我的关系，而是可以共存互补的关系。中共十九大报告强调，"坚持人与自然和谐共生……像对待生命一样对待生态环境"，"人与自然是生命共同体"，"人类对大自然的伤害最终会伤及人类自身”[①]。2015 年 3 月 6 日，习近平总书记在参加江西代表团审议时强调：“环境就是民生，青山就是美丽，蓝天也是幸福……像保护眼睛一样保护生态环境，像对待生命一样对待生态环境。”[②] 从总体上看，调整人与自然的关系，是环境法这一独立的法律部门产生的基本原因、发展的决定因素、长期存在的根本目的，是环境法的主导方面、本质方面；调整人与人的关系，是调整人与自然的关系的需要，是实现人与自然的和谐共处的途径和手段。[③] 正如胡锦涛所指出的：“大量事实表明，人与自然的关系不和谐，往往会影响人与人的关系、人与社会的关系。如果生态环境受到严重破坏、人们的生产生活环境恶化，如果资源能源供应高度紧张、经济发展与资源能源矛盾尖锐，人与人的和谐、人与社会的和谐是难以实现的。”[④]

环境资源法有其特定的适用范围，它是专门适用于环境资源的开发、利用、保护、治理及其管理的法律，是直接、专门为生态文明社会建设服务的法律。一方面，法律的适用范围是区别法律部门的一个标准；另一方面，法律类型化有助于进一步明确不同法律部门的适用范围。环境资源法的直接保护对象是环境（包括自然资源），环境资源法的直接防治客体是环境污染和生态破坏以及一切对环境有不利影响的人为活动，这是所有环境资源法律明确规定的内容。作为环境资源法直接保护对象的环境和自然资源，基本上或从整体上看是一种公众共用物，是公众可以自由、直接、免费、非排他性使用的公众共用物，而公众共用物既不是传统民法或物权法保护的私有财产或“物”，也不是传统行政法或公法保护的“政府公务财产”或“政府支配财产”。在当代中国，生态文明建设是与经济建设、政治建设、文化建设、社会建设并列的“五大建设”之一，它可以融入其他四种建设全过程，但不可能被其他任何一种建设所取代。第九届全国人大常委会专门成立的中国特色社会主义法律体系专题研究小组，在 1998 年提出的“有中国特色社会主义

① 习近平．决胜全面建成小康社会　夺取新时代中国特色社会主义伟大胜利——在中国共产党第十九次全国代表大会上的报告（2017 年 10 月 18 日）．人民日报，2017－10－28.

② 邱玥．环境就是民生　青山就是美丽　蓝天也是幸福．江西日报，2015－03－11.

③ 王玉庆．在 2012 年全国环保局长论坛暨中国环境报社宣传工作会议上的讲话．中国环境报，2012－12－07（第 2 版）.

④ 胡锦涛．在省部级主要领导干部提高构建社会主义和谐社会能力专题研讨班上的讲话．人民日报，2005－06－27.

法律体系”的七个门类（宪法及宪法相关法、民法商法、行政法、经济法、社会法、刑法、诉讼与非诉讼程序法），除宪法及宪法相关法、刑法、诉讼与非诉讼程序法这三个部门法外，其他四个部门法（民法商法、行政法、经济法、社会法）主要是依附于其他四种建设的法律部门，如民法商法主要依附于、适用于经济建设，行政法主要依附于、适用于政治建设，社会法主要依附于、适用于社会建设等，经济法主要与经济建设有关。环境资源法虽然与其他四种建设有关，但主要依附于、适用于生态文明建设。众所周知，虽然上述七大法律部门均或多或少、直接间接地与生态文明建设有关，但环境资源保护是生态文明建设的关键、主阵地和根本措施，是建设美丽中国的主干线、大舞台和着力点；生态文明建设法律体系是以环境资源法为基础、主干、主体的法律体系，生态文明建设法律的主要内容是保护和改善环境、防治环境污染和生态破坏、合理开发利用和管理自然资源（能源）、进行自然保护和生态建设。从某种意义上可以认为，生态文明建设法律体系也就是环境资源法律体系，甚至可以用环境资源法律体系来代表生态文明建设法律体系或作为其主体部分。由于生态文明建设相对于经济建设、政治建设、文化建设、社会建设的独立性或独特性，主要依附于、适用于生态文明建设的环境资源法相对于民法商法、行政法、社会法等法律部门而言也具有独立性或独特性，即很难将主要依附于、适用于生态文明建设的环境资源法划入民法商法、行政法、社会法、经济法等法律部门。

环境资源法具有不同于其他法律部门的特点，环境资源法是一个独立的法律部门是由其性质、特点决定的。首先，环境资源法有特定的目的、任务和功能。环境资源法的目的、任务和功能是，保护和改善环境，防治污染和其他公害，保障公众健康，推进生态文明建设，促进经济社会可持续发展。此外，环境资源法的目的、任务和功能还包括维护代际公平、种际公平、后代人的权利、全人类的利益，甚至以动物权益为代表的大自然的权益。这些目的、任务和功能是其他任何法律部门所无法完成的。其次，环境资源法还具有许多其他法律部门所无法包容的特点。例如，环境资源法具有综合性、科学技术性和公益性等特点；有一套富于特色的环境资源法律原则和环境资源法律制度，民法、行政法、刑法的法律原则和法律制度很难完全适用于环境资源法；有其特定的调整机制、调整方法和强有力的行政执法机构和司法机构（如环境资源审判庭）；有富于特色的环境学、生态学、“主、客一体化”研究范式、生态人模式、可持续发展观、人与自然共同体等理论作为其理论基础，有富于特色的环境理念、生态伦理以及环境权、自然资源权和动物等自然体权利思想作为其思想基础。这些特色或特点，是其他法律部门所没有的。最后，环境资源法有其产生、发展和存在的特定原因。环境资源法有富于特色的发展史和永续长存的条件，环境资源法的产生原因、发展规律不同于民法、行政法、刑法等法律部门。环境资源法产生、发展和存在，除了一般性的原因外，根本原因是人类赖以生存、发展的环境受到了污染、破坏等人为因素的干预，是人与自然关系的失当、失衡和变化，体现了人类追求美好环境和实现人与自然和谐相处的要求和愿望。这些原因是环境资源法得以产生、发展的物质基础，其他任何法律部门的产生和发展很少依赖这些因素。

（2）环境资源法是一个独立的法律部门，这既是一种现实需要，也是一种客观事实。

我们说环境资源法是一个独立的法律部门，首先是包括环境资源保护在内的生态文明建设的现实需要。在现代环境资源生态问题没有出现、环境资源生态保护事业和环境资源法律体系没有形成之前，环境资源法是不可能成为一个独立的法律部门的，这就是为什么在 20 世纪 50 年代之前的法、德、英、美、日等国有“公法、私法”之分，有“五法”“六法”之称，而没有环境资源法是一个独立的法律部门之说的历史原因。中华人民共和国成立后，虽然在 20 世纪 80 年代改革开放初期，包括笔者在内的许多环境资源法学者已经提出环境资源法是一个独立的法律部门的主张，但是由于环境资源生态问题的严重性、环境资源生态保护的紧迫性和环境资源法的重要性还没有发展到足够的程度，特别是我国还没有进入生态文明建设时期，环境资源法是一个独立的法律部门只能是一种学术主张，而没有体现在国家（政府）对法律体系的分类上。据笔者查阅有关资料，直到中共十五大报告（1997 年 9 月 12 日）才明确提出“到二零一零年形成有中国特色社会主义法律体系”的任务。[①] 根据中央的这一部署，李鹏委员长在 1998 年 3 月 21 日举行

① 高举邓小平理论伟大旗帜，把建设有中国特色社会主义事业全面推向二十一世纪——江泽民在中国共产党第十五次全国代表大会上的报告（1997 年 9 月 12 日）. http：//www. china. com. cn/chinese/archive/131781. htm.

的第九届全国人大常委会第一次会议上的讲话中提出了“在九届全国人大任期内，初步形成有中国特色社会主义的法律体系”的任务。[①] 接着，第九届全国人大常委会专门成立了一个由人大法工委牵头的中国特色社会主义法律体系专题研究小组，经过一年左右的时间，小组研究提出了将这一体系划分为七个法律部门即“宪法和宪法相关法、民法商法、行政法、经济法、社会法、刑法、诉讼与非诉讼程序法”的意见。[②] 不久，在 2001 年 3 月 9 日召开的第九届全国人大第四次会议上，全国人民代表大会常务委员会委员长李鹏所作的《全国人民代表大会常务委员会工作报告》不仅采纳了人大法工委关于“中国特色社会主义法律体系包括七个门类”的意见，明确指出，“常委会根据立法工作的实际需要，初步将有中国特色社会主义法律体系划分为七个法律部门，即宪法及宪法相关法、民法商法、行政法、经济法、社会法、刑法、诉讼与非诉讼程序法”；而且宣布“构成有中国特色社会主义法律体系的七个法律部门已经比较齐全，各个法律部门中基本的、主要的法律也大多已经制定出来。因此可以说，以宪法为核心的有中国特色社会主义法律体系的框架已经基本形成”[③]。综上所述，全国人大常委会“初步将有中国特色社会主义法律体系划分为七个法律部门”，是早在 2001 年以前党和国家尚未明确提出生态文明建设时所确定的分类。从 2001 年至今，已经过去了 18 年。在这 18 年中，中国的经济社会环境及其法治建设形势发生了巨大的变化；正是从 21 世纪初，中国才开始准备和实施生态文明建设，在 2012 年召开的中共十八大上确立了“五位一体”的战略部署，在 2017 年召开的中共十九大上宣布中国特色社会主义进入了新时代，中国环境资源法才开始全面进入生态文明建设时期。

2003 年 6 月，《中共中央国务院关于加快林业发展的决定》提出了“确立以生态建设为主的林业可持续发展道路，建立以森林植被为主体、林草结合的国土生态安全体系，建设山川秀美的生态文明社会”的指导思想。2005

① 在九届全国人大一次会议闭幕式上李鹏委员长的讲话．人民日报，1998－03－02．http：//www.people.com.cn/zgrdxw/zlk/rd/9jie/newfiles/a1450．html.

② 王雷鸣，徐江善，沈路涛．镌刻在民主法制建设的丰碑上——一届全国人大至九届全国人大回眸．(2003－03－04)．http：//www.dzwww.com/dazhongribao/dazhongyaowen/200303040231.htm.

③ 李鹏．全国人民代表大会常务委员会工作报告——2001 年 3 月 9 日在第九届全国人民代表大会第四次会议上．(2001－03－19)．http：//www.chinanews. com/2001－03－19/26/79548.html.

年 3 月，《国务院关于落实科学发展观加强环境保护的决定》提出了“倡导生态文明，强化环境资源法治，完善监管体制，建立长效机制，建设资源节约型和环境友好型社会”的要求。2007 年 10 月，中共十七大报告中提出了“建设生态文明”和“生态文明观念在全社会牢固树立”的目标。[①] 自此以后，我国立法机关开始考虑，关于中国特色社会主义法律体系分为七个法律部门的分类，是否需要与时俱进地反映生态文明建设、法治建设的问题。在全国人大常委会初步确立“有中国特色社会主义法律体系划分为七个法律部门”10 年后的 2011 年 1 月 24 日[②]和 3 月 10 日[③]，时任全国人大常委会委员长吴邦国有关中国特色社会主义法律体系的两次重要讲话不再局限于原有的七个法律部门，而是强调“以宪法为统帅，以宪法相关法、民法商法等多个法律部门的法律为主干”。时任全国人大法律委员会主任委员胡康生在论及社会主义法律体系的部门划分和层次结构时也指出，“这里需要说明，在法律体系的部门划分、层次构成问题上，有些专家学者还有不同意见。比如：在部门划分上……有的认为应增加环境资源法……这些意见各有各的道理，

① 中共十七大报告（2007 年 10 月 15 日）提出，“建设生态文明，基本形成节约能源资源和保护生态环境的产业结构、增长方式、消费模式。循环经济形成较大规模，可再生能源比重显著上升。主要污染物排放得到有效控制，生态环境质量明显改善。生态文明观念在全社会牢固树立”；“坚持生产发展、生活富裕、生态良好的文明发展道路，建设资源节约型、环境友好型社会，实现速度和结构质量效益相统一、经济发展与人口资源环境相协调，使人民在良好生态环境中生产生活，实现经济社会永续发展”（参见胡锦涛．高举中国特色社会主义伟大旗帜，为夺取全面建设小康社会新胜利而奋斗——在中国共产党第十七次全国代表大会上的报告．人民日报，2007 - 10 - 25.）。

② 据新华网北京 2011 年 1 月 25 日电（记者杨维汉、崔清新），2011 年 1 月 24 日，在全国人大常委会召开、全国人大常委会副委员长王兆国主持的形成中国特色社会主义法律体系座谈会上，全国人大常委会委员长吴邦国发表讲话，认为“以宪法为统帅，以宪法相关法、民法商法等多个法律部门的法律为主干，由法律、行政法规、地方性法规等多个层次的法律规范构成的中国特色社会主义法律体系已经形成，国家经济建设、政治建设、文化建设、社会建设以及生态文明建设的各个方面实现有法可依”。引自杨维汉，崔清新．形成中国特色社会主义法律体系座谈会在京举行．（2011 年 1 月 24 日）．http：//news. xinhuanet. com/legal/2011 - 01/25/c _ 121021455. htm；吴邦国．形成中国特色社会主义法律体系的重大意义和基本经验．求是，2011（3）.

③ 据中新社北京 2011 年 3 月 10 日电（记者周兆军），全国人大常委会委员长吴邦国 10 日向第十一届全国人大第四次会议作全国人大常委会工作报告。他宣布，一个立足中国国情和实际、适应改革开放和社会主义现代化建设需要、集中体现党和人民意志的，以宪法为统帅，以宪法相关法、民法商法等多个法律部门的法律为主干，由法律、行政法规、地方性法规等多个层次的法律规范构成的中国特色社会主义法律体系已经形成。引自周兆军．吴邦国：中国特色社会主义法律体系已经形成．（2011 - 03 - 10）．http：//www. chinanews. com/gn/2011/03 - 10/2895965. shtml.

都可以在实践中进一步研究”[①]。

2012 年 11 月召开的中共十八大，不仅确立了“确保到二〇二〇年实现全面建成小康社会”“实现国内生产总值和城乡居民人均收入比二〇一〇年翻一番”的宏伟目标；而且确立了“加快”“大力”“全面落实”“大力推进生态文明建设”的战略、目标和任务，要求“把生态文明建设放在突出地位，融入经济建设、政治建设、文化建设、社会建设各方面和全过程，努力建设美丽中国，实现中华民族永续发展”[②]。中共十八大之后，党和国家一方面继续推进工业化、城市化进程和全球发展战略，开拓国内外市场[③]；另一方面，始终把生态文明建设放在治国理政的重要战略位置，作为统筹推进“五位一体”总体布局和协调推进“四个全面”战略布局的重要举措。例如，十八届三中全会通过的《中共中央关于全面深化改革若干重大问题的决定》（2013 年 11 月），提出加快建立系统完整的生态文明制度体系；十八届四中全会通过的《中共中央关于全面推进依法治国若干重大问题的决定》（2014 年 10 月），要求用严格的法律制度保护生态环境；十八届五中全会通过的《中共中央关于制定国民经济和社会发展第十三个五年规划的建议》（2015 年 10 月），将绿色发展纳入新发展理念。党和国家还相继制定了《中共中央

---

① 胡康生. 对中国特色社会主义法律体系几个问题的研讨. http://www.npc.gov.cn/npc/xinwen/2010-08/30/content_1593826.htm.

② 中共十八大报告首次设单篇、用 7 个自然段、1 361 个字对生态文明进行了专门论述。该报告强调：“全面落实经济建设、政治建设、文化建设、社会建设、生态文明建设五位一体总体布局，促进现代化建设各方面相协调，促进生产关系与生产力、上层建筑与经济基础相协调，不断开拓生产发展、生活富裕、生态良好的文明发展道路”；“加快生态文明建设”；“全面推进经济建设、政治建设、文化建设、社会建设、生态文明建设”；“大力推进生态文明建设”；“把生态文明建设放在突出地位，融入经济建设、政治建设、文化建设、社会建设各方面和全过程，努力建设美丽中国，实现中华民族永续发展”。

③ 诚如中共十九大报告所指出的，十八大以来的五年，“经济建设取得重大成就。坚定不移贯彻新发展理念，坚决端正发展观念、转变发展方式，发展质量和效益不断提升。经济保持中高速增长，在世界主要国家中名列前茅，国内生产总值从五十四万亿元增长到八十万亿元，稳居世界第二，对世界经济增长贡献率超过百分之三十。供给侧结构性改革深入推进，经济结构不断优化，数字经济等新兴产业蓬勃发展，高铁、公路、桥梁、港口、机场等基础设施建设快速推进。农业现代化稳步推进，粮食生产能力达到一万二千亿斤。城镇化率年均提高一点二个百分点，八千多万农业转移人口成为城镇居民。区域发展协调性增强，‘一带一路’建设、京津冀协同发展、长江经济带发展成效显著。创新驱动发展战略大力实施，创新型国家建设成果丰硕，天宫、蛟龙、天眼、悟空、墨子、大飞机等重大科技成果相继问世。南海岛礁建设积极推进。开放型经济新体制逐步健全，对外贸易、对外投资、外汇储备稳居世界前列”。

国务院关于加快推进生态文明建设的意见》(2015 年 4 月)[①]，中共中央、国务院印发的《生态文明体制改革总体方案》(2015 年 9 月)等一系列重要政策文件，明确了包括环境资源生态法治建设在内的生态文明建设的基本理念、指导思想、原则、政策措施、体制机制和法律制度。与党和国家有关生态文明建设的政策和战略部署相适应，2014 年修订的《环境保护法》、2015 年修订(2018 年再修订)的《大气污染防治法》、2016 年颁布(2018 年修订)的《环境保护税法》和 2016 年修订(2018 年再修订)的《野生动物保护法》、2017 年修订的《水污染防治法》和 2018 年颁布的《土壤污染防治法》等法律，均将“推进生态文明建设”列为其立法目的，并且增加了有关生态环境保护和生态治理的内容。上述党和国家有关生态文明建设的政策和法律，为我国立法部门将环境资源法设立为一个独立的法律部门，创造了必要的条件，奠定了坚实的基础。

一般认为，作为一个独立的法律部门，必须有特定的适用范围并形成一定的规模效应，包括有足够重要或足够数量的法律法规、相当重要或相当广泛的社会影响和社会作用等。从这个角度看，全国人大常委会在 2001 年“初步将有中国特色社会主义法律体系划分为七个法律部门”而没有将环境资源法列为一个独立的法律部门，是由于当时党和国家尚未明确提出生态文明建设，致使有些人未能充分认识到环境资源法的重要地位和作用。但是，2012 年中共十八大和 2017 年中共十九大后，党和国家已经确立并实施“五位一体”的战略目标和建设布局，将环境资源法列为中国特色社会主义法律体系中的一个法律部门的条件已经成熟。到 2017 年，我国已制定 12 部以防治环境污染为主要内容的法律，14 部以自然资源管理和合理使用为主要内容的法律，12 部以自然保护、生态建设、防止生态破坏和防治自然灾害为主要内容的法律，40 余部与环境资源法密切相关的法律；军队环保法规和规章 10 余件；1 600 多项环保标准；还制定了大量行政法规、行政规章、地方法规和地方政府规章，以及包含环境资源保护内容的其他法律部门的法律

① 2015 年 3 月 24 日，中共中央政治局召开会议，审议通过了《关于加快推进生态文明建设的意见》，会议要求“把生态文明建设纳入法治化、制度化轨道”。中共中央政治局召开会议 审议《关于加快推进生态文明建设的意见》. (2015 - 03 - 24). http://news.xinhuanet.com/finance/2015 - 03/24/c_1114749476.htm.

法规。目前，环境资源法已发展成为一个内容丰富、功能齐备、结构合理、数量繁多的环境资源法体系，已经在我国全部法律中占有相当大的分量①，已成为中国社会主义法律体系中新兴的、发展最为迅速的重要组成部分；环境资源法已获得相当重要的社会地位，发挥出重要的社会影响和社会作用，已成为中国环境资源保护和生态文明建设的最为重要的基础和支柱。对于这样一个数量繁大、具有特色和重要作用的环境资源法律体系，我们没有充分理由将其塞入不能将其包容在内的其他法律部门；即使我们勉强将其纳入民法、刑法、行政法、经济法、社会法、诉讼法等其他法律部门，也会在法律指导思想、价值理念、原则制度、调整机制等方面，产生难以调和的矛盾和冲突。

二、环境资源法学是一个独立的法学学科

1. 环境资源法学是一个独立的学科的含义

环境资源法学是一个独立的学科，是指它已经形成相对独立的知识体系，已经成为高校教学、科研和人才培养的一个功能单位。

（1）环境资源法学是一个独立的学科是一种学术分类，表示环境资源法学已经形成相对独立的知识体系，已经成为法学下面的一个二级学科。说环境资源法学是一门独立的学科，主要代表一种学术主张，是为了强调和突出有关环境资源法律知识的系统性和理论性，并不意味着诸如经济法学、民商法学、国际法学等其他法学二级学科不能开展环境资源法律方面的研究。学科（discipline、course、branch of learning、subject）是与知识相联系的一个学术概念。人类在活动中产生经验和认识，对经验和认识进行积累、思

① “数据显示，我国环境法律占全部法律的 10%左右，环境行政法规占全部行政法规的 7%左右，环境法律门类越来越齐全，结构越来越完整。”以上参见岳跃国．环境法治：新常态下酝酿新突破．中国环境报，2014－10－28．“截至 2017 年 8 月，我国已制定现行宪法和有效法律近 260 部、行政法规近 800 部、地方性法规近 9 000 部。”以上参见莫纪宏．党的十八大以来法治建设的伟大成就．中国社会科学网，2017－10－04．http：//www.cssn.cn/index/index_focus/201710/t20171003_3660003.shtml．“截至 2018 年，全国人大及其常委会通过的所有法律有 270 部左右，其中，环境、资源、能源、清洁生产与循环经济促进等方面的专门法律近 30 部，约占国家全部法律的十分之一。此外，国家还有数十部基本法律和其他领域的法律也规定了环境与自然保护的内容。不仅于此，十八届三中全会以来党中央国务院制定的生态文明体制与环境资源制度改革的政策文件和方案等多达 40 余件。”以上参见汪劲．环境法学的中国现象．清华法学，2018（5）．

考、归纳、抽象而上升为知识，知识在经过运用并得到验证后进一步发展形成知识体系，根据某些特征或标准对知识体系进行划分而成为学科。学科是科学知识体系的分类，不同的学科就是不同的科学知识体系；环境资源法学就是从人类法治建设的实践活动中形成、积累、归纳总结而成的科学知识体系。

环境资源法学是一门独立的学科作为一种学术主张，既可以同于也可以不同于国家学科主管部门或依照国家学科标准设立的学科；当环境资源法学被列入国家学科主管部门或按照国家学科标准设立的学科体系时，表明学者们关于环境资源法学是一门独立的学科的学术主张得到了国家学科主管部门或国家学科标准的采纳和承认。根据《中华人民共和国学科分类与代码国家标准》(GBT 13745－2009，2009 年 5 月 6 日发布)，我国将全部学科分为 3 大类、5 个门类，下共设 62 个一级学科或学科群、676 个二级学科或学科群、2 382 个三级学科。法学（代码是 820）属于一级学科，在法学下共设有理论法学、法律史学、部门法学（代码是 82030）、国际法学（代码是 82040）、法学其他学科等 5 个二级学科，其中部门法学包括 19 个三级学科。环境资源法学主要指部门法学中的环境法学和国际法学中的国际环境法学。

（2）环境资源法学是一门独立的学科是对其现实功能的一种认可，表示环境资源法学已经形成相对独立的专业领域。学科与专业具有内在的联系，它们既相互依赖又具有不可替代性。专业（Major、Specialty），广义上是指人们用以谋生的、某种比较成型或固定的，具有特定目标、任务、功能、技能和知识的业务活动、工作或职业；主要指高等学校（也包括一些科研院所和中等专业学校）设立的学业门类、产业部门的各业务部分。学科是源，专业是流。专业源于社会分工和学科的发展，社会分工发展到比较稳定的程度，学科发展到比较成熟的程度，就产生了设立专业的需要。在我国高等院校（也包括一些科研院所和中等专业学校），学科与专业并存是一种特有现象。学科不仅是指作为知识的“学科”，也指围绕该“学科”而建立起来的组织；学科是专业的基础，专业是对学科的选择与组织。就大学里承担教学科研工作的人员来看，学科就是学术的组织或从事科学与研究的机构，即专业；专业是学科承担人才培养职能的基地，是在一定学科知识体系的基础上构成的，离开了学科知识体系，专业也就丧失了其存在的合理性依据。一个学科中，可以分成若干专业；不同学科之间也可以组成跨学科专业。因此学科是专业的基础，它提供了高水平的师资队伍、教学与研究基地，包含学科发展最新成果的课程教学内容等。

环境资源法学作为一门独立的学科，表示环境资源法学已经成为高等院校（也包括一些科研院所和中等专业学校）内教学、科研的一种功能单位，已经构成高等学校（也包括一些科研院所和中等专业学校）和产业部门的某些专业的知识基础。这为高等院校（也包括一些科研院所和中等专业学校）设立环境资源法学专业奠定了知识基础，为环境资源法学成为高校人才培养、教学科研活动中一个相对独立、稳定的业务范围被认可、界定和正规化、制度化，创造了条件。扩大而言，这甚至为某些产业部门设立某种应用环境资源法学知识的职业奠定了知识基础或学科基础。根据《授予博士、硕士学位和培养研究生的学科、专业目录》（1997 年颁布）①，我国高等学校授予博士、硕士学位和培养研究生的学科（专业）共有 12 个学科门类、88 个一级学科（专业）、381 个二级学科（专业）；其中法学学科门类下设 5 个一级学科（专业）②，法学一级学科（专业）下设 10 个二级学科（专业）③，环境与资源保护法学是法学一级学科（专业）下的 10 个二级学科（专业）之一。根据《普通高等学校本科专业设置管理规定》（教育部 2012 年 9 月 14 日印发），我国高等学校本科共有 13 个学科门类、92 个专业类、506 种专业（包括 352 种基本专业和 154 种特设专业）；其中法学学科门类下设 6 个专业类④，法学类专业是 6 个专业类之一；法学类专业包括 10 个专业，而环境与资源保护法学专业则是 10 个专业之一。在《普通高等学校本科专业目录

① 1990 年 10 月，国务院学位委员会和国家教育委员会联合下发《授予博士、硕士学位和培养研究生的学科、专业目录》（1990 年颁布）。国务院学位委员会和国家教育委员会于 1997 年 6 月联合下发《授予博士、硕士学位和培养研究生的学科、专业目录》（1997 年颁布）。后经 1998 年 10 月和 2005 年 12 月两次补充修订。

② 法学学科门类下设的 5 个一级学科（专业）是：法学、政治学、社会学、民族学、马克思主义理论。

③ 法学一级学科（专业）下设的 10 个二级学科（专业）是：法学理论、法律史、宪法学与行政法学、刑法学、民商法学（含：劳动法学、社会保障法学）、诉讼法学、经济法学、环境与资源保护法学、国际法学（含：国际公法、国际私法、国际经济法）、军事法学。

④ 法学学科门类下设的 6 个专业类是：法学类、政治学类、社会学类、民族学类、马克思主义理论类、公安学类。

(2012年)》中所列专业，除已注明者外，均按所在学科门类授予相应的学位；对已注明了学位授予门类的专业，按照注明的学科门类授予相应的学位；可授两种（或以上）学位门类的专业，原则上由有关高等学校确定授予其中一种。

（3）环境资源法学与环境资源工作和环境资源法治建设具有重要的联系，可以从环境资源法是一个独立的法律部门的角度理解环境资源法学的含义。环境资源法学是以环境资源法这一独立的法律部门为主要研究对象的一门独立学科，或者说它是环境资源法逐渐发展成为一个独立的法律部门在学术研究和法律知识构成方面的产物。环境资源法律是国家制定或认可的环境资源领域的行为规范、秩序规范，它不是某个理论家或法学家的理论观念或理论体系，但它与环境资源法学理论具有密切的联系。当代环境资源法的发展，既有来源于实践的动力，也有赖于理论的指导。一部环境资源法律或法规，不但其内容是肯定和明确的，而且可以通过有权的法定的解释来统一对法律法规条款的理解。但是，环境资源法学有不同的学术派别，作为一门新兴的法律学科更需要不同学派的争鸣。因此，我们在论及环境资源法学时，应该注意不同的环境资源法学学派，研究环境资源法学的各种渊源。随着环境资源保护事业和环境资源法治建设的发展，具有特色的环境资源法学理论会日益成熟，对环境资源法治建设的影响和理论指导作用会越来越明显。因此，环境资源法学是一个独立的学科与环境资源法是一个独立的法律部门是相互依赖、影响、促进的两个方面。

2. 环境资源法学是一个独立的法学学科的理由

某类知识体系之所以被称为学科，本身就意味着它已经成为一门独立的知识体系。如果某个“学科”不是独立的，而是附属于其他学科（如学科A）或仅仅是学科A中的一部分内容，那么它就不能被称为一门学科，而只能被称为学科A的一个组成部分。学科的固有之义是其已经形成一类独立的知识体系，凡是称为学科的所有法学二级学科都应该是相互独立的。强调环境资源法学是一门独立的学科，其实就是强调环境资源法学具有区别于其他法学二级学科的特点。有些人之所以不承认环境资源法学是一门独立的学科，除了对学科的固有之意缺乏了解外，还有一个重要原因是其没有认识到环境资源法学区别于其他法学二级学科的特点。笔者认为环境资源法学是一门独立的学科，主要理由如下。

(1) 环境资源法学有其特定的研究对象、服务范围和知识、理论体系。

第一，它有特定的研究对象和服务对象。环境资源法学是一个独立的学科，是由其特定的研究对象、服务范围决定的。环境资源法学的主要研究对象，从法律法规方面讲是环境资源法这一新兴法律部门，从法律关系方面讲是人与自然的关系以及与环境有关的人与人的关系。环境资源法学的服务范围是包括环境资源法治建设在内的环境资源保护事业和生态文明社会建设，环境资源法学是中国环境资源法治体系的理论指导和学理支撑。《中共中央关于全面推进依法治国若干重大问题的决定》(2014 年) 要求，“用严格的法律制度保护生态环境，加快建立有效约束开发行为和促进绿色发展、循环发展、低碳发展的生态文明法律制度，强化生产者环境保护的法律责任，大幅度提高违法成本。建立健全自然资源产权法律制度，完善国土空间开发保护方面的法律制度，制定完善生态补偿和土壤、水、大气污染防治及海洋生态环境保护等法律法规，促进生态文明建设”。这实际上是进一步明确了环境资源法学的适用范围和服务对象。环境资源法学的特定研究对象和服务范围具有内在的一致性，因为环境资源保护和生态文明建设的根本任务就是正确处理和协调人与自然的关系以及与环境有关的人与人的关系，并且只有正确处理和协调人与自然的关系以及与环境有关的人与人的关系，才能推动环境资源保护和生态文明建设的可持续发展。例如中共中央、国务院印发的《生态文明体制改革总体方案》(2015 年) 在阐述生态文明体制改革的指导思想时强调，“以建设美丽中国为目标，以正确处理人与自然关系为核心，以解决生态环境领域突出问题为导向，保障国家生态安全，改善环境质量，提高资源利用效率，推动形成人与自然和谐发展的现代化建设新格局”①。时任国家发展和改革委员会主任徐绍史在解释中共中央、国务院印发的《关于加快推进生态文明建设的意见》时认为，“生态文明建设的关键，是处理好人与自然的关系”②。

第二，它已经形成自己的知识、理论体系。判断某类知识是否称得上一

---

① 生态文明体制改革总体方案 (2015 年 9 月). 光明日报，2015-09-22 (2).

② 赵超，陈炜伟. 生态文明建设明确时间表和路线图——访国家发展改革委主任徐绍史. (2015-05-05). http://news.xinhuanet.com/politics/2015-05/05/c_1115187800.htm.

门学科，主要看其是否形成了相对完整、自足并且具有特色的知识和理论体系。目前环境资源法学已经形成环境、资源、生态、环境公众共用物、环境公共利益、环境（自然资源）权利和义务、环境资源生态损害、环境资源生态治理、环境资源诉讼等具有特色的基本概念和范畴；已经形成“尊重自然、顺应自然、保护自然”“环境（生态）正义、公平、安全、秩序、效益”“人与自然共同体”“以人为本、以自然为根、以人与自然和谐为魂”“绿水青山就是金山银山”“山水林田湖草是一个生命共同体”“自然价值和自然资本”等具有特色的基本理念和价值观；已经形成“可持续发展”“经济社会发展与环境保护相协调”“保护优先、预防为主、综合治理”“损害者担责”“风险预防”“安全第一”“节约优先”“环境民主”等具有特色的基本原则和指导思想；已经形成环境资源规划制度、环境资源监测制度、环境资源标准制度、环境影响评价制度、排污许可制度、清洁生产制度、循环经济制度、环境资源信息公开制度、环境资源公众参与制度、环境生态修复制度、生态补偿制度、生态环境损害赔偿制度、环境资源公益诉讼制度等具有特色的基本制度和法律措施；已经形成“主、客一体”“整体主义”“生态人模式”“生态化方法理论”（或综合生态系统方法理论）、“综合治理、多元治理机制”（第三种调整机制）、系统论、信息论等具有特色的研究范式、研究方法和调整机制。由于环境资源法学已经建立起一整套特有的概念、理念、原则、制度、机制、原理、范式和方法所构成的严密的逻辑化的知识系统，因而它是一门当之无愧的法学二级学科；由于它已经围绕中国现行环境资源实在法形成了一套“理念—价值—原则”“概念—规范—制度”“知识—方法—思维”相统一的理论体系，因而即使按照现代法教义学的标准，它实际上也已经成为具有中国特色的“环境法教义学”。另外，由于环境资源法学具有交叉性、综合性、科学性等特点，处于公法学与私法学之间的中间地带，民商法学、刑法学、宪法行政法学、诉讼法学、经济法学和社会法学等现已定型的法学学科都很难将它纳入其内；也就是说，不是环境资源法学自己“闹独立”，而是其他法学二级学科都已经将它视为一门独立的法学二级学科。

（2）环境资源法学作为一门独立的法学学科，既是现实需要，也是客观事实。

环境资源法学有其丰富的研究内容和广泛的应用领域，有其独特的产生和发展的条件、社会需要和动力。特别重要的是，环境资源法学的发展是时代的需要、环境资源工作的需要，正如马克思所言，一门学科发展的程度，取决于时代对这门学科的需要程度。环境资源法学是随着环境资源保护事业的日益壮大、环境资源法治建设的日益加强，以及环境资源法学研究队伍和学术团体的日益发展壮大而逐渐形成的一类知识体系。

第一，它是环境资源保护事业和生态文明社会法治建设的需要和产物。环境资源法学是随着环境资源问题的日趋严重、环境生态保护活动的日益加强，以及环境资源法的产生和发展而出现的一门新兴学科。在古代或很早以前就有有关防治环境污染、保护自然资源的法律法令，但那时并没有形成现代意义的环境资源法学。第二次世界大战以后，特别是自 20 世纪 50 年代以来，许多工业发达国家都面临着严重的环境资源危机，这些问题引起了有关学科和许多专家学者的注意。1954 年，美国一批学者最早提出了“环境科学”这一名词并成立了“环境科学学会”。环境问题的严重、环境科学的兴起和环境管理的强化，对法学研究提出了新的要求和任务。为了适应环境立法的理论需要，在新兴的环境科学的带动下，包括新自然法学派在内的法学家们开始研究对环境保护及人与自然关系实行法律调控的理论，一些工业发达国家在 20 世纪 60 年代兴起了关于环境权理论的学术讨论。60 年代中期至 70 年代中期，是各种环境资源法观点、理念、原则和学说酝酿、提出、讨论、争鸣的时期，环境资源法学开始冲破某些传统法学理论的束缚，进行本学科的开拓、创新活动；环境道德、生态伦理和环境正义、绿色公平在争鸣中开始传播，环境权从提出、辩论到立法进入实施，“公众共用物”“公共资源”“环境资源价值”理论开始形成并发展，污染损害赔偿的无过失责任原则、举证责任倒置原则、环境民主或公众参与原则等开始得到法律的承认，环境影响评价报告、排污许可等开始上升为法律制度，从而使环境资源法有了自己独特的理念、原则、制度和内容，并导致环境资源法学从传统的部门法学中脱颖而出，逐渐形成具有特色的法学分科。这种对环境资源法学理论的讨论和研究，一方面促使许多国家开始形成以综合性的环境保护基本法为中心的环境资源法律体系；另一方面造就了一大批研究、讲授和从事环境资源法实务的专业环境资源法工作者队伍，从而促进了环境资源法学的形成。

在中国，从环境资源保护工作者和法律工作者于 20 世纪 70 年代开始研究环境资源法的现象及其规律以来，环境资源法学的成长与发展非常迅速。自 20 世纪 90 年代以来，它一直是中国法学界最为活跃的一个领域，目前已经成为具有特色理论的显学，并日益显示和发挥出它对中国环境资源法治建设的理论指导作用。

第二，它是学科建设和专业发展的需要和产物。环境资源保护事业和生态文明社会建设需要具有环境资源法律基础知识和专门技术的人才；高等院校和科研组织为了更好地服务于环境资源保护事业和生态文明建设，需要设立环境资源法律知识的学科与专业。将环境资源法学作为一门独立的学科进行建设，这种主张逐渐获得了国家政府部门（如教育部门、科研部门等）和高等院校越来越多的承认和支持。根据国务院学位委员会和国家教育委员会 1997 年 6 月颁布的《授予博士、硕士学位和培养研究生的学科、专业目录》（简称《学科、专业目录》）[①]，法学专业即法学一级学科共分为 10 个二级学科，环境与资源保护法学和行政法学、刑法学、民商法学、经济法学、国际法学等一样都是相对独立的学科。这表明，环境与资源保护法学即环境资源法学专业（学科）已经得到国家教育部门的正式认可。1998 年，教育部同时制定了《普通高等学校本科专业目录新旧专业对照表》《普通高等学校本科专业设置规定》（1998 年颁布）、《工科本科引导性专业目录》。2007 年 3 月，教育部高校法学学科教学指导委员会全体委员会议将环境与资源保护法增列为法学学科核心课程之一。2009 年 5 月 6 日，我国国家质量监督检验检疫总局、中国国家标准化管理委员会联合发布了《学科分类与代码》。2011 年 3 月 8 日，在原《授予博士、硕士学位和培养研究生的学科、专业目录》（1997 年颁布）和《普通高等学校本科专业目录》（1998 年颁布）的基础上，国务院学位委员会、中华人民共和国教育部发布了《学位授予和人才培养学科目录（2011 年）》；2012 年 9 月 14 日，教育部发出通知（教高〔2012〕9 号），颁布了《普通高等学校本科专业设置管理规定》和《普通高等学校本科专业目录（2012 年）》；《普通高等学校本科专业目录（2012 年）》与《学位授予和人才培养学科目录（2011 年）》的学科门类基本一致。为了进一步介绍普通高等学校本科专业，教育部高等教育司编辑出版了《普通高等学校

① 该《学科、专业目录》经 1998 年 10 月和 2005 年 12 月补充修订，一直将环境与资源保护法学列为法学下属 10 个二级学科之一。

本科专业目录和专业介绍（2012 年）》（高等教育出版社 2012 年 10 月出版）一书，该书以普通高等学校本科专业目录以及新旧专业对照表、专业介绍为主要内容，并附有普通高等学校本科专业目录汉英对照表。但是，《普通高等学校本科专业目录和专业介绍（2012 年）》对法学核心课程没有列全，为此，教育部高等教育司于 2012 年 12 月 18 日专门发出如下通知："因编辑疏漏，《普通高等学校本科专业目录和专业介绍（2012 年）》第 67 页法学核心课程没有列全，应为 16 门：法理学、中国法制史、宪法、行政法与行政诉讼法、刑法、刑事诉讼法、民法、民事诉讼法、经济法、商法、知识产权法、国际法学、国际私法、国际经济法、环境资源法、劳动和社会保障法。特此说明。" 2011 年，中国环境资源法学研究会的环境资源法教学专门委员会对全国 28 个省、自治区、直辖市的法学专业环境资源法教学情况进行了调查，结果显示：1）在调查的 314 所开设法学专业的高校中，有 223 所开设了环境与资源保护法课程，占调查高校总数的 71%。2）在开设了环境与资源保护法课程并统计了必修/选修情况的 220 所高校中，有 107 所高校将该课程设置为必修课，占开设该课程学校总数的 48.6%；有 113 所高校将该课程设置为选修课，占开设该课程学校总数的 51.4%。3）在学分方配方面，最低的为 2 学分，最高的为 4 学分。在调查的高校中，有 152 所高校设置的是 2 学分，占调查高校总数的 69.7%；62 所高校设置的是 3 学分，占调查高校总数的 28.4%；4 所高校设置的是 4 学分，占调查高校总数的 1.8%。4）在课时安排方面，设置最多的为 98 课时，最少的为 20 课时。根据中国环境资源法学研究会环境资源法学教学专门委员会于 2011 年 8 月提交的《我国环境与资源保护法教学情况报告》，我国高等学校适应中国环境保护事业和中国环境资源法治建设的需要，普遍开设环境资源法课程，大力开展环境资源法学教育和教学工作，已经在环境资源法学教育和教学方面取得显著成果。截止到 2017 年，我国高等院校已经设立 70 多个环境资源法学硕士点，有北京大学、中国人民大学、武汉大学、中国政法大学、重庆大学、中国海洋大学、福州大学、上海财经大学等在内的 20 多所高校法律院系招收环境资源法学博士生，全国每年招收 1 000 余名环境资源法学硕士生和近百名博士生。各环境资源法学博士、硕士点已经培养了大批环境资源法学高级专门人才。综上所述，环境资源法学不仅在我国高等院校是一门独立的法学学科，而且是一门具有相当规模和重要地位的学科和专业。

第三，它是环境资源法律工作者和环境资源法学研究学术团体组织发展的需要和产物。在中国环境资源法治建设发展的同时，中国环境资源法学研究学术组织和研究队伍也得到了进一步的加强。1999年11月22日，中国法学会环境资源法学研究会在武汉大学正式成立；之后，北京、上海、重庆、天津、湖北、福建、山东、湖南、贵州、江苏、河南、海南、江西、广西、广东等省、自治区、直辖市相继成立了省级环境资源法学研究会。经过近20年的发展，中国环境资源法学研究会已经拥有700余名会员。中国环境资源法学研究会每年组织年会、西部开发法律研讨会及相关学术研讨会，对重大的环境资源法理论和实践问题进行研讨，发挥了研究会的学术引领作用，有力推动了中国环境资源法学术研究活动和教学工作；它承担并完成了大量由中央国家机关和地方政府下达的研究课题，产出了一批高质量的研究成果；它参与了《环境保护法》《大气污染防治法》《水污染防治法》《固体废物污染环境防治法》《海洋环境保护法》《水法》《森林法》《野生动物保护法》《环境影响评价法》《清洁生产促进法》等中国所有环境资源法的起草调研或论证工作，为推进中国环境资源保护事业和生态文明社会法治建设作出了重要贡献；它积极开展与国外及与中国港澳台地区的学术合作和交流活动，定期组织和参与海峡两岸环境资源法学研讨会，出访或接待境外的环境资源法学术组织，已经成为中国和中外环境资源法学工作者交流学术研究信息的一个重要平台。有这么多的法律工作者和这么多的学术团体从事环境资源法学研究，有这么多的学术研究、交流活动和学术研究成果，不把环境资源法学作为一门独立的法学二级学科是不可能的。一支强大的环境资源法学研究和法律工作者队伍是环境资源法学的人力基础、组织保障。中国环境资源法学发展的38年（从1980年至2018年）是中国环境资源法学研究队伍逐步发展壮大的38年，正是这支队伍和这个研究会促进了中国环境资源法学的可持续发展。

（3）环境资源法学作为一门独立的法学学科，具有重要的意义和作用。

环境资源法学是一个独立的法学学科，是一门体系完整的新学科。它既研究包括环境资源法治建设规律在内的经济社会规律，又研究自然生态规律；既注意吸收和借鉴传统的自然法学、教义法学、社会法学和经济法学的理论成果，又形成了具有特色的理论框架、概念体系、价值目标、基本理念和基本原则、研究范式和研究方法、调整机制和基本制度。它的诞生与发展，标志着人类社会在进入生态文明时期所形成的基本观念将发生根本性的改变，它已成为一座人类社会从工业文明时期进入生态文明时期的里程碑。

没有高水平的环境资源法学学科，就没有高水平的环境资源法学专业。只有通过长期不懈的环境资源法学学科建设和专业建设，才能打造一支理论功底深厚、熟悉中国国情的高水平的环境资源法学家和专家团队，培养一批高素质的环境资源法学术带头人、骨干教师和专兼职教师队伍。将环境资源法学作为一门独立的法学学科进行呵护、培养和建设，有利于汇聚环境资源法学教学科研人才和学科信息资源，有利于加强高等院校（包括科研组织）的学科和专业建设，有利于培养具有环境资源法律基础知识和专门技术的人才和队伍，有利于推动环境资源法学研究、教育和法律服务的发展。

环境资源司法专门化包括审判机构专门化、审判队伍专门化、审判工作机制专门化、审理程序专门化等内容，其基础是环境资源司法知识和技能的专门化，或者说环境资源审判机构专门化、审判队伍专门化、审判工作机制专门化、审理程序专门化都明确而具体地体现在环境资源司法知识和技能的专门化方面。国家和社会之所以要求推行环境资源司法专门化，是由环境资源法治建设，环境资源法律，环境资源法学的性质、特点和功能所引导和推动的；也可以说，是由环境资源法律和环境资源法学理论的性质、特点和功能所引导和促进的，而有关环境资源法律和环境资源法学的知识和技能，我们可以称之为环境资源司法的知识和技能。环境资源司法专门化的理论基础是以当代环境资源法学为核心的基于生态文明的法学理论。只有以基于生态文明的法学理论为指导，以环境资源法律体系为主体的生态文明建设法律体系为依据，才能使司法人员掌握环境资源司法专门化的知识和技能，促进环境资源司法专门化的可持续发展。从法学理论对司法实践的指导作用讲，加强环境资源法学的学科和专业建设，有利于促进环境资源司法人员和队伍的专门化、专业化和职业化，有利于提高环境资源法律师队伍的专业技能、职业素养和专业水平，从而为推行和发展环境资源司法专门化提供坚实的环境资源法学理论支撑和专业知识基础。

中国特色社会主义的环境资源法治体系，包含中国特色社会主义的环境资源法治理论。包括环境资源法治建设在内的生态文明社会法治建设，需要环境资源法学的理论支撑，需要具有环境资源法律基础知识和专门技术的人才。当代的环境资源治理是以良法为前提的治理，当代的政府环境资源管理主要是一种依法行政，环境资源法学就是指导和服务环境资源监督管理和行政执法的法学理论。将环境资源法学作为一门独立的法学学科进行建设，有利于夯实环境资源治理、监督管理、行政执法和整个环境资源法治建设的理论基础，增强对环境资源治理、监督管理和整个环境资源法治建设的理论指导和理论支撑，从而促进我国的环境资源保护事业、环境资源法治建设，以及经济、社会和生态文明建设的可持续发展。

第二章

中国环境资源法的发展历史

美国著名大法官霍姆斯（O. W. Holmes，1841—1935）指出："法的生命不在于逻辑，而在于经验"；"要了解法律是什么，就必须了解法律过去的发展过程，以及将来的发展趋势是什么"[①]。从某种意义上讲，一页法的历史相当于一卷法理学书籍。只有了解中国环境资源法的发展过程，才能从总体上掌握并深刻理解中国环境资源法及其法学理论的特色和发展趋势。不懂中国环境资源法的历史，既不能用批判眼光看待西方的法学理论，也无法正确认识、理解和发展中国特色的环境资源法学理论。

环境资源法（简称环境法）的产生和发展是渐进和持续的历史进程，是与环境资源问题的演变、人们对环境资源问题认识的深化和环境资源保护活动的强化的历史过程相联系的。自人类社会出现以来，人类就每时每刻地与环境、自然资源和生态系统打交道，环境资源法就是随着人类开发、利用、保护、改善环境资源活动的发展而逐步兴起的。由于各国文化传统、社会经济政治制度和生产力发展水平不同，环境资源状况各异，各国环境资源法不仅各具特色而且其发展也很不平衡——迄今有的国家已初步形成比较完善的环境资源法体系，有的国家的环境资源法的发展则比较缓慢。中国环境资源法的发展不仅继承了优秀的中华文化传统（包括中华法律文化传统），而且吸收了世界法律文化的有益成分，更是中国环境资源法治建设的伟大实践的

---

① Olive Wendell Holmes，Jr.，*The Common Law*，Harvard University Press，1963：p. 5. 转引自王军主编. 侵权行为法比较研究. 北京：法律出版社，2006：696 - 697.

结晶。中国特色的环境资源法学理论是由中国的特定国情、文化、地理、历史、政治生态和所处的时代和国际环境的不同所决定的。

中国环境资源法的发展可以分为两个时期：一是中华人民共和国成立之前的环境资源法；二是中华人民共和国成立之后的环境资源法。前者包括几千年的历史，但有关环境资源法的资料较少；后者虽然只有近 70 年的时间，但有关环境资源法的成果和信息资料却远远超过前者。因此，中国环境资源法的发展概况，主要是指中华人民共和国成立之后环境资源法的发展概况。

第一节 中华人民共和国成立之前的环境资源法规

中国是一个历史悠久的文明古国、环境资源大国，有关保护环境和自然资源的法律规定在各个历史时期都可以找到。

在防治污染方面，早在公元前 16 世纪的商朝，已出现一些防止污染的零散的法律规定。据《韩非子・内储说上》记载："殷之法，弃灰于公道者断其手。"① 也就是说，在街道上丢弃垃圾的要被砍手。董说的《七国考・秦刑法》指出，战国时，商鞅在秦国实行变法，制定了"步过六尺者有罚，弃灰于道者被刑"的法令。② 我国著名历史学家范文澜在《中国通史简编》上认定，"商朝法律在街上弃灰的要斩手"③。古代思想家对这一条法令曾经展开过热烈而尖锐的争论，秦始皇的丞相李斯认为："商君之法，刑弃灰于道者。夫弃灰，薄罪也；而被刑，重罚也。"④ 但是，孔子和韩非子却有不同的看法。《韩非子・内储说上》写道："殷之法，刑弃灰于街者，子贡以为重，问之仲尼。仲尼曰：知治之道也，夫弃灰于街必掩人，掩人，人必怒，怒则斗，斗必三族相残也。此残三族之道也，虽刑之可也。"⑤ 在这里，韩非子借孔子的话分析了垃圾污染街道对人体健康和社会安定的危害，阐明了用刑法惩罚污染犯罪和处理环境污染纠纷的道理，并将处理垃圾污染扰民纠纷

①⑤ 陈奇猷校注. 韩非子集释（上）. 上海：上海人民出版社，1974：541.

② 董说. 七国考（三），卷十二・秦刑法. 北京：商务印书馆，1936：492；董说. 七国考・秦刑法，转引盐铁论注.

③ 范文澜. 中国通史（第一册）. 北京：人民出版社，1994：53.

④ 司马迁. 史记（第 8 册），李斯列传第二十四. 北京：中华书局，1959：2539.

纳入治道的范围。在其他朝代，也有防止废物和噪声污染的法规，如《唐律·杂律下》规定："穿垣出秽污者，杖六十；出水者，勿论。主司不禁，与同罪"，"诸在市及人众中故相惊扰者杖八十"。清朝乾隆皇帝（公元1736—1795年）曾下旨，命令污染严重的琉璃厂迁往北京城外。

在开发利用自然资源和自然保护方面，我国古代人民做的工作更多。大禹治水、李冰父子修都江堰以及灵渠和运河的修建等早已闻名中外。在历代王朝，都有一些代表人物倡导或实行开荒垦地、植树造林、治山治水、保护和改善农业环境资源的事迹。中国是世界较早出现环境资源"立法"雏形的国家之一，保护自然资源的最早的法规可以追溯到四千年前。[①] 据《史记》和《尚书》记载，早在舜帝时期就设立了管理山林川泽草木鸟兽的官员"虞"，以后又设立了虞部下大夫、大司徒等。据《周礼·地官司徒》记载，西周时设有川衡、泽虞，负责管理江河湖泊，规定采摘渔猎皆得以时进行，否则"执而诛伐之"。《逸周书·大聚篇》记载："禹之禁，春三月山林不登斧，以成草木之长；夏三月川泽不网罟，以成鱼鳖之长。"[②] 这说明远在公元前21世纪的夏朝，就有合理开发、利用、保护自然资源的法规。《周礼·地官》记载，西周时期已经有了蓄水、排水等农田灌溉设施，以及关于矿冶方面的禁令，并设专门官吏执掌其事。西周（公元前1150年周文王时）颁布的《伐崇令》规定："毋坏屋，毋填井，毋伐树木，毋动六畜。有不如令者，死无赦。"现存最早最完整的古代环境资源法规，见于1975年在湖北云梦县出土的《秦简》[③]，该《秦简》中的法律对农田水利、作物管理、水旱灾荒、病虫草害、山林保护等都有具体规定，在《田律》《厩苑律》《仓律》《工律》《金布律》中有一系列关于按照季节合理开发、利用和保护森林、土地、水流、野生动植物等自然资源的规定，法律保护的对象有树木、植被、

---

① 据2000年3月正式公布、最新确定的夏商周三代年表，该项断代研究由170多位专家经过长达4年的联合攻关，夏王朝的起始年代约为公元前2069年。

② 孔晁注．逸周书（二），卷四．北京：商务印书馆，1936：107.

③ 睡虎地秦墓竹简，又称睡虎地秦简、云梦秦简，是指1975年12月在湖北省云梦县睡虎地秦墓中出土的大量竹简，这些竹简长23.1～27.8厘米，宽0.5～0.8厘米，内文为墨书秦隶，写于战国晚期及秦始皇时期，其内容主要是秦朝时的法律制度、行政文书、医学著作以及关于吉凶时日的占书，为研究中国书法、秦帝国的政治、法律、经济、文化、医学等方面的发展历史提供了翔实的资料，具有十分重要的学术价值。

水道、鸟兽、鱼鳖等，并对捕杀、采集的时间和方法作了具体规定，甚至对违反规定者明确了如何分别情况进行处理的办法，有些规定类似现代环境资源法规的条款。例如，《秦律》中的《田律》[①] 规定：春天二月，不准到山林中砍伐林木，不准堵塞水道。不到夏季，不准烧草作肥料，不准采集刚发芽的植物，或捉取幼兽、鸟卵和幼鸟，不准毒杀鱼鳖，不准设置捕捉鸟兽的陷阱和网罟，到七月解除禁令。[②] 秦始皇统一中国后，曾加强对自然资源的管理，在全国范围内以统一的法令规定土地私有制，实行盐铁官营，并对掌管采矿事务的官吏规定了考核及严格的处罚办法。

另外，中国古代有以“月令”形式确立的以“四时”为原则的礼俗制度，其中《逸周书》的《周月》《时训》《月令》等篇，《礼记·月令》，《吕氏春秋》的“十二纪”，《淮南子·时则》等，都有环境资源保护的内容。如《礼记·月令》规定：“毋覆巢，毋杀孩虫胎夭飞鸟，毋麛毋卵。”以诏令或诏书形式出现并且含有环境、生态保护内容的“月令”，中国历朝多有。例如，在 20 世纪 90 年代，甘肃省文物考古研究所清理发掘敦煌悬泉置遗址时，发现了一份名为“使者和中所督察诏书四时月令五十条”（简称《诏书四时月令五十条》）的诏令，用墨书写在悬泉置的一面墙上。从原文可知，《诏书四时月令五十条》是西汉元始五年（公元 5 年）由王莽奏呈、以太皇太后名义颁布的诏书。它共有月令 50 条，其中春季月令 20 条，夏季月令 12 条，秋季月令 8 条，冬季月令 10 条。每季按孟、仲、季分为 3 个月，一年有 12 个月。各条一般分上下两栏，上写诏条正文，下写解释文字。如第二条，上写“禁止伐木”，下写“谓大小之木皆不得伐也，尽八月。草木零落，乃得伐其当伐者”。这 50 条月令写明每月该干的事和不该干的事，所涉事项包括农林牧副渔各业，要求下级官吏尽力奉行。《诏书四时月令五十条》以

① 《田律》，是战国时代秦国到西汉早期关于农田耕作和山林保护的相关法律制度。在典籍中，关于《田律》只有零星记载，直到 1975 年睡虎地秦墓竹简以及之后其他相关考古发现后（重要的还有张家山汉墓竹简、龙岗秦简、岳麓书院藏秦简等），《田律》才得以在两千年后面世，人们才得以看到它真切的样子。睡虎地秦简中包括《田律》简文共六条。就其内容来说，主要是有关管理农田生产的法律，其中也包括有关分配土地的内容。

② 原文是“春二月，毋敢伐材木山林及雍（壅）堤水。不夏月，毋敢夜草为灰，取生荔、麛?（卵）鷇，毋毒鱼鳖，置?罔（网），到七月而纵之”。睡虎地秦墓竹简整理小组．睡虎地秦墓竹简．北京：文物出版社，1978：26.

法律“诏书”的形式，确立了以“四时”为基础的自然时序，以及人们应当遵循自然时序而进行生产生活的基本准则。例如，“孟春月令”规定：“禁止伐木。谓大小之木皆不得伐也，尽八月。草木零落，乃得伐其当伐者”（九行）。“毋挞剿（巢）。谓剿空实皆不得挞也。空剿尽夏，实者四时常禁”（一〇行）。“毋杀□虫。谓幼小之虫、不为人害者也，尽九〔月〕”（一一行）。“毋杀抬。谓禽兽、六畜怀任有抬者也，尽十二月常禁”（一二行）。“毋夭蜚（飞）鸟。谓夭蜚鸟不得使长大也，尽十二月常禁”（一三行）。“毋麛。谓四足……及畜幼小未安者也，尽九月”（一四行）。“毋卵。谓蜚鸟及鸡□卵之属也，尽九月”（一五行）。“中春月令”有：“毋□水泽，□陂池、□□。四方乃得以取鱼，尽十一月常禁”（二六行）。“毋焚山林。谓烧山林田猎，伤害禽兽□虫草木……〔正〕月尽”（二七行）。“季春月令”有：“毋弹射蜚鸟，及张网，为他巧以捕取之。谓□鸟也……（三二行）”等等。[①] 其大意是，春季是动物繁殖的季节，禁止摘鸟巢、禁止杀“幼少之虫”、禁止杀怀胎的禽兽和六畜、禁止捕取幼鸟及各种飞鸟、禁止捕杀麂（即鹿子）及各类幼小动物。上述保护动物的禁令，有明显的时间限制，“四时常禁”“尽十二月常禁”，说明全年都要禁止，而“尽夏”“尽八月”“尽九月”等，则说明到这些时节就可开禁。这些内容是对夏商周秦以来“天人合一”“敬授民时”“以顺时气”“以时禁发”“用养结合”的生态思想的继承，对保护动植物和自然生态，特别是保护农业生态系统，具有重要的作用。《诏书四时月令五十条》是汉代自然资源和生态保护方面最详细、最具体的诏令，与其他传统“月令”相比，它更具有法律的强制性和约束力，因而可以被认为是中国古代自然资源和生态保护法律的一种重要体现和经典形式。

在秦汉之后的唐朝、宋朝、明朝、清朝等朝代以及太平天国颁布的法律中，也有不少保护森林、鸟兽、土地等自然资源的规定。例如，《唐律》中有一系列自然、生态保护的规定，与《月令》的规定基本一致但更为具体。如《唐律·杂律》规定：“诸弃毁官私器物及毁伐树木、稼穑者，准盗论”，“诸失火及非时烧田野者，笞五十”（注：非时，谓二月一日以后、十月三十日以前若乡土异宜者，依乡法），“诸于山陵兆域内失火者，徒二年；延烧

① 郭文韬.《月令》中的生态农学思想. 古今农业，2000（1）；李并成. 敦煌文献中蕴涵的生态哲学思想探析. 甘肃社会科学，2014（4）.

林木者，流二千里”。

中国曾是具有世界上最伟大的文明和最发达经济的国家之一，这一历史地位至少从公元前 200 年保持到公元 1800 年。[①] 1840 年鸦片战争后，在西方侵略者的武力压迫下中国从封建社会逐渐沦为半殖民地半封建社会，由于没有出现像西方国家工业革命后那样的工业化局面[②]，这个时期环境资源法的发展远远落后于西方国家。正如习近平总书记所指出的，我国古代以农业立国，农耕文明长期居于世界领先水平。汉代时，我国人口就超过 6 000 万，垦地超过 8 亿亩。唐代长安城面积超过 80 平方公里，人口超过 100 万，宫殿金碧辉煌，佛寺宝塔高耸，东西两市十分繁荣。诗人岑参就有“长安城中百万家”的诗句。北宋时，国家税收峰值达到 1.6 亿贯，是当时世界上最富裕的国家。那个时候，伦敦、巴黎、威尼斯、佛罗伦萨的人口都不足 10 万，而我国拥有 10 万人口以上的城市近 50 座。工业革命发生后，我们就开始落伍了，西方国家则发展起来了。鸦片战争后，我国自给自足的自然经济逐渐解体，工业革命机遇没有抓住，尽管民族工业也有一些发展、外国资本也有一些进入，如上海的“十里洋场”、天津的工业、武汉的军工生产也曾名震一时，但总体上国家是贫穷落后、战乱不已的，在时代前进潮流中掉队了。这一状态持续了百余年。[③] 但是，即使在相对落后的时期，中国的文化传统仍然起着某种作用，当时的中国政府和地方政权组织仍然制定过一些与保护自然资源有关的法规。例如，在中华民国初期，中国民主革命的伟大先

① 例如在 1776 年，詹姆斯·瓦特发明的蒸汽机正式进入批量生产，预示着人类工业革命真正的开始；美国在这一年发表了《美国独立宣言》（1776 年 7 月 4 日），意味着人类社会从此出现了美利坚合众国这个未来霸主国家；英国经济学家亚当·斯密（1723—1790 年）在这一年的 3 月 9 日，正式出版了他那本深刻影响人类经济生活的《国民财富的性质和原因的研究》（简称《国富论》）。这一年的中国正处于传统农业社会的最后一个高峰中，清朝乾隆皇帝弘历（1711 年 9 月 25 日—1799 年 2 月 7 日）正在开创他的乾隆盛世，当时中国 GDP 约占全球的 51%。

② 在 1840 年至 1949 年这 100 多年中，中国曾进行二次工业化的尝试，但都以失败告终。中国第一次向工业化的进发是在 1860 年第二次鸦片战争中败于英国之后，即在 1861 年到 1911 年之间。由于不得不接受西方列强强加的不平等条约，当时的清政府备感羞辱、开始改革图强，启动了一系列雄心勃勃的现代化项目，试图改造当时非常落后的农业自然经济。这场“洋务运动”比日本的明治维新早了整整 8 年，然而 50 年后，以清政府的垮台而告终。1911 年“辛亥革命”推翻清政府、按照西方体制建立共和制政府后，新政府希望通过模仿西方国家的政治经济制度使中国实现工业化，但直到 1949 年，中国的第二次工业化努力仍以失败而告终。

③ 习近平．在省部级主要领导干部学习贯彻党的十八届五中全会精神专题研讨班上的讲话（2016 年 1 月 18 日）．人民日报，2016-05-10（2，3）．

行者孙中山先生（1866—1925 年）为了振兴中华，在他于 20 世纪第二个十年后期撰写的《建国方略》[①] 中，曾提出一个比较全面的国土资源开发利用规划方案，并大力提倡植树造林，曾提出将农历清明节定为植树节。中华民国政府曾先后颁布一些保护环境和自然资源的法律，如《森林法》（1929 年）、《土地法》（1930 年）、《渔业法》（1932 年）等。特别值得注意的是，中国共产党领导的苏区、抗日革命根据地和解放区的革命政权，在极端艰苦的战争年代，也制定了不少环境资源法规，如《中华苏维埃共和国土地法》（1931 年）、《植树运动决议案》（1932 年）、《晋察冀边区保护公私林木办法》（1939 年）、《陕甘宁边区森林保护条例》（1941 年）等。[②]

我国之所以能够形成中国特色社会主义的环境资源法学理论，其中一个重要原因是中国是一个具有悠久文化传统的文明古国，是一个数千年文明传统没有中断的国家，是一个世界最大的原住民大陆国家，是一个有五千至上万年农业文明传承的文明发源地，是一个从秦始皇统一中国（公元前 221 年）就告别了封建制、建立了郡县制即中央集中制的超大型国家，是一个 56 个民族共存、以儒学为主要内容和主流意识、儒释道三教合一[③]、非单一宗教信仰的，并且具有文化连续性、独立性、多元性、包容性和统一性的独特国家。《世界文明史》[④] 认为，古巴比伦（公元前 4000 年—公元前 2250 年

---

① 孙中山. 建国方略. 北京：商务印书馆，1920.

② 例如，中华苏维埃共和国制定的《植树运动决议案》（1932 年）等政策文件，阐明了植树可以保护环境的道理，明确规定党、团员和苏维埃工作人员要带头种树美化村镇乡间，美化环境。苏维埃政府实行这些措施后，闽西苏区的山更青、水更绿、空气新鲜、环境优美，深受广大人民群众的拥护。《辽宁省森林管理暂行办法》（1949 年 2 月）将森林划为保安林、风景林、饲育林、母树林、薪炭林、用材林六种，对不同类型的森林采取不同的保护办法，这对以后中华人民共和国的森林保护法规产生了很大的影响。

③ 道教是以“道”为最高信仰的具有中华民族文化特色的本土宗教，起源于轩辕黄帝（公元前 2717—公元前 2599 年），继承了华夏民族古代原始宗教之血脉。儒家学说为春秋时期孔丘（公元前 551 年—公元前 479 年）和其弟子所创，形成以儒家思想为代表的文化。佛教起源于古印度，东汉初年，佛教传入中国，距今也有二千多年的历史。儒释道三教从相互尊重到相互对立和斗争，再到相互借鉴和吸收，最后到相互包容和融合，形成了儒释道三教合一的文化。儒释道三教是中国传统文化的三大支柱和基本内涵，儒释道三教合一文化是中华民族各种传统文化和不同文明相互融合的产物，是中国历史中丰富多样的文化传统发展的必然结果。

④ 威廉·麦克高希. 世界文明史——观察世界的新视角. 董建中，王大庆，译. 北京：新华出版社，2003；William McGaughey. *Five Epochs of Civilization: World History as Emerging in Five Civilizations Minneapolis*. Thistlerose Publications，2000.

之间）、古埃及（公元前3500年之前）、古希腊（公元前3000—公元前1100年之间）、古印度（公元前2000年之前）、古中国（公元前1600年商朝建立）是世界上的五大文明发源地。目前中国学术界公认的说法是：中国是世界文明的发源地之一，有着四千多年的文明史，与古埃及、古巴比伦、古印度并称为“四大文明古国”①。在这四大文明古国中，古埃及、古巴比伦、古印度都由于外族的入侵而失去了独立，中断了古代文明。② 中国早在国家形成前，黄帝、尧、舜、禹等就先后活动于黄河流域。夏启于公元前21世纪建立了我国第一个奴隶制国家夏，经商、西周、春秋四个阶段，我国的奴隶制度经历了一千六百多年的独立的延续、发展期，这是别的文明古国所根本无法比拟的。随着我国奴隶制在公元前476年的结束，我国于公元前475年进入了封建社会，这比西欧于476年才开始向封建社会过渡早了近一千年。我国于公元前221年就建立了统一的、多民族的中央集权制国家——秦；而西欧的英法则在1453年英法百年战争结束后才开始走上中央集权的民族君主国的道路，比我国晚了一千六百多年。古代史上，中国人民创造了以四大发明为代表的灿若群星的科技、文化成就，创造了无数世界领先的科学技术和经济奇迹，为人类文明作出了重大贡献。

与悠久的中国文化、中华文明一样，中国法律、中华法系和中国的法律思想也有悠久的历史。据笔者查阅有关资料，早在1884年时，日本学者穗积陈重便在《法律五大族之说》一文中，将中华法系列为世界五大法系之一，并认为“中国法系”（他当时的用词是“支那法族”）的范围（他称之为“法境”）包括“亚细亚东岸诸国支那、日本、朝鲜等”③。二十年后，近代留日学生“攻法子”④ 撰写的《世界五大法系比较论》在介绍穗积陈重的五大法族之说时，也言及“支那法系之法境，以亚细亚之东部为主，支那帝国之

① “四大文明古国”这一说法，最早由梁启超先生提出。他于1900年的《二十世纪太平洋歌》（最初刊于1902年2月8日出版的《新民丛报》第1号）中首次使用这个定义，并自注说，地球上古文明祖国有四：中国、印度、埃及、小亚细亚是也。

② 如公元前525年古埃及被波斯帝国灭亡；公元前1595年古巴比伦被赫梯灭亡；古印度长期处于四分五裂的状态，北部遭到外族入侵，近代又长期沦为英国的殖民地。

③ 穗积陈重．法律五大族之说．法学协会杂志，1884（1）：38.

④ 华东政法大学法律与历史所主任陈东海教授通过考证，推论出“攻法子”为1898年赴日留学的浙江嘉兴籍学生吴振麟（1877—1943年）。吴振麟，字止欺，浙江嘉兴籍学生，于1898年10月留学日本。参见陈东海．攻法子与“法系”概念输入中国——近代法学史上的里程碑事件．清华法学，2017（6）.

外，日本、朝鲜、安南等，均含在内”[①]。研究中国法律史和法律思想史的著名教授杨鸿烈先生[②]在《中国法律发达史》中认为，中国法律为中国民族固有之产物，起自殷、周，历春秋、战国、秦、汉、三国、南朝、隋、唐、宋、明，皆汉族一系相传，循序进展，中间虽屡有北方民族之侵入，如五胡、北朝、辽、金、元、清等，但皆被同化，而于编纂法典，传播法律知识，尤极努力。且不只国内如此，即在东亚，中国法律之影响于诸国者亦甚巨大。他强调，“凡法律非能通万国而使同一，各国皆有其固有的法律，与其国民的性质同时发达，而反映一国国民的生存状态於期中并包孕人民政治和社会的判断。（中国在）编纂法典、传播法律知识诸事，尤有可值得赞美的成就，因此中国法律绵延四千年才不至中断，在世界五大法系中——罗马法系、英国法系、印度法系、回回法系——能独立自成一个系统，并且是日本明治维新以前法律惟一的典型”[③]。杨鸿烈在《中国法律在东亚诸国之影响》一书的导言部分进一步明确指出：“中国法系者，盖指数千年来支配全人类最大多数，与道德相混自成一独立系统且其影响于其他东亚诸国者，亦如其在本部之法律制度之谓也。”[④] 学界一般认为，以中国法律文化为代表的中华法系，具有不同于其他法系（如印度法系、伊斯兰法系、欧陆法系以及英美法系）的特点，如强调天人合一、国家（或政府权力，又称国家本位）、道德（伦理本位）、义务（义务本位）、法刑不分、民刑交织、诸法合一等。反映到环境资源保护方面，是中国的法律经常将一些具有道德伦理性质的要求、一些具有民事性质的农耕活动规则、一些顺应自然和天象的风俗习惯规定在法律中。例如，中国古代有以“月令”形式确立的以“四时”为原则的礼俗制度，其中《逸周书》的《周月》《时训》《月令》等篇，《礼记·月令》，《吕氏春秋》的“十二纪”，《淮南子·时则》等，大都蕴含着

① 攻法子．世界五大法系比较论．政法学报，1903，3（2）：41.

② 杨鸿烈（1903—1977年）又名宪武、志文，生于云南晋宁，曾任教或兼课于大夏大学、复旦大学、法科大学、北京师范大学、云南大学、河南大学、南京中央大学、香港大学等大学。著有《中国法律发达史》（上海商务印书馆1930年10月初版，1933年7月再版）、《中国法律思想史》（上海商务印书馆1936年11月初版，1936年12月再版，1937年5月第五版）和《中国法律在东亚诸国之影响》（上海商务印书馆1937年2月初版）等著作。

③ 杨鸿烈（1903—1977年）．中国法律发达史．上海：上海书店，1989：1-2.

④ 杨鸿烈．中国法律在东亚诸国之影响．上海：商务印书馆，1937：22.

“道法自然”、“法天象地”、“以时禁发”、“用养结合”甚至“尊重自然、顺应自然、保护自然”生态思想，起着保护环境特别是保护农业环境资源的作用。这些具有特色的中华传统法律文化、法律思想和法律规定，经过历史积淀而成为中国环境资源法的宝贵历史遗产和重要法律渊源。

只有联系和结合中国的文化传统、文明传统和中华法系的历史传承，我们才能正确认识和理解中国特色社会主义环境资源法学的本土特点，中国特色在不少方面是对传统优秀文化和优秀法律思想的继承和发展。中国古代的环境保护思想、法律思想和环境资源法的优势之所以在近代没有依靠自身直接发展成为现代环境资源法，主要是因为“鸦片战争后，中国陷入内忧外患的黑暗境地，中国人民经历了战乱频仍、山河破碎、民不聊生的深重苦难”，中国长期处于帝国主义、封建主义和官僚资本主义的压迫和剥削的状态，缺乏发达的市场经济、科学技术、工业化、城市化等现代环境资源法赖以发展的必要条件。

第二节　中华人民共和国的环境资源法

尽管中国环境资源法有着久远的历史传承，但是，中国现代环境资源法主要是在中华人民共和国成立后，中国人民借鉴各国环境资源保护的有益经验进行环境资源保护和生态文明建设实践产生的结晶。

中华人民共和国成立之后的环境资源法即中国现代环境资源法，可以分为四个阶段：一是中华人民共和国成立初期的环境资源法（从 1949 年至 1968 年）；二是“创业时期”的环境资源法（从 1969 年至 1977 年）；三是工业化初期或改革开放初期的环境资源法（从 1978 年至 1999 年年末）；四是进入生态文明建设时期的环境资源法（从 2000 年至今）。

一、中华人民共和国成立初期的环境资源法（从 1949 年至 1968 年）

从 1949 年中华人民共和国成立至 20 世纪 60 年代末，属于中华人民共和国成立的初期。这是一个“万事开头难”的新生时期，许多法律都不成熟，环境资源法也不例外。因此，可以将这个阶段的环境资源法简称为中华人民共和国“成立初期的环境资源法”，这个时期是中国环境资源法缓慢发展的阶段。

1949 年刚成立的中华人民共和国十分贫穷，共产党接手的中国是一个“一穷二白”的烂摊子，当年的国内生产总值（GDP）[①] 约为 466 亿人民币，人均预期寿命只有 30 多岁。接着就打了一场与当时的头号强国即美国进行对抗的朝鲜战争，1953 年才开启第一个 5 年计划，其间土地改革、“三反”、“五反”运动和社会主义改造等政治、经济、社会变化不断发生。中华人民共和国于 1957 年完成第一个 5 年计划以后，于 1958 年开始了“大跃进”和“反右倾”斗争，然后是 1962—1964 年的国民经济恢复整顿调整期和农村“四清”运动，直到 1966 年开始“文化大革命”。这个阶段中国的环境资源法制建设与西方工业化国家联系不多，但受苏联的影响较大。

在这个阶段，国家和社会的主要活动虽然是进行社会主义革命和社会主义改造等政治、社会、经济制度革命，但中国共产党和人民政府在领导中国人民进行开发资源、保护环境、建设城乡、整治山河等活动中，制定了一系列有关合理开发、利用和保护、改善环境与资源的法规或规范性文件，如《政务院关于发动群众开展造林、育林、让林工作的指示》（1953 年）、《国家建设征用土地办法》（1953 年）、《工厂安全卫生规程》（1956 年）、《狩猎管理办法（草案）》（1956 年）、《水产资源繁殖保护条例（草案）》（1957 年）、《关于注意处理工矿企业排出有毒废水、废气问题的通知》（1957 年）、《水土保持暂行纲要》（1957 年）、《放射性工作卫生防护暂行规定》（1960 年）、中共中央批转的《关于工业废水危害情况和加强处理利用的报告》（1960 年）、《国务院关于积极保护合理利用野生动物资源的指示》（1962 年）、《森林保护条例》（1963 年）、《城市工业废水、生活污水管理暂行规定（草案）》（1964 年）、《放射性同位素工作卫生防护管理办法（试行）》（1964 年）、《矿产资源保护试行条例》（1965 年）、《关于加强山林保护管理，制止破坏山林、树木的通知》（1967 年）等。其中，《水土保持暂行纲要》（1957 年）规定了水土保持工作的基本政策，是我国第一个综合性的水土保持行政法规。《森林保护条例》（1963 年）比较全面、系统地规定了我国保护森林

① “国内生产总值（Gross Domestic Product，简称 GDP）是指在一定时期内（一个季度或一年），一个国家或地区的经济中所生产出的全部最终产品和劳务的价值。

的政策，是我国第一个综合性的保护森林的行政性法规。《工厂安全卫生规程》（1956年）规定："废料和废水应该妥善处理，不要使它危害工人和附近居民。"《矿产资源保护试行条例》（1965年）规定："工矿企业、医疗卫生部门和城市建设部门，对于排出的工业、医疗和生活污水，必须采取有效措施，防止污染地下水的水质。"

从总体上看，这个阶段环境资源法的特点如下：第一，环境资源法发展较慢，在环境资源立法形式和内容等方面受苏联的环境资源法的影响较大。第二，环境资源法以自然资源法或自然保护立法为主，防治环境污染方面的法律较少。第三，除宪法中一些有关土地和自然资源的简单规定外，环境资源法规的效力等级或立法级别较低，主要是一些行政法规、行政规章和国家政策文件。第四，环境资源法规比较零星分散，内容比较原则、粗糙，法规的可操作性、可执行性较差，很少有正规化、程序化的环境资源保护法律制度，自然保护和污染防治之间缺乏有机联系，环境资源立法和执法还没有以现代环境科学理论和环境保护思想为指导。

二、"创业时期"的环境资源法（从1969年至1977年）

中国现代环境资源法的兴起与国际环境保护运动和西方工业化国家环境资源法的发展具有十分密切的关系，从1968年至1977年这段时间是国际环境保护运动风起云涌、西方工业化国家环境资源法大发展的时期[①]，也是中国"文化大革命"[②] 时期和现代中国环境资源法的起步阶段。大约在1969年

① 进入1960年代末以后，各国相继发生了严重的环境资源危机，美、英、德、日等工业发达国家相继在环境立法方面取得突破。例如，美国在1969年制定了综合性的《国家环境政策法》，首次明确规定了环境影响评价制度，设立了总统环境质量委员会；1970年12月联邦政府设立了国家环境保护局。在日本，由于战败后一味追求"经济高度成长"，因公害造成的人体健康损害、财产损失和自然资源破坏日渐严重。这迫使日本在1970年年底召开的日本第64届国会上，对包括《公害对策基本法》在内的8个公害防治法律进行了重大修改，同时制定了《水质污染防止法》《废弃物处理和清扫法》等6个新的污染防治法律，由于一举取得了修改和制定14个污染防治法律的成就，以致日本国民称这次国会为"公害国会"。从世界各国环境资源法的发展历程看，从第二次世界大战结束至20世纪80年代，是现代环境资源法逐步兴起、不平衡、多样化发展的阶段；它以1972年斯德哥尔摩联合国人类环境会议为标志，故称这一时期的环境资源法为"斯德哥尔摩时期"的环境资源法。

② 1966年5月16日，中共中央发出的《中国共产党中央委员会通知》（简称"五·一六通知"），为"文化大革命"确定了理论、路线、方针和政策，也是"文化大革命"发起的标志。1976年10月，中共中央政治局粉碎"四人帮"，结束"文化大革命"。

至1977年期间，以防治环境污染为标志的、与世界环境保护运动相联系的现代环境保护和环境资源法开始在中国兴起，中国环境资源法开始进入艰难的创业时期，因此称为“创业时期”的环境资源法。

在20世纪60年代后期至70年代初，我国已针对某些局部地区的环境问题，制定了一些环境行政规范性文件，如《关于工业“三废”对水源、大气污染程度调查的通知》（1971年）、《剧毒农药安全使用注意事项》（1971年）、《关于官厅水库污染情况和解决意见的报告》（1972年6月）、《关于上海化工系统开展综合利用的情况报告》（1972年6月）等。1972年6月，中国派出政府代表团参加了联合国人类环境会议①，受该次会议的影响，中国在1973年8月召开了第一次全国环境保护会议。这次会议制定的《关于保护和改善环境的若干规定（试行草案）》（1973年8月），实际上是中国第一个综合性的环境保护行政法规。该文件规定中国的环境保护方针为：“全面规划，合理布局，综合利用，化害为利，依靠群众，大家动手，保护环境，造福人民。”它还规定了发展生产和环境保护的“统筹兼顾、全面安排”原则，“三同时”制度和奖励综合利用的政策；规定了防治废水、废气、废渣、噪声、农药、放射性物质、有毒物质、食品污染以及保护和改善城市、工矿区、居住区、水、土、野生动植物、森林、草原等环境因素的措施，并且对环境监测、科研、宣传、教育以及环境保护所必需的投资、设备、材料等事项均提出了要求。这些内容，对中国环境资源法的发展具有重要意义。另外，这一时期中国还制定了《森林采伐更新规程》（1973年）、《防止企业中矽尘和有害物质危害的规划》（1973年）、《工业“三废”排放试行标准》（1973年）、《关于停止珍贵野生动物收购和出口的通知》（1973年）、《防止沿海水域污染暂行规定》（1974年）、《放射防护规定》（1974年）、《关于防止食品污染问题的报告》（1974年）、《国务院环境保护机构及有关部门的环境保护职责范围和工作要点》（1974年）、国务院环保领导小组于1975年5月编制的第一个环境保护10年规划、《关于水源保护工作和今后工作意见的

① 1972年6月，在斯德哥尔摩举行了联合国人类环境会议，来自113个国家的约1 200名代表参加了会议。这次会议通过的《人类环境宣言》、行动计划以及在大会上印发的《只有一个地球》等材料，集中地反映了第一次国际性环境保护高潮即“斯德哥尔摩时期”的特点。会后，许多国家纷纷制定综合性的环境保护法律、成立环境管理专门机构、建立环境社会团体，促进了环境资源法的迅速发展。

报告》(1975 年)、《关于配合有关部门做好珍贵动物资源保护工作的通知》(1975 年)、《生活饮用水卫生标准（试行)》(1976 年)、《关于加强环境保护工作的报告》(1976 年)、《关于治理工业“三废”开展综合利用的几项规定》(1977 年）等环保法规和标准。[①]

从总体上看，这个阶段的环境资源法具有如下特点：第一，以《关于保护和改善环境的若干规定》(1973 年）为代表，确定了比较全面的环境保护目标，规定了比较综合的环境保护方针、原则，为我国环境资源法的全面、深入发展打下了比较宽广的基础。但是，这个时期的环境资源法缺乏环境资源法学理论和环境科学理论，某些环境政策被打上了“理想化”或“急于求成”的烙印[②]，环境资源法制观念和环境立法计划性很差。第二，环境资源法缺乏宪法基础，环境资源法规的效力等级或立法级别较低，主要是一些行政法规、行政规章、行政通知和会议纪要、领导批文等非法律规范性的政策文件。第三，环境资源法以防治污染立法为主，自然保护和资源保护方面的法律较少；防治污染以综合治理工业“三废”为主，环境管理制度不健全；污染防治以行政手段为主，法律手段和经济刺激手段较少。第四，环境资源法规的内容比较原则、笼统、粗糙，可操作性、可执行性较差，少有正规化、程序化的环境资源保护法律制度。

三、工业化初期或改革开放初期的环境资源法（从 1978 年至 1999 年年末)

1978 年召开的中共十一届三中全会，使中国进入了改革开放、从社会主义计划经济向社会主义市场经济转变的新时期。从 1978 年至 20 世纪末，这个阶段是中国改革开放和经济建设取得巨大成就、工业化和城市化迅速发展的时期，是中国环境资源生态问题前所未有的严重、突出和集中的时期，

---

① 例如，《防止沿海水域污染暂行规定》(1974 年）是我国第一个防治海水污染的专门性单行环境法规，规定了防止船舶及沿海工矿企业排放油类或油性混合物以及其他有害物质污染海域的政策。《关于治理工业“三废”开展综合利用的几项规定》(1977 年）不仅明确规定了开展综合利用的具体政策，而且对防止新污染、环保事业费、环境保护基本建设项目所需材料设备等问题作了具体规定，是防治工业污染和保护自然资源的一个重要政策文件。

② 例如，国务院环保领导小组于 1975 年 5 月编制的第一个环境保护 10 年规划，提出了 5 年内控制、10 年内基本解决环境污染问题的总体目标。

也是中国现代环境资源法迅速、全面发展的阶段。在这个阶段，我国的名义GDP总值从1978年的3 645.2亿元人民币（2 119.3亿美元，居世界第8位）上升到1999年的89 677.1亿元人民币（10 832.8亿美元，居世界第6位）[①]，到1999年，人民生活总体上实现了由温饱到小康的历史性跨越。这个阶段的环境资源生态问题，呈现明显的严重性、压缩型、复合型特征。严重性主要表现为“四害严重”（指废气、废水、废渣和噪声污染严重）、水土气环境质量退化严重；压缩型表现为工业化国家200多年发展过程中陆续产生的问题，在我国短期内集中涌现出来；复合型突出表现为资源浪费、环境污染与生态破坏相重合，国内能源环境问题与全球气候变化问题相叠加。正如《中国环境保护行动计划》（1993年9月，国务院原则上批准）所指出的：“中国目前还处在第一代环境污染和生态破坏的阶段。[②] 主要表现是，以燃煤排放的烟尘和二氧化硫为主要污染物的大气污染；以工业和生活排放有机物为主要污染物的水质污染；以植被破坏和水土流失为主的生态破坏。”根据《全国生态环境建设规划》（国务院1998年11月7日发布），全国水土流失面积已从中华人民共和国成立初期的116万平方公里增加到367万平方公里，占国家土地总面积的38%；荒漠化土地面积已增加到262万平方公里，占国土面积的27%，并且每年还以2 460平方公里的速度扩展；全国土地“三化”（指草地退化、沙化和碱化，我国草地总面积约4亿公顷，占国土总面积的40%）面积为1.35亿公顷，约占国土面积的13%，其中耕地578.4万公顷，并且每年还在以200万公顷的速度增加；我国有15%至20%的动植物种类受到威胁，高于世界10%至15%的平均水平。[③] 在1998年，全国二氧化硫排放量高达2 100万吨，烟尘排放量达1 400万吨，工业粉尘

---

① 我国的GDP数据均来源于国家统计局网站。

② 第一代环境问题是指环境污染与生态破坏造成的区域性影响，主要表现在：煤和其他燃料引起的大气污染；工业废水及城市污水等引起的水污染；工业固废和城市垃圾所造成的污染；森林滥伐、草原过度放牧和不合理的垦荒造成的生态破坏；土地不合理开发引起的水土流失及非农业占地导致农田面积减少；资源不合理开发利用，导致资源短缺等。第二代环境问题主要是指全球性环境问题，集中体现在全球气候变暖、酸雨、臭氧层破坏、生物多样性减少等。在大气污染方面，国外第一代大气污染的特征是煤烟尘污染，是由以煤为主的能源结构所造成的；第二代大气污染的特征是石油污染，是由以石油为主的能源结构所造成的。

③ 《全国生态环境建设规划》登于国家环境保护总局办的《环境工作通讯》1999年第3期，新华社1999年1月6日播发。

排放量达 1 300 万吨，是世界上大气污染物排放量最大的国家之一；据世界卫生组织 1998 年公布的 54 个国家 272 个城市大气污染评价结果，大气污染最严重的 10 个城市中，中国占了 7 个。[①] 据国家环保总局政策研究中心估算，我国 1992 年环境污染损失约为 986 亿元，占当年 GNP 的 4%；据中国社会发展中心估算，1993 年我国环境污染损失为 963 亿元，占当年 GNP 的 2.8%，生态破坏损失为 2 394 亿元，占当年 GNP 的 6.9%；1997 年据世界银行估算，中国仅由空气污染和水污染造成的经济损失，每年就高达 540 亿美元，相当于同期国内生产总值的 8%。[②] 1994 年，我国环境污染和生态破坏造成的经济损失达 6 130 亿元，约占国民生产总值的 14%。[③] 与上述中国经济发展速度和环境资源生态问题相适应，中国的环境资源法在得到了迅速发展的同时，也具有改革开放初期或工业化初期、市场资本原始积累时期环境资源法的性质和特点。这个阶段的环境资源法，大体上或在某些特征上相当于美国环境法学界所称的第一代环境法。[④] 但对何谓中国第一代环境资源

① 曲格平. 关于《中华人民共和国大气污染防治法（修订草案）》的说明——1999 年 8 月 24 日在第九届全国人民代表大会常务委员会第十一次会议上. 中华人民共和国全国人民代表大会常务委员会公报，2000（3）。

② 钱俊生，赵建军. 生态文明：人类文明观的转型. 中共中央党校学报，2008（1）；（2008-07-31）. http://theory.people.com.cn/GB/49154/49156/7554865.html.

③ 王玉庆. 影响农业可持续发展有环境因素. 环境工作通讯，1998（10）：23.

④ 有些美国环境法学者喜欢将环境法的发展历史进行代际划分，到 2011 年已经提出第一代、第二代、第三代、第四代环境法的主张。在美国，第一代环境法主要指第二次世界大战后至 20 世纪 80 年代的环境资源法，主要解决第二次世界大战结束后，由于城市化和工业化所导致的环境污染和自然资源紧缺问题。美国著名的环境法学者 Nicholas A. Robinson 教授（曾任世界自然保护联盟环境法委员会主席、纽约佩斯大学环境法学教授）在其《第二代环境法不断发展所面临的挑战》一文中，分析了第一代环境法发展的五个阶段：（1）采用传统的规则如侵权法或者罗马法中的公共信托理论解决环境纠纷；（2）当自然资源耗竭严重恶化时，通过保护法来恢复可更新资源并确保其持续更新；（3）当农业、工业和化学污染问题变得尖锐时，污染治理就成为环境法的目标；（4）当这一系列的制定法、条约和法律习惯逐渐发展以至于其复杂性使政府、法院和公众越来越困惑时，政府开始制定适用于所有领域的框架性立法甚至编纂环境法典使其简化；（5）强调环境法固有的正义原则，政府开始修改宪法以赋予公民环境权，并把环境权纳入人权领域。Nicholas A. Robinson. Challenges Confronting the Pro-gressive Development of a Second Generation of Environmental Laws [A]. Lye Lin-Heng & Maria Socorro Z. Manguiat. Towardsa "Second Generation" in *Environmental Laws in the Asianand Pacific Region*: *Select Trends* [C]. UK: Henry Ling Ltd, 2003, pp. 27-32；罗宾逊. 第二代环境法不断发展所面临的挑战//黎莲卿，玛利亚·索科罗·Z. 曼圭亚特. 亚太地区第二代环境法展望——世界自然保护联盟/全球环境战略研究所/亚洲开发银行研讨会论文集. 邵方，曹明德，李兆玉，译. 北京：法律出版社，2006：36.

法，学界并没有统一的认识，也很难统一认识。[①] 这个时期又可以分为如下两个阶段。

(一) 1978 年至 1988 年的环境资源法

按照世界银行统计的数据，1978 年中国的人均国民收入比非洲撒哈拉沙漠以南国家的平均水平还低，只有他们的三分之一。当时的农业人口还占全国人口的 80%多，农村是用牛和人力耕地，粮食产量不足和工业品奇缺导致全国实行以“粮票、肉票、布票、油票、豆腐票、手表票、缝纫机票、自行车票”等票证为标志的配额制。从 1978 年至 1988 年，是我国改革开放初期的 10 年，是中国原始工业化阶段。在这 10 年里，中国农业持续丰收，大量乡镇企业（集体所有制而非私有制）在全国各地萌芽，并呈爆发式增长，这类企业起到国民经济增长引擎和压舱石的作用。[②] 我国的 GDP 总值从 1978 年的 3 645.2 亿元人民币（2 119.3 亿美元）上升到 1988 年的 15 042.8 亿元人民币（4 041.5 亿美元），我国到 1988 年初步解决了人民的温饱问题。但是，这个时期的环境污染十分严重，环境资源法治表面力求坚挺、实则相当薄弱。

正是在 1978 年，第五届全国人民代表大会第一次会议通过了修改后的《宪法》（1978 年 3 月 5 日），规定：“国家保护环境和自然资源，防治污染和其他公害。”这是中国首次将环境保护工作列入国家根本大法，把环境保护确定为国家的一项基本职责，将自然保护和污染防治确定为环境保护和环境资源法的两大领域，从而奠定了中国环境资源法体系的基本构架和主要内容，并为中国环境资源保护进入法制轨道开辟了道路。同年 12 月 18 至 22 日召开的中共十一届三中全会，作出改革开放的重大决策，由此开启了中国改革开放历史新时期。接着，中共中央批转的国务院环境保护领导小组的《环境保护工作汇报要点》（1978 年 12 月），将加强环境资源法制建设、制定环境保护法律作为环境保护工作重点之一，由此拉开了中国环境资源法迅

---

① 有的人认为，中国第一代环境资源法是指从 20 世纪 70 年代初至 90 年代末的环境资源法；也有人认为，是指 20 世纪 80 年代初至 90 年代末的环境资源法。

② 这个期间乡镇企业数量增长了 12 倍，从 150 万家增加到 1 890 万家；其生产总值增长了 13.5 倍，从占 GDP 的 14%上升到 46%；到 1988 年，乡镇企业创造就业岗位达 1 亿个左右，农民的平均收入水平增长了 12 倍。

速发展的序幕。1979 年 2 月，第五届全国人民代表大会常务委员会第六次会议原则通过了《森林法（试行）》。1979 年 9 月，第五届全国人民代表大会第十一次会议原则通过了《环境保护法（试行）》。该法依据宪法的规定，针对中国当时的环境状况，参考借鉴了国外的先进经验，规定了环境保护的对象、任务、方针和适用范围，规定了“谁污染谁治理”等原则，确定了环境影响评价、“三同时”、排污收费、限期治理、环境标准、环境监测等制度，规定了环境保护机构及其职责。该法的内容比较全面、系统，是中国环境资源法走向体系化、作为独立的法律部门的一个标志。《环境保护法（试行）》颁布后，我国先后制定了《海洋环境保护法》(1982 年)、《水污染防治法》(1984 年)、《大气污染防治法》(1987 年)、《草原法》(1985 年)、《矿产资源法》(1986 年)、《水法》(1988 年)、《野生动物保护法》(1988 年）等污染防治和自然资源保护方面的法律、法规和规章。

（二）1989 年至 1999 年的环境资源法

从 1989 年至 1999 年年末，我国开展了以劳动密集型规模化生产为特征的工业化运动，全国 GDP 总值从 1988 年的 15 042.8 亿元人民币（4 041.5 亿美元）上升到 1999 年的 89 677.1 亿元人民币（10 832.8 亿美元，居世界第 6 位)，1999 年人民生活已达到小康水平。在这一时期，遍布城乡各地的劳动密集型工厂生产了大量轻工产品，我国成为全球最大的纺织品、家具和玩具生产国和出口国；与此同时，也产生相当严重的环境污染和生态破坏问题，严重的环境资源问题提出了加强环境资源法律控制的迫切要求。

1989 年 12 月第七届全国人民代表大会第十一次会议通过的《环境保护法》，标志着我国环境资源法的发展进入一个新阶段。20 世纪 90 年代是国际国内形势发生重大、急剧变化的时代。1992 年 6 月，在巴西里约热内卢召开了有 183 个国家和地区的代表团和联合国及其下属机构等 70 个国际组织的代表出席的联合国环境与发展会议，通过、签署了《里约环境与发展宣言》、《21 世纪议程》、《气候变化框架公约》、《生物多样性公约》和《关于森林问题的原则声明》5 个体现可持续发展新思想、贯彻可持续发展战略的文件。这次大会标志着全球中心议题从“斯德哥尔摩时期”的环境保护向“可持续发展时期”的环境保护的重大转变。会后，许多国际组织和国家纷纷制定、贯彻可持续发展的战略、环境资源法律、国际法律政策文件和行动计划，掀起了一场可持续发展的社会变革和发展运动。1992 年 6 月联合国环境与发展会议召开后不久，中共中央、国务院批准了中国环境与发展十大对策，指出中国必须转变发展战略、走持续发展道路；1994 年 3 月，国务院批准了《中国 21 世纪议程——中国 21 世纪人口、环境与发展白皮书》，提出了实施可持续发展的总体战略、基本对策和行动方案，要求建立体现可持续发展的环境资源法体系。1993 年 3 月，全国人民代表大会成立了环境与资源保护委员会（简称环资委，当时称环境保护委员会）这一专门委员会。从 1994 年起，环资委的立法工作全面展开，相继修改、制定了一批环境资源法律、法规和行政规章，如《自然保护区条例》（1994 年）、《淮河流域水污染防治暂行条例》（1995 年）、《大气污染防治法》（1995 年修改）、《固体废物污染环境防治法》（1995 年）、《水污染防治法》（1996 年修改）、《环境噪声污染防治法》（1996 年）、《煤炭法》（1996 年）、《防洪法》（1997 年）、《节约能源法》（1997 年）、《防震减灾法》（1997 年）、《森林法》（1998 年修改）、《土地法》（1998 年修改）、《气象法》（1999 年）、《海洋环境保护法》（1999 年修改）等。特别值得一提的是，1997 年修改的《刑法》增加了“破坏环境资源保护罪”和“环境监管失职罪”的规定。

从总体上看，这个阶段的环境资源法具有如下特点：第一，我国制定了以《环境保护法》为相对综合性的法律，初步形成了社会主义初级阶段的环境资源法体系框架。第二，我国环境资源法与国外和国际环境资源法有着密切的联系，可持续发展开始成为中国环境资源法的重要指导思想，“经济转型时期的环境资源法”的特点也与国外“可持续发展时期”环境资源法的特点基本相似。例如，1998 年《土地管理法》、1999 年《海洋环境保护法》等环境资源法律已经将促进或保障经济社会的“可持续发展”作为其立法目的。第三，环境资源法基本处于“以经济建设为中心”和“以追求 GDP 增长为主要目标”的大前提下，具有市场经济原始资本积累初期的环境资源法的特点。从 1978 年到 1999 年的 20 年，发展的要义或环保与经济的关系是经济增长第一、环境保护要与经济发展相协调，具体体现为 GDP 增长为第一、以能够提升 GDP 作为行政官员考核的重要指标。立法的数量虽然较多，但法律实施效果欠佳；设立的法律措施和制度较多，但没有得到严格执行。第四，环境资源立法以污染防治、自然资源利用管理为主，自然保护和生物多样性立法相对薄弱；主要采取“命令—控制”式模式规制污染，主要采用传统的规则如侵权责任法解决环境资源民事纠纷；侧重于污染的事后防范、末端治理，对经济发展过程中产生的环境后果的消极防范。环境资源立法以强化行政权力为主，公众权益相对薄弱；环境资源法律实施以行政执法为主，公众参与和司法相对薄弱。

四、进入生态文明建设时期的环境资源法（从2000年至今）

当人类社会跨入21世纪的时候，我国开始进入全面建设小康社会、加快推进社会主义现代化的新的发展阶段。[①] 这个阶段的一个重要特点是，人民生活总体上实现了由温饱到小康的历史性跨越[②]，但生态环境问题仍然十分严重[③]，人民日益增长的对健康环境、美丽中国的需要与不平衡不充分

---

① 中共十五大报告（1997年9月12日）提出：“我们的目标是，第一个十年实现国民生产总值比二〇〇〇年翻一番，使人民的小康生活更加宽裕，形成比较完善的社会主义市场经济体制；再经过十年的努力，到建党一百年时，使国民经济更加发展，各项制度更加完善；到世纪中叶建国一百年时，基本实现现代化，建成富强民主文明的社会主义国家。”中共十六大报告进一步明确提出，“根据十五大提出的到二〇一〇年、建党一百年和新中国成立一百年的发展目标，我们要在本世纪头二十年，集中力量，全面建设惠及十几亿人口的更高水平的小康社会，使经济更加发展、民主更加健全、科教更加进步、文化更加繁荣、社会更加和谐、人民生活更加殷实”，“国内生产总值到二〇二〇年力争比二〇〇〇年翻两番”（江泽民．全面建设小康社会，开创中国特色社会主义事业新局面——在中国共产党第十六次全国代表大会上的报告．人民日报，2002－11－18（1）．）。

② 正如中共十六大报告所指出的，在“二〇〇一年，我国国内生产总值达到九万五千九百三十三亿元，比一九八九年增长近两倍，年均增长百分之九点三，经济总量已居世界第六位。人民生活总体上实现了由温饱到小康的历史性跨越”。（江泽民．全面建设小康社会，开创中国特色社会主义事业新局面——在中国共产党第十六次全国代表大会上的报告．人民日报，2002－11－18（1）．）。在2001年以后，我国经济总量在“2005年超过法国，居第五；2006年超过英国，居第四；2007年超过德国，居第三；2009年超过日本，居第二。2010年，我国制造业规模超过美国，居世界第一”（习近平．在省部级主要领导干部学习贯彻党的十八届五中全会精神专题研讨班上的讲话（2016年1月18日）．人民日报，2016－05－10）；到2017年，“国内生产总值从五十四万亿元增长到八十万亿元，稳居世界第二”，国内生产总值已经比2000年翻了两番。

③ 从总体上看，我国环境保护仍滞后于经济社会发展，多阶段多领域多类型问题长期累积叠加，环境承载能力已经达到或接近上限，全国主要污染物排放总量远高于环境容量，生态环境恶化趋势尚未得到根本扭转，环境质量改善任务艰巨。

的发展之间产生了较大的差距和矛盾。[①] 从 2000 年至 2017 年，我国社会的一个重大变化，是生态文明建设的酝酿和兴起。与此相适应，我国的环境资源法治建设开始进入一个新的发展时期，环境资源法开始进入生态文明建设时期的环境资源法的新阶段。有人认为，这个时期的中国环境资源法大体上或在某些特征上相当于美国的第二代环境资源法；笔者认为这种类比值得商榷，因为学界对何谓第二代环境资源法并没有统一的看法或设定统一的标准。[②] 这个时期可以分为两个阶段：从 2000 年至 2011 年，是生态文明建设的酝酿阶段；从 2012 年中共十八大至今，是生态文明建设的全面发展阶段。

(一) 生态文明建设酝酿阶段 (2000 年至 2011 年) 的环境资源法

进入 21 世纪的前 10 年，我国利用此前工农业经济发展所创造的巨大市场需求和社会储蓄，努力克服以能源—动力—交通运输为瓶颈的短板，对煤炭、钢铁、水泥、化纤、机械工具、桥梁、隧道、船舶、高速公路、高速铁路[③]等进行规模化大生产，使全国生产、消费和技术创新迎来了一个高峰。[④] 与此同时，我国的环境资源问题也非常严重。根据《中国环境保护（1996—2005)》(国务院新闻办于 2006 年 6 月 6 日发布)、《2008 年中国环境状况》(环境保护部于 2009 年 6 月 5 日发布) 等官方统计数据：中国生态环境脆

---

① 中共十九大报告（2017 年 10 月 18 日）指出，“中国特色社会主义进入新时代，我国社会主要矛盾已经转化为人民日益增长的美好生活需要和不平衡不充分的发展之间的矛盾。我国稳定解决了十几亿人的温饱问题，总体上实现小康，不久将全面建成小康社会，人民美好生活需要日益广泛，不仅对物质文化生活提出了更高要求，而且在民主、法治、公平、正义、安全、环境等方面的要求日益增长。同时，我国社会生产力水平总体上显著提高，社会生产能力在很多方面进入世界前列，更加突出的问题是发展不平衡不充分，这已经成为满足人民日益增长的美好生活需要的主要制约因素”。

② 美国一些学者所称的第二代环境法主要指 1992 年联合国环境与发展会议之后的美国环境法，第三代、第四代环境法则主要是一些学者设想的环境法。美国学者所称的第一代、第二代、第三代和第四代环境法并没有严格的时间界限。

③ 中国高速铁路（China High-speed Railway）是指新建设计开行速度 250 公里/小时（含预留）及以上动车组列车且初期运营速度不小于 200 公里/小时的铁路客运专线。2004 年 1 月——国务院常务会议讨论并原则通过历史上第一个《中长期铁路网规划》，以大气魄绘就了超过 1.2 万公里“四纵四横”快速客运专线网。2009 年 12 月 26 日，武广高铁正式运营，武汉到广州的旅行时间由原来的约 11 小时缩短到 3 小时左右，成为中国第一条 350 公里/小时（最高运营速度达到 394 公里/小时）高铁，也是世界上运营速度最快、密度最大的高速铁路。

④ 在 2011 年，中国 GDP 为 7.495 5 万亿美元，比 2000 年翻了一番多，已经远远超过日本而稳居世界第二位。

弱，生态环境脆弱区占国土面积的 60%以上；全国水土流失面积 356.92 万平方公里，占国土总面积的 37.2%，全国因水土流失每年流失土壤 50 亿吨；全国荒漠化土地为 263.62 万平方公里，占国土面积的 27%；沙化土地面积为 173.97 万平方公里，占国土面积的 18%；全国天然草原面积约占国土面积的 41%，但有 90%的天然草原出现不同程度的退化。根据第二次全国土地调查[①]，包括环境生态在内的公众共用物（共用地）面积缩小、数量减少情况十分严重，各类生态用地变化显示了我们生态空间日益被挤压的严峻状况，因建设占用、公众共用物被物权化等因素，全国草地减少 1.6 亿亩，滩涂、沼泽减少 10.7%，冰川与积雪减少 7.5%。我国列入世界濒危动植物目录中的动植物占该目录总数的 1/4，有 15%至 20%的动植物种类受到威胁，高于世界 10%至 15%的平均水平。我国每日耗水量世界第一，污水排放量世界第一，能源消费量世界第二，二氧化碳、二氧化硫和氟氯烃的排放总量居世界第一位，酸雨面积已占中国大陆面积的 1/3，水污染、土地污染、海洋污染、固体废物污染、噪声污染、放射性污染、化学品污染等各种环境污染均居全球前茅。我国是世界上大气污染最为严重的国家之一，其中尤以雾霾最为严重。我国已进入污染事故和生态安全事故多发期和矛盾凸显期，已经成为污染物排放量最多、水土流失最严重、荒漠化程度最高的国家之一，环境污染、生态破坏和公众共用物悲剧已经成为制约经济社会发展和公众健康发展的一个重要因素。

21 世纪一开始，为了迎接中国加入 WTO 后的挑战[②]，实现与国外、国际环境贸易法律的接轨，我国加强了环境资源法规的制定和修改工作。我国在 2001 年颁布了《防沙治沙法》《海域使用管理法》；2002 年颁布了《清洁生产促进法》《环境影响评价法》；2003 年颁布了《放射性污染防治法》；还修改了《大气污染防治法》（2000 年）、《草原法》（2002 年）等法律。《清洁生产促进法》和《环境影响评价法》的颁布，被一些学者称为中国迈向第二

---

① 根据国务院决定，自 2007 年 7 月 1 日起，开展第二次全国土地调查（以下简称二次调查），并以 2009 年 12 月 31 日为标准时点汇总二次调查数据。2013 年 12 月 30 日，国土资源部、国家统计局、国务院第二次全国土地调查领导小组办公室发布了《第二次全国土地调查主要数据成果的公报》。

② 2001 年 11 月 10 日，经过 15 年的艰苦谈判，世界贸易组织的多哈会议审议通过中国"入世"的决定。"入世"以来，中国政府清理修改 2 300 多项法律法规，公布了许多与贸易有关的法律文件，各个地方政府也清理、修改或废止了 19 万多件地方性法规、规章和政策措施。

代环境资源法的标志。

在我国工业化、城市化、贸易国际化继续发展和环境资源生态问题仍然没有得到有效遏制的同时，生态文明观和生态文明建设开始应运而生，这成为影响和推动我国环境资源法的重要事件。2003 年 6 月，《中共中央国务院关于加快林业发展的决定》提出了“确立以生态建设为主的林业可持续发展道路，建立以森林植被为主体、林草结合的国土生态安全体系，建设山川秀美的生态文明社会”的指导思想。2005 年 3 月，《国务院关于落实科学发展观加强环境保护的决定》提出了“发展循环经济，倡导生态文明，强化环境资源法治，完善监管体制，建立长效机制，建设资源节约型和环境友好型社会”的要求。2007 年 10 月，中共十七大报告中提出了“建设生态文明”和“生态文明观念在全社会牢固树立”的目标。① 2008 年 3 月，第十一届全国人大第一次会议批准国务院机构改革方案，组建环境保护部。2008 年 6 月，中共中央、国务院发布了《关于全面推进集体林权制度改革的意见》。2010 年 12 月，中共中央、国务院公布了《关于加快水利改革发展的决定》。与此相适应，从 2003 年开始，我国制定和修改了如下环境资源法律：2003 年颁布了《放射性污染防治法》；2004 年修改了《固体废物污染环境防治法》《土地管理法》《野生动物保护法》和《渔业法》；2005 年制定了《可再生能源法》《畜牧法》；2007 年制定了《物权法》《城乡规划法》和《突发事件应对法》，修订了《节约能源法》；2008 年制定了《循环经济促进法》，修订了《水污染防治法》《防震减灾法》；2009 年制定了《侵权责任法》和《海岛保护法》，修订了《水法》《土地管理法》《森林法》《草原法》《渔业法》《野生动物保护法》《矿产资源法》《节约能源法》《可再生能源法》《煤炭法》；2010 年制定了《石油天然气管道保护法》、修订了《水土保持法》；2011 年修订了《煤炭法》。

---

① 中共十七大报告（2007 年 10 月 15 日）提出，“建设生态文明，基本形成节约能源资源和保护生态环境的产业结构、增长方式、消费模式。循环经济形成较大规模，可再生能源比重显著上升。主要污染物排放得到有效控制，生态环境质量明显改善。生态文明观念在全社会牢固树立”；“坚持生产发展、生活富裕、生态良好的文明发展道路，建设资源节约型、环境友好型社会，实现速度和结构质量效益相统一、经济发展与人口资源环境相协调，使人民在良好生态环境中生产生活，实现经济社会永续发展”（胡锦涛．高举中国特色社会主义伟大旗帜，为夺取全面建设小康社会新胜利而奋斗——在中国共产党第十七次全国代表大会上的报告．人民日报，2007－10－25.）。

（二）生态文明建设全面发展阶段（2012 年至今）的环境资源法

通过 21 世纪前十年的发展，我国 2011 年国内生产总值达到 48.4 万亿元人民币，经济总量已居世界第二位，生态文明建设扎实展开，资源节约和环境保护全面推进。但是，发展中不平衡、不协调、不可持续问题依然突出，资源环境约束加剧，生态环境方面的问题较多。在 2012 年，中国经济总量约占全球 11.5％，却消耗了全球 21.3％的能源、45％的钢、43％的铜、54％的水泥，排放的二氧化硫、氮氧化物总量居世界第一。[①] 在这种形势下，2012 年 11 月召开的中共十八大，不仅确立了“确保到二〇二〇年实现全面建成小康社会”“实现国内生产总值和城乡居民人均收入比二〇一〇年翻一番”的宏伟目标；而且确立了“加快”、“大力”、“全面落实”和“大力推进生态文明建设”的战略、目标和任务，要求“把生态文明建设放在突出地位，融入经济建设、政治建设、文化建设、社会建设各方面和全过程，努力建设美丽中国，实现中华民族永续发展”[②]。

中共十八大之后，党和国家一方面继续推进工业化、城市化进程和全球发展战略、开拓国内外市场；另一方面，始终把生态文明建设放在治国理政的重要战略位置，作为统筹推进“五位一体”总体布局和协调推进“四个全面”战略布局的重要举措。例如，党的十八届二中全会通过的《中共中央关于全面深化改革若干重大问题的决定》（2013 年 11 月），提出加快建立系统完整的生态文明制度体系；十八届四中全会通过的《中共中央关于全面推进依法治国若干重大问题的决定》（2014 年 10 月），要求用严格的法律制度保护生态环境；十八届五中全会通过的《中共中央关于制定国民经济和社会发展第十三个五年规划的建议》（2015 年 10 月），将绿色发展纳入新发展理念。相继制定的《中共中央国务院关于加快推进生态文明建设的意见》（2015 年 4 月）、《生态文明体制改革总体方案》（2015 年 9 月）等一系列重要政策文件，明确了包括环境资源生态法治建设在内的生态文明建设的基本理念、指导思想、原则、政策措施、体制机制和法律制度。其中，中央全面深化改革领导小组（简称中央深改小组，成立于 2013 年 12 月 30 日）自成

---

① 董峻，等. 开创生态文明新局面——党的十八大以来以习近平同志为核心的党中央引领生态文明建设纪实. 人民日报，2017－08－03（1）.

② 中共十八大报告首次设单篇、用 7 个自然段、1 361 个字对生态文明进行了专门论述。

立以来至 2017 年 9 月，审议了 40 多项生态文明建设和环境资源保护具体改革方案[①]，为推进我国生态环境治理、生态文明治理体系建设提供了重要的政策和制度依据。与此相适应，我国的环境资源法也在生态文明观的指导和生态文明社会建设的统率下得到了深入、全面的发展。例如，我国 2012 年修订了《农业法》《清洁生产促进法》《民事诉讼法》；2013 年修订了《草原法》《渔业法》《煤炭法》《海洋环境保护法》《固体废物污染环境防治法》；2014 年修订了《气象法》《环境保护法》，进行重大修改的《环境保护法》被称为史上最严厉的环保法律；2015 年修订了《食品安全法》、《城乡规划法》、《畜牧法》、《固体废物污染环境防治法》、《电力法》、《文物保护法》和《大气污染防治法》；2016 年制定了《环境保护税法》《深海海底区域资源勘探开发法》，修订了《水法》、《防洪法》、《环境影响评价法》、《节约能源法》和《野生动物保护法》；2017 年颁布了《民法总则》，修订了《水污染防治法》、《民事诉讼法》和《行政诉讼法》，其中《民法总则》规定了著名的绿色原则，《民事诉讼法》规定人民检察院以及法律规定的机关和有关组织可以向人民法院提起环境民事公益诉讼，《行政诉讼法》规定人民检察院可以依法向人民法院提起环境行政公益诉讼。

2017 年 10 月召开的中共十九大，不仅总结了中共十八大以来的五年中生态文明建设所取得的显著成绩[②]，并且就“加快生态文明体制改革，建设美丽中国”进行了专门部署。中共十九大报告中进一步强调：“坚持人与自然和谐共生。建设生态文明是中华民族永续发展的千年大计。必须树立和践行绿水青山就是金山银山的理念，坚持节约资源和保护环境的基本国策，像对待生命一样对待生态环境，统筹山水林田湖草系统治理，实行最严格的生态环境保护制度，形成绿色发展方式和生活方式，坚定走生产发展、生活富

---

① 阚枫.“深改组”谋篇定策：中国改革新程蹄疾步稳.(2017-10-16). http://news.21cn.com/caiji/roll1/a/2017/1016/07/32746787. shtml.

② 中共十九大报告指出，中共十八大以来的五年，“生态文明建设成效显著。大力度推进生态文明建设，全党全国贯彻绿色发展理念的自觉性和主动性显著增强，忽视生态环境保护的状况明显改变。生态文明制度体系加快形成，主体功能区制度逐步健全，国家公园体制试点积极推进。全面节约资源有效推进，能源资源消耗强度大幅下降。重大生态保护和修复工程进展顺利，森林覆盖率持续提高。生态环境治理明显加强，环境状况得到改善。引导应对气候变化国际合作，成为全球生态文明建设的重要参与者、贡献者、引领者”。

裕、生态良好的文明发展道路，建设美丽中国，为人民创造良好生产生活环境，为全球生态安全作出贡献。”“生态文明建设功在当代、利在千秋。我们要牢固树立社会主义生态文明观，推动形成人与自然和谐发展现代化建设新格局，为保护生态环境作出我们这代人的努力！”

2018 年 3 月 11 日，第十三届全国人民代表大会第一次会议通过修改的《宪法》，将“科学发展观”“新发展理念”“生态文明”“和谐美丽的社会主义现代化强国”作为“国家的根本任务”纳入宪法的序言①，将“领导和管理经济工作和城乡建设、生态文明建设”规定为国务院行使的一项重要职权（第 89 条第 6 款）。上述修改使我国“环境宪法”的规范体系得到进一步充实，体现了“环境资源法律部门的宪法化”和“宪法的生态化”的进一步发展。

还有一个重大进展是，根据第十三届全国人民代表大会第一次会议通过的《国务院机构改革方案》（2018 年 3 月 17 日）和中共中央公布的《深化党和国家机构改革方案》（2018 年 3 月 21 日），国务院组建了自然资源部、生态环境部和农业农村部，我国在环境与资源方面的保护和管理机构组成得到了进一步的加强和扩充，机构职能得到了进一步的优化和调整。

总之，从中共十八大以来，我国的生态文明建设开始进入全面发展的时期，环境资源法律逐渐成为生态文明建设全面发展阶段的环境资源法；中共十九大的召开和 2018 年的修宪，更是将我国环境资源法和环境资源法治建设推到以生态文明为标志的新时期。

概括起来，进入生态文明建设时期的环境资源法呈现出如下特点。

1. 以中共中央有关环境保护和生态文明建设的政策文件为基础，对以往颁布的环境资源法律进行及时和重要的修改，将中共中央有关环境资源保护和生态文明建设的政策上升为国家法律。

---

① 《宪法》序言中的规定是：“国家的根本任务是，沿着中国特色社会主义道路，集中力量进行社会主义现代化建设。中国各族人民将继续在中国共产党领导下，在马克思列宁主义、毛泽东思想、邓小平理论、‘三个代表’重要思想、科学发展观、习近平新时代中国特色社会主义思想指引下，坚持人民民主专政，坚持社会主义道路，坚持改革开放，不断完善社会主义的各项制度，发展社会主义市场经济，发展社会主义民主，健全社会主义法治，贯彻新发展理念，自力更生，艰苦奋斗，逐步实现工业、农业、国防和科学技术的现代化，推动物质文明、政治文明、精神文明、社会文明、生态文明协调发展，把我国建设成为富强民主文明和谐美丽的社会主义现代化强国，实现中华民族伟大复兴。”

当代中国在政治、社会、文化和法制方面的最大特色是：完成了中华民族有史以来广泛而深刻的社会变革，形成了中国共产党统一集中领导的体制，开辟了中国特色社会主义道路，形成了中国特色社会主义理论体系，确立了中国特色社会主义制度。在实行社会主义制度的中国，“中国特色社会主义最本质的特征是中国共产党领导，中国特色社会主义制度的最大优势是中国共产党领导，党是最高政治领导力量”“中国共产党是中国特色社会主义事业的领导核心”[①]。2018 年修改的《宪法》第 1 条第 2 款明确规定，“中国共产党领导是中国特色社会主义最本质的特征”。中共十八大和中共十九大两次修订的《中国共产党章程》，充分体现了中国共产党对环境保护和生态文明建设的高度重视和理论创新。[②] 自 2012 年中共十八大召开至 2017 年，中共中央出台或修订的党内法规有 50 多部；仅中央全面深化改革领导小组自 2013 年 12 月成立以来至 2017 年 9 月，就审议了 40 多项生态文明建设和环境资源保护具体改革方案。[③] 随着中共中央有关政策的频繁而重大的改

---

① 胡锦涛. 坚定不移沿着中国特色社会主义道路前进 为全面建成小康社会而奋斗——在中国共产党第十八次全国代表大会上的报告（2012 年 11 月 8 日）. 人民日报，2012－11－18（1）.

② 例如，《中国共产党章程》（中国共产党第十八次全国代表大会部分修改，2012 年 11 月 14 日通过）规定：“中国共产党领导人民建设社会主义生态文明。树立尊重自然、顺应自然、保护自然的生态文明理念，坚持节约资源和保护环境的基本国策，坚持节约优先、保护优先、自然恢复为主的方针，坚持生产发展、生活富裕、生态良好的文明发展道路。着力建设资源节约型、环境友好型社会，形成节约资源和保护环境的空间格局、产业结构、生产方式、生活方式，为人民创造良好生产生活环境，实现中华民族永续发展。”《中国共产党章程》（中国共产党第十九次全国代表大会部分修改，2017 年 10 月 24 日通过）规定：“中国共产党领导人民建设社会主义生态文明。树立尊重自然、顺应自然、保护自然的生态文明理念，增强绿水青山就是金山银山的意识，坚持节约资源和保护环境的基本国策，坚持节约优先、保护优先、自然恢复为主的方针，坚持生产发展、生活富裕、生态良好的文明发展道路。着力建设资源节约型、环境友好型社会，实行最严格的生态环境保护制度，形成节约资源和保护环境的空间格局、产业结构、生产方式、生活方式，为人民创造良好生产生活环境，实现中华民族永续发展。”上述章程表明，作为执政党的中国共产党是当代世界各国政党中，最重视、最强调环境保护和生态文明建设的政党。

③ 例如，中央全面深化改革领导小组（简称中央深改小组，成立于 2013 年 12 月 30 日），自成立至 2017 年 9 月，在 45 个月里召开了 38 次会议，会议审议通过的文件至少有 277 个。根据官方报道，2014 年，中央深改组确定的 80 个重点改革任务，各方面共出台 370 个改革方案；2015 年，中央深改组确定的 101 个重点改革任务，各方面共出台 415 个改革方案；2016 年，中央深改组确定的 97 个重点改革任务，各方面共出台 419 个改革方案；2017 年，7 次中央深改组会议已审议了 69 个文件，其中，审议了 30 多个涉及司法领域的改革文件，70 多个涉及社会民生领域的改革方案，40 多项生态文明建设和环境保护具体改革方案。参见阚枫. “深改组”谋篇定策：中国改革新程蹄疾步稳.（2017－10－16）. http：//news. 21cn. com/caiji/roll1/a/2017/1016/07/32746787. shtml.

变，有关环境资源立法也出现了相应的频繁而重大的改变。例如，2015 年 4 月 20 日，在第十二届全国人大常委会第十四次会议上，仅由国务院法制办提请要审议修改的法律就高达 26 部之多①；2016 年 7 月 2 日，第十二届全国人民代表大会常委会第二十一次会议一次就审议了 7 部环境资源法律（包括《野生动物保护法》、《节约能源法》、《水法》、《防洪法》、《环境影响评价法》、《航道法》和《职业病防治法》）②；自 2013 年 3 月 19 日第十二届全国人民代表大会常委会第一次会议至 2017 年 9 月，第十二届全国人民代表大会及其常委会共制定法律 22 件、修改法律 110 件次、通过有关法律问题和重大问题的决定 37 件、作出法律解释 9 件，其中全国人大常委会共修改有关法律 54 部（而我国现行有效法律才 260 件），国务院废止行政法规 6 部、修改行政法规 125 部。③ 中共中央的政策文件不仅从不同角度规定和阐述了包括生态文明法治建设在内的生态文明建设的内容，规定了实施可持续发展战略和科学发展观的内容，部署和规定了一系列环境资源保护的措施和法律制度，而且促进和加快了环境资源法律的更新、换代和立、改、废。这些是促使对以往环境资源法律法规进行频繁和重要修改的重要原因和推动力，也是新时期环境资源法的一个重要特点。通过以中国共产党为主导的党（执政党和参政党）、政（政府）、社（社会团体和社会组织）、民（公民和公众）的多元、共同治理，中国环境资源法开始进入真正法治的阶段，即法的治理（governance of law）和法的善治（good governance of law）阶段。环境资源法的治理（governance）突出的是法的治理功能（包括法的规制和非规制功能、规划功能、指导功能、引导功能等多种功能），强调的是法的正当性、协调性、和谐性和共享性；它表示中国环境资源法是社会管理者或管理阶层与其管理和服务的对象（公民社会或公众）的一种合作治理、多元治理、共同治

① 全国人大一口气修改 26 部法律，哪些与你有关?.（2015－04－22）. https：//news. qq. com/a/20150422/045490. htm.

② 第十二届全国人民代表大会常务委员会第二十一次会议日程（2016 年 6 月 27 日至 7 月 2 日）.（2016－06－23）. http：//www. npc. gov. cn/npc/cwhhy/12jcwh/2016－06/23/content _ 1991949. htm.

③ 党的十八大以来大事记.（2017－10－16）. http：//hi. people. com. cn/n2/2017/1016/c231187－30831894. html.

理的工具或方式。[①] 这不仅表明进入生态文明建设时期的中国环境资源法具有不同于前面几个阶段（从1978年至2012年工业化时期）的环境资源法的指导思想（包括理念、价值观和指导原则）、性质、内容和特点，而且说明中国环境资源法已经发生时代性的、根本性的变化。

2. 将推进生态文明建设和促进经济社会可持续发展作为环境资源法的目的，使中国环境资源法既具有国外第二代环境资源法的特点，又具有超越国外第二代环境资源法的某些特点。

（1）将推进生态文明建设作为环境资源法的目的。例如，2014年修订的《环境保护法》、2015年修订的《大气污染防治法》、2016年颁布的《环境保护税法》和修订的《野生动物保护法》、2017年修订的《水污染防治法》等法律均将"推进生态文明建设"列为其立法目的，并且增加了有关生态环境保护和生态治理的内容。2018年修改的《宪法》，已经将"生态文明"纳入宪法的序言，并且将"领导和管理经济工作和城乡建设、生态文明建设"规定为国务院行使的一项重要职权（第89条第6款）。将"生态文明入宪"和"将生态文明规定为国务院职权"，将推进生态文明建设作为环境资源法的目的，这是本阶段环境资源法取得的一个重大进展和一项重要创新，也是世界各国的环境资源法所没有的。正如联合国副秘书长、环境规划署执行主任埃里克·索尔海姆所指出的那样，"在中国生态文明理念被提升为国家战略。这是人类文明发展史上的一个全新概念，它意味着无论是物质、精神发展还是社会组织方面，都要遵循人类、社会、自然和谐发展的客观规律。生态文

① 从人类社会秩序和法律的形式和内容看，其发展历程是从自然的统治（rule of nature）逐步走向神的统治（rule of God），再到人的统治（rule of man），再到法的统治（rule of law），再到法的治理（governance of law）。我想说明的是，由于汉语习惯于用最精炼的语言表达复杂的意思，结果导致某些法律用语缺乏精准性或确定性。例如，中国学界过去将人的统治（rule of man）简称为人治，将法的统治（rule of law）简称为法治，这使得法的治理（governance of law）失去了一种恰当或准确的译法或简称，即不知道是将法的治理（governance of law）简称为法治、法理、法统还是"法的统治和治理"，因为法的治理仍然容易被理解为法治，这就与rule of law即法治产生了重复或冲突。笔者认为，法的统治（rule of law，即已经约定俗成的法治）表达的是法的统治功能（主要指法的规制功能），强调的是法的强制性、支配性和排他性，表示法是主权者或统治阶层实行国家管理或政治统治的工具，宜翻译为法的统治（法统）；但这可能与早已存在的法统概念（The tradition of the Constitution and the law，legally constituted authority，Legal system）发生冲突或重合，因此我建议将原来的法统改为法的传统（不宜简称为法统），将原来的法治（rule of man）归其本位为法的统治。governance of law表达的是法的治理功能，宜翻译为法的治理（如果能够被大家接受，也可简称为法治）。

明最核心的要求是必须尊重、适应、保护自然。绿水青山应该是无价之宝。而战胜自然、无视资源极限的观点已经过时，应该彻底抛弃”①。

（2）将促进经济社会可持续发展作为环境资源法的目的。首先，这个时期的有关中共中央文件大都强调可持续发展，大部分环境资源法律都将“促进经济社会可持续发展”作为其立法目标，使中国环境资源法全面进入以可持续发展为核心或为指导思想的环境资源法发展新时期。在前几个阶段，我国大部分环境资源法律都没有强调可持续发展。例如，1979年《环境保护法（试行）》规定“中华人民共和国环境保护法的任务，是……促进经济发展”（第2条）；1989年《环境保护法》规定的立法目的是，“保障人体健康，促进社会主义现代化建设的发展”（第1条）。在实践中或现实生活中，各级党政领导和各级政府部门往往将上述“经济发展”或“现代化建设的发展”理解为以GDP增长为标志的经济增长，实际上追求的是重当前政绩即满足当代需要的不可持续的经济增长。但是，在这个阶段，大部分环境资源法律都将“促进经济社会可持续发展”或“可持续利用”作为其立法目标。② 可持续发展在中国的另几种表达方式是“科学发展观”、“新发展理念”和“绿色发展”。2018年修改的《宪法》，已经将“科学发展观”和“新发展理念”纳入宪法的序言。我们可以将“科学发展观”“新发展理念”入宪解释为“可持续发展”入宪。可持续发展包含十分丰富的内容，将“科学发展观”“新发展理念”入宪，将“促进经济社会可持续发展”或“可持续利用”作为立法目标，要求这个时期的环境资源法应当综合考虑当代人的利益和后代的利益、人与自然的和谐发展、清洁生产、循环经济等可持续性问题，应当树立创新、协调、绿

① 2017年12月11日，出席中国环境与发展国际合作委员会2017年会的联合国副秘书长、环境规划署执行主任埃里克·索尔海姆，对第一财经记者说。参见联合国副秘书长答问一财：生态文明理念是人类发展史上全新概念.（2017-12-11）. http://www.yicai.com/news/5382119. html.

② 例如，《环境保护法》（2014年修订）、《海洋环境保护法》（2013年12月28日修订）、《大气污染防治法》（2015年8月29日修订）、《固体废物污染环境防治法》（2016年11月7日修订）、《水污染防治法》（2017年6月27日修订）、《清洁生产促进法》（2012年2月29日修订）、《循环经济促进法》（2008年8月29日通过）、《草原法》（2013年6月29日修订）、《土地管理法》（2004年8月28日修订）、《节约能源法》（2016年7月2日修正）、《可再生能源法》（2009年12月26日修订）、《水土保持法》（2010年12月25日修订）、《城乡规划法》（2015年4月24日修订）、《海岛保护法》（2009年12月26日通过）、《农业法》（2012年12月28日修订）、《水法》（2016年7月2日修正）、《海域使用管理法》（2001年10月27日通过）等法律，都有促进经济社会可持续发展或可持续利用等规定。

色、开放、共享的发展理念[①]，因而具有重要的意义和深远影响。

其次，将可持续发展作为立法目的，表明中国环境资源法已经将过去的"使环境保护工作同经济建设和社会发展相协调"（即"环境资源法服从经济发展"或"经济增长优先"）的指导思想，转变成了"使经济社会发展与环境保护相协调"和"环境保护坚持保护优先"。从1978年实行改革开放以后的30年间，中国环境资源法治建设的指导思想主流是经济增长第一（具体体现为GDP增长为第一）、环境保护要与经济发展相协调（口头禅是环境保护为经济增长服务或保驾护航）。例如，1989年《环境保护法》规定"使环境保护工作同经济建设和社会发展相协调"（第4条）。但是，中共十八大报告（2012年）、《中共中央国务院关于加快推进生态文明建设的意见》（2015年）和中共中央、国务院印发的《生态文明体制改革总体方案》（2015年）却明确规定坚持"保护优先"的方针，其中《中共中央国务院关于加快推进生态文明建设的意见》在对"保护优先"进行解释时明确指出，"保护优先"是指"在环境保护与发展中，把保护放在优先位置，在发展中保护、在保护中发展"。所以，2014年修改的《环境保护法》明确规定，"使经济社会发展与环境保护相协调"（第4条），"环境保护坚持保护优先"（第5条）。

最后，通过立法目的和指导思想的转变可以推动具体法律措施和法律制度的改变。随着立法目的和指导思想的转变，中国环境资源法在具体的法律措施和法律制度等方面也发生了明显的变化。在这个阶段颁布的《清洁生产促进法》、《环境影响评价法》、《循环经济促进法》、《可再生能源法》和《环境保护税法》等法律，具体规定了清洁生产制度、环境影响评价制度、促进循环经济发展制度、促进可再生能源开发利用制度、环境税收制度等科学技术性、经济激励性、综合调整性的法律措施和法律制度，被一些学者称为中国迈向第二代环境资源法的标志。

3. 将生态文明理念和价值观作为环境资源法的基本理念和基本原则，在环境资源法治建设中采用生态学方法和综合生态系统管理理论。

进入生态文明建设时期的环境资源法，有了比较科学而坚实的思想和理

① 坚持创新发展、协调发展、绿色发展、开放发展、共享发展，是关系到我国发展全局的一场深刻变革。创新是引领发展的第一动力。协调是持续健康发展的内在要求。绿色是永续发展的必要条件和人民对美好生活追求的重要体现。开放是国家繁荣发展的必由之路。共享是中国特色社会主义的本质要求。

论基础，生态文明建设的理念和价值观与生态学的方法和理论（主要指综合生态系统方法和理论）开始成为环境资源法的基本理念、基本原则，保护公众共同享用的环境生态公共利益（简称环境公益）开始成为环境资源法的主要任务，环境资源法开始由干巴巴的“纸面上的法条”变为具有思想、灵魂和生命力的“活法”。据笔者检索，1989 年《环境保护法》仅有 4 次提到“生态”一词（2 次“生态环境”，1 次“生态系统”，1 次“生态失调”）。而在 2014 年修改的《环境保护法》中，有 25 次提到“生态”一词（包括 1 次“生态环境”，1 次“生态系统区域”，1 次“生态失调”、1 次“生态文明”、1 次“生态安全”、1 次“生态功能区”、3 次“破坏生态”、6 次“生态破坏”、10 次“生态保护”）。该法比较充分地规定或体现了生态文明的基本理念、价值观，以及生态学方法和综合生态系统管理理论。

（1）将生态文明理念和价值观作为环境资源法的基本理念和基本原则。例如，《中共中央国务院关于加快推进生态文明建设的意见》（2015 年 4 月）和中共中央、国务院印发的《生态文明体制改革总体方案》（2015 年 9 月）等政策法规文件强调，要树立“尊重自然、顺应自然、保护自然”“发展和保护相统一”“绿水青山就是金山银山”“自然价值和自然资本”“空间均衡”“山水林田湖是一个生命共同体”等生态文明理念。《中共中央国务院关于加快推进生态文明建设的意见》规定了“坚持把节约优先、保护优先、自然恢复为主作为基本方针”等五项生态文明建设的原则。[①]《生态文明体制改革

① 加快推进生态文明建设的五项原则是：坚持把节约优先、保护优先、自然恢复为主作为基本方针；坚持把绿色发展、循环发展、低碳发展作为基本途径；坚持把深化改革和创新驱动作为基本动力；坚持把培育生态文化作为重要支撑；坚持把重点突破和整体推进作为工作方式。

总体方案》规定了生态文明体制改革的六项原则。[①] 2014 年修改的《环境保护法》规定了“保护优先”原则（第 5 条）、“预防为主”原则（第 5 条）、“综合治理”（包括综合防治、综合整治）原则（第 5 条、第 33 条）、“公众参与”原则（第 5 条、第 5 章）、“损害担责”原则（第 5 条、第 6 条、第 41 条、第 43 条）、“风险预防”原则（第 39 条、第 47 条）等原则。

（2）生态学的方法和理论（主要指综合生态系统方法和理论）与整体论开始成为环境资源法的基本理念和指导思想。例如，中共十九大报告提出了“三个共同体”的整体主义思想，强调“铸牢中华民族共同体意识”、“推动构建人类命运共同体”和“人与自然是生命共同体”。突出“中华民族共同体”，使中国环境资源法的环境伦理观从个体主义转向整体主义，即从强调个体主义（个人主义）上升到强调集体主义；突出“人类命运共同体”使中国环境资源法的价值目标从代内关怀转向代际关怀，即从强调当代人的利益上升到兼顾后代人的利益；突出“人与自然是生命共同体”使中国环境资源法从强调“主、客二分”上升到强调“主、客一体”。《生态文明体制改革总体方案》（2015 年 9 月）强调，要树立“树立山水林田湖是一个生命共同体的理念，按照生态系统的整体性、系统性及其内在规律，统筹考虑自然生态各要素、山上山下、地上地下、陆地海洋以及流域上下游，进行整体保护、系统修复、综合治理，增强生态系统循环能力，维护生态平衡”。“山水林田湖草”和“人与自然是生命共同体”的理念实际上就是当代生态学和环境资源法学中的综合生态系统方法和理论。

（3）保护公众环境生态利益开始成为环境资源法的主要任务。例如，

① 生态文明体制改革的六项原则是：坚持正确改革方向，健全市场机制，更好发挥政府的主导和监管作用，发挥企业的积极性和自我约束作用，发挥社会组织和公众的参与和监督作用；坚持自然资源资产的公有性质，创新产权制度，落实所有权，区分自然资源资产所有者权利和管理者权力，合理划分中央地方事权和监管职责，保障全体人民分享全民所有自然资源资产收益；坚持城乡环境治理体系统一，继续加强城市环境保护和工业污染防治，加大生态环境保护工作对农村地区的覆盖，建立健全农村环境治理体制机制，加大对农村污染防治设施建设和资金投入力度；坚持激励和约束并举，既要形成支持绿色发展、循环发展、低碳发展的利益导向机制，又要坚持源头严防、过程严管、损害严惩、责任追究，形成对各类市场主体的有效约束，逐步实现市场化、法治化、制度化；坚持主动作为和国际合作相结合，加强生态环境保护是我们的自觉行为，同时要深化国际交流和务实合作，充分借鉴国际上的先进技术和体制机制建设有益经验，积极参与全球环境治理，承担并履行好同发展中大国相适应的国际责任；坚持鼓励试点先行和整体协调推进相结合，在党中央、国务院统一部署下，先易后难、分步推进，成熟一项推出一项。支持各地区根据该方案确定的基本方向，因地制宜，大胆探索、大胆试验。

《中共中央国务院关于加快推进生态文明建设的意见》强调，“良好生态环境是最公平的公共产品，是最普惠的民生福祉。要严格源头预防、不欠新账，加快治理突出生态环境问题、多还旧账，让人民群众呼吸新鲜的空气，喝上干净的水，在良好的环境中生产生活”。中共十九大报告强调，“我们要建设的现代化是人与自然和谐共生的现代化，既要创造更多物质财富和精神财富以满足人民日益增长的美好生活需要，也要提供更多优质生态产品以满足人民日益增长的优美生态环境需要”。2014 年修改的《环境保护法》、2017 年修改的《民事诉讼法》和《行政诉讼法》等法律明确将环境保护规定为“公共利益”①。2016 年颁布的《深海海底区域资源勘探开发法》将环境资源法的适用范围扩大到“深海海底区域”等涉及“人类共同利益”领域。

4. 环境资源法治建设开始进入以强化环境资源行政执法、环境资源司法专门化为标志的全面法治建设轨道。

前几个阶段的环境资源法制建设主要是以环境资源行政管理、环境资源行政执法为中心和标志，司法机关、环境资源司法和公众参与在环境资源法制建设中的作用很小；已经制定的环境资源法律法规（包括法律制度和行政处罚）虽然很多，但得到有效实施的不多。进入生态文明建设时期的环境资源法，注意全面推动环境资源行政执法、司法、守法、监督和公众参与，环

① 虽然“公共利益”目前在学界还没有统一的定义，但中国法律已经通过列举的方法将环境或环境保护规定为一种公共利益，例如，中国《公益事业捐赠法》（1999 年）第 3 条规定，“本法所称公益事业是指非营利的下列事项”，其中第 3 项就是“环境保护、社会公共设施建设”。《信托法》（2001 年）第 60 条规定，“发展环境保护事业，维护生态环境”属于公共利益，为了这一公共利益目的可以设立公益信托。《反垄断法》（2007 年）第 15 条第 4 项规定“为实现节约能源、保护环境、救灾救助等社会公共利益的”。《环境保护法》（2014 年修改）第 58 条，将污染环境、破坏生态视为损害社会公共利益的行为，将环境保护视为公益活动。《慈善法》（2016 年）第 3 条第 5 项规定，本法所称的公益活动包括“防治污染和其他公害，保护和改善生态环境”。《民事诉讼法》（2017 年修改）第 55 条，将污染环境视为损害社会公共利益的行为。《行政诉讼法》（2017 年修改）第 25 条，将对生态环境和资源保护的侵害视为“国家利益或者社会公共利益受到侵害”。《国有土地上房屋征收与补偿条例》（2011 年）第 8 条规定，“环境和资源保护”属于公共事业和公共利益，为了由政府组织实施的“环境和资源保护”等公共事业的需要，政府可以作出房屋征收决定。另外，《中共中央关于全面深化改革若干重大问题的决定》（2013 年）、《最高人民法院、民政部、环境保护部关于贯彻实施环境民事公益诉讼制度的通知》（2014 年）、全国人大常委会《关于授权最高人民检察院在部分地区开展公益诉讼试点工作的决定》（2015 年）、《最高人民法院关于审理环境民事公益诉讼案件适用法律若干问题的解释》（2015 年）、《人民法院审理人民检察院提起公益诉讼案件试点工作实施办法》（2016 年）等中央政策、法律规范性文件，均已认可和肯定“环境公益”以及与其相关联的“环境公益诉讼”“环境民事公益诉讼”“环境行政公益诉讼”等术语或概念。迄今为止，我们还没有发现认为环境和环境保护不属于公共利益的法律法规和政策文件。

境资源公益诉讼、环境资源生态法庭、环境资源司法专门化以及国家生态治理体系建设和环境公众参与制度等法律制度建设获得较大较快的发展。

（1）在环境资源立法方面建立严格的法律制度、强化责任追究和行政处罚，在执法方面强化环境资源监督管理和加强环境资源行政执法力度。《中共中央关于全面深化改革若干重大问题的决定》（2013 年 11 月 12 日中国共产党第十八届中央委员会第三次全体会议通过）强调，“建设生态文明，必须建立系统完整的生态文明制度体系，实行最严格的源头保护制度、损害赔偿制度、责任追究制度，完善环境治理和生态修复制度，用制度保护生态环境”，“探索编制自然资源资产负债表，对领导干部实行自然资源资产离任审计。建立生态环境损害责任终身追究制”，“建立和完善严格监管所有污染物排放的环境保护管理制度，独立进行环境监管和行政执法”，“对造成生态环境损害的责任者严格实行赔偿制度，依法追究刑事责任”。2014 年修改的《环境保护法》加重了行政监管部门的责任，一方面授予各级政府、环保部门许多新的监管权力，环保部门对造成环境严重污染的设施设备可以查封扣押（行政强制权），对超标超总量的排污单位可以责令限产、停产整治，还设计了罚款的按日连续计罚规则（按日计罚权），引入了治安拘留处罚（治安拘留权）；另一方面也规定了对环境资源行政部门进行监督、严厉行政问责的措施。自从被称为“史上最严”的《环境保护法》（2014 年修改）颁布后，环境保护部制定了一系列实施细则①，中央全面深化改革领导小组、中共中央和国务院办公厅制定了一系列有关加强环境保护监督、管理、执法和责任追究方面的政策方案②，有关部门加大了环境资源行政执法的力度。例

① 例如，环境保护部于 2014 年 5 月 16 日公布了《环境保护部约谈暂行办法》，于 2014 年 12 月 19 日公布了《环境保护主管部门实施查封、扣押办法》《环境保护按日连续处罚暂行办法》《环境保护主管部门实施限制生产、停产整治办法》《企业事业单位环境信息公开办法》《突发环境事件调查处理办法》五项实施细则，于 2014 年 12 月 30 日公布了《建设项目主要污染物排放总量指标审核及管理暂行办法》。

② 例如，2015 年 7 月 1 日，中央全面深化改革领导小组第十四次会议审议通过了《环境保护督察方案（试行）》、《生态环境监测网络建设方案》、《关于开展领导干部自然资源资产离任审计的试点方案》和《党政领导干部生态环境损害责任追究办法（试行）》；2016 年 7 月 22 日，中央全面深化改革领导小组第二十六次会议审议通过了《关于省以下环保机构监测监察执法垂直管理制度改革试点工作的指导意见》。这些文件相继由中共中央办公厅、国务院办公厅印发。

如，2016 年至 2017 年的环境保护督查，“堪称史上规模最大、惩治力度最大”[①]。据国家环保督察办公室副主任刘长根介绍，自 2015 年启动河北环境保护督察试点以来，两年时间里国家环保督察办公室分四批对全国各省市区实施督查，累计立案处罚 2.9 万家，立案侦查 1 518 件，拘留 1 527 人，约谈党政领导干部 18 448 人，问责 18 199 人。[②] 据环保部于 2017 年 11 月 16 日公布的第一批中央环保督察 8 省（区）公开移交案件问责情况[③]，8 省（区）此次共问责 1 140 人，其中厅级干部 130 人（正厅级干部 24 人），处级干部 504 人（正处级干部 248 人）；在 8 省（区）被问责人员中，通报 20 人，诫勉 320 人，党纪处分 178 人，政纪处分 584 人，移送司法机关 12 人，已被追究刑事责任 9 人。[④] 第二批中央环保督察工作于 2016 年 11 月底启动，7 个中央环境保护督察组分别进驻北京、上海、湖北、广东、重庆、陕西、甘肃 7 省（市）开展为期 1 个月左右时间的中央环保督察工作，根据 2017

---

① 例如，仅仅在 2016 年，全国共排查违法违规建设项目 64.7 万个，已完成清理整顿 61.8 万个，约占总任务量的 95.6%；排查出“十小”企业 2 641 家，完成取缔 2 465 家，取缔完成数量占比 93.3%（陈吉宁. 用环境质量改善增强人民群众获得感 以优异成绩迎接党的十九大胜利召开 ——在 2017 年全国环境保护工作会议上的讲话（2017 年 1 月 10 日）. 中国环境报，2017 - 01 - 25.）。2017 年 9 月，北京市住建委日前发布的《2017—2018 年秋冬季建设系统施工现场扬尘治理攻坚行动方案》要求，在 2017 年 11 月 15 日至 2018 年 3 月 15 日期间，包括东城区、西城区、朝阳区、海淀区、丰台区、石景山区城 6 区在内的多个区域，停止各类道路工程、水利工程等土石方作业和房屋拆迁施工等（参见北京发布 2017—2018 年最严停工令.（2017 - 09 - 16）. http：//www.southmoney.com/redianxinwen/201709/1610162.html.）。2017 年 10 月，环保部、发改委、工信部等多部委及北京、天津、河北等省市共同印发《京津冀及周边地区 2017—2018 年秋冬季大气污染综合治理攻坚行动方案》，要求在 2017 年采暖季开始即 2017 年 11 月 15 日前，京津冀及周边区域要提前完成化解过剩产能任务，“2＋26”城市完成 72 台机组、398 万千瓦的燃煤机组淘汰，淘汰的燃煤机组要实现电力解列或烟道物理割断；有色化工行业优化生产调控，采暖季电解铝厂限产 30%以上，氧化铝企业限产 30%；炭素企业达不到特别排放限值的，全部停产，达到特别排放限值的，限产 50%以上；涉及原料药生产的医药企业涉 VOCs 排放工序、生产过程中使用有机溶剂的农药企业涉 VOCs 排放工序，在采暖季原则上实施停产。2017 年 10 月，位于杭州市萧山区瓜沥镇党山片区（“中国卫浴之乡”）526 家卫浴企业在两天里，有 381 家“违法、违规、违章”企业被关停整治，其中 144 家被现场吊销工商营业执照（最严“停工令”11 月 15 日实施，多行业全面限产停产.（2017 - 11 - 02）. http：//news.pack.cn/show - 339331.html.）。

② 曹滢. 中央环保督察再放“震荡波”问责严、准、狠!.（2017 - 12 - 28）. http：//news.china.com/domesticgd/10000159/20171228/31882146.html.

③ 从 2016 年 7 月至 8 月，第一批 8 个中央环境保护督察组组织对内蒙古、黑龙江、江苏、江西、河南、广西、云南、宁夏 8 省（区）开展环境保护督察，并于 2016 年 11 月完成督察反馈。

④ 环境保护部. 第一批中央环保督察 8 省（区）公开移交案件问责情况.（2017 - 11 - 16）. http：//www.mep.gov.cn/gkml/hbb/qt/201711/t20171116_426324.htm；王尔德. 第一轮中央环保督察 8 省（区）共问责 1 140 人. 21 世纪经济报道，2017 - 11 - 17.

年4月14日结束的反馈情况，截至2017年2月底，第二批中央环保督察已问责3 121人，约谈4 666人，责令整改11 962家，立案处罚6 310家，共拘留265人。[①]

（2）积极推动以环境资源生态法庭和环境公益诉讼为标志的环境资源司法专门化。[②] 自《民事诉讼法》（2012年修改）和《环境保护法》规定环境公益诉讼以后，《最高人民法院关于全面加强环境资源审判工作　为推进生态文明建设提供有力司法保障的意见》（2014年）、《最高人民法院、民政部、环境保护部关于贯彻实施环境民事公益诉讼制度的通知》（2014年）、《最高人民法院关于审理环境侵权责任纠纷案件适用法律若干问题的解释》（2015年）、《最高人民法院关于审理环境民事公益诉讼案件适用法律若干问题的解释》（2015年）、《检察机关提起公益诉讼改革试点方案》（2015年）、《人民检察院提起公益诉讼试点工作实施办法》（2015年）、《人民法院审理人民检察院提起公益诉讼案件试点工作实施办法》（2016年）、《最高人民法院关于充分发挥审判职能作用为推进生态文明建设与绿色发展提供司法服务和保障的意见》（2016年）和《最高人民法院最高人民检察院关于检察公益诉讼案件适用法律若干问题的解释》（2018年）等文件，对加强环境资源法治建设、推进环境公益诉讼（包括环境民事公益诉讼、环境行政公益诉讼）、环境资源司法专门化等作出了具体规定。[③] 环境资源司法专门化的趋势主要表现在三个方面：一是环境司法专门机构的成立，特别是环境资源生态审判

---

① 章轲. 2016年第二批中央环保督察问责3 121人约谈4 666人.（2017－04－14）http：//www.yicai.com/news/5266237.html.

② 环境资源司法专门化是指国家或地方设置专门的环境资源审判机关以及在现有法院系统内部设置专门审判组织，对环境案件进行专项审理的机制、制度及活动的总称。其主要内容包括审判组织专门化、司法程序专门化、司法机制的专门化和司法人员专门化等。广义的环境资源司法专门化包括设置专门的环境资源审判机关、专门的环境资源检察机关以及专门负责环境资源刑事案件侦查任务的公安机关。

③ 例如，《最高人民法院关于充分发挥审判职能作用为推进生态文明建设与绿色发展提供司法服务和保障的意见》（2016年）强调，“以现代环境司法理念为引领”，“进一步推进环境资源审判专门化”，“按照审判专业化和内设机构改革的要求，立足本地经济社会发展、生态环境保护需要和案件数量、类型特点等实际情况，探索建立专门机构，明晰职责分工，打造既精通法律又熟悉环境知识的专业化审判团队。对于环境公益诉讼以及跨行政区划的环境污染、生态破坏等案件，探索实行跨行政区划集中管辖。探索将环境资源民事、行政乃至刑事案件统一由一个审判机构审理的‘二合一’或者‘三合一’归口审理模式”。

法庭的成立，还有环境资源生态检察处和公安警察队伍的设立[①]；二是环境公益诉讼的发展；三是环境资源生态律师事务所和律师队伍的发展。这个时期的环保法庭建设，始于2007年11月贵州省清镇市人民法院环保法庭的成立；2014年7月3日，最高人民法院正式对外宣布成立专门的环境资源审判机构——即环境资源审判庭。截至2017年4月，全国各级人民法院共设立环境资源审判庭、合议庭和巡回法庭956个，其中，专门审判庭296个，合议庭617个，巡回法庭43个。全国18个高级人民法院、149个中级人民法院和128个基层人民法院设立了专门环境资源审判庭。[②] 2014年4月24日，贵州省新组建的生态环境保护执法、司法专门机构集体亮相，贵州省高级人民法院生态环境保护审判庭、贵州省人民检察院生态环境保护检察处、贵州省公安厅生态环境安全保卫总队正式挂牌，在省域范围内从组织形式上实现了生态环境保护刑事司法的专门化。[③] 在这些新设立的环境资源专业审判机构的推动下，全国人民法院审结了大批环境资源刑事、民事案件和环境公益诉讼案件。[④] 环境公益诉讼的兴起是进入生态文明时期环境资源法的一大亮点和特点，从2015年1月至2016年12月31日，全国法院共受理社会组织

---

① 例如，2008年11月，云南省昆明市公安局组建了环保分局（2010年9月与水务治安分局合并更名为水上治安分局）。2013年9月18日，组建了河北省公安厅环境安全保卫总队、贵州省公安厅生态环境安全保卫总队等。2013年9月21日，湖北省黄石市公安局环境保护警察支队挂牌成立。2013年12月16日，宁波市公安局环境犯罪侦查支队成立。2014年2月17日，浙江省温州市公安局食品药品与环境犯罪侦查支队、桐庐县公安局环境犯罪侦查大队相继挂牌成立。

② 周亚强. 打击环境犯罪 最高法发布“白皮书”“绿皮书”.（2017-07-14）. http://www.legaldaily.com.cn/locality/content/2017-07/14/content_7244540.htm. 笔者注：设立专门环境资源审判庭的18个高级人民法院是河北、江苏、福建、江西、山东、河南、广东、广西、海南、贵州、湖南、重庆、云南、四川、吉林、青海、甘肃、新疆；福建、贵州、江苏、海南、重庆已经设立三级环境资源审判组织体系；其他高级人民法院均指定了相关审判部门负责环境资源审判工作。

③ 汪志球，黄娴. 贵州成立省级生态环境保护执法司法专门机构. 人民日报，2014-04-25(11).

④ 在“十一五”期间（2006—2010年），我国环保系统受理环境信访达30多万件，相比之下，环境行政诉讼只有980件，环境刑事诉讼只有30件，环境民事案件只有12 278件。以上三大诉讼的案件总量仅占同期环保行政部门受理环境信访的4.4%（最高法机关报：14个省市环保法庭去年结案量为零.（2014-09-17）. http://news.163.com/14/0917/10/A6BCK0CF00014SEH.html.）。但是，仅仅在2016年一年内，全国法院共受理各类环境资源刑事案件20 394件，审结18 874件，生效判决人数23 727人；共受理各类环境资源行政案件35 177件，审结29 126件；共受理各类环境资源民事案件90 769件，审结84 664件；共受理社会组织提起的一审环境民事公益诉讼案件63件，审结35件。（郑学林. 中国环境资源审判的新发展. 人民法院报，2017-06-07）。

和试点地区检察机关提起的环境公益诉讼一审案件 189 件、审结 73 件，受理二审案件 11 件、全部审结，其中，环境民事公益诉讼一审案件 137 件，环境行政公益诉讼一审案件 51 件，行政附带民事公益诉讼一审案件 1 件。[①] 从 2016 年 7 月至 2017 年 6 月，各级人民法院共受理社会组织提起的环境民事公益诉讼案件 57 件，审结 13 件；共受理检察机关提起环境民事公益诉讼案件 791 件，审结 381 件；共受理省级政府提起的生态环境损害赔偿案件 3 件，审结 1 件。[②] 自 2015 年 7 月检察机关开展公益诉讼试点工作以来，截至 2017 年 6 月，各试点地区检察机关共办理公益诉讼案件 9 053 件，其中诉前程序案件 7 903 件、提起诉讼案件 1 150 件，其中，民事公益诉讼 94 件、行政公益诉讼 1 029 件、行政公益附带民事公益诉讼 2 件、刑事附带民事公益诉讼 25 件。法院审结 458 件，其中除 15 件因有关当事人积极整改或履行义务而撤诉、6 件调解结案以外，判决结案的 437 件均支持了检察机关的诉讼请求。[③] 与环保法庭、环境公益诉讼和环境司法专门化的兴起相适应，一批环境律师事务所和一批环保律师迅速崛起。

(3) 加强公众参与，环境多元共治机制逐渐健全。2014 年修订的《环境保护法》和 2015 年修订的《大气污染防治法》等法律均将“保障公众健康，推进生态文明建设，促进经济社会可持续发展”作为该法的立法目标，并具体规定了公众参与的权利和制度。[④] 从中共十八大以来，环境资源行政主管部门与环境司法机关的关系日渐密切，环境司法与环境行政执法不仅已经紧密地结合在一起，而且在相互衔接和协调方面已经取得重大进展。各级人民法院、人民检察院等承担环境司法任务的司法机关通过各种方式和途径，在

① 于子茹，范敬宜. 最高人民法院发布环境公益诉讼十大典型案例. (2017-03-07). http://news.xinhuanet.com/legal/2017-03/07/c_129503245.htm；颜斐. 最高法发布 10 起环境公益诉讼典型案例. 北京晨报，2017-03-08.

② 最高人民法院发布《中国环境资源审判（2016—2017）》（白皮书）. (2017-07-13). http://www.cenews.com.cn/fzxw/201707/t20170713_841684.html.

③ 最高人民检察院举行“全面实施检察机关提起公益诉讼制度”发布会. (2017-06-30). http://www.scio.gov.cn/xwfbh/qyxwfbh/Document/1557150/1557150.htm.

④ 2014 年修订的《环境保护法》不仅规定了“公众参与”的原则，而且设“第五章 信息公开和公众参与”对如何实行公众参与做了专门规定，如第 53 条规定，“公民、法人和其他组织依法享有获取环境信息、参与和监督环境保护的权利。各级人民政府环境保护主管部门和其他负有环境保护监督管理职责的部门，应当依法公开环境信息、完善公众参与程序，为公民、法人和其他组织参与和监督环境保护提供便利”。

共建环境多元共治机制方面取得了重要进展。

5. 将包括环境资源保护和环境资源法治建设在内的生态文明建设融入经济建设、政治建设、文化建设、社会建设各方面和全过程，逐步实现环境资源法和其他相关法律的生态化。[①]

从法律生态化的对象范围看，它包括宪法的生态化、专门的环境资源法律即环境资源法律生态化、与环境资源有关的其他法律的生态化。从内容看，法律生态化“是对传统法律目的、法律价值、法律调整方法、法律关系、法律主体、法律客体、法律原则和法律责任的绿化或生态化”[②]。从2003年中共中央、国务院提出“建设山川秀美的生态文明社会”以来，短短的十多年，不仅环境资源法律在生态文明的指引下得到了较大的发展，民法、刑法和其他相关法律也相继启动了法律生态化的进程。中国共产党制定和实施的《中共中央国务院关于加快推进生态文明建设的意见》（2015年4月）等政策文件，规定了生态文明建设的体制、政策、措施和制度，成为环境资源法走向生态化的政策保障和立法基础。目前中国法律的生态化已经取得重大进展。在刑事法律方面，2001年至2017年期间，最高人民法院和最高人民检察院共颁布了10余个有关环境资源刑事案件的司法解释性文件[③]，全国人民代表大会常委会共通过了从《刑法修正案（二）》

---

① 所谓法律生态化，是指用生态文明的理念和生态学的原理方法指导我国法律的发展与健全，将生态文明观和生态文明建设贯穿到我国相关法律制定、修改和健全的全过程中。我国法律体系的生态化不是指将所有法律都变成生态法或环境资源法，而是指将生态文明理念融入经济建设、政治建设、文化建设、社会建设和生态建设的法律的制定、修改和健全的全过程，从而构建促进和保障生态文明建设的法律体系。生态文明观是指有关生态文明的理念、观点和意识的总称。

② 蔡守秋．调整论——对主流法理学的反思与补充．北京：高等教育出版社，2003：689.

③ 例如，《最高人民法院关于审理破坏野生动物资源刑事案件具体应用法律若干问题的解释》（2000年）、《最高人民法院关于审理非法采矿、破坏性采矿刑事案件具体应用法律若干问题的解释》（2003年）、《最高人民法院关于审理破坏林地资源刑事案件具体应用法律若干问题的解释》（2005年）、《最高人民法院关于审理环境污染刑事案件具体应用法律若干问题的解释》（2006年）、《最高人民检察院关于渎职侵权犯罪案件立案标准的规定》（2006年）、《最高人民法院、最高人民检察院关于办理环境污染刑事案件适用法律若干问题的解释》（2013年）、《最高人民法院、最高人民检察院关于执行〈中华人民共和国刑法〉确定罪名的补充规定（五）》（2015年）、《最高人民法院、最高人民检察院关于办理非法采矿、破坏性采矿刑事案件适用法律若干问题的解释》（2016年）、《最高人民法院、最高人民检察院关于办理环境污染刑事案件适用法律若干问题的解释》（2016年）。

至《刑法修正案（十）》的9个《刑法修正案》[①]，增加或修改了有关环境资源犯罪的内容。例如，原《刑法》（1997年）第338条的规定是："违反国家规定，向土地、水体、大气排放、倾倒或者处置有放射性的废物、含传染病病原体的废物、有毒物质或者其他危险废物，造成重大环境污染事故，致使公私财产遭受重大损失或者人身伤亡的严重后果的，处三年以下有期徒刑或者拘役，并处或者单处罚金；后果特别严重的，处三年以上七年以下有期徒刑，并处罚金。"根据该条规定，仅仅造成重大环境污染事故即仅仅污染环境还不足以定罪，只有因造成重大环境污染事故而导致"公私财产遭受重大损失或者人身伤亡的严重后果"的才能定罪。而2011年修订的《刑法》却对上述规定进行了修改，明确规定违反国家规定、严重污染环境的就可以定罪，或者说只要违法排放有害物质的行为严重污染了环境，不管其是否"致使公私财产遭受重大损失或者人身伤亡的严重后果"，都应承担刑事责任。[②]孙佑海教授认为："这是我国《刑法》的进步，也是本次《刑法》修改的一个亮点。长期以来，我国采用传统的人本主义的法益观。此观点认为，《刑法》只对因环境污染受到损害或威胁的人类生命健康及财产给予保护。换言之，只有当人类生命和健康及财产的法益因环境污染受到损害或威胁时，才可以考虑以刑法处罚。也就是说，《刑法》对环境的保护，目的仅仅在于保护人本身的利益，如果环境污染没有直接损害或威胁人类的生命健康以及导致公私财产重大损失，无论其对环境造成多么严重的损害或威胁，都不可以根据《刑法》追究其刑事责任。人本主义的法益观没有充分反映环境的独立价值，已经不能适应现代社会保护环境的迫切需要，也不利于保护人类的整

① 《中华人民共和国刑法》于1979年7月1日第五届全国人民代表大会第二次会议通过，于1997年3月14日第八届全国人民代表大会第五次会议修订。1999年12月25日通过《中华人民共和国刑法修正案》，2001年8月31日通过《中华人民共和国刑法修正案（二）》，2001年12月29日通过《中华人民共和国刑法修正案（三）》，2002年12月28日通过《中华人民共和国刑法修正案（四）》，2005年2月28日通过《中华人民共和国刑法修正案（五）》，2006年6月29日通过《中华人民共和国刑法修正案（六）》，2009年2月28日通过《中华人民共和国刑法修正案（七）》，2009年8月27日通过《全国人民代表大会常务委员会关于修改部分法律的决定》，2011年2月25日通过《中华人民共和国刑法修正案（八）》，2015年8月29日通过《中华人民共和国刑法修正案（九）》，2017年11月4日通过《中华人民共和国刑法修正案（十）》。

② 2011年修改的《刑法》第338条"污染环境罪"规定：违反国家规定，排放、倾倒或者处置有放射性的废物、含传染病病原体的废物、有毒物质或者其他有害物质，严重污染环境的，处三年以下有期徒刑或者拘役，并处或者单处罚金；后果特别严重的，处三年以上七年以下有期徒刑，并处罚金。

体利益和长远利益。草案规定，将环境资源法益作为独立保护的客体，顺应了时代和人民的要求，对我国环境保护和可持续发展事业，必将发挥积极作用并产生深远影响。”[①] 在民事法律方面，第十二届全国人民代表大会审议通过的《民法总则》(2017 年)，在“第一章 基本规定”的第 9 条明确规定了“绿色原则”，即“民事主体从事民事活动，应当有利于节约资源、保护生态环境”。该原则不仅是适用民事活动、调整民事关系的基本原则，也是将“资源禀性”、“环境价值”与“生态功能”纳入民法，成为处理民事活动与环境活动的关系、规范和指引民事活动的指导性准则；不仅是中国整个民法的基本原则，也是承载生态社会主义核心价值与绿色发展理念的基本原则；对促进民法、环境资源法、环境资源保护工作和生态文明建设的发展，具有重要的现实作用、理论意义和深远的历史影响。在诉讼法律方面，2017 年修改的《民事诉讼法》(2017 年修改) 第 55 条已经明确规定法律规定的机关和有关组织以及人民检察院，可以依法提起环境民事公益诉讼；2017 年修改的《行政诉讼法》第 25 条已经规定，人民检察院在履行职责中发现生态环境和资源保护领域“负有监督管理职责的行政机关违法行使职权或者不作为，致使国家利益或者社会公共利益受到侵害的，应当向行政机关提出检察建议，督促其依法履行职责。行政机关不依法履行职责的，人民检察院依法向人民法院提起诉讼”，即可以依法提起环境行政公益诉讼。

① 孙佑海. 从重大环境污染事故罪到严重污染环境罪. 中国环境报，2010-09-27 (3).

第三章

中国环境资源法的法律体系

中国环境资源法律体系是中国环境资源法治建设[①]和中国环境资源保护事业[②]的一个重要组成部分，其上位概念涉及中国环境资源法治体系、中国特色社会主义法治体系。[③] 我国的环境资源法律是环境资源治理（governance）和善治（good governance，又译为良治）的主要依据和基础，对整个环境资源法治建设具有引领和推动作用，对环境资源保护事业的发展具有促进和保障作用。我国的环境资源法律体系（简称环境法体系）是由环境资源开发、利用、保护、改善及其管理的各种法律规范和法律表现形式所形成的有机整体。建立健全我国的环境资源法律体系，对于保障公众的环境权益，加强和

---

① 中国环境资源法治建设包括环境资源法治理论建设、法律体系建设、法律实施（含法律遵守、执法、监督和保障）体系建设、法律宣传教育和法律服务等方面等内容。

② 中国环境资源保护事业（即环境资源工作或环境资源活动）是一项宏大的系统工程，它包括非常丰富的内容和任务，涉及众多的部门、学科和工作领域，其中加强环境资源法治建设是一个重要领域。

③ 根据《中共中央关于全面推进依法治国若干重大问题的决定》（2014 年 10 月 23 日中国共产党第十八届中央委员会第四次全体会议通过），“全面推进依法治国，总目标是建设中国特色社会主义法治体系，建设社会主义法治国家。这就是，在中国共产党领导下，坚持中国特色社会主义制度，贯彻中国特色社会主义法治理论，形成完备的法律规范体系、高效的法治实施体系、严密的法治监督体系、有力的法治保障体系，形成完善的党内法规体系，坚持依法治国、依法执政、依法行政共同推进，坚持法治国家、法治政府、法治社会一体建设，实现科学立法、严格执法、公正司法、全民守法，促进国家治理体系和治理能力现代化”。根据上述规定，学界一般认为，中国特色社会主义法治体系主要包括：法治理论体系，法律规范体系，法治实施、法治监督和法治保障体系，中国共产党党内法规体系。依此类推，中国环境资源法治体系主要包括：环境资源法治理论体系，环境资源法律规范体系，环境资源法治实施、监督和保障体系，中国共产党党内环境资源法规体系。

促进环境资源法治建设和环境资源治理，促进生态文明建设和经济社会的可持续发展，具有重要的意义。

第一节　环境资源法体系的概念和分类

目前学界对法律体系没有统一的或唯一的定义。简单地说，法律体系（Legal system 或 system of laws）不是指一部法律（包括法律、法规和其他法律表现形式）或一个法律规范（包括实体性、程序性、强行性、任意性、权利性、义务性、原则性、定义性、选择性规范等各种不同类型的规范），而是多部法律或多种法律规范按一定标准（包括一定范围、目的、任务和功能等）形成的组合。广义的法律体系，包括世界法律体系、国家法律体系、部门法律体系和其他法律体系（如地方法律体系、某个领域的法律体系等）等不同类型的法律体系。① 本文所称的我国的法律体系，是指我国全部法律或法律规范按照不同的法律部门分类组合而形成的一个呈体系化的有机联系的统一整体，是由各种部门法律体系或部门法组成的有机整体。

从广义上讲，环境资源法律体系（简称环境法体系），是指由相互联系、相互补充、相互制约的，有关环境资源开发、利用、保护、改善及管理的法律规范和其他法律表现形式所组成的系统。它包括有关环境资源开发、利

① 世界法律体系（World's legal systems）由不同法系组成。所谓法系，是指由不同的国家或地区在历史上所形成的具有相同的结构、特征和渊源的法律的组合。法系是跨越历史和国度的法律体系概念，主要表达历史形成的法律传统。一般把世界各国的法律分为五大法系，即中华法系、印度法系、伊斯兰法系、大陆法系（又称罗马法系或民法法系）、英美法系（又称普通法法系）。国家法律体系（National legal systems）一般指由一国全部法律或法律规范按照不同的法律部门分类组合而形成的一个呈体系化的有机联系的统一整体。国家法律体系由不同部门法律体系或部门法组成，或者说一个国家的法律体系就是由该国的各部门法组成的统一整体。部门法律体系（Sector legal system）又称部门法（legal branches），是根据一定标准所制定的同类法律或法律规范的总称。我们在讨论法律体系问题时，一定要注意不同概念的不同定义，避免无谓的或无意义的争论。我在《识异同，求整合，创辉煌》一文（人民法治，2015（8）：12－14.）中，曾经谈到当代中国（即“一国”）实行两种制度（简称“两制”，即中国的社会主义制度和资本主义制度），存在三大法系（简称“三法系”，即中国的社会主义法系、英美法系和大陆法系），表现为四个法域（简称“四法域”，即中国的大陆、香港特区、澳门特区和台湾地区法域）。

用、保护、改善及其管理的制定法、普通法[①]和法律认可的司法判例等。按照不同的标准，它可以分为法律规范体系、法规体系、现行体系、目标体系和学术体系等类型。环境资源法律现行体系和目标体系，是从时间角度对环境资源法体系的定义。前者就目前环境资源法的状况而言，是指由现有环境资源法律规范或法规组成的系统；后者就将来环境资源法的状况而言，是指按照国家的立法规划或计划在一定时期内建成的体系。环境立法的计划特别是环境立法长远规划，主要是设计、规划环境资源法的目标体系。现行体系一般不够完善，而目标体系则仅仅是一种规划和设想。环境资源法律学术体系是指专家学者从学术理论研究的角度提出的环境资源法律体系。由于不同学者或不同学派对于环境资源法的目的、任务、保护对象、调整对象、表现形式等问题有不同的看法，其主张的环境资源法律学术体系也有不同的范围。学术体系带有学术味、理想化，由于它是通过理论分析研究提出来的，参考综合了各种现行体系、目标体系和其他的学术体系，因而比较全面。通过不同的环境资源法律学术体系的比较和争鸣，可以促进环境资源法律现行体系、目标体系的优化、健全和发展。环境资源法体系的发展、健全程度，是衡量一个国家环境资源法治和环境资源治理水平的重要标志。

我国的环境资源法律体系，是指由环境资源开发、利用、保护、改善及其管理的各种法律规范和法律表现形式所形成的有机整体。它基本属于现行法律体系、成文法律体系，由于我国立法机关并没有明确规定环境资源法律体系的内容范围和结构组成，因而所谓“环境资源法律体系”主要是法学界（特别是环境资源法学界）的一种学术概念，即由法学家（特别是环境资源

---

① 普通法（common law）是指起源于英格兰的，建立在以正义、理性和常识为依据的普遍原则的基础上的不成文法律体系（斯蒂芬·H. 吉菲斯. 法律词典（英文版）. 美国拜伦教育丛书有限公司，1984：81.）。环境资源法领域的普通法主要有衡平法、侵权法和公共托管原则等。衡平法中的一些原则，如“不以损害他人财产的方式使用自己的财产”“不允许没有补偿的损害行为”等在当代环境资源法的实践中已经得到广泛应用。侵权法是美国环境资源法的直接起源之一。侵权法中关于妨害（nuisance）、侵犯（trespass）、过失（negligence）、严格责任（strict liability）、河岸所有权（riparian right）和先占（prior appropriation）的习惯法规则，自 20 世纪 70 年代以来，经过改进，已在环境诉讼的实践中得到广泛应用。公共托管原则或公共信托理论在美国、英国等国的环境诉讼实践中已经得到较大的发展，甚至得到了诸如《密歇根州 1970 年环境保护法》等成文法的确认。在普通法系国家，判例主要用于解释成文法和适用普通法的原则，在一些普通法系国家的环境资源法中已经形成一个庞大的、丰富的、具有特殊结构的环境判例法体系；在法国、奥地利等大陆法系国家，判例虽然不是法的表现形式，但在某些情况下，法院作出的解释成文法的判决也被认为具有制定法的性质和作用。

法学家）以现行环境资源法律为基础、按照其学术思想而归纳提出的环境资源法律体系。由于不同学者有不同的学术思想，因而他们提出的环境资源法律体系其内容范围和结构组成是不同的，主要表现在体系内部的子体系上，如：以防治环境污染为主要内容的环境保护法子体系，又称污染防治法；以自然资源（能源）开发、利用及其管理为主要内容的自然资源法子体系，又称自然资源法；以保护生物多样性、防治生态系统破坏为主要内容的生态保护法子体系，又称自然保护法；以区域、城乡环境综合整治和生态建设为主要内容的区域环境综合整治法子体系；自然灾害防治法子体系，人文遗迹、自然遗迹保护法子体系等。

经过七十年（从 1949 年中华人民共和国成立至今）的发展，中国环境资源法治建设的一项重要成果，是初步形成了内容丰富、结构合理、功能齐全的环境资源法律体系。值得注意的是，中国环境资源法律体系具有开放性和发展性，该体系的主体部分虽然相对稳定，但其外延或边缘与其他部门法律体系存在交叉，该体系的范围和内容是不断发展演变的。中国环境资源法律体系既是中国环境资源法学研究的一种产物，也是中国环境资源法学理论的一种表现。只有了解中国环境资源法律体系，才能了解中国环境资源法学理论；只有掌握中国环境资源法律体系的特点，才能掌握中国环境资源法学的特点。

第二节 环境资源法律规范体系

环境资源法律规范体系，是指由环境资源开发、利用、保护、改善及其管理的各种法律规范所组成的统一整体。它是从法律规范角度对环境资源法体系的定义。根据法律规范由条件、处理和后果三要素组成的观点，法律规范类型包括：制裁性法律规范，奖励性法律规范；指导性法律规范，综合性法律规范，部门性法律规范；实体性法律规范，程序性法律规范；命令性、禁止性、授权性、义务性、任意性、解释性等各种不同功能的法律规范。中国环境资源法律规范体系的组成如下。

1. 宪法中的环境资源法律规范

宪法中有关合理开发、利用和保护、改善环境（自然资源和生态）和生态文明建设的规定，称为宪法中的环境资源法律规范。宪法规范属于指导性、基础性法律规范的范畴，它具有基础性、指导性、原则性和政策性。宪法具有统率立法、行政、司法价值秩序的功能，宪法中的环境资源法律规范是位阶最高的环境资源法律规范，是指引和统领环境资源法律体系发展的根本依据。例如，《宪法》（1982 年颁布，1988、2004、2018 年修正）规定："国家保障自然资源的合理利用，保护珍贵的动物和植物。禁止任何组织或个人用任何手段侵占或者破坏自然资源"（第 9 条）；"一切使用土地的组织和个人必须合理地利用土地"（第 10 条）；"国家保护和改善生活环境和生态环境，防治污染和其他公害。国家组织和鼓励植树造林，保护林木"（第 26 条）。2018 年修改的《宪法》将原宪法序言第 7 自然段中的"推动物质文明、政治文明和精神文明协调发展，把我国建设成为富强、民主、文明的社会主义国家"修改为"推动物质文明、政治文明、精神文明、社会文明、生态文明协调发展，把我国建设成为富强民主文明和谐美丽的社会主义现代化强国，实现中华民族伟大复兴"；将宪法第 89 条"国务院行使下列职权"中的"（六）领导和管理经济工作和城乡建设"修改为"（六）领导和管理经济工作和城乡建设、生态文明建设"。上述《宪法》序言中的"国家根本任务"规定，总纲中的国家政策和国家职能的宣示，以及其他与土地保护、自然资源保护、国家机构职权划分等相关的条款，共同构成了我国"环境宪法"的规范体系。这些宪法规范从国家承担推动生态文明发展的根本任务，国家负有保障自然资源合理利用、保护和改善环境的职能，政府拥有领导和管理生态文明建设的职权的角度，对国家权力行使的内容和方式等提出了明确的指向性要求，体现了宪法对于保护自然资源、生态环境和推动生态文明发展的高度重视。

2. 环境资源刑事法律规范

环境资源刑事法律规范，是指在环境资源开发、利用、保护、改善及其管理中有关犯罪和追究刑事责任的法律规范，包括刑法中的有关环境资源规范和环境资源法律法规中的有关刑事规范。环境资源刑事法律规范是追究环境资源犯罪的法律依据，其主要内容是各种环境和自然资源的犯罪及其罪名、犯罪构成和刑罚。例如，我国现行《刑法》在分则第六章第六节中专设了"破坏环境资源保护罪"，从第 338 条至第 346 条共 9 个法律条文规定了 15 个罪名；在第九章"渎职罪"中规定了"违法发放林木采伐许可证罪"和"环境监管失职罪"2 个罪名。

3. 环境资源民事法律规范

环境资源民事法律规范，是指调整平等主体的自然人、法人和非法人组织之间的，与环境资源保护有关的人身、财产民事权利义务关系的法律规范，包括民法中有关环境资源规范和环境资源法律中有关民事规范。它主要包括如下内容：与合理开发、利用、保护、改善环境资源有关的自然资源物权、用益物权和其他民事权利；与合理开发、利用、保护、改善环境资源有关的民事义务；与开发、利用、保护、改善环境资源和自然资源有关的民事侵权责任和民事制裁。环境资源民事法律规范是在开发、利用、保护、改善环境资源的活动中保护民事权利、履行民事义务、承担民事责任、解决民事纠纷的法律依据。例如，《物权法》（2007 年）规定，“不动产权利人应当为相邻权利人用水、排水提供必要的便利”（第 86 条）；“不动产权利人不得违反国家规定弃置固体废物，排放大气污染物、水污染物、噪声、光、电磁波辐射等有害物质”（第 90 条）；“不动产权利人因用水、排水、通行、铺设管线等利用相邻不动产的，应当尽量避免对相邻的不动产权利人造成损害；造成损害的，应当给予赔偿”（第 92 条）。《侵权责任法》（2009 年）第 65 条规定，“因污染环境造成损害的，污染者应当承担侵权责任”。

4. 环境资源行政法律规范

环境资源行政法律规范又称国家环境资源行政管理法律规范，是指有关环境资源行政管理、行政执法、行政关系的各种法律规范，包括行政法中与环境资源有关的法律规范和环境资源法中有关行政关系的法律规范。其主要内容如下：国家环境资源行政监督管理体制、行政管理部门的职责和分工；环境资源行政监督管理机关的权力、责任与行政相对人的权利和义务；各种环境资源行政行为和行政管理措施、行政补救措施；环境资源行政监督管理的制度、程序；环境资源行政责任和行政制裁。环境资源行政法律规范是环境资源法律规范的主要组成部分，是进行国家环境资源行政管理、加强环境资源行政执法的法律依据，也是单位和个人在国家行政管理下从事有关环境资源行为的法律保障。目前我国的环境资源法律规范大多数属于环境资源行政法律规范。例如，《行政许可法》（2003 年）规定，“设定行政许可，应当遵循经济和社会发展规律，有利于发挥公民、法人或者其他组织的积极性、主动性，维护公共利益和社会秩序，促进经济、社会和生态环境协调发展”

(第11条);“下列事项可以设定行政许可:(一)直接涉及国家安全、公共安全、经济宏观调控、生态环境保护以及直接关系人身健康、生命财产安全等特定活动,需要按照法定条件予以批准的事项;(二)有限自然资源开发利用、公共资源配置以及直接关系公共利益的特定行业的市场准入等,需要赋予特定权利的事项;……”(第12条)

5. 环境资源诉讼法律规范

环境资源诉讼法律规范是有关环境资源诉讼的程序性法律规范,是进行环境资源诉讼的法律依据。它包括行政诉讼法、民事诉讼法、刑事诉讼法中与环境资源权益有关的法律规范和环境资源法中有关诉讼的法律规范。例如,《行政诉讼法》(2017年修改)规定,“公民、法人或者其他组织认为行政机关和行政机关工作人员的行政行为侵犯其合法权益,有权依照本法向人民法院提起诉讼。前款所称行政行为,包括法律、法规、规章授权的组织作出的行政行为”(第2条);人民法院受理公民、法人或者其他组织因“对行政机关作出的关于确认土地、矿藏、水流、森林、山岭、草原、荒地、滩涂、海域等自然资源的所有权或者使用权的决定不服”而提起的诉讼(第12条);“人民检察院在履行职责中发现生态环境和资源保护、食品药品安全、国有财产保护、国有土地使用权出让等领域负有监督管理职责的行政机关违法行使职权或者不作为,致使国家利益或者社会公共利益受到侵害的,应当向行政机关提出检察建议,督促其依法履行职责。行政机关不依法履行职责的,人民检察院依法向人民法院提起诉讼”(第25条)。

6. 其他法律规范

环境资源法具有综合性,除了上述法律规范之外,它还包括有关经济法律规范、国际法律规范以及不属于上述法律规范范畴的其他法律规范。

7. 专门性的环境资源法律规范

上述六种环境资源法律规范是基于“二分法”(包括公法与私法二分、公权与私权二分、国际法与国内法二分等)对全部法律规范的一种分类。这种法律规范分类法的一个重大缺陷是,它不能全面、准确地反映中国特色社会主义环境资源法律体系的性质、特点和内容,容易产生法律规范体系中法律概念、法律术语的冲突。它给人的印象或错觉是,从法律规范角度看,环境资源法或环境资源法律体系仅仅是历史上已经成型的各种部门法律或各种部门法律规范的拼凑或大杂烩，即环境资源法没有自己独特的法律规范。为了弥补上述分类的缺点和不足，笔者想引入和强调“专门性的环境资源法律规范”。

所谓专门性的环境资源法律规范，是指环境资源法律本身所特有的或很难归类于由专门的法律、法律术语或法律概念（如特定的权利、权力、损害、侵权、救济、诉讼）所型构的法律规范（如宪法法律规范、刑事法律规范、民事法律规范、行政法律规范和诉讼法律规范）。例如，《环境保护法》（2014 年修订）特别是其“第一章 总则”中的许多条款就属于专门性的环境资源法律规范。[①]《水污染防治法》（2017 年修订）中有关水污染损害赔偿的法律规范。[②]《环境影响评价法》（2016 年修改）有关“公众环境权益”的法律规范。[③]《野生动物保护法》（2018 年修改）中有关“为了保护野生动物，

① 例如，《环境保护法》（2014 年）第 1 条规定：“为保护和改善环境，防治污染和其他公害，保障公众健康，推进生态文明建设，促进经济社会可持续发展，制定本法。”第 2 条规定：“本法所称环境，是指影响人类生存和发展的各种天然的和经过人工改造的自然因素的总体，包括大气、水、海洋、土地、矿藏、森林、草原、湿地、野生生物、自然遗迹、人文遗迹、自然保护区、风景名胜区、城市和乡村等。”第 5 条规定：“环境保护坚持保护优先、预防为主、综合治理、公众参与、损害担责的原则。”第 6 条规定：“一切单位和个人都有保护环境的义务。地方各级人民政府应当对本行政区域的环境质量负责。企业事业单位和其他生产经营者应当防止、减少环境污染和生态破坏，对所造成的损害依法承担责任。公民应当增强环境保护意识，采取低碳、节俭的生活方式，自觉履行环境保护义务。”第 53 条规定：“公民、法人和其他组织依法享有获取环境信息、参与和监督环境保护的权利。”

② 例如，《水污染防治法》（2017 年）第 96 条规定：“因水污染受到损害的当事人，有权要求排污方排除危害和赔偿损失。由于不可抗力造成水污染损害的，排污方不承担赔偿责任；法律另有规定的除外。水污染损害是由受害人故意造成的，排污方不承担赔偿责任。水污染损害是由受害人重大过失造成的，可以减轻排污方的赔偿责任。水污染损害是由第三人造成的，排污方承担赔偿责任后，有权向第三人追偿。”第 97 条规定：“因水污染引起的损害赔偿责任和赔偿金额的纠纷，可以根据当事人的请求，由环境保护主管部门或者海事管理机构、渔业主管部门按照职责分工调解处理；调解不成的，当事人可以向人民法院提起诉讼。当事人也可以直接向人民法院提起诉讼。”第 98 条规定：“因水污染引起的损害赔偿诉讼，由排污方就法律规定的免责事由及其行为与损害结果之间不存在因果关系承担举证责任。”第 99 条规定：“因水污染受到损害的当事人人数众多的，可以依法由当事人推选代表人进行共同诉讼。环境保护主管部门和有关社会团体可以依法支持因水污染受到损害的当事人向人民法院提起诉讼。国家鼓励法律服务机构和律师为水污染损害诉讼中的受害人提供法律援助。”第 100 条规定：“因水污染引起的损害赔偿责任和赔偿金额的纠纷，当事人可以委托环境监测机构提供监测数据。环境监测机构应当接受委托，如实提供有关监测数据。”

③ 《环境影响评价法》第 11 条规定，“专项规划的编制机关对可能造成不良环境影响并直接涉及公众环境权益的规划，应当在该规划草案报送审批前，举行论证会、听证会，或者采取其他形式，征求有关单位、专家和公众对环境影响报告书草案的意见。但是，国家规定需要保密的情形除外。编制机关应当认真考虑有关单位、专家和公众对环境影响报告书草案的意见，并应当在报送审查的环境影响报告书中附具对意见采纳或者不采纳的说明”。

拯救珍贵、濒危野生动物，维护生物多样性和生态平衡，推进生态文明建设，制定本法”（第 1 条）、“国家保护野生动物及其栖息地”（第 5 条）、“任何组织和个人都有保护野生动物及其栖息地的义务。禁止违法猎捕野生动物、破坏野生动物栖息地”（第 6 条）的法律规范。《深海海底区域资源勘探开发法》（2016 年）关于“本法所称深海海底区域，是指中华人民共和国和其他国家管辖范围以外的海床、洋底及其底土”（第 2 条），“深海海底区域资源勘探、开发活动应当坚持和平利用、合作共享、保护环境、维护人类共同利益的原则”（第 3 条）的法律规范。包括笔者在内的一些学者曾经将中国宪法有关“国家尊重和保障人权”（第 33 条第 3 款）、“国家保护和改善生活环境和生态环境，防治污染和其他公害”（第 26 条第 1 款）等规定，解释为为公民环境权或公众环境权益提供了宪法依据、价值基础或正当性理由。[①] 但是，另一些学者则基于权利的特定含义或教义法学认为，宪法规定的人权是指具有排他性个人权利或主观私权利，人权不包括具有共享性的公众环境权[②]；国家负有保护环境资源职责属于国家目的条款，与公众环境权没有关系；总之，从宪法环境资源法律规范无法推导出具有非排他性的公众环境权或法律保护的环境权益。

专门性的环境资源法律规范的一种重要表现形式，是环境资源法律中规定的技术性环境资源法律规范。技术性环境资源法律规范是环境资源技术规范的法定化，是有关环境资源合理开发、利用、保护、改善及其管理的技术

① 例如，最高人民法院副院长江必新在 2017 年 7 月 3 日中国人民大学法学院举行的“中法宪法上的环境权”国际研讨会上认为：中国宪法关于“国家尊重和保障人权”（第 33 条第 3 款）“中华人民共和国公民的人格尊严不受侵犯”（第 38 条）的规定，为环境权益提供了权利正当性的价值基础，享受良好的生态环境是维护基本人格尊严的应有之义；中国宪法关于“国家保障自然资源的合理利用，保护珍贵的动物和植物。禁止任何组织或者个人用任何手段侵占或者破坏自然资源”（第 9 条第 2 款）、“国家保护和改善生活环境和生态环境，防治污染和其他公害”（第 26 条第 1 款）的规定，已经包含了环境权益的意涵，体现了宪法对于保障公民环境权益的高度关注，是环境权益法律保障体系中位阶最高的规范依据，彰显了宪法保护环境权益的积极态度，对于指引和统领环境权益法律体系不断发展完善，保障公众在良好环境中生存发展提供了根本依据（江必新．环境权益的司法保护．人民司法（应用），2017（25）.）。

② 例如，一些研究权利的理论家［如麦考密克（N. MacComick）和垃兹（Raz）］争论说，公共产品（即公众共用物）不能作为个人私权利的客体，而环境就是一种公共品；“权利关心的是由个人单独享有产品，而不是简单地作为集体的成员享受混同了的共同利益，这一共同利益由所有成员按不可区分、不可分配的份额享有”。MacCormick. Rights in Legislation［G］//Hacker，Raz. *Law，Morality，and Society：Essays in Honour of H. L. A. Hart*. Clarendon Press，1977：284. 麦考密克．立法中的权力//法律、道德和社会，1977：284.

性措施和要求的法律规范，是环境资源法所特有的一类法律规范。技术性环境资源法律规范的内容主要包括：各种环境资源标准及其制定与实施；环境资源监测规程和监测制度；合理开发、利用、保护、改善环境资源的工艺、技术、规程、措施和要求。技术性环境资源法律规范是引导、控制各种合理开发、利用和保护、改善环境资源的活动的法律依据。例如，《清洁生产促进法》（2002年）规定，“建筑工程应当采用节能、节水等有利于环境与资源保护的建筑设计方案、建筑和装修材料、建筑构配件及设备”（第24条）；“矿产资源的勘查、开采，应当采用有利于合理利用资源、保护环境和防止污染的勘查、开采方法和工艺技术，提高资源利用水平”（第25条）。

主流的法学理论将全部法律分为私法和公法两部分，进而将全部法律规范分为宪法法律规范、刑事法律规范、民事法律规范、行政法律规范和诉讼法律规范等法律规范；按照上述分类，将中国环境资源法律规范细分为宪法中的环境资源法律规范、环境资源刑事法律规范、环境资源民事法律规范、环境资源行政法律规范和环境资源诉讼法律规范等，是顺理成章的事。但是，中国环境资源法是一个新兴的法律部门，它还有一些本身特有的或专门性法律规范，这些法律规范很难归类到上述法律规范中的任何一种类型，即使勉强将其纳入上述法律规范类型，也容易与原有的法律术语或法律概念产生法律概念冲突和法律逻辑冲突问题。例如，根据西方主流的法学理论（特别是以德国法教义学为代表的大陆法系法学理论），所谓权利、民事权利、基本权利和主观权利都是指具有排他性的私权利（即主要指具有排他性的人身权和财产权）；所谓“有权利才有损害”“有损害才有救济”“有损害才有诉讼”中的权利都是指具有排他性的私权利，其中的损害都是指对具有排他性的私权利的损害，其中的诉讼都是为了救济具有排他性的私权利而提起的私益诉讼[①]；目前中国流行的法学理论主要是以德国法学为代表的大陆法系法学理论，现行中国《民法总则》《物权法》《侵权责任法》《民事诉讼法》

① 自资本主义工业革命以来盛行于或成型于“西方法治国家”的“三大诉讼”（即刑事诉讼、行政诉讼和民事诉讼）基本上属于保护具有排他性的私益和国家公共利益或具有排他性的私权和国家权力的“私益诉讼”，“西方法治国家”基本上没有真正保护社会公共利益或环境公共利益的专门的公益诉讼或环境公益诉讼。

等法律中的权利都是指具有排他性的私权利[①]，民事诉讼和行政诉讼中的诉讼都是基于具有排他性的私权利受到侵害的私益诉讼，具有非排他性或共享性的公众共用物享用权和公众环境权一直没有得到我国法律的确认或没有挤进“权利清单”和“权力清单”。在这种权利、权力、损害、侵权、诉讼等法律术语和概念都特定化、专门化的背景下，将新型的环境公众共用物、环境权益（包括环境公益、公众共用物享用权、公众环境权）、环境损害、环境侵权、环境公益诉讼纳入传统的私法或公法、私权或公权，以及基于权利损害或权利侵犯的三大诉讼（民事诉讼、行政诉讼和刑事诉讼），显然存在法律概念和法理逻辑的矛盾甚至冲突。例如，《民事诉讼法》（2017 年修改）规定，“中华人民共和国民事诉讼法的任务，是保护当事人行使诉讼权利，保证人民法院查明事实，分清是非，正确适用法律，及时审理民事案件，确认民事权利义务关系，制裁民事违法行为，保护当事人的合法权益，教育公民自觉遵守法律，维护社会秩序、经济秩序，保障社会主义建设事业顺利进行”（第 2 条）；“人民法院受理公民之间、法人之间、其他组织之间以及他们相互之间因财产关系和人身关系提起的民事诉讼，适用本法的规定”（第 3 条）。一般将上述规定理解为《民事诉讼法》适用于因确认民事权利义务关系、财产关系和人身关系（排他性的人身、财产权利关系）或侵犯私益而提起的私益诉讼。但是，该法第 55 条又规定，“对污染环境、侵害众多消费者合法权益等损害社会公共利益的行为，法律规定的机关和有关组织可以向人民法院提起诉讼。人民检察院在履行职责中发现破坏生态环境和资源保护、食品药品安全领域侵害众多消费者合法权益等损害社会公共利益的行为，在没有前款规定的机关和组织或者前款规定的机关和组织不提起诉讼的情况下，可以向人民法院提起诉讼。前款规定的机关或者组织提起诉讼的，人民检察院可以支持起诉”。由于上述规定适用于因侵犯环境保护等公共利益而提起的公益诉讼，因而该条就与《民事诉讼法》中的“第一章 任务、适用范围和基本原则”中第 2 条、第 3 条的规定产生了矛盾，即第 55 条实际上改变了《民事诉讼法》的适用范围、民事权利的私权性质和民事诉讼的私益诉讼本质。因此，与其将环境公益法律规范纳入属于私益的民事法律规范、将

---

① 根据我国《物权法》的规定，包括国有财产、国有自然资源的国家所有权和用益物权等都属于具有排他性的物权，即都属于具有排他性的民事权利，也即私权的范围。

环境公益诉讼纳入属于私益诉讼的民事诉讼，不如将环境公益法律规范纳入专门的环境资源法律规范、将环境公益诉讼纳入专门的环境资源公益诉讼。

第三节　环境资源法规体系

环境资源法规体系，又称环境资源法立法体系，是指由相互联系、相互补充、相互制约的有关环境资源开发、利用、保护、改善及其管理的法律、法规、规章和其他具有法律约束力的规范性文件所组成的系统。它是从制定法角度对环境资源法体系的定义。由于它不包括判例法、习惯法、普通法等内容，显然难以适用于英美法系的国家。某个环境资源法律或法规，可以包含很多不同的环境资源法律规范；一个环境资源法律规范也可以被规定在不同的法律或法规中。我国环境资源法规体系，可以从立法体制和法律法规的内容和功能这两个方面来认识其组成和结构。

一、从立法体制看环境资源法规体系

从现行立法体制或法律法规的效力级别看，我国环境资源法规体系主要由如下七个层次构成。

1. 宪法

宪法主要规定国家在环境资源开发、利用、保护、改善及其管理方面的基本职责（基本职权和基本义务）、基本政策以及单位和公民的环境资源权利等基本问题。截至 2017 年，有 153 个国家将环境保护或对健康环境的权利（the right to a healthy environment）纳入了宪法，其中有 88 个国家将健康环境权写入了宪法，有 65 个国家从宪法层面对环境保护作出了明确规定。[①] 我国《宪法》（1982 年颁布，1988 年、2004 年、2018 年修正）中有不少关于合理开发、利用和保护、改善环境资源以及推动生态文明发展的规定。宪法是国家的根本大法，宪法中有关环境资源保护的规定具有指导性、原则性和政策性，它构成我国环境资源法制的宪法基础。

---

① 联合国环境规划署新闻办．全球首部环境法治评估报告发布!．(2019－01－25)．https：//www．huanbao-world．com/a/zixun/2019/0125/80053．html；全球首部环境法治状况评估报告发布．(2019－02－01)．http：//env．people．com．cn/n1/2019/0201/c1010—30604812．html．

2. 环境资源法律

环境资源法律是指由全国人民代表大会及其常务委员会制定的有关环境资源开发、利用、保护、改善及其管理的法律。它包括基本法律和法律，由全国人民代表大会制定的法律称基本法律，由全国人民代表大会常委会制定的法律称法律。

环境资源法律也可以分为专门性的环境资源法律和非专门性的相关法律。专门性的环境资源法律是专门调整环境资源社会关系的法律，包括综合性的专门法律和单行性的专门法律。相对于综合性的专门法律而言，单行性的专门法律仅调整某个方面的环境资源社会关系。目前我国已经制定大量防治污染、自然保护、资源管理、区域开发、城乡建设、灾害防治方面的单行法律。非专门性的有关法律，是指除专门性的环境资源法律之外，与环境资源有关的经济法律、民商法律、刑事法律、诉讼法律等法律。如《海商法》（1992 年）、《乡镇企业法》（1996 年）、《农业法》（1993 年颁布，2002 年修订，2009 年、2012 年修正）、《治安管理处罚法》（2005 年颁布，2012 年修正）、《物权法》（2007 年）等法律，都有与环境资源保护和管理有关的内容。

3. 环境资源行政法规

环境资源行政法规是指国务院制定的有关环境资源开发、利用、保护、改善及其管理的法规。目前国务院已制定许多防治环境污染和环境破坏、保护环境和自然资源的行政法规，如《规划环境影响评价条例》（2009 年）等。

4. 地方环境资源法规

地方环境资源法规，是指由各省、自治区、直辖市和其他依法有地方法规制定权的地方人民代表大会及其常务委员会制定的有关环境资源开发、利用、保护、改善及其管理的地方法规，包括《立法法》（2015 年）中规定的地方性法规、自治条例和单行条例。

5. 环境资源部门规章

环境资源部门规章，是指国务院所属各部委和其他依法有行政规章制定权的国家行政部门制定的有关环境资源开发、利用、保护、改善及其管理的行政规章。

6. 地方政府环境资源规章

地方政府环境资源规章，是指由各省、自治区、直辖市人民政府和其他依法有地方行政规章制定权的地方人民政府制定的有关环境资源开发、利用、保护、改善及其管理的地方行政规章。

7. 其他环境资源规范性文件

其他环境资源规范性文件，是指除上述六类外，由县级以上人民代表大会及其常务委员会、人民政府依照宪法、法律的规定制定的有关合理开发、利用和保护、改善环境和资源方面的规范性文件。根据《宪法》的规定，“地方各级人民代表大会在本行政区域内……依照法律规定的权限，通过和发布决议”（第 99 条）；“县级以上地方各级人民政府依照法律规定的权限……发布决定和命令”（第 107 条）。也有的学者认为上述规范性文件不属于法规的范畴。

上述七个层次的效力级别如下：《宪法》是我国环境资源法体系的基础，在整个环境资源法规体系中具有最高的法律效力，其他层次都不得同宪法相抵触；环境资源法律具有仅次于宪法的法律效力，除宪法以外的其他层次不得与法律相抵触；环境资源行政法规必须根据宪法和法律制定；地方环境资源法规不得同宪法、法律和行政法规相抵触；环境资源部门规章必须根据宪法、法律和行政法规制定；地方政府环境资源规章根据宪法、法律、行政法规、地方法规和部门规章制定。在环境资源行政诉讼中，环境资源法律、法规称为“依据法”，环境资源部门规章称为“参照法”，其他规范性文件只有参考的价值。从立法体制的角度建立环境资源法规体系，要注意维护我国环境资源法制的统一性，发挥中央和地方立法机关以及各个层次法规的作用。在具体适用法律而发生法律冲突时，除法律明确规定外，一般按照“上位法优于下位法（或高级别的法优于低级别的法），后法优于前法（新法优于旧法），特殊法优于普通法，国际法优于国内法（除我国宣布保留的条款外）”的原则处理。

二、从法律法规的内容和功能看环境资源法规体系

从环境资源法律法规的内容和功能的角度看环境资源法规体系，有利于建立内容完备、功能齐全、各有侧重、有机联系的环境资源法规体系。这种体系的基本组成如下。

1. 综合性环境资源法律或者具有较强综合性的法律

综合性环境资源法律又称环境资源基本法，是从全局出发，对整体环境

资源以及合理开发、利用和保护、改善环境资源的重大问题作出规定的法律，在整个环境资源法规体系中处于牵头地位。有人认为，目前我国尚没有一部囊括所有环境资源问题或环境资源事务的综合性的环境资源法律或环境资源法典；也有人认为，所谓综合性的环境资源法律的内容也是相对的或逐步完善的，甚至可以有几部环境资源综合性法律。综合性环境资源法律或具有较强综合性的环境资源法律是20世纪60年代的产物，被认为是当代环境资源法成为一个独立的法律部门的主要标志，在我国目前情况下可以认为《环境保护法》(2014年) 属于环境资源综合性法律。全国人民代表大会环境与资源保护委员会(简称全国人大环资委) 曾经计划或提议编纂《中国环境资源法典》或《中国环境法典》，但至今还没有实行。

2. 单行性专门环境资源法规

单行性专门环境资源法规，是相对综合性环境资源法律而言，专门对某种环境要素或对环境资源开发、利用、保护、改善及其管理的某个方面的问题作出规定的法规。从立法体制的角度看，单行性专门环境资源法规包括环境资源法律，环境资源行政法规，地方环境资源法规，环境资源部门规章，地方政府环境资源规章，其他规范性文件。从内容看，其可以分为如下领域法律：污染防治法(又称环境污染防治法或狭义的环境保护法)，生态保护法(又称自然保护法、生物多样性保护法、生态法)，自然资源法(又称自然资源合理利用、节约和管理的法律)，能源法，自然灾害防治法(又称防灾减灾法)，区域环境整治法(城乡环境综合整治法)，其他领域法律。也可以根据所属关系或调整范围的大小，将环境资源单行法规分为：一级法或基干法、二级法、三级法、四级法等。以防治环境污染方面为例，有污染防治法(基干法)、水污染防治法(二级法)、长江水污染防治条例(三级法)、湘江水污染防治条例(四级法) 等。

3. 各种依法制定并具有法律效力的环境资源标准及其有关法律规定

这里的标准包括环境保护标准、环境卫生绿化标准、城乡建设标准、资源开发利用标准等。根据《国家环境保护标准"十三五"发展规划》(环境保护部2017年4月5日印发)，截至2015年年底，我国累计发布国家环保标准1 941项，废止标准244项，现行标准1 697项。在现行环保标准中，环境质量标准16项，污染物排放(控制) 标准161项，环境监测类标准

1 001项，管理规范类标准 481 项，环境基础类标准 38 项。[①] 许多环境资源法律、法规、规章中都有关于环境资源标准的规定，如《环境标准管理办法》（1999 年）就是一个关于环境标准的行政规章。

4. 各种依法制定并有法律效力的有关环境资源方面的计（规）划和有关这类计（规）划的法律规定

这里的计（规）划包括由国家立法机关批准或通过的国家经济社会发展计（规）划、全国国土规划；由国务院批准的城市规划、经济区规划和其他区域开发整治规划；各种环境资源法律明确规定必须制定和实施的污染控制计划、资源开采计划等。目前，中国已制订一系列环境资源规划、计划。有关法律、法规和行政规章，对这些计划、规划的编制、审批、效力和实施等问题作了专门规定。《城乡规划法》（2007 年颁布，2015 年修订）规定，“城市和镇应当依照本法制定城市规划和镇规划。城市、镇规划区内的建设活动应当符合规划要求”（第 3 条）；“经依法批准的城乡规划，是城乡建设和规划管理的依据，未经法定程序不得修改”（第 7 条）；“任何单位和个人都应当遵守经依法批准并公布的城乡规划，服从规划管理，并有权就涉及其利害关系的建设活动是否符合规划的要求向城乡规划主管部门查询。任何单位和个人都有权向城乡规划主管部门或者其他有关部门举报或者控告违反城乡规划的行为。城乡规划主管部门或者其他有关部门对举报或者控告，应当及时受理并组织核查、处理”（第 9 条）。根据《水法》（2002 年）第 18 条的规定，“规划一经批准，必须严格执行”[②]。

5. 我国缔结或者参加的国际环境条约

国际法（包括条约、国际习惯和区域经济一体化组织的立法等）是国内环境资源法的一个重要渊源和表现形式。“条约是两个或两个以上国际法主

---

① 截至 2016 年年底，我国已发布实施能效强制性标准 73 项、能耗限额强制性标准 104 项、节能推荐性国家标准 150 余项，对化解产能过剩、优化产业结构、实现节能目标发挥了重要作用。截至 2015 年，我国已有农业领域的国家标准 2 746 项，行业标准 4 246 项、地方标准 17 000 多项，覆盖了农业投入品、农业生产、农产品加工、农产品流通、农产品检验检测等领域。截至 2015 年年底，我国已出台海洋国家标准 85 项、海洋行业标准 239 项。

② 不少国家明确规定规划是法律的一种形式，如法国宪法直接规定国家规划就是法律，作为最高层次的国家规划由国家最高立法机构通过，法国的国家规划在全世界各国指导性规划中的法律地位与效力是最高的。

体依据国际法确定其相互间权利和义务的一致的意思表示。”[①] 目前，国际社会已经签订数以百计的有关环境保护的公约、协定、议定书等条约文件，这些条约以不同的方式成为有关条约缔约方的国内法的一部分，即通过国内法的表现形式表现出来。目前中国已经签订、参加 60 多个与环境资源有关的国际条约，除中国宣布予以保留的条款外，它们都构成中国环境资源法体系的一个组成部分；中国已先后与美国、日本、加拿大、俄罗斯等 40 多个国家签署双边环境保护合作协议或谅解备忘录，与 10 多个国家签署核安全合作双边协定或谅解备忘录。[②]

6. 民法、刑法、行政法、经济法等其他法律部门的法律法规中有关环境资源开发、利用、保护、改善及其管理的法律规定

这些规定包括我国《刑法》分则中有关破坏环境和资源保护的犯罪的规定，诉讼法律中有关处理环境资源行政纠纷、民事纠纷、刑事纠纷的规定。

可以把上述环境资源标准、计划、国际条约和相关部门法律中的有关规定作为环境资源法体系的配套部分。值得注意的是，目前美国、日本、欧盟成员国等西方工业发达国家非常重视标准和计划在环境资源法中的作用，标准控制和计划控制已成为对环境资源活动法律调控的重要手段。在有些国家，环境资源标准通常以法规的形式颁布，环境资源规划以法案的形式由议会通过。欧盟有关防止放射性污染的标准由《欧洲原子能共同体条约》（1957 年）规定，该条约还规定应该依据该标准制定有关欧盟法规；欧盟的污染物排放标准也以法规的形式公布。根据《欧洲联盟条约》（1992 年），欧共体环境行动规划按立法程序通过，不仅本身具有法律性质而且具有造法功能（即规定依据该规划来制定有关环境资源法规）。因此，笔者认为，我国也应该重视标准和计划在环境资源法体系中的地位和作用。

---

① 王铁崖主编．国际法．北京：法律出版社，1995：401.

② 另外，根据《2011 年中国林业基本情况》，到 2011 年年底，由林业部门负责执行的政府间双边协定有 12 项；我国已经与 44 个国家先后签署了 56 个林业部门间合作协议（备忘录）。(2011－08－19). http：//www. china. com. cn/zhibo/zhuanti/lybz/2011－08/19/content _ 23245983. htm.

第四章

中国环境资源法的基本理念

第一节　中国环境资源法基本理念概述

一、中国环境资源法基本理念的概念和意义

所谓理念[①]，是指具有理性的观念。[②]《辞海》的解释是："理念即是观念，通常指思想，有时亦指表象或客观事物在人脑里留下的概括形象。"[③]《中国大百科全书（哲学）》将"理念"解释为"一种理想的、永恒的、精神的普遍范型"[④]。对于何谓理性[⑤]也有诸多解释。笛卡尔认为，一个主张要合

---

① 根据我国《辞海（中册）》（上海辞书出版社 1979 年版）和《简明社会科学词典》（上海辞书出版社 1983 年版）的解释，"理念"在哲学上有不同含义，理念通常指观念和思想。在德语中的理念（Idée）常作观念、理念或思想解释。英语中的理念（idea）常作观念、概念、想法、意见解释。《辞海（中册）》第 2776 页认为，"理念是旧哲学名词。柏拉图哲学中的'观念'通常译为理念；康德、黑格尔等人的哲学中的'观念'指理性领域的概念，有时也译作理念"。《简明社会科学词典》第 897 页认为，"理念是客观唯心主义哲学用词，是观念的意思"。

② 《简明社会科学词典》第 415 页认为，"观念""在辩证唯物主义哲学中有广狭两义，通常认为广义与意识、精神同义，狭义与思想同义"，"在客观唯心主义哲学中，观念常被译作'理念'或客观理念"，"在主观唯心主义哲学中，通常被归结为主体的感觉和印象，或被归纳为产生世界的创造本源，它是事物的'涵义'或'本质'"。

③ 辞海（缩印本）. 上海：上海辞书出版社，1989：563、1367.

④ 中国大百科全书（哲学）. 北京：中国大百科全书出版社，1987：465.

⑤ 《辞海（中册）》第 2776 页认为，理性"一般指概念、判断、推理等思维形式或思维活动"，"在西方哲学中，各种哲学学派对理性有不同的理解"，"唯理论片面地认为理性是最可靠的知识源泉。斯多葛派把理性当作神的属性和人的本性。十八世纪法国唯物主义者和空想主义者以合乎人性为理性，以这种理性作为衡量一切现存事物的唯一标准，其目的是想建立理性和永恒正义的王国即资产阶级一国"。

乎理性，就必须建立在一种类似于数学家所具有的那种洞见的基础之上。只有那种被认为具有绝对必然性的东西，才属于理性认识的范围。[①] 康德明确指出，“每个理性结论必须表现必然性”[②]。

在中国法学界，不同学者对法律理念、立法理念、法学理念、法治理念有不同的理解，但其内涵往往大同小异。法律理念是对法律的本质及发展规律的一种宏观的、整体的理性认识，是关于法的目的、价值、原则、制度、方法等的总体把握，是对法所蕴含的价值取向或精神向导的最高认识，是指法律制定和运用的指导思想和最高原理，是指具体法所凭以判断其正当性的原理。在环境资源法学中，理性是指合乎自然规律和社会规律或者合乎人的本性（人的本性是人的自然性和社会性的统一）。具有理性的观念也就是指合乎自然规律和社会规律或者合乎人的本性的观念。环境资源法学的基本理念是指合乎自然生态规律、社会经济规律和环境规律（即人与环境相互作用规律）的基本观念。它是各种环境资源法律所申明、宣示、规定或体现的基本观念的提炼和概括，是环境资源法律立法动机的根源、立法目的的思想基础、基本原则的出发点，是环境资源法的理想状态、应然状态和完美状态，是生态文明法治建设的必然性、应然性、实然性和价值性的集中反映。它是环境资源法学的灵魂，是构建环境资源法学理论体系的出发点。它根植于自然的和社会的属性，来源于法学的基本理念和现代环境学、生态学、生态伦理学的科学理论，是法学基本理念和环境学、生态学、生态伦理学基本理论的综合。只有树立和落实正确的环境资源法理念，以正确的理念统一思想、引领行动，才能坚持正确的方向，有效推进环境资源法治建设和生态文明社会建设的可持续发展。

目前学界对环境资源法基本理念的表述和归纳，主要有两种态度和方式。1）抛开现有的传统法学基本理念，另起炉灶，从环境资源法制建设和环境资源法学理论自身的性质和特点出发，总结、归纳并最终形成环境资源法学的基本理念。例如，《日本环境基本法》（1993 年）就是走的这条道路。该法强调和规定的基本理念，主要有“保障当代人和后代人享受环境资源”“构筑对环境负荷影响少的可持续发展社会”“积极推进全球环境保护”“保

①② E. 博登海默. 法理学：法律哲学与法律方法. 邓正来，译. 北京：中国政法大学出版社，1999：259.

持人与自然的密切接触”等，基本没有涉及传统法学中的正义、公平、秩序、民主、效率等理念。《美国国家环境政策法》《世界自然宪章》等国内环境资源法律和国际环境条约，也是走的这条道路。这种方式的优点，是与当前新兴的环境学、生态学和环境保护工作密切联系，采用新的名词概念表达有关人与自然关系的思想观念，没有条条框框，不受传统法学基本理念的名词概念的束缚，表面上也不与传统法学基本理念相冲突，从而具有较大的创新性、灵活性。这种方式的缺点是，没有充分利用传统法学理念的现有知识和资源，使人产生环境资源法学基本理念与传统法学基本理念是两股道、互不相关的感觉，从而导致主流法学界不将这些“环境资源法学理念”认可为法学基本理念的范畴。2）从传统法学基本理念出发，通过对传统法学基本理念的扩大解释、深入解释和重新解释，将当代环境资源法学的一些重要观念纳入传统法学基本理念之中，在不改变传统法学基本理念名词概念的基础上来论述环境资源法学的基本理念。这就是当代一些环境资源法学家所采取的态度和方法，即将环境资源法学的基本观念分别纳入正义、公平、安全、秩序、民主、效率等传统法学基本理念（一级概念）之中，并分别以环境正义、环境安全、环境公平、环境秩序、环境民主和环境效率等二级概念对环境资源法学的基本思想观念进行解释和概括。这种方法的优点是能充分利用传统法学基本理念的现有知识资源，使环境资源法学基本理念与传统法学基本理念紧密相连，从而易于被法学界所采纳和认可。这种方法的不足之处是，它容易继承传统法学理论的某些保守性、刻板性和局限性，不易突出“尊重自然、顺应自然、保护环境”“维护生态平衡”“人与自然和谐相处”“环境与经济、社会和协调发展、一体化发展和可持续发展”等为环境保护领域所熟悉并实用的重要思想和观念，容易与环境资源工作实践和环境生态科学理论相脱节。笔者在对中国环境资源法基本理念进行分类和归纳时，采用兼顾第一和第二种方法的综合方法，即注意将“尊重自然、顺应自然、保护环境”“人与自然和谐相处”“环境与经济、社会的协调发展、一体化发展和可持续发展”等观念，与环境正义、环境安全、环境公平、环境秩序、环境民主和环境效率等基本理念结合起来，并突出和强调具有中国社会主义特色的环境资源法基本理念。

二、中国环境资源法基本理念的发展演变

人类任何重大思想观念的形成都有一个历史的发展过程，环境资源法的基本理念也不例外。有关尊重自然、热爱生命、保护环境、人与自然和谐和其他人与自然关系的思想和观点源远流长，最早可以追溯到人类社会发展的初期和古代奴隶社会，中外古代思想家曾经留下许多影响深远甚至万古难变的箴言和观念。第二次世界大战以后，随着人类科学技术水平和经济社会的发展，环境污染、生态破坏和资源紧缺危机日趋严重，“老三论”（控制论、系统论和信息论）、“新三论”（耗散结构论、协同论和突变论）、环境学、生态学、生态伦理学等自然科学和社会科学逐渐形成，当代环境保护事业和环境资源工作日益发展，环境道德、环境资源政策和环境资源法律得到越来越广泛的应用，这为环境资源法学基本理念的形成和发展提供了雄厚的物质基础和思想理论基础。从 20 世纪 60 年代开始，随着当代环境保护理念的形成，环境资源法学基本理念开始成为环境立法和环境资源法学理论研究中的一个重要问题。

中国环境资源法的基本理念的形成和成熟也有一个历史的发展过程。在中国环境资源法和环境资源法学发展的初期，学术界很少讨论环境资源法的基本理念问题。随着环境资源法和环境资源法学的深入发展，人们越来越认识到环境资源法基本理念的重要性，特别体现在环境资源法和环境资源法学在发展进程中所遇到的各种问题之上。环境资源法学确认环境资源法基本理念的过程是对各种环境资源法学理论观点进行取舍、筛选、提炼的过程，也是从理论上、从基本观点的高度上整合环境资源法学工作者共同体的过程。环境资源法和环境资源法学发展的历史和实践说明，缺乏正确、科学、执着的环境资源法学基本理念，是环境资源法和环境资源法学发展缓慢或无重大突破的重要原因；而有关尊重自然、保护环境、可持续发展和人与自然和谐等基本观点或理念的确立，往往成为推动环境保护和环境资源法发展的强大动力和精神力量。

从 20 世纪 60 年代开始到 21 世纪初，随着当代环境资源生态保护理念的形成，通过几十年环境资源法治建设实践和环境资源法学理论研究，环境（生态）正义、环境（生态）安全、环境（生态）公平、环境（生态）秩序、环境（生态）民主、环境（生态）效益等环境资源法学基本观念，特别是“人与自然和谐相处观”，逐渐为广大法律工作者特别是环境资源法学工作者

所熟悉、采纳和接受，已经逐渐发展成为我国现行环境资源法的基本理念。其中：1）维护和追求环境正义（又称生态正义）既是将环境资源法学与整个法学联系起来的基本理念，也是将环境安全、环境公平、环境秩序、环境民主、环境效率和可持续发展等各种环境资源法学理念有机联系起来的基本理念。[①] 2）环境安全（又称生态安全）是环境生态法律的首要目标，是环境生态秩序的核心，是人与人和谐、人与自然和谐的起码要求和最低标准，也是环境正义的基本要求。只有强化环境安全意识，树立环境安全理念，才能从根本上加强我国的环境生态安全法制建设，才能建成牢不可破的生态安全体系。3）环境公平（又称生态公平）是环境资源生态法的精髓，是环境生态正义的核心问题之一，它包括环境权利公平、环境机会公平、环境分配公平和环境人道主义公平，代内公平、代际公平、区际公平和种际公平（或物种公平）[②] 等内容。4）维护和追求和谐的环境秩序（又称生态秩序）是环境

---

① 环境正义表示环境资源法应该合乎自然，即合乎自然生态规律、社会经济规律和环境规律（即人与自然相互作用的规律）。从环境正义理念可以推导出环境安全、环境公平、环境秩序、环境民主、环境效益和可持续发展等环境资源法学理念。其中，维护生态安全、环境安全是对环境正义和环境秩序的起码要求；追求经济效益、社会效益和环境效益的最佳统一，追求环境民主和可持续发展，是实现环境正义的基本途径；环境正义表示环境资源法应该维护和实现环境公平，包括代内公平、代际公平、区际公平和种际公平等；维护和追求人与自然和谐共处、人与人和谐共处的环境秩序，是最能体现环境正义的特色观念、核心观念，环境正义表示环境资源法应该维护和追求人与自然和谐共处、人与人和谐共处的环境秩序。

② 所谓代内公平就是建立当代人的权利之间的和谐关系，所谓代际公平就是建立当代人的权利与后代人的权利之间的和谐关系，所谓种际公平就是建立人与动物等自然体的和谐关系。具体而言，种际公平是指：人要尊重自然，热爱大地，保护环境；动物和其他非人生命体应该享有生存权利；人与非人类生命体物种之间要实现公平。判断物种之间是否公平的主要依据，是自然正义即自然生态规律。传统法学中的公平理念主要讲人与人之间的公平与平等，环境生态公平理念区别于传统法学公平理念之处是强调种际公平。正如《全球法官会议关于法律的作用与可持续发展的原则》所申明的："我们一致认为，司法机关可以发挥关键性的作用，通过在国际和国家各级加强法制，将联合国《千年宣言》中提出的自由、平等、团结、容忍、尊重大自然和共同承担责任等共同价值观变成行动，将上述人类价值观融入现代文明。"（《全球法官会议关于法律的作用与可持续发展的原则》于 2002 年 8 月 18 日至 20 日在南非约翰内斯堡全球法官会议通过，载于国家环境保护总局政策法规司编．中国环境保护法规全书（2002—2003）．北京：化学工业出版社，2003：607.）中国现代环境保护的领导者和见证人，原国家环境保护局局长、全国人大环境与资源保护委员会主任、联合国可持续发展高级咨询委员会委员曲格平在香港城市大学发表演讲时强调，"从政治、法律和道德上看，要把对生命的尊重和对自然的生态系统的爱护纳入到政治、法律和道德体系中，把生命和自然生态系统作为与'人'一样公正、公平对待的'主体'，同自然平等相处，崇尚简朴的生活和有节制的物质消费，人类的需求不能超越地球生态系统的承载能力"，"加强生态文明建设，必须以尊重维护自然为前提，以人与人、人与自然、人与社会和谐共融为宗旨"（环境保护部．开创中国特色环境保护事业的探索与实践——记中国环境保护事业三十年．中国环境报，2008-07-15.）。

资源法学具有特色和激情的基本理念。“人与自然和谐”建立在人与自然共生共荣共同可持续发展的基础上，强调“以人为本，以自然为根”和“以人为主导，以自然为基础”的思想。建设法治国家需要人与人、人与自然和谐共处的理念，环境资源法律的任务就是建立人与自然相和谐的秩序，把传统的人与人的对立和人与自然对立的发展机制改造成为人与人、人与自然双重和谐的发展机制；实现环境与经济、人与自然的协调发展。5）环境（生态）民主理念是反映公众和“生态人”的主体性、主动性和积极性的基本理念，它集中地体现在环境资源法中的环境（生态）民主原则和环境公众参与制度上。6）环境（生态）效率（效益）理念是环境资源法的一个重要理念，它表示环境资源法应该追求经济效益、社会效益和环境效益的最佳统一，特别重视追求最佳的环境效率。环境（生态）效率（效益）理念既承认环境资源的使用价值、经济效益，也承认其内在价值和环境（生态）效益，并且主张经济效益、社会效益和环境（生态）效益的统一和整体效益的最大和最优；该理念既考虑经济活动的内部效率（效益），也考虑经济活动的外部效率（效益），并且将两者紧密结合起来，注意采取措施扩大正外部效益，减少负外部效益，努力实现整体效益（包括内部效益和外部效益）的统一、最大和最优；该理念主张综合运用环境影响评价方法和法律经济分析方法，遵循环境与经济、社会协调的原则，进行经济效益、社会效益和环境（生态）效益之间的利益衡平，追求的是综合效益（经济、社会和环境效益的统一）、总体效益（间接和直接效益、局部和整体效益、眼前和长远效益、当代和后代效益的统一）和最佳效益（速度和效益、数量和质量、先进性和可行性的统一）。①

---

① 正义是法律分析的灵魂，效率是经济分析的精髓。环境效率（效益）理念主张环境公平和环境效率（效益）的有机联系和辩证统一，主张公平和效率相统一的协调发展，主张效益和效率相结合的一体化发展，主张对环境公平和环境效率（效益）采用综合利益衡平原则，在强调公平时不忘效率（效益），在强调效率（效益）时不忘公平，在公平和效率（效益）发生矛盾和冲突时不忘两者的协调平衡和最佳统一。一方面，效率决定公平，效率的水平决定公平的程度，忽视效率（效益）的公平观是无效的因而也是不可行的、不道德的公平观；另一方面，效率又来源于、依赖于公平，环境和经济、社会的可持续发展只能建立在社会公平即社会正义和人与人之间的平等的基础上，唯有公平才会有效率，只有公平才能激发人的积极性和创造性，促进效率的提高。在现实生活中，公平和效率有时会发生矛盾，往往产生效率优先还是公平优先的争论。环境资源法主张在保障基本公平的基础上，力求综合成本最低、综合效益最大（最佳）、综合效率最高；主张具体情况具体分析，在分析时贯彻优化原则，兼顾公平和效益。

进入 21 世纪以后（从 2000 年至今），我国社会的一个重大变化，是生态文明建设的酝酿和兴起。从 2000 年至 2011 年，是生态文明建设的酝酿阶段；从 2012 年中共十八大召开，到 2017 年中共十九大召开，生态文明建设开始进入全面发展的时期，环境资源法律逐渐成为生态文明建设全面发展阶段的环境资源法，环境资源法治建设开始进入以生态文明为标志的新时期。在这个时期，逐步形成了以生态文明观为总揽的若干个环境资源法基本理念。这些基本理念彰显了先进的生态文明精神、思想和观念，集中地反映了具有中国特色的生态文明思想和生态文明建设实践经验。例如，中共中央、国务院印发《生态文明体制改革总体方案》（2015 年）中体现了这些基本理念。根据 2007 年中共十七大报告、2012 年中共十八大报告、2017 年中共十九大报告、《中共中央关于全面深化改革若干重大问题的决定》（2013 年 11 月）、《环境保护法》（2014 年 4 月修订）、《中共中央关于全面推进依法治国若干重大问题的决定》（2014 年 10 月）、《中共中央国务院关于加快推进生态文明建设的意见》（2015 年 4 月）和中共中央国务院印发的《生态文明体制改革总体方案》（2015 年 9 月）等政策法律文件，我们可以将具有生态文明特色的环境资源法理念概括如下：尊重自然、顺应自然、保护自然的理念，人与自然和谐共生的理念（人与自然是生命共同体或人与自然和谐相处的理念），绿水青山就是金山银山的理念，自然价值和自然资本的理念，空间均衡的理念，山水林田湖草是一个生命共同体的理念，创新、协调、绿色、开放、共享的发展理念（又称发展和保护相统一的理念）等。下面将重点介绍几个环境资源法的基本理念。

第二节　尊重自然、顺应自然、保护自然的理念

2012 年中共十八大报告和 2017 年中共十九大报告、2012 年和 2017 年修改的《中国共产党章程》、《中共中央国务院关于加快推进生态文明建设的意见》（2015 年）和中共中央、国务院印发的《生态文明体制改革总体方案》（2015 年）等政策法律文件均强调要树立“尊重自然、顺应自然、保护自然”的生态文明理念。例如，《中共中央国务院关于加快推进生态文明建设的意见》（2015 年）强调，“牢固树立尊重自然、顺应自然、保护自然的

理念”。中共十九大报告强调：“人与自然是生命共同体，人类必须尊重自然、顺应自然、保护自然。人类只有遵循自然规律才能有效防止在开发利用自然上走弯路，人类对大自然的伤害最终会伤及人类自身，这是无法抗拒的规律。”目前，“尊重自然、顺应自然、保护自然”作为体现生态文明特色的基本理念，不仅贯穿于环境资源法治建设和生态文明建设的全过程，而且已经融入经济建设、政治建设、文化建设、社会建设的各方面。

尊重自然、顺应自然、保护自然的理念，集中地反映了中国环境资源法基本理念的本质特点、科学理性和生态文明特色。古希腊斯多葛学派认为，理性是指看不见的内在规律，理性控制和支配着自然结构，因此决定着世界的进程；人是宇宙舞台的演员，理性和法律通过自然而起作用；通过理性的适当使用，人类理解了万事万物的实际秩序和他在这一秩序中的位置。[①] 斯多噶学派哲学的核心是“自然”，所谓自然是指遍及整个宇宙的原则，自然法即自然理性；自然规律是普遍的、通行的正义的体现。罗马法学家西塞罗（Marcus Tullius Cicero，公元前 106—公元前 43 年）根据斯多葛学派的观点，系统地提出了自然法学说，倾向于把理性等同于自然。他在《法律篇》中认为，“真正的法律乃是一种与自然相符合的正当理性；它具有普遍的适用性并且是不变而永恒的”；“自然法体现了自然理性，是衡量是非正义的标准，而正义是自然和人性所固有的”[②]。我国清初思想家王夫之把理视为物之固然、事之所以然，使理具有本然、自然、固有规律之意，揭示了理作为本然、规律、原因的特征，使其成为具有思想内涵或哲学意义的范畴。[③] 具有中国特色的环境资源法学基本理念，是反映和合乎自然生态规律、社会经济规律和环境规律（即人与环境相互作用规律）的基本观念。由于“尊重自然、顺应自然、保护自然”坚持从客观存在的大自然实体出发，坚持尊重大自然的本性，遵循自然生态规律，强调保护大自然，因而它作为中国环境资源法的基本理念具有坚实的基础和充分的正当性理由。

---

① 韦恩·莫里森. 法理学：从古希腊到后现代. 李桂林，李清伟，侯健，郑云瑞，译. 武汉：武汉大学出版社，2003：53－54.

② 西塞罗. 国家篇 法律篇. 沈叔平，苏力，译. 北京：商务印书馆，1999：158.

③ 王夫之在为北宋思想家张载的代表著作《张子正蒙》一书中的“循天下之理之谓道，得天下之理之谓德”作注时，写道：“理者，物之固然，事之所以然也，显著于天下，循而得之，非若异端孤守一己之微明，离理气以为道德。”（王夫之. 张子正蒙注. 北京：古籍出版社，1956.）

一、尊重自然

所谓尊重自然，是指尊重大自然的本性、生命力和“内在价值”（intrinsic value），是将大自然视为人类生态系统共同体的一员，甚至将大自然视为自己的父母的一种感恩思想和谦恭态度。大自然的内容和范围很广，其中地球或地球生态圈是与人类最贴近、与人类关系最密切的大自然，从某种意义上可以认为尊重自然就是尊重地球。尊重自然的内涵十分丰富，它包括但不限于尊重、热爱、关怀、善待自然（地球、大地）等内容。《地球宪章》强调：“人类是演化中的广大宇宙的一部分”，“我们必须决心以具有普世性责任感的态度来生活，我们自己也要同时认同整个地球生命共同体以及我们所在地的小区”，“我们急迫地需要一个彼此共享的愿景，它能够为即将产生的全球生命共同体提供基本价值观念”；“尊重和关心生命共同体”，“以了解、怜悯和爱心来照顾生命共同体”①。2002年，联合国环境规划署将第33个“地球日”（4月22日）的主题确定为“善待地球”，在这一天，世界各地都开展了大规模的“尊重大地、热爱自然、善待地球”的活动，充分显示了人类文明的进步和尊重自然的共识。尊重自然的理念体现了人们对大自然和自然生态系统的正确理解，体现了人们对大自然的终极关怀态度。人类只有理解自然本身的价值和对人类的极端重要性，才会有对大自然的真正尊重。大自然是具有生命力、创造力的有机体和“活物”，尊重自然就是尊重生命。人类是自然之子，大自然是养育人类的父母，尊重自然就是尊重人类自己的父母。人与自然是生命共同体，尊重自然就是尊重人类自己。

1. 大自然是人类之根

我们之所以“尊重自然”，是因为大自然是人类之根，是人类赖以生存发展的物质基础和基本条件，尊重自然就珍惜人类自身的生存与发展。关于“以自然为根”，我们可以从如下几个方面加强理解。在中国的传统文化中，水、气、土等自然要素是万物生成的源头，自古就有水生生命、地养众生、

① 《地球宪章》(The Earth Charter) 在2000年联合国大会中获得签署。它是由全球各地的政府单位、环保团体、专家学者等，为了全人类的未来而共同定下的承诺；它是一套道德原则，声明如何在21世纪建立一个公正的、可持续的以及和平的全球社会。到2006年为止，已有超过六千个代表世界上百万民众的团体签署了对宪章表示认同的协议书。

气成万物的哲学观点。大自然是生命之源，人类文明的摇篮。早在公元前300年，人们就提出了“太一生水”的宇宙生成说。在湖北荆门郭店楚墓出土的竹简中就有《太一生水》一章写道：“太一生水，水反辅太一，是以成天。”我国春秋时代的思想家管仲认为，“地者，万物之本原，诸生之根菀也”（《管子·下篇·水地》），“地者，政之本也”（《管子·乘马》）；“是以水者，万物之准也，诸生之淡也，违非得失之质也”（即“水是万物的根据，一切生命的中心，一切是非得失的基础”），“人，水也”（即“人也是水生成的”），“水，具材也”（即“水是具备一切的东西”），“具者何也，水是也。万物莫不以生”（即“什么东西是具备一切的东西？水就是具备一切的东西。万物没有不靠水生存的”），“水者何也？万物之本原也，诸生之宗室也”（即“水是什么？水是万物的本原，是一切生命的植根之处”）（以上引自《管子·下篇·水地》）；“夫民之所主，衣与食也。食之所生，水与土也”（《管子·禁藏篇》）。古希腊米利都学派的泰勒斯（Thales，约公元前624—公元前547年，古希腊第一个哲学家，米利都学派创始人）认为，“万物的本原是水”，“万物来自水，又复归于水”；古希腊米利都学派的阿那克西·米尼（Anaximenes，约公元前588—公元前525年，古希腊米利都学派唯物主义哲学家）认为：“气”是世界的本原，“气的凝聚和稀释造成万物”①。马克思认为，“土地（指地上地下资源）是一切生产和一切存在的源泉”②；他还引用威廉-配第的话说，“劳动是财富之父，土地（指一切自然资源）是财富之母”③。马克思指出，“人靠自然界生活”，“人是自然界的一部分”④，自然是“人的存在的基础”⑤。法国作家加里在《天根》一书中指出，“大自然是人类

① 朱学平．从米利都学派到赫拉克利特的逻辑演进．南京大学学报（哲学、人文科学、社会科学），2004（2）．

② 马克思．资本论：第3卷．北京：人民出版社，2004：730；马克思恩格斯全集：第12卷．北京：人民出版社，1962：757．

③ 马克思恩格斯全集：第23卷．北京：人民出版社，1972：56－57；马克思．资本论：第1卷．北京：人民出版社，2004：57．

④ 马克思．1844年经济学哲学手稿//马克思恩格斯全集：第42卷．北京：人民出版社，1979：95．

⑤ 同④122．

生存之根，是所有生命的根”[①]。中共十八大报告强调“良好生态环境是人和社会持续发展的根本基础”[②]。《中共中央国务院关于加快水利改革发展的决定》（2010年12月31日）强调，“水是生命之源、生产之要、生态之基”。胡锦涛认为，“良好的生态环境是社会生产力持续发展和人们生存质量不断提高的物质基础”[③]。曾任国家环境保护部部长的周生贤指出，“良好的生态环境是生存之本、发展之基、健康之源”[④]。自然生态系统是人类赖以生存和发展的基础，自然生态系统遭到破坏，人类生存发展就成了无源之水、无本之木。“人以自然为根”不仅说明了“尊重自然”理念的正当性，而且说明了尊重自然理论对环境资源法治建设和生态文明建设的极端重要性和根本性。

2. 人与自然是生命共同体

我们之所以“尊重自然”，是因为“人与自然是生命共同体”。中共十九大报告正是从“人与自然是生命共同体”出发，而水到渠成地推导出了“人类必须尊重自然、顺应自然、保护自然”的结论。“人与自然是生命共同体”这种观念具有普世性、普识性，不仅符合生态学原理，也符合中国的传统文化理念。它既是一个基于当代生态学[⑤]的理念，反映了自然生态规律和生态学的方法、理论和原则；也是一个富于哲理性的生态伦理理念，体现了生态文明观“尊重生命”“尊重自然”的精神；还是一个基于环境保护和生态文明建设的实践的理念，是中国人民在环境保护和生态文明建设的实践中总结

① 罗曼·加里．天根．宋维洲，译．桂林：漓江出版社，1992．罗曼·加里（Gary Romain，1914—1980年，原名罗曼·卡谢夫），法国著名作家，两届龚古尔奖获得者。在1956年，42岁的罗曼·加里就凭借长篇《天根》首获龚古尔奖。

② 坚定不移沿着中国特色社会主义道路前进 为全面建成小康社会而奋斗——胡锦涛同志代表第十七届中央委员会向大会作的报告（2012年11月8日）．人民法院报，2012-11-18（1-4）．

③ 胡锦涛．在中央人口资源环境工作座谈会上的讲话（2004年3月10日）．中国环境报，2004-04-06．

④ 周生贤．建设美丽中国 走向社会主义生态文明新时代——在中国生态文明研究与促进会第二届（珠海）年会上的讲话（2012年12月1日）．中国环境报，2012-12-03；（2012-12-03）．http：//www.gov.cn/gzdt/2012-12/03/content_2281328.htm．

⑤ 生态学（ecology）是德国生物学家E．海克尔（E．Haeckel）于1866年创立的，他把生态学定义为研究有机体与其环境之间相互关系的科学。他指出，“我们可以把生态学理解为关于有机体与周围外部世界的关系的一般学科，外部世界是广义的生存条件”。海克尔．有机体普通形态学//余谋昌．生态学哲学．昆明：云南人民出版社，1991：12．

提炼形成的宝贵经验。

"人与自然是生命共同体"的一个关键词是"共同体"，正是"共同体"将人与自然紧密地联系在一起。当人与自然处在对立面或人将自然视为异物时，自然环境都只能被人当作被征服或被任意作用的对象，更谈不上人对自然的尊重。如果人们树立了"人与自然是生命共同体"的观念，人就会将自然视为同类、同种、同群、同胞和伙伴，并从内心深处产生一种尊重自然的感情。凯尔森认为，法律本质上是道德，法律就是共同体应当合乎伦理地活动的方式。[①] 由于美国在其诞生过程中深受约翰·洛克的社会契约论的影响，因而美国人特别是美国法学界对共同体的理解具有强烈的伦理色彩，一旦美国人承认某个对象是他们共同体的一个成员，要想否定其权利、利益和主体地位是很难的。因此，作为美国野生生物生态学的开创者之一的奥尔多·利奥波德强调："所有的伦理学都建立在一个共同的前提之上：个体是一个其部分相互依赖的共同体的一个成员。"[②] 美国生态学协会主席华尔特·泰勒[③]（W. P. Taylor）进而将生态系统描绘成"由植物和动物组成的、联系密切相互合作的联邦"，从而为扩大权利概念和伦理行为的范围提供了基础。

"人与自然是生命共同体"的另一个关键词是"生命"。从人类文明的发展过程看，尊重生命是人类文明永恒的主旋律。由于人本身是一种生命体，因而人类对具有生命的东西怀有一种本能的、特别深厚的"同类"情结；生命之所以值得尊重，也是因为人类属于生命体中的一员；正是大自然所具有的强大的、生生不息的生命力，才使人与自然紧密地联系在一起。尊重自然的理念就是建立在承认大自然（包括动植物、河流等生态系统以及其他自然体）的生命和尊重生命这一基本理念的基础上，其目标就是维护大自然的健康生命。由于认同"人与自然是生命共同体"，人们在扩大共同体边界的同时，也明确了人类在自然共同体中的地位，因而在人与自然之间建立起一种伦理和道德关系，将道德关怀扩大到生命共同体本身。生态伦理是人对大自然、大地共同体和生命的一种信仰和崇拜，信仰的力量强大而持久，它内在

---

① Hans Kelsen, *The Pure Theory of Law*, Berkeley: University of California Press, 1970, p. 4.

② 奥尔多·利奥波德. 沙乡年鉴. 牛津：牛津大学出版社，1949：203.

③ 泰勒. 生态学研究中生物共同体概念的重要性. 生物学评论，1935（9）；纳什. 大自然的权利. 杨通进，译. 青岛：青岛出版社，1999：71-72.

地要求人们高度评价大自然（地球生态圈、大地）的价值并尊重自然、赞美大地和热爱生命。在1997年，联合国环境规划署将“世界环境日”的主题定为“为了地球上的生命”（For Life on Earth），并决定从1998年起，每年的“6·5世界环境日”的主题不再年年更换，而只更换副标题。“为了地球上的生命”就是环境保护的宗旨和终极目标，只有爱护生灵万物，才是真正爱护人类自己。①

在丰富多彩的人类文化、知识体系中，有不少从“人与自然的统一体或共同体”出发研究人与自然关系的学科，其中生态伦理学就是基于人与自然是生命共同体而致力于倡导环境伦理道德的哲学，人类生态学就是将人类作为生态系统中的一个最重要的组成部分、专门研究人类生态系统这一统一体运动发展规律的科学。生态伦理学揭示了人类生态系统、河流等自然生命的内涵，探讨了大自然或大地共同体作为生命系统的内在机制和运行规律，对生态系统和自然生命的基本概念和基本原理作出了有科学根据的解释，从而增强了人们对于人与自然生态系统和自然生命的完整理解以及诸多要素之间逻辑关联的把握。个体主义的生态伦理学（包括生物中心主义、生命中心主义和动物解放论的伦理学）强调对生物个体的保护，其主要观点是：人是地球生物共同体的一个成员，人类生存依赖于其他生物；维护自己的生存是所有有机体的生命目的的中心，是有机体的内在价值和“善”，即所有生物有其自身的“善”和内在价值；生物个体的生存具有道德优先性；应该将道德共同体和权利主体的范围扩大到所有生物。“以生物为中心”的生物包括人，既包括生物个体也包括生物物种。“以生物为中心”并不反对以人为中心，因为人属于生物，人是地球生物共同体的一个成员，人类生存依赖于其他生物。生态整体主义的伦理学是20世纪三四十年代由美国哲学家奥尔多·利奥波尔德（Aldo Leopold，1887—1948年）提出的，他于1933年在美国《林学杂志》上发表了著名的《大地伦理学》论文，认为“大地是一个共同体。这是生态学的基本概念。大地是可爱的且应受到尊重。这则是伦理学的一种扩展”。该文把传统伦理中的社会（或共同体）概念的范畴扩大到包括土壤、水体、动植物以及它们的集合体，要求人对其同伴即自然界中除人之

① 张国兴．人·生命·自然界．中国环境报，1998-04-30．

外的其他组成部分予以尊重，主张把人的良心和义务扩大到自然界。所谓土地伦理或大地伦理，就是把原来伦理中的“社会”概念扩大到包括土壤、水体、植物、动物或者它们的集合体的伦理，就是强调对土地生态系统或大地生命共同体的尊重、热爱和关怀的伦理。人们引用利奥波德最多的一句格言是他在《沙乡年鉴》中封笔的那段话：一项使用大地的决策，“只有当它有助于维护生物共同体的完整、稳定和美丽时，它才是正确的；反之，它就是错误的”[①]。也就是说，他认为自然界是一个整体，判断人类行为善恶的标准就是看其是否有利于自然的完整、稳定和美丽；当我们把大地看作是我们所归属的生物共同体时，我们就会带着爱和尊敬去利用自然存在。曾任国际环境伦理学学会主席的霍尔姆斯·罗尔斯顿（Holmes Rolston Ⅲ，1933年—）教授是建立生态伦理观的集大成者，他于1988年发表的《环境伦理学：自然界的价值和对自然界的义务》专著，提出了比较完整的环境伦理学科学体系。他通过建立完整的自然价值体系，特别是自然本身拥有的“内在价值”(intrinsic value)，论证了人对高等动物（有感觉的动物）、生物物种和生命共同体（生态系统）的义务，有力地批判了康德的义务观的局限性。

在中国，博大精深的中华传统文化包括“天人合一”思想、“万物一体”的有机自然观，这与生态伦理学、人类生态学对“人与自然是生命共同体”或“人与自然是统一体”的研究具有相通性。在中国古代思想家看来，“天人合一”是普遍而自然的基本规律和基本伦理。在天生万物的宇宙观下，天地、万物和人通过天地的生生而连为一体，天、人以及整个宇宙处于神圣而不可分割的共同体中。天与人、自然与人通过人的理念和道德来沟通，“天”不仅是自然规律的象征者，也是社会伦理原则的表达者。天通过生人而使天与人在心性和天道的层面上融为一体，人的心性本身即是天意的表达和实现，这使得中国圣贤的生命观具有一种内在的神圣性，并成为尊天敬天、天人合一的儒释道三教的宗教基础。中国古代文化自《易传》开始，“天人合一”观就十分明显。庄子明确提出了“天地与我并生，万物与我为一”（《庄子·齐物论》）的主张。大自然和“天人合一”作为思想、道德产生的根源，突出地贯穿于整个儒学传统之中，在某种意义上甚至可以认为“天人合德”

① 奥尔多·利奥波德．沙乡年鉴，pp. 224－225．请参看大自然的权利．纳什．杨通进，译．梁治平校．青岛：青岛出版社，1999：86．

是儒家“天人合一”境界主导方向和根本精神。儒家认为，人、物之性因为同禀受于天，人性源于天性，人道源于天道，天命灌注人的存在，形成了人能感受、思考、评价与决策的能力。儒家通过自上而下的即自“天”而“人”和自下而上的以“人”合“天”过程，完成了“天人合一”的双向理论阐释。西汉思想家董仲舒（公元前 179 年—公元前 104 年）认为，“事各顺于名，名各顺于天。天人之际，合而为一”（《春秋繁露·深察名号》）。东汉时期的哲学家王充（27 年—97 年）认为，“人，物也；物，亦物也”（《论死篇》）。北宋宰相富弼（1004 年—1083 年）认为，“天地万物，同为一类”[①]。宋代理学家张载（1020 年—1077 年）认为，“人但物中之一物也”[②]；“儒者则因明至诚，因诚至明，故天人合一”（《正蒙·乾称》）。他在《西铭》中说，“乾称父，坤称母……民，吾同胞；物，吾与也”。即将大自然或地球当作父母，认为天下的民众都是地球养育的同胞、大自然的万物与人类融为一体。宋代理学家二程（程颢和程颐[③]）认为人是天地万物之一，“天地与吾同体，万物与吾同气”（《文集》），“仁者以天地万物为一体”（《遗书》卷二），“仁者浑然与物同体”（《经说》），因而人对天地万物要施以仁爱之心。明代哲学家王阳明（1472 年—1528 年，名守仁）认为禽兽、草木山川等“天地万物，与人原为一体”（《传习录》），说良知即天理，把天人合一推到了极致。

“人与自然是生命共同体”的一个具体而形象的说法是，“山水林田湖（或山水林田湖草）是一个生命共同体”[④]。大家知道，人是最具有活力的生

---

① 赵汝愚．宋朝诸臣奏议：卷 42．上海：上海古籍出版社，1999．

② 张载．张载集．北京：中华书局，1978．

③ 程颢（1032 年—1085 年），程颐（1033 年—1107 年）．二程集．北京：中华书局，1981．《二程集》包括《河南程氏遗书》（《遗书》）25 卷、《外书》12 卷、《易传》（又称《程氏易传》）4 卷、《经说》8 卷、《粹言》2 卷和《文集》12 卷。

④ 例如，《生态文明体制改革总体方案》（中共中央、国务院 2015 年 9 月 21 日颁布）强调，“树立山水林田湖是一个生命共同体的理念”。中共中央办公厅、国务院办公厅《关于设立统一规范的国家生态文明试验区的意见》（2016 年）要求，坚持“山水林田湖是一个生命共同体等理念”。《建立国家公园体制总体方案》（中共中央办公厅、国务院办公厅 2017 年 9 月印发）强调，“坚持将山水林田湖草作为一个生命共同体”。中共十九大报告（2017 年）强调，“统筹山水林田湖草系统治理”。中共中央、国务院《关于全面加强生态环境保护坚决打好污染防治攻坚战的意见》（2018 年）强调，“坚持山水林田湖草是生命共同体。生态环境是统一的有机整体。必须按照系统工程的思路，构建生态环境治理体系，着力扩大环境容量和生态空间，全方位、全地域、全过程开展生态环境保护”。

命体。从“山水林田湖草是一个生命共同体”出发，会立即使人联想到人和山水林田湖草都是生命共同体中的成员。这就是习近平在关于《中共中央关于全面深化改革若干重大问题的决定》的说明中得出“山水林田湖是一个生命共同体，人的命脉在田，田的命脉在水，水的命脉在山，山的命脉在土，土的命脉在树”[①] 这一结论的逻辑。沿着这一思路，山水林田湖是一个生命共同体的理念向我们展示了如下深意：(1) 包括山水林田湖草在内的资源环境生态是人的命脉。命脉（life lines）是生命和血脉的合称，指极为重要的事物，常比喻生死攸关的、关系极重大的事物。习近平总书记强调“人的命脉在田，田的命脉在水，水的命脉在山，山的命脉在土，土的命脉在树”，实际上是指田、水、山、土、树（即自然）是人赖以生存发展的根本。(2) 人与包括山水林田湖在内自然生态系统是生命共同体。所谓山水林田湖草是一个生命共同体，就是指一个有机的生态系统整体是一个富于生命力的生命共同体。这不仅意味着承认山水林田湖草是一个富于生命力的活物，而且意味着人与山水林田湖草、人与自然是一个生命共同体，还意味着人们应该以珍爱生命般的人性关怀去尊重和善待山水林田湖草，即尊重自然和善待生命。“我们要构筑尊崇自然、绿色发展的生态体系。人类可以利用自然、改造自然，但归根结底是自然的一部分，必须呵护自然，不能凌驾于自然之上。”[②] 只有深刻理解“人与自然是生命共同体”“山水林田湖草是一个生命共同体”的道理，我们才能克服将自然视为掠夺对象、剥削对象、异己分子，将人类视为自然的主宰者、统治者、征服者的人类沙文主义，才能以珍爱生命般的人性去尊重自然、善待人与自然共同体。

3. 人对自然应有感恩之心

尊重自然是人对天地生化万物而产生的感恩之情，人出于对生育哺养他的天地自然的感恩而尊重自然具有正当性。马克思指出，“人本身是自然界的产物，是在自己所处的环境中并且和这个环境一起发展起来的”[③]。江泽

---

① 习近平．关于《中共中央关于全面深化改革若干重大问题的决定》的说明（2013年11月9日）．人民日报，2013－11－16。

② 习近平．携手构建合作共赢新伙伴 同心打造人类命运共同体——在第七十届联合国大会一般性辩论时的讲话（2015年9月28日，纽约）．人民日报，2015－09－29（2）．

③ 马克思恩格斯选集：第3卷．北京：人民出版社．2012：75．

民在全球环境基金第二届成员国大会上指出："人类是自然之子。"[①] 胡锦涛认为，"自然界是包括人类在内的一切生物的摇篮"[②]。在中国传统文化中，感恩是最朴素的天理良知，是百善之源、道德基础。任何崇高的理念，任何伟大的精神，任何高尚的思想，均在此基础上生发、升华而成。"羊有跪乳之恩，鸦有反哺之义"等中国古代记载的动物"反哺报恩"的故事俯拾皆是，这种报恩意识是一种生命意识和生存意识的本能冲动。人类感恩意识的雏形也正是这种自然的动物本能，只是人类的这种本能有着更高的道德意涵。中国传统文化提倡感自然之恩，报天地生人之恩，将天或大自然视作父、祖，这种人格化处理源自先人对天之生生功能之理解与崇拜。例如，《易传》处处流露出对天地父母生化万物的感恩之情。易曰，"天地之大德曰生"（《系辞下传》），天地生化万物实有大德于万物；"有天地，然后万物生焉；盈天地之间者唯万物"，"有天地，然后有万物；有万物，然后有男女……"（《序卦传》）；万物始于乾而成于坤，阴阳二气相交而化生万物，则天地如父母，"乾，天也，故称乎父。坤，地也，故称乎母"（《说卦传》）。天是生命的起源，地是生命的承载体，是天地即大自然给人无限活力，同时也通过其所承载的生命启示出天地道德含义。司马迁遥承《礼记》之旨："夫天者，人之始也；父母者，人之本也。"就中国儒家思想而言，孝本于天地化生万物之作用——"生"；孝的本质是发自良知的诚敬之仁心的流露。"圣人之于天地，如孝子之于父母"（朱熹《朱子语录》卷九十八）。在儒家学者看来，只要是人，只要生活在天地宇宙间，只要有人的生命情怀，就一定还有天地良心，一定会知恩、感恩、报恩。

二、顺应自然

所谓顺应自然，是指认识和遵循大自然的固有规律，包括其物质循环、能源流动和新陈代谢等内在规律，按照大自然的运行方式从事利用自然的活动，不干违背自然生态规律的蠢事、傻事。

① 江泽民在全球环境基金第二届成员国大会上的讲话：采取积极行动，共创美好家园．中国环境报，2002－10－17．

② 胡锦涛．在中央人口资源环境工作座谈会上的讲话（2004年3月10日）．中国环境报，2004－04－06．

顺应自然就是遵循自然规律，这也是尊重自然的应有之意。自然是不以人的意志为转移的客观存在，它有其固有的存在和发展变化规律。人类通过实践与研究，已经认识和掌握许多自然生态规律。例如，中国著名环境伦理学家余谋昌教授在《生态学哲学》一书中将生态学的主要规律概括为：生物适应环境的规律；生态系统各种因素相互作用协调发展的规律；生态系统物质循环、转化和再生规律；生态系统发育和进化规律。根据生态学和生态系统的理论，自然生态规律主要有以下几点。

(1)“生、境统一”的生态系统整体性原则。生物与其环境统一的原理被称为生态学的第一原理，也是当前研究人与自然关系、环境与发展关系必须遵循的第一原理。生态学的真谛是整体论。康芒纳认为，生态学关于生态系统整体性的看法是“关于一个地球上的生命之网的看法”①。美国学者麦茜特指出：“生态学的前提是自然界所有的东西联系在一起。它强调自然界相互作用过程是第一位的。所有的部分都与其他部分及整体相互依赖相互作用。生态共同体的每一部分、每一小环境都与周围生态系统处于动态联系之中，处于任何一个特定的小环境的有机体，都影响和受影响于整个由有生命的和非生命的环境组成的网。作为一门自然哲学，生态学扎根于有机论——认为宇宙是有机的整体，它的生长发展在于其内部的力量，它是结构和功能的统一整体。”② 生态系统是生物系统与环境系统在特定空间的组合，其基本的特征是它的整体性，任何生物都不能脱离环境而单独存在，它表明生态系统各种因素的普遍联系和相互作用。大自然中的万物构成了地球上互相联系的生命之网，人是大自然的有机组成部分，是生命之网中的一个节点，是世间万物生态链条中的一环，一旦生态链条断裂、生命之网破碎，人类将无法生存。现代生态学把自然界看作是生态系统，这是对生物界的新看法；把世界看作是“人—社会—自然”复合生态系统，这是对世界的新看法。

(2) 物物相关规律 (everything is connected to everything)。又称生态关联的规律，是指在自然界中，各种事物之间存在着相互联系、相互制约、相互依存的关系，每一种事物都与别的事物相关，生态系统中的各种成分是

① 巴里・康芒纳. 封闭的循环——自然、人和技术. 长春：吉林人民出版社，1997：24-37.

② 卡洛琳・麦茜特. 自然之死. 长春：吉林人民出版社，1999：110.

相互联系的，改变一个组分必然要影响到其他组分以至于影响系统整体。根据物物相关规则，人类对一种环境因素或自然资源的开发利用，会影响其他环境因素和自然资源的状况，这就是为什么环境资源法通过对人类环境行为的控制，可以调整人与自然关系的道理。物物相关规律的一个重要表现是生、境相通，即生物与其环境的组成成分成比例规则。英国地球化学家 E. 哈密尔顿通过研究发现，生物体的物质组成及其含量，与地壳的元素丰度呈正比例或正相关的关系。这为人体是地壳物质演化的产物的观点提供了客观的科学证据。该规则表明，从根本上讲，是自然决定人，而不是人决定自然。

（3）物复能流规律，即生态系统中物质循环和能量流动规律，它表示生态系统中的能量流动和物质循环不息的运动的规律。在自然生态系统中，物质可以循环、可以被多次反复利用，能量不能循环利用、只能流动（即流失后不能再循环）。为了充分利用能量，必须设计能量利用率高的系统。根据物质不灭定律，生态系统中的一切事物都必然要有去向，“得必有失”（There is no such thing as a free lunch），在自然界中没有绝对的“废物”。1942 年，美国生态学家林德曼（R. L. Lindeman）在美国《生态学杂志》上发表的关于食物链和金字塔营养结构的研究报告，确立了生态系统物质循环和能量流动的理论。在生态系统中，来自环境的物质和能量是生命之源，生物从其环境中获得营养物质，营养物质经过生物反复作用利用，最后回归于环境。营养物质在生物群落与无机环境之间形成的这种往复循环运动叫作物质循环；而物质循环又是由能量流动推动的，物质的合成和分解都伴随着能量的固定和释放。由此可以推出“负载定额规律”，即任何生态环境的生物生产力都有一定的限额，只能维持、供养一定生物量的生物；任何一个生态系统的负载能力和净化能力都是有限的，只能承载一定的生物量和承纳一定的污染物；当超过上述限额时就会引起系统的损伤、破坏以致瓦解，当生态系统承载的生物量和污染物超过其承载能力时，生态系统就会出现退化、萎缩甚至最终解体。为了保护生态环境、维持生态系统的良性循环，必须掌握生态系统的负载，保证不超过生态系统的负载和“红线”。

（4）协调稳定规律。它包括平衡最佳、多样稳定规律，是指当生态系统中的生物多样性和生态系统的结构、功能相对协调时，生态平衡才不易被破坏，生态系统才呈现最佳状态。生态系统的平衡[①]是生物与生物之间、生物与其环境之间的和谐的表现，是生态系统内部各组分之间的高度协调一致；由于地球生态系统总是处于一个动态的平衡过程，因而维持生态平衡就是指维持生态系统的良性循环。平衡最佳规律，是指当生态系统趋向平衡稳定的顶级状态时，生物种群量才最大，生产率才最高，系统的抗干扰、自我调节或内部调节能力最强。当人为活动对生态系统的干扰超过生态系统的自我调节能力时，生态系统就会发生破坏并不能恢复到以前的状态，这就是生态破坏、生态失调或生态失衡。多样稳定规律，是指组成生态系统的生物种类越多，连接各物种的食物网的关系越复杂，系统的生态结构就越稳定。生物多样性、生态系统多样性是整个地球生物圈得以繁荣昌盛和人类得以生存发展的基础，它意味着生物生存的多种机会、生物发展的多种前途、生物进化的多种选择、生物竞争的多种方式，意味着和谐、包容和宽广。目前地球上的生物多样性正在锐减，为了保持地球生物圈的稳定性，必须切实保护生物多样性和各种生态系统正常的自然机制。

（5）地有所宜规律，又称物有所归（everything must go somewhere）、时空有宜规律，包括最适生态位规律、自然最知（Nature knows best）规律等。地有所宜规律是指，每一地方都是特有的自然和社会经济条件的组合，从而构成独特的区域生态系统。在开发利用自然资源时，必须因地制宜，采取不同的对策。物有所归即万物各得其所，是指在大自然中，每一种生物都有其理想的生态位；生态系统中的任何一个生物种群都有寻求、占有适应于自身生存与发展的良好生态位的趋向，这叫作最适生态位原则。自然最知（Nature knows best）或自然最了解自己规律，是指自然界所懂得的是最好的，又称生态智慧原则。每一种生物都是一种历史的存在，物种的存在就表示它的成功。每一个物种为了自己的生存、维护自身生存，在外部环境发生变化时，都有改变自己的生存方式以适应环境变化的能力。

---

① 所谓生态平衡，包括生态系统中生物与生物、生物与环境之间相互关系的平衡，是指生态系统在一定时间内结构和功能的相对稳定状态（包括系统的生产、消费和分解过程，生物的种类和数量，系统的结构、功能、物质流和能量流，都处于相对稳定的状态），此时各要素的关系协调、功能正常，系统结构不易发生不可逆变化，系统的物质和能量的输入与输出相当（即接近相等）。生态平衡是生态系统在一定的时间和生态阈限范围内，其结构、功能和秩序都相对稳定的动态平衡状态。

（6）相生相克规律，包括“生克依随”“生存竞争”规律。英国大学者达尔文在其物种起源的理论体系中，提出了著名的生物世界物竞天择、适者生存的基本准则，这也是生态系统中生物生存的法则。生克依随规律是指，在生态系统中，每一种生物都占据一定的位置，它们彼此相生相克、相依相随，形成食物链，使整个生态系统成为协调整体。“生存竞争”规律是指，物竞天择，优胜劣汰，适者生存。竞争导致资源的充分利用和物种的多样性，促进生态系统的进化，增加生态系统的稳定性和复杂性。

（7）其他规律。必须指出的是，人类对自然规律的认识和掌握是有限的，人类对自然规律的认识、理解和掌握一直处于不断的发展过程之中，人类通过自己的努力可以认识和掌握许多自然生态规律，但很难穷尽和掌握所有自然生态规律。例如，在宏观领域，人类还没有完全认识太阳系、银河系和整个宇宙的规律；在微观领域，人类还没有完全认识一粒沙、一滴水、一根草的构造和各种粒子的运动规律。科学发展到今天，我们看世界仍然像盲人摸象一样，我们已知的物质的质量在宇宙中只占4%，其余96%的物质的存在形式我们还十分陌生，至于对比现有物质和暗物质总和的一倍还要多的暗能量，我们还一无所知。

顺应自然不是任凭大自然摆布，而是顺应大自然的规律，特别是要遵循人类已经认识和掌握的自然规律。极端的人类中心主义和人类沙文主义认为，人类可以不顾甚至违背自然规律而征服自然、统治自然、驾驭自然，表现在法学理论上就是某些唯意志论者主张人应该占领自然、支配自然和主宰自然，将自然视为“死”的机械工具或者将自然作为人可以任意占领支配的私有财产。但是，人本来就是在自然天地万物之间的相互作用过程中产生的，所以人类只有顺应自然才能更好地生存与发展、趋吉而获利。顺应自然不仅要求人类遵循自然规律，而且要求人类效法自然而为，即效法自然而更好地生存和可持续发展。中国古代道家主张“人法地，地法天，天法道，道法自然”（《道德经》），“道法自然”即顺应大自然、效法大自然，是“道法自然”而不是背离和掠夺自然。胡锦涛指出，“要倍加爱护和保护自然，尊重自然规律。对自然界不能只讲索取不讲投入、只讲利用不讲建设。发展经济要充分考虑自然的承载能力和承受能力，坚决禁止过度性放牧、掠夺性采矿、毁灭性砍伐等掠夺自然、破坏自然的做法。要研究绿色国民经济核算方法，探索将发展过程中的资源消耗、环境损失和环境效益纳入经济发展水平的评价体系，建立和维护人与自然相对平衡的关系”[①]。习近平指出，“我们应该遵循天人合一、道法自然的理念，寻求永续发展之路”[②]。环境资源法学认为，在大自然面前，人类是相当渺小的，人类应努力去认识和顺应自然规律，而不能自以为是地坐井观天，以为自己已经掌握了一切自然规律，甚至可以任意改变自然规律。人类只有顺应自然即遵循自然规律、效法自然而为，才能有效防止在处理人与自然关系时、在开发利用自然时走弯路、干蠢事，才能有效保护自然环境和自然资源，实现人与自然的和谐相处、共存共荣。

三、保护自然

胡锦涛在阐明科学发展观时指出，“要牢固树立保护环境的观念”[③]。所谓保护自然，主要指保护、维护大自然的完整性、多样性和生命力，防治污染环境、破坏生态、浪费资源和灭绝物种的人为活动。保护自然就是保护环境、资源和生态系统，自然保护就是环境保护。

1. 保护自然具有丰富的内容

对保护自然或保护环境有广义的和狭义的两种理解，广义的保护包括对自然资源和环境的保护，合理开发、利用，治理和改善等；狭义的保护是相对于对自然资源和环境的开发、利用、治理、改善而言，即侧重于保护自然资源的原状和原貌。人对环境、资源和生态发生影响、作用的所有活动，都可以称为人的环境资源生态行为（简称环境行为）。各种各样的环境行为按照“灰色系统”理论，可以分为三种类型：一是对环境、资源和生态产生好的、积极的、有利的影响和作用的环境行为，简称“环境友好行为”、“绿色行为”或“白色行为”，如对环境、资源和生态的养护、保育、建设、改善、合理开发和合理利用；二是不好的、消极的、不利的环境行为，简称“环境

① 胡锦涛．在中央人口资源环境工作座谈会上的讲话（2004 年 3 月 10 日）．中国环境报，2004-04-06．

② 习近平．共同构建人类命运共同体——在联合国日内瓦总部的演讲（2017 年 1 月 18 日，日内瓦）．人民日报海外版，2017-01-20（2）．

③ 胡锦涛．在中央人口资源环境工作座谈会上的讲话（2004 年 3 月 10 日）．中国环境报，2004-04-06．

有害行为”“黑色行为”，如对环境、资源和生态的污染、破坏、损害和浪费；三是处于中间状态的、利弊难以判断的或同时具有上述两种行为性质和特点的“中性的”“不好不坏的”“有好有坏的”行为，简称“灰色行为”，如某些一时难以评估、判断的开发、建设活动。环境保护首先是人的一种行为，并且应该是一种好的、积极的、有利的环境行为；同时，环境保护又与其他活动发生联系，从与上述三类环境行为的关联上看，“环境保护”就是鼓励、刺激、促进“绿色行为”，预防、减少和消灭“黑色行为”，正确处理、协调“灰色行为”。自然保护或环境保护的主体多元、形式多样、手段繁多，其丰富的内容涉及环境保护事业的方方面面，包括但不限于保护环境、资源和生态系统的思想、理念、道德、伦理、政策、法律、途径、手段、措施、技术和管理、治理、宣传、教育、科研等各种活动。《中国大百科全书（环境科学）》认为，环境保护是“采取行政的、法律的、经济的、科学技术的多方面措施，合理地利用自然资源，防止环境污染和破坏，以求保持和发展生态平衡，扩大有用自然资源的再生产，保障人类社会的发展”[①]。“保护，主要是采取立法、行政、经济、科学技术等手段，对矿藏资源、水资源、森林资源、草原资源、动物资源、海洋资源以至整个国土环境进行保护，使资源和生态平衡不遭受新的破坏、并使国土状况不断有所改善。”[②] 环境保护从某种意义上说，是对人类的总资源进行最佳利用的管理工作。[③]

2. 保护自然具有重要的意义

对于自然保护或环境保护的意义，我们可以从环境的重要性、环境问题的严重性等方面来理解。自然环境是人类产生、生存、发展、活动并表现自己的基本条件，保护环境就是保护人类自身和人类的生存发展条件；从这个意义上可以说，环境保护是关系到人类生死存亡的大事。自然环境为人类提供资源、消纳废物，是社会财富的物质源泉，没有自然界，人就什么也不能创造；保护环境就是保护社会财富。习近平总书记指出，“保护生态环境就是保护生产力，改善生态环境就是发展生产力。良好生态环境是最公平的公

① 中国大百科全书（环境科学）．北京：中国大百科全书出版社，1983：155.

② 中华人民共和国国土法规选编．北京：中国计划出版社，1988：6.

③ 刘天齐主编．环境保护．北京：化学工业出版社，1996：6.

共产品，是最普惠的民生福祉”。生产力是人类在与自然进行物质变换的过程中，以保持生态健康为基础，合理地控制自然，把自然物质改造成适合人类需要的物质资料的力量；自然环境是劳动过程的要素，劳动首先是人和自然之间的交换；各种自然资源、自然力是劳动对象、劳动资料的组成部分；自然环境是生产力的要素，是劳动生产率的一个决定条件；保护环境的实质就是保护社会生产力。从这个意义上可以说，环境保护是关系到发展生产力、提高劳动生产率的重要问题。环境是经济和社会发展的物质基础和物质源泉，保护环境就是保护社会和经济发展的物质基础。环境污染和环境破坏实质上是对人的生存发展条件的损害，是对人的生活质量的损害，是对生产力要素的损害，是对资源和财富的浪费和损害，严重的环境污染还会使人致病、致残、致亡甚至造成遗传病。当代环境问题已经成为制约经济、社会发展，危及人类生存和“民生”的重大因素。如果让环境污染和破坏继续发展下去，人类将失去赖以生存和发展的基础，经济、社会也难以协调发展；而环境保护就是防治环境污染和环境破坏，它对保护公众健康、促进经济和社会的可持续发展具有重要作用。人与自然的关系是人类社会的永恒主题，人与自然的矛盾是人类社会的基本矛盾，环境保护就是协调人与自然关系的最好方式，就是解决人与自然矛盾的最佳途径，搞好环境保护有利于实现人与自然的和谐共处。生态是人类生存的家园和方式，一个结构完整、功能齐全、处于动态平衡和良性循环的环境、资源和生态系统，是人类生存发展和生态文明社会的根本基础。

在中国，环境保护除上述一般作用外，还具有特别重要的意义。中国的科学发展观 、“两大国策”（环境保护和节约资源）、“两大战略”（可持续发展和西部大开发）、“五型社会”（和谐社会 、生态文明社会、环境友好型社会、资源节约型社会和循环经济型社会）和“五大发展”（创新发展、协调发展、绿色发展、开放发展、共享发展）都与环境保护有关。1983 年召开的第二次全国环境保护会议宣布：“环境保护是我国现代化建设中一项战略任务，是一项重大国策。”① 2014 年修订的《环境保护法》第 4 条明确规定，“保护环境是国家的基本国策”。目前我国的环境问题已涉及国际关系、政

① 李鹏在第二次全国环境保护工作会议上的讲话//中国环境保护行政二十年. 北京：中国环境科学出版社，1984.

治、经济、贸易和文化等众多领域，环境质量已成为衡量国家富强、社会文明、人民幸福的一个重要标志，创建一个良好适宜的环境和生态是社会主义现代化建设的重要目标，环境保护已经成为实施可持续发展战略和推进生态文明社会建设的关键、保障经济社会可持续发展的前提。保护环境、促进人与自然的和谐是先进生产力发展的迫切需要，以环境保护为核心的生态文明观代表着先进文化的前进方向，使人们在优美的生态环境中工作和生活符合最广大人民的根本利益。中共十八大报告不仅将中国特色的社会主义事业总体布局从“四位一体”扩展为“五位一体”（“四位一体”中的四位是指“经济建设、政治建设、文化建设、社会建设”，“五位一体”中的五位是指“经济建设、政治建设、文化建设、社会建设、生态文明建设”），而且把生态文明建设摆在现代化建设“五位一体总体布局”和“突出地位”的高度，确立了“加快”、“大力”、“全面落实”和“大力推进生态文明建设”的战略、目标和任务。中共中央总书记习近平强调，生态环境保护是功在当代、利在千秋的事业。建设生态文明，关系人民福祉，关乎民族未来。要清醒认识保护生态环境、治理环境污染的紧迫性和艰巨性，清醒认识加强生态文明建设的重要性和必要性，以对人民群众、对子孙后代高度负责的态度和责任，真正下决心把环境污染治理好、把生态环境建设好，努力走向社会主义生态文明新时代，为人民创造良好生产生活环境。[①] 生态文明是一种以环境资源生态保护为主要内容、以人与自然关系为主要调整对象、以人与自然和谐为主要宗旨的整体性的文明形态，生态文明源于环境保护、生态运动和生态学。环境保护是生态文明建设的主阵地和根本措施，是建设美丽中国的主干线、大舞台和着力点；只有加强环境保护，才能切实有效地推进生态文明建设的可持续发展。中共十九大报告提出的一个重要论断，是新时代我国社会主要矛盾是人民日益增长的美好生活需要和不平衡不充分的发展之间的矛盾。而清洁适宜的环境即优质的环境公众共用物是人民美好生活需要的一个重要内容，要解决新时代社会主要矛盾就必须不断满足人民群众对生态环境方面的需求。目前我国资源约束趋紧，生态环境恶化趋势尚未得到根本扭转，要实

① 习近平在中共中央政治局第六次集体学习时强调 坚持节约资源和保护环境基本国策　努力走向社会主义生态文明新时代.（2013-05-24）. http：//news. xinhuanet. com/2013-05/24/c_115901657. htm.

现“到二〇二〇年国内生产总值和城乡居民人均收入比二〇一〇年翻一番”和“两个一百年”（第一个100年奋斗目标指中国共产党建党100周年时我国全面实现小康，第二个100年奋斗目标是指在中华人民共和国成立100周年时进入世界中等发达国家行列）的奋斗目标，必须加强环境保护和绿色发展。总之，为公众提供更多优质生态产品、建设美丽中国是当今环境资源保护和生态文明建设所追求的最高目标和价值追求。搞好环境保护，对于保障国土生态安全，全面提高公众的生活质量和全面发展，保障我国经济社会的可持续发展，实现振兴中华民族的宏伟目标和美丽中国之梦，均具有重要的现实作用和深远的战略意义。

3. 树立保护自然与保护人相统一的观念

在探讨如何理解保护自然时，我国学界曾发生人文精神与科学精神、人文文化和科学文化、价值观和科学观的激烈争论。例如，2004年年底印度洋大型地震海啸后，中科院院士何祚庥先生在《环球》杂志2005年第1期上发表了《人类无须敬畏大自然》的署名文章，该文的第一个标题是“人与自然，以谁为本?”，第二个标题是“驳‘人要敬畏大自然’”[①]。民间环保组织“自然之友”会长梁从诫先生在读到这篇文章后，发表了一篇题为《不能仅把自然看作人类的工具》的文章。梁先生指出，“对自然的价值判断，是人类在脱离了单纯把自然看作生存依托之后，才有可能产生的高级理性思考”；何院士在这里提出的“尖锐的理论问题”，无非是国际上早已熟知的，

① 何祚庥先生指出，“这几年来，‘天人合一’的说法甚为盛行，有人把‘天人合一’解释为人和自然相处和谐。对这样与词语原意不甚相符的解释我并不反对，但是我认为，人类要看到天与人之间不完全是和谐的一面，还有不和谐的一面”；“在这里，我要尖锐地提出一个理论问题：我们在处理人和自然的关系时，奉行的应该是以人为本，还是以环境为本，以生态为本？这是个深刻的哲学问题。我认为，应该是以人为本。我绝不反对保护环境和保护生态，但需要弄清楚一个观念，保护环境和生态的目的是为了人。有些时候我们需要‘破坏’一下环境、生态，改变一下环境和生态，但也是为了人”；“我要严厉批评一个口号，即所谓‘人要敬畏大自然’——一种对人和自然的关系无所作为的观点。我认为，该防御要防御，该制止就制止。我们要尽可能减少自然灾害给人类带来的损失，但并不意味着要敬，要畏”；人要敬畏大自然“这个观点实际上将人与自然的关系伦理化了。这个由某位副教授在中央大报上发表的文章中提出的口号，实际上是批评科学主义，认为人类不该利用科学来有所作为，反映到人和自然的关系，就是敬与畏，不要老想去改造自然。这就在实际上走向了‘反科学’”。何祚庥. 人类无须敬畏大自然. 环球，2005 (1).

并受到愈来愈多批判的人类中心主义或人类中心论”①。接着，《新京报》《南方都市报》《科学时报》《科技日报》《青年时报》《经济时报》等报纸围绕“人类要不要敬畏大自然”，相继发表了一系列有关争论文章。②

笔者认为，保护自然既是环境资源法的基本理念，也是环境资源法的基本任务和内容。在环境资源法中，保护自然不仅是抽象的、带有价值倾向的思想、精神、意识和理念，而且是具体的、实实在在的行为、活动和科学技术。“保护环境”作为人的一种理念，首先是一个带有价值倾向的意识问题，而完全相同的普遍价值只存在于理想状态中，所以不同的人对环境保护以什么为本或以什么为主、是否应该尊重或敬畏自然存在不同看法是十分正常的现象；但是，无论是人的意识还是人的价值观总是与现实存在不同程度的联系，要使理念为更多的人接受并指导其行动，最好能在事实与价值、是与应当之间架起沟通的桥梁。

从“天人合一”“天人相通”的中国传统文化看，在不同的语境或场景下，自然和人或天地和人都是“本”，都很重要，即都很“大”；非要将天与人或自然与人排出绝对僵化、一成不变的顺序或座次既不能服众，也没有必要。中国古代思想家既有主张“以天为本”者，即认为“万物本乎天”（《礼记·郊特牲》，“为天下主者，天也”《春秋谷梁传·宣公》；也有主张“以人

① 梁从诫（1932—2010年），曾任全国政协委员、全国政协常委，全国政协人口、资源、环境委员会委员，是民间环保组织“自然之友”（中国文化书院·绿色文化分院）创办人、会长。梁先生认为，“我想任何人都不会否认，人是自然的产物，大自然是人类的母亲”；“对自然的价值判断，是人类在脱离了单纯把自然看作生存依托之后，才有可能产生的高级理性思考”；“人类，特别是我们中国人，早就赋予了大自然以远超于工具以上的价值，中国古代无数的哲学、文艺作品都以歌颂自然的美和从中所感悟的伦理原则为主题。老子的《道德经》中‘人法地，地法天，天法道，道法自然’讲的就是这个道理。在中国古代文人眼里，自然不仅是美的，而且是有‘德’的。仅仅把自然看作人类的‘工具’，历来不是中国哲学的传统。这次争论的核心，即对于人类来说，大自然是否具有超越工具以上的价值这个问题，其实是两种世界观、价值观之间的根本性分歧”；“在这个大本大源的问题上，我们与何院士的分歧不是通过争辩就可以达成一致的”。梁从诫．不能仅把自然看作人类的工具．环境教育，2005（1）；新京报，2005－01－25.

② 方舟子．“人类是否必须敬畏大自然”之争述评（2005年2月28日在中国科协两科联盟“破迷反伪”论坛第11次研讨会上的发言）．（2005－03－01）．http：//club.kdnet.net/dispbbs.asp？id＝346347&boardid＝1&read＝1.

为本”者[①]，即“惟人万物之灵”（《尚书·泰誓》），“民惟邦本，本固邦宁”（《尚书·五子之歌》），“夫霸王之所始也，以人为本”（《管子》），“天生万物唯人为贵”（刘向《说苑·杂言》）；还有主张天地人均为本者，即“道大，天大，地大，人亦大。域中有四大，而人居其一焉”（老子《道德经》第25章），“天地人，万物之本也。天生之，地养之，人成之。天生之以孝悌，地养之以衣食，人成之以礼乐。三者相为手足，合以成体，不可一无也”（董仲舒《春秋繁露·立元神》）。

中国传统道德以自然或天为价值本原，天不仅是宇宙万物存在的本体，也是自然界和人类社会运作的伦理本体。中国古代思想家通过兼顾以自然为本和以人为本而形成的“天人合一”“天人相通”观，发现了人与自然、价值与事实之间的联系，从形而上的实在高度确证了形而下的道德原则或道德生活的当然与必然，体现了“天人合德”的根本宗旨。社会的道德原则、人的价值、个体的德行等都具有本原于天、复归于天并且可以还原为天的价值。天成为一切价值的内在根据，是衡量一切价值是否真正具有价值以及有多大价值的绝对标准，它是价值的价值，因而也是绝对的、超越的终极价值。中国古代贤人主张人生的理想是天、人的协调与和谐，将对自然的态度与对人的伦理结合在一起，“天”“地”“人”三才之说提高了天人同构的基础。正如英国学者唐通所指出的那样：“中国的传统是很不同的。它不奋力征服自然，也不研究通过分析理解自然，目的在于与自然订立协议，实现并维持和谐……中国的传统是整体论的和人文主义的，不允许科学同伦理学和美学分离，理性不应与善和美分离。”[②] 例如，儒家将“礼”看成是“政之本”，认为“礼”是与天地万物有着本质的内在联系的，“礼”起源于对天地、四时、阴阳、人性的效法和模仿之中，天地、自然构成了“礼”的模

① 例如，《尚书·五子之歌》明确记载：“民惟邦本，本固邦宁。”管仲认为，“夫霸王之所始也，以人为本。本理则国固，本乱则国危”（《管子》）。荀子认为，“水火有气而无生，草木有生而无知，禽兽有知而无义，人有气有生有知亦且有义，故最为天下贵也”（《荀子·王制》）。汉代董仲舒认为，人“超然万物之上而最为天下贵”（《春秋繁露·天地阴阳》）。汉代王充指出，“倮虫三百，人为之长，天地之性，人为贵，贵其识知也”（《论衡·别通》）；“人，物也，万物之中有知慧者也”（《辨祟》）。汉·刘向《说苑·杂言》：“天生万物唯人为贵，吾既已得为人，是一乐也”（刘向《说苑·杂言》）。唐朝罗隐认为，“万物之中，唯人为贵”（罗隐著《两同书》）。

② 葛荣晋主编．道家与现代文明．北京：中国人民大学出版社，1991：257.

本，“礼”是与天地、四时、阴阳具有同构关系的宇宙存在。《礼记·礼运》曰：“圣人作则，必以天地为本，以阴阳为端，以四时为柄，以日星为纪，月以为量，神鬼以为徒，五行以为质，礼仪以为器，人情以为田，四灵以为畜。”《礼记·丧服四至》曰：“凡礼之大体，体天地，法四时，则阴阳，顺人情，故谓之礼。”《吕氏春秋·贵生》卷二指出：“人与天地也同，万物之形虽异，其情一体也。故古人之治身与天下者，必法天地也。”《荀子·礼论》有这样一段话：“礼有三本：天地者，生之本也；先祖者，类之本也；君师者，治之本也。无天地恶生，无先祖恶出，无君师恶治。三者偏亡，焉无安人。故礼，上事天，下事地，尊祖而隆君师，是礼之三本也。”上述几段话告诉我们，“礼本于天地”，即“礼”的本源是“天地”。这里的“本”是“根据”“本原”的意思。这里的“天地”是一切生命之本，是万物的承载者，正如《礼记·中庸》所说：今夫天，斯昭昭之多，及其无穷也，日月星辰系焉，万物覆焉。今夫地，一撮土之多，及其广厚，载华岳而不重，振河海而不泄，万物载焉。也如孔子所说：“天何言哉？四时行焉，百物生焉。”“天”是万物得以覆载的所在，就是“四时行、百物生”的大自然。具体到环境保护领域，如果将保护环境的具体法律、政策、措施、制度和技术规范视为“礼”，中国古代思想家通过将兼顾以自然为本和以人为本而形成的“天人合一”“天人相通”观作为一种理念和价值观，则发现并阐明了人与自然、价值与事实之间的联系，从而在事实与价值、是与应当之间架起了沟通的桥梁。

在肯定保护自然或保护环境的大前提下，我们应该承认“以人为本”与“以自然为根”或“以人为本”与“以自然为本”都是我国环境保护和生态文明建设的指导思想的有机组成部分，保护自然与保护人不是截然分开的、相互隔绝的、互相对立的、水火不相容的两回事，而是环境保护事业中相互依赖、联系、共容共存的两个方面。国家主席习近平强调指出：“环境就是民生，青山就是美丽，蓝天也是幸福。要像保护眼睛一样保护生态环境，像对待生命一样对待生态环境”①；“人与自然共生共存，伤害

① 习近平2015年3月6日参加全国人大三次会议和全国政协十二届三次会议江西代表团审议时的讲话．人民日报，2015-03-9（13）．

自然最终将伤及人类”[①]。只有牢固树立保护自然与保护相统一的观念，从灵魂深处不将保护自然与保护人割裂开来、对立起来，才能真正坚持保护自然的理念。

树立保护自然与保护人相统一的观念，要求我们在“五位一体”（经济建设、政治建设、文化建设、社会建设、生态文明建设）的建设中，将保护与发展、环境与经济统一起来。人的需求是多方面的，基本环境需求是一个方面，优美舒适的环境是另一个方面；基本生存发展是一个方面，生活富裕美满是另一个方面。人类的基本需求与舒适富裕的需求之间是有矛盾和冲突的。我们既要维护环境保护的底线和基本环境需求，又要争取舒适富裕的高级需求；正确处理两者之间矛盾的办法就是将保护与发展、环境与经济统一起来。中共中央、国务院印发的《生态文明体制改革总体方案》（2015 年 9 月）强调，“树立发展和保护相统一的理念，坚持发展是硬道理的战略思想，发展必须是绿色发展、循环发展、低碳发展，平衡好发展和保护的关系，按照主体功能定位控制开发强度，调整空间结构，给子孙后代留下天蓝、地绿、水净的美好家园，实现发展与保护的内在统一、相互促进”。按照工业文明或传统的发展和保护观，发展主要指开发利用消耗自然资源的经济发展即 GDP 增长，保护主要指保护自然的原貌或原状；显然，这种发展和保护是存在矛盾的。按照生态文明观，发展是指建立在环境承载力基础上的发展，是指顺应自然规律的科学发展，是指可持续发展、协调发展、绿色发展、循环发展和低碳发展；保护是指顺应自然规律的科学保护、合理保护，是指按照主体功能定位对自然资源的合理利用、可持续利用，是给子孙后代留下可持续发展的物质基础和天蓝、地绿、水净的可持续发展空间。显然，这种环境与经济、环保与发展是两者统一的、被兼顾的。习近平在引用王夫之关于“理者，物之固然，事之所以然也”的观点后，进一步指出，“发展理念是发展行动的先导，是管全局、管根本、管方向、管长远的东西，是发展思路、发展方向、发展着力点的集中体现”[②]。这深刻揭示了体现环保与

① 习近平. 共同构建人类命运共同体——在联合国日内瓦总部的演讲（2017 年 1 月 18 日，日内瓦）. 人民日报海外版，2017-01-20（2）.

② 习近平. 关于《中共中央关于制定国民经济和社会发展第十三个五年规划的建议》的说明.（2015-11-03）. http://news.xinhuanet.com/ttgg/2015-11/03/c_1117029621_2.htm.

发展相统一的发展理念的重要性。我国生态文明建设和生态文明法治建设的一项重要经验和成果，是提出了协调发展、和谐发展、绿色发展和可持续发展的科学发展观，从发展观上体现了、实现了发展与保护的内在统一。例如，《中国共产党第十八届中央委员会第五次全体会议公报》（2015 年 10 月 29 日通过）和《中共中央关于制定国民经济和社会发展第十三个五年规划的建议》（2015 年 10 月 29 日通过）都强调，必须牢固树立“创新、协调、绿色、开放、共享的发展理念”。绿色发展理念说明，生态文明视野下的发展与保护存在着内在的统一关系，发展是硬道理，保护也是硬道理，生态文明追求发展与保护的统一和协调，主张发展与保护的相互补充、促进和双赢。

第三节　人与自然和谐的理念

人与自然和谐是人类追求的理想秩序。追求和维护人与自然和谐，不仅是最能代表环境正义的基本观念，也是集中体现环境资源法的目的和任务、性质和特点的核心理念，还是环境资源法学具有特色和富于激情的主导精神。它的内涵非常丰富，包括人与自然和谐共生、人与自然和谐相处、人与自然和谐发展、人与自然和谐共荣等内容，是人类现实利益与理性智慧、科学态度与道德精神相结合的产物，是法学理论、环境学理论与环境资源法治建设实践共同发展的结晶。环境资源法学的其他理念，如“尊重自然、顺应自然、保护自然”环境正义、环境秩序、环境安全、环境公平、环境效率等理念，都与“人与自然和谐共处”理念相关。中共十九大报告提出，“坚持人与自然和谐共生”，“我们要建设的现代化是人与自然和谐共生的现代化”，“我们要牢固树立社会主义生态文明观，推动形成人与自然和谐发展现代化建设新格局，为保护生态环境作出我们这代人的努力”①。“人与自然和谐共处”理念在环境资源法学研究和环境资源法制建设中具有重要的理论意义和实践作用。

---

① 习近平．决胜全面建成小康社会　夺取新时代中国特色社会主义伟大胜利——在中国共产党第十九次全国代表大会上的报告（2017 年 10 月 18 日）．人民日报，2017－10－28.

一、人与自然和谐是人类追求的理想秩序

1. 秩序是法的目的性价值

良好的秩序是经济社会文化可持续发展的基础，正义意味着建立良好的秩序，环境正义意味着建立良好的环境秩序。法律就是秩序，有好的法律才有好的秩序，任何时代的法律都以秩序价值的维护为根本目标。“秩序是法的直接追求，其他价值是以秩序价值为基础的法的企望；没有秩序价值的存在，就没有法的其他价值。”[①] 秩序是法的目的性价值，与自由及安全、平等等法价值一道是保障秩序价值实现的工具。

一般认为，秩序包括社会秩序、自然秩序、生态秩序、环境秩序等各种秩序。英语中的“Law”具有规则和法则的意思，法则这一观念起源于秩序，规则就是秩序。美国自然法学哲学的代表人物、费城学院法学教授詹姆士·威尔逊（James Wilson，1742—1798 年）坚信，“秩序、比例与和谐遍及宇宙”[②]。“秩序，按中国的传统解释，秩，常也；秩序，常度也。秩序也作秩叙，犹言次序，指人或事物所在的位置，含有整齐守规则之意。按现代解释，乃人和事物存在和运转中具有一定一致性、连续性和确定性的结构、过程和模式等。”[③] “秩序是指自然界和人类社会运动、发展和变化的规律性现象。某种程度的一致性、连续性和稳定性是它的基本特征。”[④] 尽管人们对秩序有不同的定义，但作为无序和混乱的对应词，秩序意味着不同事物之间状态的相对稳定性、关系的相对连续性、秩序的相对有序性、发展变化的一定规律性。秩序是人类生存发展的基础和条件，每个人都生活在社会秩序和自然秩序中。追求适宜的秩序是人类的本性要求，“我们社会中的大多数成年者，一般都倾向于安全的、有序的、可预见的、合法的、有组织的世界；这种世界是他所能依赖的，而且在他所倾向的这种世界里出乎意料的、

---

① 卓泽渊. 法的价值论. 北京：法律出版社，1999：185.

② James Wilson，Works，ed. J. D. Andrews（Chicago，1896），I，49；E. 博登海默. 法理学：法律哲学与法律方法. 邓正来，译. 北京：中国政法大学出版社，1999：57.

③ 卓泽渊主编. 法理学. 北京：法律出版社，1998：106.

④ 章若龙，李积桓主编. 新编法理学. 武汉：华中师范大学出版社，1990：206－207.

难以控制的、混乱的以及诸如此类的危险事情都不会发生”①。

传统的人文社会科学认为，社会秩序是指人与人的关系状态，它包括政治秩序、经济秩序、治安秩序、城乡秩序等，其中法律秩序是一种重要的社会秩序。古希腊的法律思想家海希奥德（Hesiod）认为，法律乃是建立在公平基础上的一种和平秩序，它迫使人们戒除暴力，并把争议提交给仲裁者裁断。② 在法哲学家眼里，“秩序”是在理解法律制度的形式结构和实质性目的时相对于“正义”的另一个概念，正义要求法律提供真正的秩序与和平，法律的本质决定了法律必然具有秩序价值，法律是秩序与正义的综合体。值得注意的是，传统的法学理论理认为法律所追求的是社会秩序，而将自然秩序以及人与自然之间的秩序（简称环境秩序）排除在外。我国《法学词典》和《中国大百科全书（法学）》大体相近地认为，“法律秩序是由法确立和保护的人与人相互之间有条不紊的状态”③。根据传统法学观点，法律秩序仅仅是社会秩序的一部分，法律秩序是被法律所规范、维护、保护的社会秩序，是法定化、特定化了的社会秩序，是由法所确认和保护的人们相互间互动的有条不紊的状态和结果。法律秩序包括法律所确认和保护的经济秩序、政治秩序、文化秩序、行政管理秩序和其他社会公共秩序，但不包括人与自然之间的秩序即环境秩序。④

环境正义或生态正义主张的秩序是人与人的和谐、人与自然的和谐，有些法律仅仅主张人与人和谐的社会秩序，而环境资源法却将建设人与自然的和谐共处、和谐发展的环境秩序作为其特点。环境秩序表示人与自然或人与其环境的关系和状态，良好的环境秩序的最低标准是保障人和动植物等环境要素的安全，而实现人与自然和谐则是法律追求的理想秩序；也可以认为，对人与自然和谐的起码要求是环境安全，包括人和环境资源的安全，对人与自然和谐的最高要求是舒适。

从秩序理念的发展历程看，自然秩序和社会秩序的历史相当悠久，而环

① E. 博登海默. 法理学：法律哲学与法律方法. 邓正来，译. 北京：中国政法大学出版社，1999.

② 同①4.

③ 法学词典. 上海：上海辞书出版社，1984，2 版增订版：621.

④ 卓泽渊主编. 法律价值. 重庆：重庆大学出版社，1994：115.

境秩序和生态秩序的理念则相当滞后，它们基本上是 20 世纪 60 年代以后的产物。人与自然的秩序表示人与自然的关系状态，从历史上看，它大体经历了三个阶段。第一个阶段是以自然中心主义和自然崇拜为特征的秩序。在这个时期，特别是在蒙昧时代，科学技术不发达，生产力较低，几乎世界各民族都存在着一种自然崇拜的观念，例如中国的天神、地神、山神、雷神、河神和神水、神湖、神山、神木等；表现在人文知识和法律上，在西方主要有自然法的理论。据考察，古希腊哲学是源于人类早期对自然的依附性。柏拉图和亚里士多德这两位被称为西方哲学奠基人的希腊思想家虽然对使社会秩序稳定并营造社会存在机制有不同的解决办法和方法论，但他们都寻求自然之中的“真理”保障；虽然世界充满差异、混乱、多样性和无秩序，但两人都断言隐藏在世界背后的是自然秩序；并且认为一旦发现这个秩序的基本原理，就可以找到人类社会的秩序。① 斯多葛学派认为，理性是指看不见的内在规律，因此决定着世界的进程。理性和法律通过自然而起作用。人必须使他的行为符合“自然”法的秩序。② 第二个阶段是以人类中心主义和工业文明为特征的秩序。在这个时期，特别是近代文艺复兴和资产阶级工业革命以后，随着科学技术和生产力的不断发展，人类开发、利用自然或“战天斗地”的能力不断提高，逐渐形成了以人类中心主义为代表的工业文明思想和现代精神。人类总是认为其认识、控制、改造自然的能力是无穷无限的，而将自然视为可以任意处理的对象、工具、客体甚至奴隶。基于人类中心主义和工业文明的某些西方法学理论，通常将法律理念片面理解为脱离大自然或与自然无关的人的主观意识、纯粹理性和先验观念，诸如“主客二分”、人的主观意志至上等理念，这些往往从人类中心主义、人类沙文主义出发而忽视大自然的存在、生命和价值。第三个阶段是以人与自然和谐和生态文明为特征的秩序。在这个时期，特别是进入 20 世纪 60 年代以后，随着环境学、生态学的传播和环保运动、生态运动的兴起，环境秩序和生态秩序的观念开始得到提倡和传播。在中国，早在 1984 年，著名生态学家马世骏就提出了“社会—经济—自然复合生态系统”的理论，并进而提出了由效率、公平与

---

① 韦恩·莫里森. 法理学：从古希腊到后现代. 李桂林，李清伟，侯健，郑云瑞，译. 武汉：武汉大学出版社，2003：29. 原书由英国卡文迪出版有限公司于 1997 年出版。

② 同①53-54.

可持续三者组成复合生态系统的生态序，认为高的生态序是实现可持续发展的充分而必要的条件，也是生态规划的主要目标。1997 年，北京大学叶文虎教授等提出将“三种生产论”（指物资生产、人口生产和环境生产）作为可持续发展和环境管理的基本理论，认为产生环境问题的根本原因是物资生产、人口生产和环境生产的相互矛盾与冲突，环境管理的终极目标和任务是使“三种生产”能够协调、和谐地运行；这“三种生产”的关系呈环状结构，任何一种生产不畅都会危及世界系统的持续和发展；人和环境这个系统的畅通程度取决于这三种生产之间的和谐程度。简言之，人与自然、人与非人生命体之间也像人与人之间一样形成某种相互联系、相互影响的秩序状态，人与自然、人与非人生命体只有处于和谐共处状态和秩序时，人类社会才能得到可持续发展。随着生态文明建设在中国的兴起，追求人与自然和谐开始成为环境保护和生态文明建设的目标，诚如习近平所指出的，“我们要解决好工业文明带来的矛盾，以人与自然和谐相处为目标，实现世界的可持续发展和人的全面发展”[①]。

2. 和谐是理想的秩序

和谐包括人与人的和谐、物与物的和谐、人与自然的和谐。和谐是人类追求的理想秩序，人与自然和谐是环境资源法追求的理想的环境秩序。

对“和谐（harmony）”这个词，《辞源》的解释是协调[②]，《现代汉语词典》的解释是分配得适当和匀称。[③] 从哲学看，和谐是一个事物内部不同成分或不同事物之间的差异的统一，是事物存在和发展的一种有序状态，是矛盾统一性的一种表现形式，它反映矛盾统一体在其发展过程中对立面的统一性、完整性、一致性以及对立面冲突的有限性、平衡性和合乎规律性。当我们谈到人与人或人与自然之间的和谐时，不是指人与人或人与自然之间没有斗争、矛盾和相互关系的调整，而是指将两者之间的矛盾或冲突限制、调整在双方可以承受的适当范畴内，将两者的冲突和利益损失尽量降低、最少化，将两者的收益尽量增大、最大化。世界的哲学和宗教中有很多追求“和

① 习近平．携手构建合作共赢新伙伴 同心打造人类命运共同体——在第七十届联合国大会一般性辩论时的讲话（2015 年 9 月 28 日，纽约）．人民日报，2015－09－29（2）．

② 辞源（修订本）．北京：商务印书馆，1988：273．

③ 中国社会科学院语言研究所词典编辑室．现代汉语词典．北京：商务印书馆，1996：510．

谐”的思想，例如印度哲学和佛教中的“众生平等”观具有和谐的指向，古希腊柏拉图的《理想国》也提到和谐。[①] 和谐论是毕达哥拉斯学派最基本的观点，古希腊数学家、哲学家毕达哥拉斯（Pythagoras，约公元前580年—约公元前500或490年）认为，“整个天就是一个和谐”“友谊是一种和谐的平等”“美是和谐”。统治宇宙中天体运动的和谐，像音乐和谐一样，其根源在于秩序。毕达哥拉斯经常到各地演讲，他对议事厅的权贵们说，“一定要公正。不公正，就破坏了秩序，破坏了和谐，这是最大的恶”。英国诗人、文学批评家德莱顿颂到：“从和谐的氛围中，从天堂般的和谐氛围中，这一世界的图景开始了：从和谐到和谐，它踏着每一个音符，走完了通向人类的美满历程。”[②] 从某种意义上可以认为，美的真谛就是和谐，对和谐之美的追求是人类的本能。正如卡尔·贝克尔所说：“人类的心灵中永远跳动着渴求普遍和谐的愿望。”[③]

值得指出的是，中华传统文化从来追求人与自然的和谐，追求天人合一，信奉众生平等，关注生命的安全。老子强调道法自然，孔子主张“君子和而不同”，孟子认为“天时不如地利，地利不如人和”。在中国传统文化中，“和谐”可以说是一种“道”，也可以说是一种“术”；它既可以表现为“法”，也可以形成为“势”；奉和谐之道，行和谐之术，立和谐之法，造和谐之势，则政无不通，人无不和，国无不泰，民无不安。

和谐是人类的一种理想秩序，包括人与人的和谐和人与自然的和谐两个方面。前国家环境保护总局副局长潘岳认为：“体现人与自然和谐的环境公平，与体现人与人和谐的社会公平，从来像今天这样紧密相连。”[④] 所谓和谐社会就是指人与人和谐相处、人与自然和谐相处的社会。马克思主义的创始人把“人类整个进步”及“我们这个世纪面临的大变更”，即他心目中所追求的人与人的关系和人与自然的关系的主要内容，理解为“人类同自然的

---

① 张乃根．西方法哲学史纲．北京：中国政法大学出版社，1997：12.

② 摘自《德莱顿诗全集》(1798年英文版，POETICAL WORKS of John Dryden)。约翰·德莱顿(John Dryden，1631—1700年)，是英国诗人、剧作家、文学评论家，英国戏剧史上戏剧评论的鼻祖人物。

③ 卡尔·贝克尔．18世纪哲学家的圣城．纽黑文：耶鲁大学出版社，1932：63；大卫·雷·格里芬编．后现代精神．王成兵，译．北京：中央编译出版社，1998：214.

④ 潘岳．环境保护与社会公平．中国环境报，2004-10-29.

和解以及人类本身的和解”①，即人与自然的和谐及人与人的和谐这两个方面。2005 年 9 月 6 日，胡锦涛在会见第 22 届世界法律大会的部分代表的讲话中指出：“人与人的和睦相处，人与自然的和谐相处，国家与国家的和平共处，都需要法治加以规范和维护。”②

二、人与自然和谐体现了环境资源法的指导思想

人与自然和谐包括人与自然的和谐共生、和谐相处、和谐发展与和谐共荣等丰富的内容，集中而充分地体现了生态文明观、可持续发展观与科学发展观等环境资源法的指导思想。

1. 人与自然和谐体现了“以人为本，以自然为根，以人与自然和谐为魂”的生态文明观

“以人为本”要求将环境资源法治建设中的人视为生态人和生态公民。根据人类生态学理论，人是处于人类生态系统中的“生态人”，是在人类生态系统中占据一定位置的现实中的人、具体的人，同时与自然和人发生关系的人。“生态人”模式的前提或假定是，人既有自然性又有社会性，从自身与其他人的关系和自身与自然（环境资源）的关系中求发展、求利益（包括经济、社会和生态利益）、求幸福是人的不朽动力，只有和谐的人与人的关系和人与自然的关系才是人类生态系统即人类社会可持续发展的基本保障；只有充分认识这一根本动力，个人才会为社会、经济和环境的共同繁荣和可持续发展作出最大的贡献。环境资源法要求按照“生态人”的法律人模式重视人、关注人，通过法律规范人的行为、实现并保障人的利益和需求、促进人的全面发展。

生态文明中的“以自然为根”，建立在“生态环境是人类生存和发展的基本条件，是经济、社会发展的基础”③，“良好生态环境是人和社会持续发展的根本基础”之上。如果人类赖以生存和发展的基础遭到污染和破坏，人的全面发展、人类的生存发展和经济社会的可持续发展就成了无源之水、无

---

① 恩格斯．政治经济学批判大纲//马克思恩格斯全集：第 1 卷．北京：人民出版社，1956：603.

② 第 22 届世界法律大会隆重开幕 胡锦涛会见大会代表并作重要讲话．人民法院报，2005－09－06.

③ 引自《全国生态环境建设规划》（1999 年 1 月国务院常务会议讨论通过）。

本之木。“以自然为根”要求把包括人和其他非人生命体在内的生命和自然生态系统视为人类生态共同体，在法治建设中坚持“热爱自然、保护环境、珍惜资源、尊重生命”，坚持环境正义和生态公平（包括人与人之间的区际公平、代际公平和人与自然之间的种际公平）；通过法律调节使人类的需求不超越地球生态系统的承载能力，通过维护生态可持续性保障人的全面发展和经济社会的可持续性。

强调以人与自然和谐，充分说明了它在生态文明和环境资源法治建设中的地位和作用。诚如古希腊罗马时期斯多葛学派的创始人芝诺所说的：“人生的目的就在于与自然和谐相处。”① “如果想获得幸福，一个人与他的环境之间就需要一种和谐的调整。”② 根据环境学理论，人与自然和谐是人们追求的理想的环境秩序。人与自然、人与非人生命体之间也像人与人之间一样形成某种相互联系、相互影响的秩序状态，人与自然、人与非人生命体只有处于和谐共处状态和秩序时，人与自然才能双赢、人类社会才能得到可持续发展。目前“人与自然和谐观”已经广泛见之于党和国家领导人的讲话和国家的政策法律文件之中，例如江泽民在庆祝中国共产党成立 80 周年大会上的重要讲话中要求，“要促进人和自然的协调与和谐……正确处理经济发展同人口、资源、环境的关系……努力开创生产发展、生活富裕和生态良好的文明发展道路”③。李瑞环明确地指出：“在人口、资源、环境之间矛盾日益突出的情况下，必须调整发展的模式，寻求人与自然的和谐。”④ 前任国家环境保护总局局长的解振华强调：“环境保护的目的之一是在全社会树立人与自然和谐相处的生态文明观，这是建设我国先进文化的具体行动之一”；“环境保护工作必须立足于世界环境保护的前沿，突出反映‘人与自然协调与和谐’的理念……要按照人与自然和谐的理念反思和转变消费方式”⑤。他还指出：“促进人和自然的协调发展与和谐、开创文明发展道路是先进生产力发展的迫切需要……人和自然的协调与和谐能为人创造更大的发展空

① 王诺．欧美生态文学．北京：北京大学出版社，2003：25.

② 艾温·辛格．我们的迷惘．郜元宝，译．桂林：广西师范大学出版社，2002：108.

③ 江泽民在庆祝中国共产党成立八十周年大会上的讲话．（2001-07-01）．http：//www.china.com.cn/zhuanti2005/txt/2001-07/01/content_5042177.htm.

④ 李瑞环．关于我国绿化的几个问题（1999 年 6 月 25 日）．环境工作通讯，1999（8）．

⑤ 解振华．以“三个代表”重要思想指导新世纪环境保护工作．环境工作通讯，2001（11）．

间……人与自然和谐了，生态系统保持在良性循环水平，生产的发展才能获得永续的空间……人和自然的协调和和谐是生产力水平的重要标志……使人们在优美的生态环境中工作和生活符合最广大人民的根本利益。”[①]

2. 人与自然和谐是可持续发展观的基本内容

1987 年，联合国环境与发展委员会在《我们共同的未来》的著名报告中，提出了“可持续发展”的概念，并通过 1992 年巴西联合国环境与发展大会等活动使之被广泛认可。一些生态哲学家认为，可持续发展是经济持续性、生态持续性和社会持续性三者统一的，即“人—社会—自然”系统的和谐发展。目前可持续发展有 100 多种定义，人们从社会、政治、经济、自然、生态、科学等不同角度定义可持续发展，但实际上所有定义都没有离开如何处理和调整人与自然的关系。

可持续发展作为国家发展战略，包括发展原则、和谐原则和公正原则等原则，其中一项重要内容就是强调人与自然的和谐相处。《我们共同的未来》在其第二章“走向可持续发展”的结论中指出：“从广义上来说，可持续发展战略旨在促进人类之间以及人类与自然之间的和谐。”[②] 当代可持续发展战略追求的“人类之间以及人类与自然之间的和谐”，从某种维度上看有些类似于马克思追求的共产主义社会的和谐，即马克思所说的“这种共产主义，作为完成了的自然主义，等于人道主义，而作为完成了的人道主义，等于自然主义，它是人和自然界之间、人和人之间的矛盾的真正解决”[③]，马克思所指的“社会是人同自然界的完成了的本质的统一，是自然界的真正复活，是人的实现了的自然主义和自然界的实现了的人道主义”[④]中的社会，实际上就是指“人类之间以及人类与自然之间的和谐”的可持续发展社会。

---

① 解振华．努力开创人与自然相协调的文明发展道路．环境工作通讯，2001-12-15．

② 世界环境与发展委员会．我们共同的未来．王之佳，柯金良，等译．长春：吉林人民出版社，1997：80．

③ 马克思恩格斯全集：第 42 卷．北京：人民出版社，1979：120；马克思．1844 年经济学—哲学手稿．北京：人民出版社，2014：78．

④ 马克思恩格斯全集：第 42 卷．北京：人民出版社，1979：122；马克思．1844 年经济学哲学手稿．北京：人民出版社，2014：79．

江泽民在全球环境基金第二届成员国大会上的讲话指出："走可持续发展的道路，促进人与自然的和谐，这是人类总结历史得出的深刻结论和正确选择。"[①] 胡锦涛同志在中央人口资源环境工作座谈会上的讲话指出，"可持续发展，就是要促进人与自然的和谐，实现经济发展和人口、资源、环境相协调，坚持走生产发展、生活富裕、生态良好的文明发展道路，保证一代接一代地永续发展。"[②] 前国家环境保护总局局长的解振华强调："人与自然协调、和谐，是更高层次和更高境界上的协调，全面体现了可持续发展的思想。"[③] 前国家环境保护总局副局长的潘岳认为："以人为本的可持续发展观，已要求我们将人与自然关系的和谐作为人与人、人与社会关系和谐的基础，作为执政党与全社会关系和谐的基础。"[④]

中国科学院可持续发展战略组组长、中国科学院中美环境与可持续发展研究中心主任（中方）牛文元教授一直将综合协调人与自然的关系和人与人的关系作为可持续发展理论的核心问题，他认为："'只有当人类向自然的索取，能够同人类向自然的回馈相平衡时；只有当人类为当代的努力，能够同人类为后代的努力相平衡时；只有当人类为本地区发展的努力，能够同为其他地区共建共享的努力相平衡时'，全球的可持续发展才能真正实现"；可持续发展"是对'人与自然关系'、'人与人关系'两大正确认识的完整综合。它始终贯彻着'人与自然的平衡、人与人的和谐'这两大主线，并由此出发，去进一步探寻'人类活动的理性规则，人与自然的协同进化，发展轨迹的时空耦合，人类需求的自控能力，社会约束的自律程度，以及人类活动的整体效益准则和普遍认同的道德规范'等，通过平衡、自制、优化、协调，最终达到人与自然之间的协同以及人与人之间的公正"[⑤]。

为了迎接 2002 年在约翰内斯堡举行的联合国可持续发展世界首脑会议，

---

① 江泽民在全球环境基金第二届成员国大会上的讲话：采取积极行动，共创美好家园. 中国环境报，2002-10-17.

② 胡锦涛. 在中央人口资源环境工作座谈会上的讲话（2004 年 3 月 10 日）. 中国环境报，2004-04-06.

③ 解振华. 努力开创人与自然相协调的文明发展道路. 环境工作通讯，2001-12-15.

④ 陈谦，康韧，原二军. 潘岳在"保持共产党员先进性"党课上强调："三个代表"重要思想与科学发展观成为我们工作的指导思想. 中国环境报，2005-03-01.

⑤ 牛文元. 可持续发展战略——21 世纪中国的必然选择//陈复等主编. 中国人口资源环境与可持续发展战略研究：第一卷. 北京：中国环境科学出版社，2000：123-124.

根据联合国第55届大会的要求，中国政府回顾和总结了1992—2001年中国实施可持续发展战略的进展，在2002年8月发表了《中华人民共和国可持续发展国家报告》。该报告强调，中国将以人为本，以人与自然和谐为主线，以发展经济为核心，以提高人民群众生活质量为根本出发点，以科技和体制创新为突破口，不断提高综合国力和竞争力，全面推进经济、社会与人口、资源、环境的持续协调发展。

综上所述可知，“人与自然和谐”是可持续发展观的基本内容，“可持续发展战略的思想核心在于正确规范人与自然之间、人与人之间的两大基本关系”①，我们在实施可持续发展战略时，应该关注和有效协调人与自然的关系，切实保障可持续发展的物质基础即环境资源，在实现经济、社会和环境的可持续发展过程中实现人与人、人与自然的和谐相处、和谐发展。

3. 人与自然和谐是科学发展观的重要内容

通过几十年环境资源工作的实践，我国已经形成“人与自然和谐”观，并且“人与自然和谐”已经成为科学发展观的一项重要内容。

中共十七大报告（2007年）指出，“科学发展观，第一要义是发展，核心是以人为本，基本要求是全面协调可持续，根本方法是统筹兼顾”，要统筹“人与自然和谐发展”。在谈到坚持和落实科学发展观时，胡锦涛强调指出：要“统筹人与自然和谐发展”“促进人与自然的和谐”；“要牢固树立人与自然相和谐的观念。自然是包括人类在内的一切生物的摇篮，是人类赖以生存和发展的基本条件。保护自然就是保护人类，建设自然就是造福人类。要倍加爱护和保护自然，尊重自然规律。对自然界不能只讲索取不讲投入、只讲利用不讲建设。发展经济要充分考虑自然的承载能力和承受能力，坚决禁止过度性放牧、掠夺性采矿、毁灭性砍伐等掠夺自然、破坏自然的做法。要研究绿色国民经济核算方法，探索将发展过程中的资源消耗、环境损失和环境效益纳入经济发展水平的评价体系，建立和维护人与自然相对平衡的关系”②。前国家环境保护总局副局长的潘岳认为：“科学发展观的核心是坚持

① 中国可持续发展林业战略研究项目组编．中国可持续发展林业战略研究总论．北京：中国林业出版社，2003：202．

② 胡锦涛．在中央人口资源环境工作座谈会上的讲话（2004年3月10日）．中国环境报，2004-04-06．

可持续发展的理念，统筹人与自然和谐发展，处理好经济建设、人口增长与资源利用、生态环境保护的关系，推动全社会走上生产发展、生活富裕、生态良好的文明发展道路。即是说，人类对自然的索取必须与人类对自然的回报相平衡；当代人发展不能以牺牲后代人的发展为代价；本区域发展不能以牺牲其他区域发展为代价。"[①] 总之，科学发展观是符合社会经济规律和自然生态规律的发展观，是人与自然协调、可持续发展的发展观，科学发展观应该坚持"以人为本，以自然为根，以人为主导，以自然为基础"，应该坚持人与自然的和谐发展。

三、人与自然和谐是环境资源法的主导精神和核心理念

人与自然和谐包括人与自然的和谐共生、和谐相处、和谐发展与和谐双赢等丰富的内涵；它涉及人与自然或人类社会与自然界两个方面，并且人与自然和谐必然影响人与人的和谐与自然物与自然物的和谐。人与自然和谐，不仅是最能代表环境正义的基本观念，也是集中体现环境资源法的目的和任务、性质和特点的核心理念，还是环境资源法学具有特色和富于激情的主导精神。

人与自然和谐理念是人类现实利益与理性智慧、科学态度与道德精神相结合的产物，环境资源法学的其他理念如环境正义、环境秩序、环境安全、环境公平、环境效率等理念，都与人与自然和谐理念相关，上述环境正义等理念中贯穿始终的要求都是实现和维护人与自然的和谐。所谓代内公平就是建立当代人的权利之间的和谐关系，所谓代际公平就是建立当代人的权利与后代人的权利之间的和谐关系，所谓种际公平就是建立人的权利与动物等自然体的和谐关系。从更新和更深的层次看，传统正义和公平观念的基础是作为法律主体的人之间的相互独立、相互比较，只是在主体人的权利义务之间强调平等；而和谐强调一种内在的、深层的一致性，它不仅要求主体人之间互相配合、合作以及利益分配的合理性，还要求主体人与客体自然之间的融洽和合作，因而比传统正义和公平更加深刻。法律应是人类眼前利益和长远利益、实用与理性、科学态度与道德理想的结合，应该同时反映自然生态规

① 潘岳．环境保护与社会公平．中国环境报，2004－10－29．

律、社会经济规律、人与自然相互作用的规律，以及人的利益与其他物种的利益。环境资源法律的任务就是建立人与自然相和谐的秩序，把传统的人与人的对立和人与自然对立的发展机制改造成为人与人、人与自然双重和谐的发展机制；实现环境与经济、人与自然的协调发展。环境资源法在追求人类社会秩序井然的同时，应关注人与自然界之间的有序性，尽人类所能去维护和恢复人与自然界之间的有序性，通过法律协调人与自然的关系，实现社会生产力与自然生产力相和谐、经济再生产与自然再生产相和谐、经济系统与生态系统相和谐、“人化自然”与“未人化自然”相和谐、人与自然相和谐。环境资源法学应该在新的环境道德和环境文化观念的基础上，运用这一基本理念实现对传统法律系统的重构和革命，建立人与人和谐、人与自然和谐的法律秩序。

由于人与自然和谐建立在“以人为本，以自然为根”和“以人为主导，以自然为基础”的思想基础上，故而环境资源法对人与自然和谐的追求，已经使人与自然和谐从环境秩序中脱颖而出，开始形成独立的“人与自然和谐价值”。所谓“人与自然和谐价值”，主要指法律将追求人与自然的和谐作为其目标和价值。它具有环境价值所要求的条件和内涵，与环境资源法的其他价值共同组成法的价值系统。环境资源法学对人与自然和谐价值认识的深化和创新，将促进环境资源法律意识、法律理念、法律概念、法律原则和法律规范法的革新与发展。正如潘岳所强调的，“人与自然的和谐是未来社会价值体系的核心概念。它将超越人类中心主义，促使人类重新审视自我，重新评估历史，重新定义幸福。仅仅发展生产与扩充财富并不等于就是对人类命运的终极关怀。人类现代文明的最高表现是人性的进化，即人与自然的相融。人与自然的和谐必然促进人与人和谐，而人与人的和谐必然促进人与社会的和谐”①。

环境资源法学的“人与自然和谐”这一基本理念不是凭空产生的，而是西方的自然法学理论、东方的天人合一观念与当代环境学、生态学、生态伦理学的综合的产物，是人类现实利益与理性智慧、科学态度与道德精神相结合的产物，是法学理论、法律文化与环境资源法治建设实践共同发展的结

① 潘岳．环境保护与社会公平．中国环境报，2004－10－29．

晶。较早宣示和谐理念的环境资源法律是美国于1969年颁布的《国家环境政策法》，该法在国会的目的和政策宣言中申明：促进人类与环境之间的充分和谐；努力提倡防止或者减少对环境与自然生命物的伤害；充分了解生态系统以及自然资源对国家的重要性；创造和保持人类与自然得以共处与和谐中生存的各种条件，满足当代国民及其子孙对于社会、经济以及其他方面的要求。《世界自然宪章》强调，“人类与大自然和谐相处，才有最好的机会发挥创造力和得到休息与娱乐”。联合国秘书长加利在阐述1994年环境日的主题“一个地球，一个家庭”时认为，“首先我们每个人都是地球这个大家庭的一个成员，我们都有公平分享地球环境资源的权利，也同样都负着保护地球生物资源的责任。同时，人类并不是独立存在于这个星球，这一主题的确立目的就在于促进人类和其他生物的和谐共处，以保护好人类的生态遗产”。

在中国，人与自然和谐是马克思主义关于人与自然关系的思想与环境资源法治建设实践紧密结合的产物，是我国环境资源工作的经验总结和理论成果。建设以生态文明社会为代表的“五型社会”（环境友好型社会、资源节约型社会、循环经济型社会[①]、和谐社会和生态文明社会）的伟大实践，不仅需要而且催生了、丰富了人与自然和谐这一基本理念和主导精神。所谓环境友好社会，就是奉行人与自然和谐相处的行为方式的社会，其核心标志是人采取对环境友好的态度和行为。所谓资源节约型社会，就是奉行人与自然的和谐相处的生产、生活和消费方式的社会，其关键标志是人采取珍惜和爱护自然资源能源的态度和行为。所谓循环经济型社会，就是奉行人与自然和谐发展、绿色发展的经济发展方式和清洁生产的社会，循环经济就是生态经济、绿色经济。所谓和谐社会，就是指人与人和谐相处、人与自然和谐相处的社会，和谐社会是人类社会与自然生态的有机融合即人类生态系统，和谐社会就是奉行生态文明的生态社会。2004年中共十六届四中全会通过的《中共中央关于加强党的执政能力建设的决定》，首次提出了构建社会主义和谐社会的概念，决定将“构建社会主义和谐社会”正式列为中国共产党全面提高执政能力的五大能力之一。2006年10月11日，中国共产党第十六届中央委员会第六次全体会议通过了《中共中央关于构建社会主义和谐社会若干

① 这里的循环经济型社会是循环经济社会、低碳经济社会、生态经济社会、绿色经济社会和环保经济社会的统称，因此在不同场合也称生态经济社会或绿色经济社会等。

重大问题的决定》。该决定指出“社会和谐是中国特色社会主义的本质属性，是国家富强、民族振兴、人民幸福的重要保证”，强调“按照民主法治、公平正义、诚信友爱、充满活力、安定有序、人与自然和谐相处的总要求”来建设和谐社会，强调“加强环境治理保护，促进人与自然相和谐”。胡锦涛在阐明社会主义和谐社会的基本特征时指出，“实现社会和谐，建设美好社会，始终是人类孜孜以求的一个社会理想，也是包括中国共产党在内的马克思主义政党不懈追求的一个社会理想”，“根据马克思主义基本原理和我国社会主义建设的实践经验，根据新世纪新阶段我国经济社会发展的新要求和我国社会出现的新趋势新特点，我们所要建设的社会主义和谐社会，应该是民主法治、公平正义、诚信友爱、充满活力、安定有序、人与自然和谐相处的社会……人与自然和谐相处，就是生产发展，生活富裕，生态良好”[①]。所谓生态文明社会，就是奉行生态文明观、追求人与自然和谐的社会，是人类社会与自然生态有机融合的社会。生态文明是工业文明发展到一定阶段的产物，是实现人与自然和谐发展的必然要求。生态文明建设以可持续发展、人与自然和谐为目标，谋求人与自然和谐发展的价值理念和发展理念。人与自然的和谐相处、和谐发展是生态文明社会的基本特征。正如周生贤所指出的，“人与自然和谐相处是生态文明的本质特征……保护环境就是化解人与自然之间不和谐的因素，改善环境就是不断提升人与自然和谐相处的水平”[②]。2007年10月，胡锦涛在中共十七大报告中提出了“建设生态文明”和“生态文明观念在全社会牢固树立”[③] 的目标。《中共中央国务院关于加快推进生态文明建设的意见》（2015年4月）进一步强调，“动员全党、全社会积极行动、深入持久地推进生态文明建设，加快形成人与自然和谐发展的现代化建设新格局，开创社会主义生态文明新时代”。中共中央、国务院印发的《生态文明体制改革总体方案》（2015年），已经将“以正确处理人与自然关系为核心”“推动形成人与自然和谐发展的现代化建设新格局”，作

① 胡锦涛．在省部级主要领导干部提高构建社会主义和谐社会能力专题研讨班上的讲话．人民日报，2005-06-27.

② 周生贤．紧紧围绕主题主线新要求努力开创环保工作新局面——在2011年全国环境保护工作会议上的讲话．中国环境报，2011-01-20（1）.

③ 胡锦涛．高举中国特色社会主义伟大旗帜，为夺取全面建设小康社会新胜利而奋斗——在中国共产党第十七次全国代表大会上的报告（2007年10月15日）．人民日报，2007-10-25.

为“生态文明体制改革的指导思想”的重要内容。与此同时，中国的环境资源立法也逐渐地纳入了“人与自然和谐”的思想。例如，《风景名胜区条例》（2006 年）第 3 条规定：“风景名胜区总体规划的编制，应当体现人与自然和谐相处、区域协调发展和经济社会全面进步的要求，坚持保护优先、开发服从保护的原则，突出风景名胜资源的自然特性、文化内涵和地方特色。”2014 年修改的《环境保护法》第 4 条明确规定：“国家采取有利于节约和循环利用资源、保护和改善环境、促进人与自然和谐的经济、技术政策和措施，使经济社会发展与环境保护相协调”。综上所述可知，“五型社会”的共同内涵是要求正确处理人与人的关系和人与自然的关系，实现人与人的和谐共处和人与自然的和谐共处。

基于环境资源法学基本理念与整个法学理念的内在关系，将人与自然和谐作为其指导精神和核心理念，不仅提高了环境资源法律部门和环境资源部门法学的品位和质量，也带动和促进了整个法学基本理念的发展和提高。由于环境资源法和生态文明建设对“人与自然和谐价值”的重视与倡导，“和谐价值”开始上升为法的独立的价值、元价值、终极价值和绝对理念，“和谐精神”开始成为法的主导精神、普遍精神、绝对精神、人类精神，“和谐”开始转化为法的共通原则、最高原则、至善原则。我国法理学家张文显教授深有体会地指出，“从理论层面说，以往的法学论著不是没有注意到和谐，但是，都只是把和谐作为秩序的规定性，是秩序的下位概念，强调我们所需要的秩序是一种和谐的秩序，是一种民主的秩序，是一种理性的秩序，而没有把和谐作为独立的价值。今天，我们不仅要把和谐作为一个独立的价值，而且应当把和谐提升到法律价值体系之元价值的高度上来，提升到法的精神之元素（核心要素）层面上来，把和谐作为法的终极价值，作为法的绝对精神”；“法的精神与法的价值息息相关，法的精神代表法的价值基础、核心价值、元价值。法的精神是随着经济社会变迁和公共治理模式变革而演化和转换的。在当代中国，适应物质文明、精神文明、政治文明、生态文明建设以及经济、政治、文化、环境、法律的全球化发展趋势，和谐精神日益成为中国法的主导精神，并统领法的其他精神要素。在此意义上，和谐就是法律价值体系的‘元价值’，是法律制度和法律事件的‘精神元素’”；“和谐精神是道德、宗教、法律的共通原则，也是它们的最高原则，是至善原则。所以，和谐精神是人类的普遍精神，因此也可以说和谐是法的人类精神”[①]。姚建宗教授也认为，“和谐不仅是一种社会理想，也当然地是法律的根本目的，更是法的终极价值。这是一个基本的历史与现实的事实存在，中国外国、东方西方，概莫可寻之例外存在”；“在内涵上，和谐乃是融汇了包括秩序、自由、平等、人权、正义等等在内的综合性的价值元素，也就是这些全部价值元素之所以存在的真正原点与终点”；“和谐不仅是包括中国特色社会主义法在内的现代法律的终极价值、元价值也是法的精神，从而成为现代化法的全部价值和理念的最终的出发点、归属点与决定性的要素。而且也成为全部法律规范和法律制度的构建、完善与实践运作的最终的参照与检验标准。甚至可以说，和谐是人类社会所特有的包括法律制度在内的全部社会制度与规范调整机制的终极目的和直接目的，和谐也是包括法律制度在内的全部社会制度与规范调整机制缓和各种社会矛盾、消解各种社会纠纷、平息各种社会冲突的观念基础与理想的参照标准”[②]。

总之，无论从历史、现实与发展看，还是从环境资源部门法学与整个法学看，人与自然和谐作为生态文明的基本理念和主导精神，不仅指导着环境资源法治建设的深入发展、健康发展；而且对我国整体法制建设和整个法学理论的可持续发展均具有重要的理论意义和指导作用。

第四节　自然（生态）价值和“绿水青山就是金山银山”的理念

在环境资源法律、政策和道德中，自然价值、生态价值和环境价值是相对于传统价值的新概念、新思想，生态产品、自然资源资产和自然资本是相对于传统产品、资产和资本的新概念、新思想。严格地说，生态价值、自然价值和环境价值是有区别的，生态价值和环境价值都属于自然价值的范畴，但在环境保护领域则是大同小异甚至混用。自然（生态、环境）价值是生态产品、自然资源资产、自然资本的基础和依据，生态产品、自然资源资产、

① 张文显．和谐精神的导入与中国法治的精神——从依法而治到良法善治．吉林大学社会科学学报，2010（3）．

② 姚建宗．中国特色社会主义法的价值论．辽宁大学学报（哲学社会科学版），2013（2）．

自然资本是自然价值的体现和运用；生态产品、自然资源资产、自然资本将自然资源、生态环境（生态系统）纳入资本范畴进行考察，深化了对人与自然共同体及人与自然之间关系的认识。中共十八大报告采用了“生态价值”的新概念，中共十九大报告采用了“生态产品”的新提法。中共中央、国务院印发的《生态文明体制改革总体方案》（2015 年）强调，“树立自然价值和自然资本的理念，自然生态是有价值的，保护自然就是增值自然价值和自然资本的过程，就是保护和发展生产力，就应得到合理回报和经济补偿”。中共中央、国务院印发的《生态文明体制改革总体方案》（2015 年）强调，“树立绿水青山就是金山银山的理念”“树立自然价值和自然资本的理念”。《中共中央国务院关于加快推进生态文明建设的意见》（2015 年）指出，“良好生态环境是最公平的公共产品，是最普惠的民生福祉”。自然（生态、环境）价值和“绿水青山就是金山银山”的理念，就是承认和重视自然（生态、环境）的价值，承认和重视大自然所生产和提供的生态产品和自然资源资产（又称“环境财产”）；就是承认自然资源和环境生态是制约和决定经济社会可持续发展的物质基础、财富源泉和生产力；就是倡导并积极进行生态产品生产和自然资本投资。倡导并积极进行生态产品生产和自然资本投资，就是保护环境资源，就是增值生态价值、环境财产和自然资本的过程，就是保护和发展生产力。

一、自然价值和自然资本的理念

1. 自然价值和生态价值

从理论层次上说，“价值”及其价值观可以分为两类。一是基于工业文明而形成的“价值”及其价值观，也称传统价值观、主流价值观、工业文明价值观，其特点是将价值看作主体即人所需要的东西，或者客体具有的满足人的需要或对人有意义的属性。① 二是基于后现代社会或后现代思想而形成的扩展的

① 作为传统价值观的“价值”主要有三种含义：一是作为政治经济学概念的“价值”，特指劳动产品和商品的内在社会本质特征即“商品中凝固的相对劳动量”，它是商品交换价值的基础，其货币形式就是价格；二是作为其他社会科学学科的概念的“价值”，其特定含义是指“有用”或功利效用，特指某个客体对某个主体所具有的意义，其特点是对“价值”作狭义的理解和使用；三是哲学所说的“价值”，这是对功利、道德、审美以及政治、法律、历史、社会活动、宗教和科学技术等具体价值的共性的最高概括和抽象，成为“一般价值”，泛指在主体认识和改造客体的实践中客体对于主体的某种意义。

"价值"和扩展的价值观，其特点是将价值主体扩展到非人的自然物（包括生态系统以及人与自然形成的共同体），将价值视为自然物（包括生态系统以及人与自然形成的共同体）所需要的东西或对其他自然物有意义的属性。

从上述两大类"价值"及其价值观出发，自然（生态）价值及其价值观也可以分为两类。一是基于工业文明而形成的自然（生态）价值及其价值观，其特点是将自然（生态）价值看作是主体即人所需要的自然资源或环境，或者是自然资源或环境具有的满足人的需要或对人有意义的属性和功能。按照工业文明社会中传统经济学的观点，只有人工劳动产品才具有价值，产品因其人工劳动而具有价值并成为财产；自然物（包括自然资源、生态系统）不是人工或人的劳动产物，它具有使用价值，但不具有价值即劳动价值，因而自然物（包括自然资源、生态系统）不属于产品的范畴（充其量只能称为公共物品），不是具有价值的产品和财产，更不是作为财产的资本。但是，由于自然物（包括自然资源、生态系统）对人有用、有意义特别是有经济意义，人的生产活动、科研活动和日常生活需要自然物（包括自然资源、生态系统）作为生产资料、生活资料、科研对象或审美对象，因而它具有"资源价值"（或经济价值）和"环境价值"。二是基于生态文明而形成的自然（生态）价值及其价值观，其特点是将自然（生态）价值视为自然物（包括生态系统以及人与自然形成的共同体）所需要的东西或对其他自然物有意义的属性和功能。按照这种扩展的价值和价值观，自然物（包括自然资源、生态系统）除了对人有"资源价值"（或经济价值）和"环境价值"等工具性价值外，还具有固有价值、内在价值和系统价值。所谓自然（生态）的工具性价值，是指将自然（生态）作为人实现其一目的的手段或工具，如将自然（生态）作为人的生产生活资料或生存环境，传统价值观所理解的依赖于人类主观性而产生的价值都属于工具性价值的一部分。所谓自然（生态）的固有价值，是指那些不是人类赋予的，而是客观地存在于自然之中的，甚至在人类产生之前就已经存在的，能够使自然物产生差异、进行演化的属性和功能。所谓自然（生态）的内在价值，是指那些在自然（生态）自身中存在而无须依赖人的主观需要的、有意义的属性和功能，世上万物各得其所，各有其生存发展规律，各种物种都是平等的。所谓自然（生态）的系统价值，是指大自然和生态系统所具有的创造有机个体生命、维护生命多样性、自动进行物质循环和能量流动等运动的属性和功能；此时自然物（包括生态系统以及人与自然形成的共同体）是价值的生产者，但不是价值的所有者和观赏者。概括起来，这种基于生态文明而形成的自然（生态）价值及其价值观，主要包括以下三个方面的含义。(1) 人类需要自然物（包括自然资源、生态系统），自然物对人有用、有意义特别是有经济意义，自然物具有"资源价值"（或经济价值）和"环境价值"。(2) 地球上任何自然物（包括自然资源、生态系统）个体，其生存发展和生存竞争首先是在实现自身的需要或自身的利益，同时也构成或创造其他自然物、生命个体和物种的生存条件，因而任何自然物（包括自然资源、生态系统）个体，对其他自然物、生命个体和物种的生存都具有积极的意义（即价值）；也就是说任何自然物（包括自然资源、生态系统）个体都对其他自然物个体具有价值。(3) 地球上的任何一个自然物（包括自然资源、生态系统）个体，都是人与自然共同体的一个组成部分，它对于整个大自然、整个地球、整个人类生态系统的稳定、健康和平衡发挥着作用，即具有价值。

当代生态（环境）经济学和生态（环境）伦理学最突出的贡献之一，是对自然（生态）价值及自然资源资产、生态产品[①]的承认和发掘，即认为自然资源和生态系统具有价值（包括像传统人工产品那样的使用价值、不同于人工产品的生态系统服务价值和内在价值等各种价值），并将具有生态服务功能和环境生态效益的自然资源和生态系统视为生态产品。据 1997 年 5 月 20 日《科学时报》(Science Times) 和 1997 年英国《自然》杂志第 387 期所发表的论文《世界生态系统服务和自然资本的价值》等资料，地球平均每年向人类无偿提供的各种服务总价值高达 33 万亿美元，超过全球各国年国民生产总值 18 万亿美元之和。这一研究成果是美国马里兰大学罗伯特·科斯坦萨（R. Costanza）教授领导的一个科研小组经过 15 年的努力算出的。该研究小组将地球资源简化成 16 个生态资源系统，包括海洋、森林、河流和沼泽等。这些系统可为人类提供 17 大类能产生经济效益的服务项目，包括

① 《全国主体功能区规划》（国务院 2010 年 12 月 21 日印发）认为，"人类需求既包括对农产品、工业品和服务产品的需求，也包括对清新空气、清洁水源、宜人气候等生态产品的需求。从需求角度，这些自然要素在某种意义上也具有产品的性质。保护和扩大自然界提供生态产品能力的过程也是创造价值的过程，保护生态环境、提供生态产品的活动也是发展"。

为农业生产供水、为生产提供适合的气候、为文化事业提供素材以及分解生活和工业垃圾等（尚未考虑山岭、城市绿地等对人类的贡献）。[①] 同时《科学时报》指出，对这一估价显然存在着不同的看法，一些生态学家还认为，环境是“无价”的，即认为环境价值之高是无法估计的。根据美国一位环保专家的计算，一棵树按 50 年寿命计算，释放出的氧气价值为 3.125 万美元；防止空气污染价值为 6.25 万美元；防止水土流失、土地沙化及增加土壤肥力产生的价值为 6.875 万美元；为牲畜遮风蔽雨，为鸟类筑巢栖息，促进生物多样性产生的价值为 3.125 万美元；创造的生物蛋白为 0.25 万美元。以上加起来约 20 万美元，还不包括美化环境、调节气候、开花结果产生的价值。印度加尔各答农业大学的一位教授，对一棵树算了两笔不同的账：一棵正常生长 50 年的树，按市场上的木材价值（即传统的产品价值）计算，那么最多值 300 多美元，但是如果按照它的生态效益来计算，其价值就远不止这些了。据粗略测算，一棵生长 50 年的树，每年可以生产出价值 31 250 美元的氧气和价值2 500 美元的蛋白质，同时可以减轻大气污染（价值 62 500 美元），涵养水源（价值 31 250 美元），还可以为鸟类及其他动物提供栖息环境（价值31 250 美元），等等。将这些价值综合在一起，一棵树的价值就不是 300 美元了，而是 20 万美元了。综上所述可知，在生态文明社会，环境要素、自然资源和生态系统是人类生存发展的物质基础，是人类共同享用的共用物，或者说是大自然生产提供的为公众共同享用的生态产品。例如，我国第一个《全国主体功能区规划》（国务院 2010 年 12 月 21 日印发）隆重推出的“生态产品”就是指作为公众共用物的环境自然资源和生态系统及其环境生态功能。该规划认为，“生态产品指维系生态安全、保障生态调节功能、提供良好人居环境的自然要素，包括清新的空气、清洁的水源和宜人的气候等”；“人类需求既包括对农产品、工业品和服务产品的需求，也包括对清新空气、清洁水源、宜人气候等生态产品的需求。从需求角度，这些自然要素在

---

① 据张坤民教授的文章《中国环境与可持续发展》（载于陈复等主编．中国人口资源环境与可持续发展战略研究：第一卷．北京：中国环境科学出版社，2000：319.），据英国《自然》杂志 1997 年 5 月报道，科学家于 20 世纪 90 年代后期对全球自然资本不完全估算的价值（不包括不可再生燃料与矿物，也未包括大气层本身的价值），其范围从 10 多万亿美元到 58 多万亿美元，平均值为 36 万亿美元。而 1998 年全球产品资本（人造资本）的价值是 39 万亿美元。

某种意义上也具有产品的性质。保护和扩大自然界提供生态产品能力的过程也是创造价值的过程，保护生态环境、提供生态产品的活动也是发展”。这里的生态产品，显然不是完全由人力生产制造的产品，而是指由环境自然资源生态所提供的产品，即生态产品就是指“清新的空气、清洁的水源和宜人的气候等”自然要素，“清新的空气、清洁的水源和宜人的气候等”自然要素就是生态产品；这种生态产品不是具有排他性、私人独占性或专用性的“人工产品”或“商品”（如工业产品），而是一种可以为公众非排他性享用的公众共用物。

对于何谓生态（自然）价值，我国学界一直存在不同看法。由于不同的人有不同的主观意识，因而对理念或价值存在不同看法是十分正常的现象。明确使用“生态价值”概念的中共十八大报告提出，“深化资源性产品价格和税费改革，建立反映市场供求和资源稀缺程度、体现生态价值和代际补偿的资源有偿使用制度和生态补偿制度”①。因此，建立科学的自然（生态）价值理论，其本质并不在于价值观的争论和分歧，而在于如何真正实现人与自然的和谐统一，使这种认知既符合人的利益的价值要求、促进人的全面发展，也可以达到自然价值理论所要求的保护生态环境的目标。习近平高度重视加强生态文化建设，指出在全社会确立起追求人与自然和谐相处的生态价值观，是生态建设得以顺利推进的重要前提。生态文化的核心应该是一种行为准则、一种价值理念。我们衡量生态文化是否在全社会扎根，就是要看这种行为准则和价值理念是否自觉体现在社会生产生活的方方面面。使生态文化成为全社会的共同价值理念，需要我们长期不懈地努力。②

2. 自然资本和生态资本

在工业文明的传统经济模式中，资本主要指人造资本、人力资本和社会资本，资本和资产均属于财产的范围；而自然资源和自然环境不是资产或资本；人力资本是限制和决定经济发展的主要因素。在生态文明的经济模式中，或者在进行宏观经济存量核算时，“资本”泛指一切投入再生产过程的

① 坚定不移沿着中国特色社会主义道路前进为全面建成小康社会而奋斗——胡锦涛同志代表第十七届中央委员会向大会作的报告（2012年11月8日）. 人民法院报，2012-11-18（1-4）.

② 黄浩涛. 生态兴则文明兴 生态衰则文明衰——系统学习习近平总书记十八大前后关于生态文明建设的重要论述. 学习时报，2015-03-30；（2015-03-30）. http://www.xinhuanet.com/politics/2015-03/30/c_127636177.htm.

有形资本、无形资本、金融资本和人力资本，包括人造资本、人力资本、社会资本和自然资本（natural capital，physical capital），自然资本又称生态资本。马克思在《资本论》中曾引用威廉·佩迪的话："劳动是财富之父，土地是财富之母。"其中，土地就是自然资本，劳动就是人力资本。20 世纪 60 年代，国外一些经济学家在生态学理论中的"生态价值"的启发下开始注意到经济发展与生态环境、自然资源的密切关系，以及生态价值与经济价值、社会价值之间的相互转化与推进，认识到生态价值其实也可以被货币化，生态环境也可以成为资本，但它们是一种特殊的资本，需要"生态"或"自然"这一载体，学界将它们称为"生态资本"或"自然资本"。这种资本就实体形态来说，体现为自然的生态资本存量和人为改造过的生态环境，它可以在未来特定的经济活动中给有关经济行为主体带来利润和收益。1993 年，D. W. 皮尔斯在《世界无末日》中明确提出了"生态资本"[①] 概念，他认为应将生态资源纳入经济学研究的范围，不仅要研究人与人之间的经济关系，还需要研究人与自然生态之间的关系，应将经济系统与环境系统作为一个整体进行研究，从更高层次与更广的角度去考察社会经济的运行与发展。

1987 年，布伦特兰德委员会以"可支持的经济增长"理论为中心思想，提出把环境当作资本看待的观点，认为环境和生物圈是一种最基本的资本；在同年发表的布伦特兰报告即《我们共同的未来》就曾用"生态资本"来比喻工业化国家使用环境资源而获得了利益。1993 年英国伦敦大学环境经济学家 D. W. 皮尔斯（Pearce）在他的著作《世界无末日》中提出用自然资本和另外两种资本来估算可持续发展能力的观点。在皮尔斯等人研究的基础上，1994 年世界银行出版了《扩展衡量财富的手段》的研究报告，该报告提出的"扩展的财富"概念包含了"自然资本""生产资本""人力资本""社会资本"四大组要素，并将土地、森林、湿地等作为自然资本的组成部分。1999 年，保罗·霍根（Paul Hawken）、艾默里·拉维思（Amory Lov-

① 生态资本作为资本表现形态，前提是具有资本的一般自然属性，即它具有赢利目的，按照市场的规则运营，不可避免地要受经济规律的支配。同时，它又具有生态的基本属性、遵循生态规律，包括整体增值性、不可替代性、存量与流量特性、非完全资本折旧以及不动逃逸性等特性。生态资本并没有否认传统资本理念，而是建立在资本逻辑起点上，利用资本增值赢利之特性，立足于经济角度认识到生态自然环境不是无价的或低价的或只是一次性消费的资源，而是本身有价可以投资、保存并可不断增值的资本。

ins，又译为埃默里·洛文斯）、亨特·拉维思（L. Hunter Lovins，又译为亨特·洛文斯）在其著作《自然资本论：关于下一次工业革命》[①] 中指出，自然资本可以被看作是支持生命的生态系统的总和，是不仅包括常见的为人类利用的资源——水、矿物、石油、森林、鱼类、土壤、空气等，还包括草原、大平原、沼泽地、港湾、海洋、珊瑚礁、河岸走廊、苔原和雨林在内的生命系统。他们认为，传统的资本理论只关注以劳动和智力、文化和组织形式出现的人力资本（Human Capital），由现金、投资和货币手段构成的金融资本（Financial Capital），以基础设施、机器、工具和工厂为主的加工资本（Manufactured Capital）；而忽略由资源、生命系统和生态系统构成的自然资本（Natural Capital）。传统工业系统的本质是用前三种形式的资本要素将自然资源转化为人们日常生活的需求要素，GDP 衡量的只是所消费的金钱，而不是得到的价值，这样不仅掩盖了自然生态遭受的破坏，还将这种破坏描绘成经济效益。一个健康的经济系统必须将自然资本和其他三种资本有机地融合在一起，协调地发挥四种资本的作用。《自然资本论：关于下一次工业革命》的核心思想是将自然看作一种资本，即承认自然是资本，将自然资本纳入经济系统（也即环境成本内部化），努力保持和增加自然资本，扭转破坏生态的投资取向，表现自然资本真实的价格、成本和价值量，从而为解决环境问题、实现可持续发展提供了一种全新的思路。20 世纪的最后一年，美国总统科技顾问委员会发表了一份报告即《投资科学，认识和利用美国自然成本》，该报告认为除传统意义上的三种资本外，还存在第四种形式的资本——“自然资本”（livingor natural capital），“一个国家的财富由自然资本、经济资本、人力资本、社会资本四个部分组成”，其中自然资本是由自

① 保罗·霍根，艾默里·拉维思，亨特·拉维思．自然资本论：关于下一次工业革命．王乃粒，诸大建，龚义台，译．上海：上海科学普及出版社，2000．原书由 Back Bay Books 出版社 1999 年出版。Paul Hawken、Amory Lovins、L. Hunter Lovins，*Natural Capitalism*：*Creating the Next Industrial Revolution*，Baek Bav BookS，1999．《自然资本论：关于下一次工业革命》，是美国著名的生态经济学家保罗·霍根（Paul Hawken）继《商业生态学（The Ecology of Commerce）》之后的又一力作。《自然资本论：关于下一次工业革命》指出了地球危机之所在，并提出了人类的经济发展与自然资源之间不可分离的关系。本书的几位作者分析了资本主义最大的缺陷，那就是造成人和自然的分离，资本主义没有把自然资本作为资本，只把投资、制造和人力当成资本。与自然资本有关的资源价格都极其低廉，导致自然资本越来越稀缺。新的工业革命则是把自然资本计算到国民经济中去。该书对西方主要产业部门按可持续发展方向进行创新和变革的许多案例做了生动介绍，很值得研究和借鉴。

然资源、生命系统和生物多样性构成的资本，该报告并对其经济价值给出了一些定量评估。《大自然的财富：一场由自然资本引领的商业模式革命》[①]一书提出，自然不仅仅是人类福祉的基础，更是全球各国企业和政府最明智的投资方向；企业、政府及个人通过投资自然，可为商业找寻到新的价值创造方式和突破口，从而推动全球经济的技术进步和创新。《自然资本宣言》[②]指出，"自然资本包含了地球上诸如土壤、空气、水和植被等的自然资产，和人类赖以生存的生态系统。自然为人类提供了每年价值万亿的资本，但和社会、金融资本相比较，并没有被全面认识和评估，而且其被利用的方式也是不可持续的"[③]。《中国 21 世纪议程——中国 21 世纪人口、环境与发展白皮书》提出要"衡量环境作为自然资本的来源以及作为人类活动所产生的副产品的承载体的重大作用"，这说明自然资本及自然资本投资已经成为我国可持续发展中的重要内容。世界自然基金会总干事、中国环境与发展国际合作委员会委员利普认为，2012 年 6 月 21 日在里约热内卢召开的联合国可持续发展大会"强调了'自然资本'的概念，世界越发展就越离不开森林、水和土地等自然资本。中国的'生态文明'概念，与我讲的'自然资本'比较接近"[④]。《自然资本未来新经济上海宣言》（2015 年 2 月 9 日订于上海）指出："自然资本，由自然资源及其产生的生态系统服务所构成。自然生态系统提供的产品和服务支撑着人类的生存和经济发展，并且给商业和社会带来直接及间接的利益，却一直被忽视。自然资本和金融资本是经济发展的两个重要的资本类型。但在传统经济发展模式下，金融资本通过杠杆作用，巨大地扩张能量，使人类欠下自然资本的巨额负债。人类应该认真反思和重塑经

① 马克·特瑟克，乔纳森·亚当斯．大自然的财富：一场由自然资本引领的商业模式革命．王玲，侯玮如，译．北京：中信出版社，2013（1）．

② 《自然资本宣言》（Natural Capital Declaration，NCD）是在 2012 年联合国可持续发展大会（里约+20）上，由全球银行和金融机构牵头，40 余家金融机构的总裁共同签署的金融倡议。自然资本宣言倡议并不具有法律约束力，实现四个承诺以及执行发展路线图完全是自愿的。

③ 生态文明贵阳国际论坛发起投资自然资本倡议．（2015－06－29）．http：//xue163.com/news/221/2215646.html．

④ 赵承，冯坚，廖雷，王莉．在发展中加强环境保护 在保护中促进经济发展——记温家宝总理出席中国环境与发展国际合作委员会成立二十周年主题边会．中国环境报，2012－06－26（1）．

济增长模式，建立有投资价值的自然资本新经济体系。”[①] 生态文明贵阳国际论坛秘书处在2015年年会期间专门发起了“投资自然资本、启动经济增长新动力”的倡议。在广泛征求各方专家意见的基础上，论坛认为保护自然不是成本，而是投资。投资自然资本，不仅可以带来水、土壤、空气、森林、湿地、海洋、草原、生物、矿山等环境生态系统的资源性产出，更可以带来生态旅游、生态农业、生态房地产、新能源、新材料、创意产业、高端生物医疗、新一代信息通讯等产业的派生性产出。论坛倡议提出，投资自然资本可以同时创造GEP（生态系统产出）和GDP（国民生产产出），而这两者正是可持续发展的核心和基础。综上所述可知，自然资本[②]由自然资源、生命系统和生物多样性而构成，包括土地、矿产、大气、水、能源、动物、植物、微生物及其所组成的生态系统和环境及环境生态服务功能；自然资本属于扩展的资本范畴，相对于传统资本而言，自然资本主要指在一定的时空条件下，自然资源及其所处的环境在可预见的未来能够产生的自然资源流和服务流，或者说，自然资本的价值源于生态系统为社会成员提供的生态系统服务功能。自然资本在可持续发展中具有重要作用，无论科学技术如何进步，自然资本提供的功能和服务都无法用其他资本替代。离开了由资源、生态系统和生态系统构成的生态资本，任何一种经济模式将不复存在。[③] 自然资本观既体现了环境这一典型的公共资源特征，又体现了环境的内在经济价值，所以《自然资本宣言》指出，“由于自然资本是全球公共财产的一部分并被广泛地视为免费物品，所以政府部门有必要出台相关政策规范和鼓励私

---

① 方怡.《自然资本未来新经济上海宣言》在沪发起.（2015－02－11）. http：//shcci.eastday.com/c/20150211/u1ai8578672.html.

② 从词义上看，自然资本是“自然”＋“资本”的复合称谓，即在“资本”之前加上了“自然”这个限定词，这意味着自然资本具有自然和资本的双重属性。在这里，“自然”一词是指所有可供人类开发和利用的自然资源和环境，而“资本”属于经济学的范畴，泛指一切投入再生产过程的有形资产、无形资产、金融资产和人力资源等生产要素。自然资本的资本属性是指自然资源与经济学中所指的资本具有相似的性质，即自然资本也可以像常规资本一样产生资源流或服务流，体现资本的增值特性。自然资本具有增值性、不可替代性、存量与流量特性以及非完全资本折旧特性。我们在研究自然资本时，自然资本的资本概念既不能沿用马克思所说的资本概念，也不能适用西方经济学家所说的资本的概念。

③ 保罗·霍根，艾默里·拉维思，亨特·拉维思. 自然资本论：关于下一次工业革命. 王乃粒，诸大建，龚义台，译. 上海：上海科学普及出版社，2000：2－3.

营部门（包括金融部门）对自然资本进行负责任且可持续的使用”[①]。

二、绿水青山就是金山银山的理念

《中共中央国务院关于加快推进生态文明建设的意见》（2015 年 4 月）和中共中央、国务院印发的《生态文明体制改革总体方案》（2015 年 9 月）等党和国家的政策文件都强调“绿水青山就是金山银山”的理念。国家主席习近平指出，“我们既要绿水青山，也要金山银山。宁要绿水青山，不要金山银山，而且绿水青山就是金山银山”[②]。2016 年 3 月 7 日上午，国家主席习近平在参加黑龙江省代表团审议时指出，绿水青山是金山银山，黑龙江的冰天雪地也是金山银山。[③] 这里的“绿水青山”是一种形象的、通俗的说法，它代表空气、原野、水流、海洋、冰天雪地和野生生物等自然资源、环境要素和生态系统；这里的“金山银山”也是一种形象的、通俗的说法，它代表可以用经济价值衡量、金钱计量的财产。

1. 绿水青山是金山银山理念的形成

按照西方法治国家通行的财产观，公众共同享用的空气、水流、原野、野生生物等自然资源、环境要素即“绿水青山”，不属于具有排他性财产权客体的财产。

西方法治国家主流财产观中的财产，在法律上是指人对其拥有排他性所有权的资源，主要是指具有排他性的（包括排他性占有、使用、收益和处分的）、稀缺性的、可交易性的和经济价值的（可用金钱或货币计量的）特定物、人工产品或商品，该财产观认为空气、水流、原野、野生生物等自然资源、环境要素即“绿水青山”，是不能用经济价值衡量、金钱计量的非财产物。例如，英国的《牛津法律大辞典》对“property”这个词条是这样解释的，“严格地讲，这个术语用来指财产所有权，法律规范规定物的所有权转移的情形便是如此。此外，这个术语也被人们更经常地在转换了的意义上使

---

① 生态文明贵阳国际论坛发起投资自然资本倡议.（2015－06－29）. http：//xue163.com/news/221/2215646.html.

② 魏建华，周良. 习近平在哈萨克斯坦纳扎尔巴耶夫大学发表重要演讲.（2013－09－07）. http：//www.gov.cn/ldhd/2013－09/07/content_2483425.htm；杜尚泽，丁伟，黄文帝. 习近平在哈萨克斯坦纳扎尔巴耶夫大学发表重要演讲. 人民日报，2013－09－08（1）。

③ 习近平：冰天雪地也是金山银山. 北京青年报，2016－03－08.

用，这时它是指所有权的客体，即指所有物，例如，在‘财产市场’和‘一件称心如意的财产’这样的词语中，财产这个术语就是指所有权的客体”。布莱克斯通（William Blackstone）将财产定义为对物的绝对的支配，在这个定义中财产的物质属性和对物的绝对支配是必不可少的内容。[①] 法国著名民法学家普兰尼奥尔（Marcel Planiol）认为：法律意义上的财产不是那些对人类有用的物，而是那些可建立所有权的物，海洋和空气乃至阳光为对维持人的生命不可或缺之物，但不是财产，因为它们不能为某个个人、城市或国家的利益被设定所有权。[②] 美国法学家托马斯·C. 格雷（Grey）认为："在以英文为母语的国家中，大多数人，包括大多数专家在他们并不专业的评论中，都认为财产（property）是被人所拥有的物（things）。拥有了财产权，也就拥有了对一些物品的排他性的控制：能够按自己的愿望使用它；出售它；丢弃它；闲置它；或者毁坏它"[③]；"在18世纪末古典自由主义占上风时，私人财产权思想在法律和政治理论家的体系中占有中心地位。从法国大革命产生的民法，到最早的美国宪法，都宣布财产权是人的自然权利之一。古典自由主义的法律和政治的理论家所持有的财产权概念与今天关于物品所有权的观点惊人的一致"[④]。也就是说，财产必须是财产主体拥有占有、支配、排他性使用权的财物，财产必须具备稀缺性和消费或使用的排他性，财产必须与排他性的财产权或物权联系在一起；而产权作为人与人之间围绕财产营运而建立的经济权利关系，内在地具有排他性、有限性、可分解性和可交易性等性质。

但是，目前流行的是扩展了的财产概念。从历史和现实看，人们对财产的观念、对自然资源组成和功能的看法，是不同的和发展变化的。对何谓财产（或"物"）和财产权及其内涵一直存在不同的看法。在西方社会，私人财产权在总体上占主导地位的财产权体系，大体上经过了古代、古典、现代和最近时期等演变阶段。古代罗马法在"物"的基础上设计了以所有权为核

① 肯尼斯·万德威尔德. 十九世纪的新财产：现代财产概念的发展. 王战强，译. 经济社会体制比较，1995（1）：39.

② Voire Marcel Planiol，Traite Elementaire de Droit Civil，Tomo Premier，Librairie Generale de Droit & de Jurisprudence，Paris，1928，p. 707.

③ 托马斯·C. 格雷. 论财产权的解体. 高新军，译. 经济社会体制比较，1994（5）：21.

④ 同③23.

心的财产权体系。自罗马法以来，人们基于财产的主要构成限于有体物的认识，设定了物质化的财产权制度。其中有体物是指有形之动产与不动产，无体物是指以实在之物为对象的财产权利。在 18 世纪末古典自由主义占上风的时候，把物的所有权当作财产权的概念在法律和政治理论家的概念体系中占有中心地位。到 19 世纪，各种新财产的出现推动了现代财产概念的发展。进入 20 世纪以后，随着科学技术和市场经济的发展，各种无形的、抽象化的和非物质化的财产不断涌现，人们对财产的概念有了新的认识。例如，美国法学家霍菲尔德（Wesley H. Hohfeld）在 1913 年和 1917 年发表的两篇文章中，阐述了新财产概念，将财产定义为任何有价值的利益，而财产权可以被笼统地称为利益权。正如一家美国法院所指出的那样："这里用的财产这个词，已包括了一切有价值的权利和利益，因此不论在何种程度上，哪怕是在很小的程度上剥夺一个人的权利和利益，也构成了对他的财产的剥夺。"[①] 针对财产权的新变化，美国法学家托马斯·C. 格雷（Grey）发表了一篇名为《论财产权的解体》[②] 的文章，认为在现在的概念体系中，财产权已不再是关键的范畴，因为财产权的概念已经分解了。格雷强调，"目前设计和操作发达资本主义经济的法律结构的专家们可以根本不用'财产权'这个概念"[③]；"我们已不再拥有包括简单的物品所有权和一般被称作财产权的各种各样的法律权利在内的统一的财产权概念"[④]。他还特别指出，专家们把过去实实在在的统一的所有权概念分解为一种多少有些朦胧的"一束权力"。因此，一件物品可以为一个以上的人所拥有。在这样的情况下，就必然涉及联合所有者的每一方同这一物品有关的特定权利。[⑤] 有人认为，格雷发表的这篇文章与格兰特·吉尔莫发表的《契约的死亡》[⑥] 那篇文章一样，实际上是在宣告财产的死亡。即使在大陆法系，财产也是一个变化的概念，甚至某

---

① 肯尼斯·万德威尔德. 十九世纪的新财产：现代财产概念的发展. 王战强，译. 经济社会体制比较，1995（1）：39-40.

② Grey. The Disintergration of Property，J. Pennock & J. Chapman eds .，Nomos No. 22，1980；托马斯·C. 格雷. 论财产权的解体. 高新军，译. 经济社会体制比较，1994（5）.

③ 托马斯·C. 格雷. 论财产权的解体. 高新军，译. 经济社会体制比较，1994（5）：23.

④⑤ 同③25.

⑥ 格兰特·吉尔莫. 契约的死亡. 北京：中国法制出版社，2005. 该书的核心思想是契约法向侵权法的回归，契约责任逐渐被侵权责任所吞噬。

些相当保守的德国法学家也认为，不仅财产的种类繁多，而且基于人类理性的有限性，今后还可能出现如今人们不可能认识到的新种类的财产，“对财产无法作出某种概括性的定义。对财产规定概括性的法律后果也是无意义的，特别是并不存在维护财产整体性的理由”[①]。

以物或物品的排他性所有权为核心的旧财产概念的扩展、分解和“死亡”，为生态文明维度的新的财产概念即“扩展的财富”的产生和发展开辟了道路。目前，包括环境经济学、生态经济学在内的现代经济学、社会学和环境学、生态学和环境资源法学认为，作为公众共用物的自然资源、环境和生态系统是一种重要的财产类型，可以称为生态产品、自然资产（natural assets，或者自然资源资产 natural resource assets）和自然（生态）资本（natural capital，或者 physical capital，capital nature）。或者说，在环境资源保护领域和生态文明社会实行的是“环境财产”这种“扩展的财富（或财产）”概念。例如，1994 年世界银行出版了《扩展衡量财富的手段》的研究报告，提出用“扩展的财富”指标作为衡量全球或区域发展的新指标，这种“扩展的财富”概念中包含了土地、森林、湿地、水流等作为自然资本的自然资源即“绿水青山”。2006 年习近平说，在实践中对这“两座山”之间关系的认识经过了三个阶段：第一个阶段是用绿水青山去换金山银山，一味索取资源。第二个阶段是既要金山银山，但是也要保住绿水青山。第三个阶段是认识到绿水青山可以源源不断地带来金山银山，绿水青山本身就是金山银山，我们种的常青树就是摇钱树，可以将生态优势变成经济优势，形成一种浑然一体、和谐统一的关系。这一阶段是一种更高的境界，体现了科学发展观的要求，体现了发展循环经济、建设资源节约型和环境友好型社会的理念。以上这三个阶段，是经济增长方式转变的过程，是发展观念不断进步的过程，也是人与自然的关系不断调整、趋向和谐的过程。这“两座山”要作为一种发展理念、一种生态文化，体现到城乡、区域的协调发展中。[②]

2. 绿水青山是金山银山理念的内涵

自 1978 年开启的改革开放的时代，实际上是从“一大二公”、物质匮乏

---

① 梅迪库斯. 德国民法总论. 邵建东，译. 北京：法律出版社，2000：889.

② 黄浩涛. 生态兴则文明兴　生态衰则文明衰——系统学习习近平总书记十八大前后关于生态文明建设的重要论述. 学习时报，2015－03－30.（2015－03－30）. http：//www.xinhuanet.com/politics/2015－03/30/c_127636177.htm.

的计划经济时代向商品经济、市场经济时代的转变。在这个时期，追求经济增长和个人财产成为社会的风气和潮流，包括不少政府官员在内不少人奉行的是“只要金山银山油气，不要绿水青山大气；为了金山银山油气，牺牲绿水青山大气”，他们认为金山银山重于绿水青山，不考虑或者很少考虑环境的承载能力、净化能力，一味开发和索取资源，不惜牺牲绿水青山去争取金山银山，即不惜以牺牲环境资源为代价去换取 GDP 的增长。随着经济的高速发展，开发利用环境资源的强度加大，环境污染、生态破坏和资源紧缺等环境资源问题日益严重，经济发展和资源匮乏、环境恶化之间的矛盾逐渐突出，人们开始意识到“既要金山银山油气，也要绿水青山大气”，环境是我们生存发展的根本，留得青山在、才能有柴烧。在推进防治环境污染、生态破坏和保护环境资源的进程中，人们进一步认识到“绿水青山大气就是金山银山油气”，良好生态环境是最公平的公共产品、是最普惠的民生福祉，保护环境就是保护生产力，节约资源就是增加财富，发展环保产业、增加生态产品就是发展绿色经济，绿水青山大气可以源源不断地带来金山银山油气。随着人们环保意识和绿色经济观的增强，当面对进行“高污染、高耗能、高排放”工业项目等要自毁家园和不可持续发展的经济行为时，或者当经济发展与环境保护发生激烈冲突、有人贬低保护环境生态的价值和意义时，社会和公众就会发出“绿水青山大气重于金山银山油气”“宁要绿水青山大气，不要金山银山油气”的声音。这表现在国家的环境资源法律和政策上，就是坚持“环保（生态）优先”“节约为主”“生态安全第一”。

概括起来，所谓“绿水青山就是金山银山”，就是指诸如“清新空气、清洁水源、美丽山川、肥沃土地、生物多样性”等绿水青山不仅是人类生存必需的生态环境、经济社会发展的物质基础，而且是具有使用价值、可以用经济价值衡量、金钱计量的财产和财物（简称为“环境财产”）。正如习近平总书记所指出的，生态就是资源、生态就是生产力。[①] 同有形的物质一样，美好的环境也被承认是可贵的财富，有限的能源、资源是人类最好的储蓄；如果将生态环境优势转化为生态农业、生态工业、生态旅游等生态经济的优势，那么绿水青山也就变成了金山银山；要正确处理好经济发展同生态环境

---

① 杜尚泽．习近平总书记考察黑龙江 首站到伊春．（2016－05－23）．http：//politics.people.com.cn/n1/2016/0523/c1024－28373127－2.html.

保护的关系，就必须牢固树立保护生态环境就是保护生产力、改善生态环境就是发展生产力的理念，走生态优先、绿色发展之路，使绿水青山产生巨大生态效益、经济效益、社会效益；我们绝不能以牺牲生态环境为代价换取经济的一时发展。[①] 按照传统的劳动产品观，包括绿水青山大气在内的环境要素和自然资源属于大自然提供的非人工产品即自然物，但是“绿水青山就是金山银山”的理念却将它们视为产品。例如，根据《全国主体功能区规划》（国务院 2010 年 12 月 21 日印发）提出的“提供生态产品的理念”，所谓“绿水青山就是金山银山的理念”，就是指“绿水青山”等自然环境资源是人们需要的产品，是具有价值的资产、财产或财富（简称为“环境财产”）。之后，中国政府部门、学界和公众开始将自然资源和环境要素视为“生态产品”，正如习近平所指出的，“人民群众对清新空气、清澈水质、清洁环境等生态产品的需求越来越迫切，生态环境越来越珍贵。我们必须顺应人民群众对良好生态环境的期待，推动形成绿色低碳循环发展的新方式，并从中创造新的增长点”[②]。《中共中央国务院关于加快推进生态文明建设的意见》（2015 年）指出，“良好生态环境是最公平的公共产品，是最普惠的民生福祉”。《中共中央关于制定国民经济和社会发展第十三个五年规划的建议》（2015 年 10 月 29 日通过）和《中华人民共和国国民经济和社会发展第十三个五年规划纲要（2016—2020 年）》（2016 年 3 月 16 日批准）均提出了“为人民提供更多优质生态产品”的要求。2017 年的中共十九大报告也采用了“生态产品”的新提法。

3. 绿水青山就是金山银山理念对环境资源法的意义和作用

“绿水青山就是金山银山”其实就是承认自然（生态）价值，就是确认自然资源资产和自然（生态）资本。“绿水青山就是金山银山”理念对环境资源法的意义和作用，其实就是自然（生态）价值、自然资源资产和自然（生态）资本对环境资源法的意义和作用。

对“绿水青山就是金山银山”、自然（生态）价值、自然资源资产和自

① 于法稳．习近平有关绿色发展系列论述的科学内涵．新三农（微信号：ixsn2014），2016－11－07．

② 陈二厚，董峻，王宇，刘羊旸．为了中华民族永续发展——习近平总书记关心生态文明建设纪实．人民日报，2015－03－10（1）；（2015－03－10）．http：//politics. people. com. cn/n/2015/0310/c1001－26664989－3. html.

然（生态）资本的确认，可以拓宽人们对价值、产品、财产、资本类型的认识，并尝试通过将经济学上所涉及的产品生产过程中产生的正外部性内部化，使得自然（生态）资产和资本的拥有者能获得实实在在的经济利益；还可以在客观上使得生态环境利益得到改善或保持良好的态势，使生态价值和生态效益得以彰显，促使市场主体们改变破坏生态谋取短期私利的经营陈念并拓宽自然（生态）资产和资本投资渠道之观念，最终实现环境保护与经济发展相融合的目标。因此，“绿水青山就是金山银山”理念、自然（生态）价值观和自然（生态）资本观从本质上讲，就是以可持续发展观为思想基础，强调生态环境的生态价值与经济价值的双重重要性以及两种价值之间的相互转化与能动统一，并运用市场机制通过资本良性运作来实现经济与环境的双赢发展的理念。

传统法学所涉及的资本界定仅局限于传统经济学中的物质资本与社会资本，对于生态环境所富含的资产和资本之意义未能给予必要的关注；以应对环境污染和生态破坏为主要任务的环境资源法，主要依靠义务与责任、仁爱与慈悲、控制与命令来规范企业行为、保护生态环境；唯有利益对于刺激企业的环境保护行为具有长效性。随着环境保护事业和自然（生态）价值观的发展，环境资源法学开始意识到，“绿水青山就是金山银山”理念、自然（生态）价值观和自然（生态）资本观作为认识基础对经济生活已初步产生影响与作用，以及它给研究如何恰当协调经济发展与环境保护之间的矛盾的环境资源法学界带来的新的思维与方法。保护生态环境和自然资源就是增值自然（生态）价值和自然（生态）资本的过程，就是保护和发展生产力，就应得到合理回报和经济补偿。正是基于谋求经济与环境的共存共赢之目标，“绿水青山就是金山银山”理念、自然（生态）价值观和自然（生态）资本观与现代环境资源法以可持续发展为指导的思想不谋而合。“绿水青山就是金山银山”理念、自然（生态）价值观和自然（生态）资本观使得环境资源法学界重新审视政府、市场与社会调整这“三只手”，并重新审视法律刚性强制、经济柔性诱导与公众自觉参与这三种方法在环境保护法律制度方面的不同功能和不同作用。目前，中共中央、国务院颁布的《生态文明体制改革总体方案》（2015 年）对构建归属清晰、权责明确、监管有效的自然资源资产产权制度，已经作出明确而具体的规定。中共中央办公厅、国务院办公厅印发的《生态环境损害赔偿制度改革试点方案》（2015 年印发，2018 年 1 月 1 日起废止）和《生态环境损害赔偿制度改革方案》（2017 年）已经将“环境有价，损害担责。体现环境资源生态功能价值，促使赔偿义务人对受损的生态环境进行修复”，规定为加快构建生态环境损害赔偿制度的工作原则。通过设计新的法律规范和制度创新，以“生态人”模式取代“经济人”模式，以“生态整体主义”取代“人类中心主义”，以“共享主义”取代“纯粹利己主义”，以“刚柔并济”的方式规范人的环境行为和自然资源资产资本的运作，通过自然资源资产、自然（生态）价值、自然（生态）资本的良性循环与扩张，在经济生活中因势利导地推动人们自觉保护与合理有效利用生态环境与资源，并使人们从中获益和增值，进而实现经济、社会、生态可持续发展与建设美丽中国的目标。

第五章

中国环境资源法的基本原则

第一节　概述

经过几十年的蓬勃发展，中国环境资源法学最突出的成就之一是形成了一整套环境资源法原则体系，具有中国特色的环境资源法学不仅是阐释“规则、制度—概念、命题”的体系，而且是宣扬“价值—原则”的体系。中国环境资源法对基本原则的重视，体现在几乎所有的环境资源法律和政策文件中，特别是这些基本原则在中国《宪法》、《民法总则》和《环境保护法》等法律中确定下来，便使其具有了普遍的甚至绝对的效力，也构成了中国环境资源法学的支柱或中国环境资源法教义学的基础。

一、环境资源法基本原则的概念和特点

法律原则是指规定或隐含在法律中的指导性价值准则或指导性规范。它是法律价值的载体、法律精神的法律化形式、法律理念的具体化，体现了法律的性质和指导思想，决定着具体法律规则和法律制度的内容。它是连接抽象的法律理念与具体的法律制度之间的桥梁和纽带。在《布莱克法律词典》中，法律原则是指“法律的基础性真理或原理，为其他规则提供基础性或本源的综合性规则或原理，是法律行为、法律程序、法律决定的决定性规则”[①]。

---

① 布莱克法律词典（Black's Law Dictionary）. 西方出版公司，1983：1074.

根据法律原则在法律中的地位和功能，法律原则可以分为基本原则和具体原则，具体原则是基本原则的具体化。法的基本原则体现着法的本质和根本价值，是整个法律活动的指导思想和出发点，是法律体系的神经中枢，决定着法的统一性和稳定性。

中国环境资源法的基本原则，是指通过环境资源法规明确规定或者体现的，反映环境资源法基本理念、价值、特点和目的的，适用于环境资源法治领域的具有普遍性指导作用的准则。它体现环境资源法的指导思想，反映环境资源法的精神并成为环境资源法的灵魂，内在地指导着环境资源法的规则和制度，是保障环境资源法律体系内部和谐统一的基础。概括起来，环境资源法的基本原则具有如下特征。

1. 是由环境资源法规确认的普遍性指导准则

环境资源法的基本原则具有法律确认性。目前我国各部门法（如行政诉讼法、刑事诉讼法等）中的基本原则一般都是指由法律确认的普遍性指导准则。环境资源法规确认基本原则的方式，一是直接规定，二是间接体现。所谓直接规定，是指环境资源法规条文中明确提到某项原则，例如《环境保护法（试行）》（1979 年）第 6 条提到“谁污染谁治理的原则”。所谓间接体现，是指环境资源法规中虽然没有某项原则的文字表述，但通过有关法律条款体现了该原则的精神。例如《环境保护法》（1989 年）中有关环境影响评价的条款，体现了“预防为主”的原则。但是，原则不同于某项具体的法律制度、法律程序和法律措施，它可以用一个法律条文明确表示出来，也可以通过一个或者几个法律条文，甚至一项或几项法律制度体现其意思。

目前，国内外有学者认为，部门法的法律原则是指部门法的基本原理、基本价值甚至法学观念和法学思想，与法律是否确认或体现无关。德国法哲学家拉德布鲁赫认为：“存在一些法律原则，它们比其他的法律规章具有更高的效力，以至于只要哪个法律与它们相悖，那么这个法律就失去其有效性了。”① 这种认识从法学理论研究上看具有一定的意义，但是，由于不同的学者或学派有不同的法学观点和法学思想，因而脱离现实的法律规定或法律

① G. 拉德布鲁赫. 法哲学. 王朴，译. 北京：法律出版社，2005：附录二.

体现的精神、仅从某些学者的法学观点和法学思想出发会酿成法律原则的泛化或任意化，即不同的学者会主张各种各样的法律原则。一般而言，法律中规定或体现的法律原则是经过当时立法机关和主流法学家所公认的原则，必然体现或反映某种法学观念和法学思想；只有将法律原则与法律规定的具体内容或体现的精神联系起来，才能保障法律原则的合法性和权威性，才能真正发挥法律原则的指导作用。

2. 是环境资源法这一新兴的独立的法律部门所特有的原则

环境资源法的基本原则具有部门法的特性。不宜把我国法律的通用原则或我国法治建设中的共同原则当作环境资源法的基本原则。诚然，这些法律通用原则或共同原则，如“实事求是，从实际出发”“民主与集中、领导与群众相结合”的立法原则，“在法律面前人人平等”“以事实为根据、以法律为准绳”的执法原则，也是指导环境立法与执法的一般原则。环境资源法的基本原则应该是体现环境资源法的基本理念、价值、特点和目的的特有原则。例如，有些部门法将其基本原则仅仅局限于国内，但不少环境资源法学者认为，由于环境资源法的共同性和科学技术性等特点，环境资源法基本原则的普遍指导作用不仅适用于国内的环境资源法治建设和环境资源保护工作，而且也适用于国际环境资源法和国际环境资源保护工作，虽然在适用于环境资源法治建设和环境资源工作、国内和国际这两个不同领域时还有相应的不同要求、内容和形式。

3. 是贯穿整个环境资源法体系和环境资源法制建设的、具有普遍指导作用的基本准则

环境资源法基本原则对整个环境资源法治建设具有普遍指导性或者原则性。不宜把环境资源法规中确认的、只适用于某个特定领域或特定对象的个别原则或个别政策都称为环境资源法的基本原则。例如，不宜把有关环境行政执法、环境行政诉讼、环境污染损害民事责任的具体原则作为环境资源法的基本原则。但是，作为具有普遍指导性的基本原则，其贯彻实施需要通过具体的法律条文、法律规范和法院判决加以具体化。环境资源法律实施的过程实质上是进行法律解释和法律推理的过程，无论是环境资源法律解释，还是环境资源法律推理，都不能背离集中体现法律宗旨的法律原则，离开环境资源法律原则的法律解释和法律推理往往造成对环境资源法律精神和宗旨的

曲解。法律原则在司法工作中的作用是：在没有具体法律规定的情况下，可以直接作为司法裁判的准则；在某些特殊情况下，法律原则还是司法人员行使自由裁量权的合理界限。从这个意义上讲，法律原则不仅具有指导性，也具有法律效力；它不仅贯穿于所归属法律的实施的一切活动中，而且是法律诉讼、法律程序和法律裁决的确认规范。

二、环境资源法基本原则的发展概况

1. 国外环境资源法基本原则的发展概况

通过几十年环境资源法的发展，目前各国已经形成一些比较共同的环境资源法原则。例如，德国的环境资源法原则主要有：保护原则（又称预防和保护原则）、防止原则或预防原则、污染者付费原则、合作原则；还有可持续性原则、预防原则或谨慎责任原则（the principle of causal responsibility）。瑞典环保法的指导原则主要有：污染者付费原则；谨慎原则（小心原则，风险防范原则），即对排放到环境的物质，如果有足够的理由证明或怀疑该物质对环境会产生影响，或者企业不能有足够的证据证明其对环境不会造成影响，就要对这种排污行为加以约束和控制；最先进原则，即尽量采用最先进的治理技术防治污染；替换原则，即尽量使用对环境影响小的物品；自然和人的忍受能力原则，即充分考虑环境容量。奥地利环境资源法的原则主要有：预防和保护性开发原则；污染者付费原则；社会责任和民主决策原则，包括环境影响评价中的公众参与；将环境与社会和经济政策所有领域结合在一起的一体化考虑原则。詹斯教授在其所著的《欧盟环境资源法》一书中，根据《欧洲联盟条约》（1992 年）第 130R（2）的规定，将欧盟环境政策和法律的原则归纳为"高水平保护的原则"（the high level of protection principle），"防备原则"（也译为风险防范原则，the precautionary principle），"防止原则"（the prevention principle），"源头原则"（the source principle），"污染者付费原则"（polluter pays principle），"综合原则"（又译为一体化原则，the integration principle）等。[①]

① Prof. Jan H. Jans. *European Environmental Law*. First published in 1995, Published by Kluwer Law International, ISBN 90－411－08777.

2. 中国环境资源法基本原则的发展概况

在我国环境资源法发展的不同阶段，环境资源法基本原则有不同的表现形式和内容。在我国法律中的基本原则或原则，有时以“原则”“方针”等术语明确指出，有时作为立法目的、指导思想的内容显现，有时隐藏或体现在具体的法律条文中而通过法律解释或学者解释概括而成。例如，我国第一部环境保护综合性法规《关于保护和改善环境的若干规定（试行草案）》（1973 年）明确规定，要“贯彻执行‘全面规划，合理布局，综合利用，化害为利，依靠群众，大家动手，保护环境，造福人民’的方针”（简称“32 字方针”），并规定了“预防为主”的方针。上述方针可以分解为全面规划原则、合理布局原则、综合利用原则、化害为利原则、依靠群众原则、预防为主原则、保护环境和造福人民的目的。我国第一部环境保护综合性法律即 1979 年《环境保护法（试行）》第 4 条规定“环境保护工作的方针是：全面规划，合理布局，综合利用，化害为利，依靠群众，大家动手，保护环境，造福人民”的规定，基本上照抄了 1973 年《试行草案》的规定。1989 年颁布的《环境保护法》，没有采用在法律中明确规定基本原则的立法技术，而是通过有关法律条文体现某些法律原则。从 1989 年到 21 世纪初，在国家实施可持续发展战略的大背景下，我国环境资源法逐渐形成了“环境保护与经济、社会发展相协调”原则、“环境资源的开发、利用与保护、改善相结合”原则、“预防为主、防治结合、综合整治”原则、“环境责任”原则等体现可持续发展战略的环境资源法基本原则。

进入 21 世纪以来，我国社会的一个重大变化，是生态文明建设的酝酿和兴起。与此相适应，我国环境资源法开始进入“生态文明建设时期的环境资源法”的新阶段。特别是从 2012 年中共十八大召开以后，我国开始进入生态文明建设的全面发展阶段，在这个阶段制定的一些重要政策法律文件明确提出了一系列指导环境资源法治建设的法律原则。例如，2014 年《环境保护法》规定和体现了“可持续发展”原则（第 1 条）、“节约和循环利用资源”原则或“节约”原则（第 4 条、第 40 条）、“经济社会发展与环境保护相协调”原则（第 4 条）、“保护优先”原则（第 5 条）、“预防为主”原则（第 5 条）、“综合治理”（包括综合防治、综合整治）原则（第 5 条、第 33 条）、“公众参与”原则（第 5 条、第 5 章）、“损害担责”或“环境责任”原则（第5条、第6条、第41条、第43条）、“风险预防”原则（第39条、第47条）、“全面规划”原则（第13条）、“经济激励”原则（第21条、第22条、第31条、第36条）以及“废物减量化、资源化、无害化”原则（第34条、第36条、第38条、第40条）等原则。《中共中央国务院关于加快推进生态文明建设的意见》（2015年4月）规定了“坚持把节约优先、保护优先、自然恢复为主作为基本方针”等五项生态文明建设的原则。中共中央、国务院印发的《生态文明体制改革总体方案》（2015年9月）规定了生态文明体制改革的六项原则。这些原则是对20世纪形成的环境资源法律基本原则的继承、提高和发展，它较原有的环境资源法律基本原则更加彰显了先进的生态文明精神、思想和理念，更加集中地反映了具有中国特色的生态文明法治建设的实践经验。笔者将根据2012年中共十八大报告、2017年中共十九大报告、《中共中央关于全面深化改革若干重大问题的决定》（2013年11月）、《中共中央关于全面推进依法治国若干重大问题的决定》（2014年10月）、2014年《环境保护法》、《中共中央国务院关于推进生态文明建设的意见》（2015年4月）和《生态文明体制改革总体方案》（2015年9月），重点介绍几项环境资源法基本原则。

第二节 《环境保护法》明确规定的环境资源法基本原则

2014年修改的《环境保护法》第5条规定，“环境保护坚持保护优先、预防为主、综合治理、公众参与、损害担责的原则”。上述原则是我国综合性的环境保护法明确确定的四项基本原则。

一、保护优先原则

1. “保护优先”原则的发展概况

在我国，法律上的“保护优先”原则有一个逐步发展、明确的过程。在2014年修订的《环境保护法》颁布之前，曾经有一些政策法律文件提及“保护优先”。例如，国务院公布的《全国生态环境保护纲要》（2000年）提出，坚持生态环境保护与生态环境建设并举，在加大生态环境建设力度的同时，必须坚持“保护优先”的政策。《国务院落实科学发展观加强环境保护的决定》(2005 年) 要求，“在环境容量有限、自然资源供给不足而经济相对发达的地区实行优化开发，坚持环境优先”。《中华人民共和国国民经济和社会发展第十一个五年规划纲要（2006—2010 年）》(2006 年) 将“坚持保护优先”首次纳入了国家五年规划，成为环境工作的指导方针。2006 年颁布的《风景名胜区条例》第 13 条规定了“坚持保护优先、开发服从保护的原则”。2009 年《海岛保护法》第 3 条规定，“国家对海岛实行科学规划、保护优先、合理开发、永续利用的原则”。2010 年修订的《水土保持法》第 3 条规定，“水土保持工作实行预防为主、保护优先、全面规划、综合治理、因地制宜、突出重点、科学管理、注重效益的方针”。《水利部关于加快推进水生态文明建设工作的意见》(2013 年) 提出，“把生态文明理念融入到水资源开发、利用、治理、配置、节约、保护的各方面和水利规划、建设、管理的各环节，坚持节约优先、保护优先和自然恢复为主的方针”。以上文件都规定了保护优先的原则。另外，四川、江苏、北京、贵州等地在地方性法规、政府规章中也规定了“保护优先”原则。2014 年修订的《环境保护法》第 5 条规定了“环境保护坚持保护优先”的原则。之后，党和国家的不少法律法规、政策文件都提到或规定了“保护优先”原则。例如，《中共中央国务院关于加快推进生态文明建设的意见》(2015 年) 提出了“坚持把节约优先、保护优先、自然恢复为主作为基本方针”的要求。从纯逻辑意义上讲，所谓“优先”应该是比较而言即什么比什么优先，“保护优先”应该回答“保护”比什么优先的问题。分析比较上述法律政策文件有关“保护优先”的规定可知，“保护优先”原则虽然总是强调和突出保护的重要性和优先性，这是毫无疑义的；但是，由于“保护优先”在不同的法律政策文件中有不同的比较对象，因而“保护优先”往往有不同的含义，这也是学界和实务部门对“保护优先”原则的内涵有不同理解的一个重要原因。

2.“保护优先”原则的内涵和意义

“保护优先”原则有十分丰富的内容。从利益分析、衡量和比较的角度看，“保护优先”可以理解为环境保护的利益优先，即环境公共利益优先。在包括环境保护在内的一切社会经济活动领域，都存在各种不同的利益，利益衡量的基本方法就是根据利益的价值优越性大小进行利益排位或利益取舍，对价值位阶较高的利益予以优先保护。从社会总体利益或整体价值观出发，一般认为公共利益位阶高于个体利益；由于环境保护属于公益事业、公共利益，因而应该实行“保护优先”原则，将维护环境公共利益置于优先地位。具体而言，对“保护优先”原则的内涵，还可以从如下几个方面进行理解。

(1) 将“保护优先”理解为保护优先于发展。保护与发展或环境保护与经济发展的关系，是当今世界一个争论不休、经久不衰的问题。在我国经济经过 30 多年的持续高速增长、环境资源问题十分严重的大背景下，《中共中央国务院关于加快推进生态文明建设的意见》(2015 年) 在规定“保护优先”方针时，对“保护优先”进行了解释，认为坚持“保护优先”的方针是指“在环境保护与发展中，把保护放在优先位置，在发展中保护、在保护中发展”。笔者认为，这是党和政府在我国经济进行调结构、供给侧改革和将生态文明建设放在突出位置的新时期，对环境保护的准确定位。从这个意义上可以认为，“保护优先”是在生态文明建设中处理环境保护与发展关系的基本原则，是从生态文明角度对 1989 年《环境保护法》规定的“环境保护与经济建设和社会发展相协调”原则的深化。环境保护与发展的关系是当代社会的重要关系，环境保护主要指对环境、资源、生态系统的保护，发展主要指基于开发利用环境、资源、生态系统之上的经济发展。所谓“保护优先”，是指经济发展不能超过环境、资源、生态系统的承载力（包括环境容量和环境自净能力、自然资源的恢复再生能力等）和生态红线，不能以牺牲环境、资源、生态系统为代价，这是处理环境保护与经济发展关系的底线；在从事基于开发利用环境、资源、生态之上的经济发展时，首先要考虑环境、资源、生态系统的承载力，要以水、土、林、草、气、生物多样性的数量和质量定产（确定生产或产业规模），要以环境影响评价的科学结论去指导、制定经济发展规划和上建设项目，这是处理环境保护与经济发展关系的前提。保护优先不是认为环境保护比经济发展重要，更不是说不要发展、阻碍发展和脱离发展，而是将环境保护与经济发展结合起来，在发展中保护、在保护中发展，以发展促保护、以保护促发展，通过保护优先促进科学发展、全面发展、协调发展和可持续发展。

(2) 将“保护优先”理解为环境保护工作必须坚持“保护优先”。分析

《环境保护法》第5条规定的“环境保护坚持保护优先”的原则可知，该法规定的“保护优先”，是指在环境保护工作或环境保护活动中必须突出和彰显环境保护的地位和作用，将环境的保护放在首要和领先的地位。明确规定“环境保护坚持保护优先”原则，不仅具有针对性，而且十分必要。在新法颁布前，我国环境保护领域不同程度地存在“以经济发展优先、以保GDP增长优先”“经济发展是硬道理、以经济发展为中心”的思想，环境保护行政主管部门及其他有关监督管理部门在进行环境保护管理、监督和服务时，有关司法机关在办理环境保护违法案件时，不是坚决贯彻实施环境保护法、依法行政、依法管理、依法办案、有法必依、违法必究、执法必严，而是首先考虑如何处理环境保护与经济发展或其他工作的关系，用大量时间和精力权衡环境利益（或生态效益）与经济利益（或经济效益）、社会利益（或社会效益）的大小、轻重与得失，并且往往在“以经济发展优先、以保GDP增长优先”“经济发展是硬道理、以经济发展为中心”的“大旗”或“大局”下，置环境保护法明确规定的法律规范和法律制度于不顾，自以为是或“理所当然”地进行所谓的“利益衡量”、“灵活执法”、“变通执法”、“执法服从大局”和“下不为例”，从而降低了环保执法力度、使严格的环保法律制度大打折扣。从1978年中共十一届三中全会实行改革开放以来，我国一直坚持“以经济发展为中心”的方针，经济发展在各项工作或事业中一直处于优先地位，包括环境保护在内的政府机关及其工作人员都已牢固树立“以经济发展为中心”的定向思维，以至于在从事本职工作中都自觉或不自觉地“以经济发展为中心”即为经济发展服务或让步。“以经济发展为中心”（“以GDP增长为中心”）的确非常重要，但从实施环境保护法律的角度看，立法机关制定环保法律时已经充分考虑和协调经济发展与环境保护的关系，或者说现行环境保护法已经充分考虑和协调好两者的关系，已经是协调经济发展与环境保护关系的产物；如果在环境保护法律颁布后，仍然要求有关环保管理和执法部门及其工作人员在实施“已经充分考虑和协调经济发展与环境保护关系”的环保法律（特别是具体的法律规范和法律制度）时，再次考虑和协调经济发展与环境保护关系，即要求他们坚持“以经济发展优先、以保GDP增长优先”“经济发展是硬道理、以经济发展为中心”的“大局”或“原则”，这不仅使环保执法者承担其无能力承担的立法者的责任，而且容易降低、减弱、放松甚至取消环保法律明确规定的法律规范、法律制度和法律责任。实践说明，在环境保护领域，在法律已经制定和实施的前提下，如果放弃“环保优先”的原则，要求每一个环保执法部门和执法人员在环保执法时都优先考虑或权衡环境保护与经济发展的关系，都在“以经济发展优先、以保 GDP 增长优先”“经济发展是硬道理、以经济发展为中心”的“大局”或“原则”下执行环保法，环境保护行政主管部门和其他有关监督管理部门很可能走上“为经济增长保驾护航，为招商引资搭桥建路，为企业发展穿针引线”的“非本职工作”的道路，环境保护法很可能成为宣传口号或软法，诸如环境影响评价制度、污染物排放总量控制制度等严格的环境保护制度很可能成为形式主义的摆设或装饰。因此，从上述角度看，“环境保护坚持保护优先”的原则是环境保护工作、环境保护活动和环境保护事业必须坚持的首要原则，是保障环境保护工作或环境保护活动顺利、有效进行的基本原则；环保管理监督执法部门和环保人士重视保护优先原则就是忠于职守、全心全意搞好本职工作，放弃保护优先原则就是放弃环境保护工作，坚持保护优先原则就是坚持环境保护工作。但是，这样理解“环境保护坚持保护优先”原则也有一定的局限性，因为《环境保护法》不是仅对环境保护部门适用的部门法，而是适用于与环保有关的各个部门和各项工作的国家法律。如果仅在环境保护领域坚持“保护优先”原则，而在与环境保护有关的其他部门放弃“保护优先”原则，那么是搞不好环境保护的。另外，从纯语言角度看，说“环境保护坚持保护优先”有同义反复或画蛇添足之嫌，正如“经济发展坚持经济优先”“工业发展坚持工业优先”“文化发展坚持文化优先”一样。因此，在将“保护优先”理解为环境保护工作必须坚持“保护优先”时，要注意防止其他法律和其他非环境保护行政主管部门轻视或放弃“环境保护坚持保护优先”的原则。

（3）将“保护优先”理解为环境保护工作必须坚持“保护优先于开发、利用、改善环境”。在中国环境保护法的语境中，环境保护经常是指“开发、利用、保护、改善环境的总称”，而环境保护中的保护则是相对于开发、利用和改善而言。为了避免“环境保护坚持保护优先”产生“同义反复”嫌疑，有学者从维护现行法律权威的角度对“环境保护坚持保护优先”作出了新的解释：1）在开发、利用、保护、改善环境这四种环境保护工作中，应该坚持保护优先。如果坚持环境开发、利用优先，由于环境资源的开发、利用往往产生环境污染和破坏，这样容易导致轻视和削弱环境保护工作。只有坚持“保护优先”，对开发利用环境资源的活动实施严格的环境保护监督管理，才能真正达到环境保护法保护环境的目的和宗旨。至于改善环境，这是一种高标准、高要求，在目前中国环境污染和生态破坏的严峻局面还没有得到有效控制的背景下，将改善环境放在优先地位是不切实际的幻想，也是难以实施的过高要求。例如，从《风景名胜区条例》（2006 年）有关“坚持保护优先、开发服从保护的原则”看，“保护优先”就是指保护优先于开发、开发服从保护。从《海岛保护法》（2009 年）规定的“国家对海岛实行科学规划、保护优先、合理开发、永续利用的原则”看，“保护优先”也是相对于开发和利用而言。2）“环境保护坚持保护优先”是指对存在环境风险和科学不确定性的开发、利用环境资源活动，应该坚持保护优先。诚如《关于环境与发展的里约宣言》（1992 年）之“原则 15”所强调的，“为了保护环境，各国应按照本国的能力，广泛适用预防措施（the precautionary approach，也译为风险防范措施）。遇有严重或不可逆转损害的威胁时，不得以缺乏科学充分确实证据为理由，延迟采取符合成本效益的措施防止（prevent）环境恶化”。不少开发利用环境资源的活动往往带来或潜藏环境风险，由于这种风险具有科学不确定性，从事开发利用环境资源的单位或组织往往出于经济人的本性而不愿意停止开发利用活动或不愿意采取防范措施。在这种情况下，法律要求面临环境风险的企业，不得以缺乏科学、充分、确实证据为理由，延迟采取符合成本效益的措施以防止环境恶化，而应该实行风险预防原则，即坚持环保优先、采取环境保护措施。

二、预防为主、综合治理的原则

《环境保护法》第 5 条规定的“预防为主、综合治理”原则，也称“预防为主、防治结合、综合治理”原则，这在有些国家的污染防治法律和政策中统称为污染综合防治原则。污染综合防治原则（或政策、方法）是指对污染的整体的、系统的、全过程的、多种环境介质的防治。

1. 预防为主、综合治理原则的发展概况

该原则是国内外防治环境污染和环境破坏的经验教训的科学总结。从国

外看，这种控制方法首先在美国、西欧一些国家采用，然后扩展到其他国家。20世纪50年代以来，世界各国广泛采用的环境保护战略是废物管理和污染控制；西方工业发达国家大都走了一条“先污染后治理”的道路，在对环境问题付出巨大的代价后，才逐步从采取“病重求医、末端治理”的反应性政策、单项治疗性政策转变到采取“预防为主、防治结合、综合防治”的预期性政策、综合性治疗政策。1992年的联合国环境与发展大会确认了可持续发展的战略原则，使预防污染、全面管理、综合防治的环境保护战略和环境管理思想进入一个新的阶段。《气候变化框架公约》将“各缔约方应当采取预防措施，预测、防止或尽量减少引起气候变化的原因，并缓解其不利影响。当存在造成严重或不可逆转的损害的威胁时，不应当以科学上没有完全的确定性为理由推迟采取这类措施，同时考虑到应付气候变化的政策和措施应当讲求成本效益，确保以尽可能最低的费用获得全球效益”规定为公约的一项基本原则。另外，《关于环境与发展的里约宣言》、《联合国海洋法公约》、《世界自然宪章》（1982年）等国际环境条约或国际环境会议通过的重要文件，也有许多有关预防污染、全面管理、综合防治的内容。

在美国，自1969年《美国国家环境政策法》颁布以来，大部分环境法规已有诸如环境影响评价等预防污染的内容。1984年，美国将《固体废物处置法》修改为《资源保护回收法》，宣布从固体废物产生开始，实行“从摇篮到坟墓”的全过程管理和废物减量化的原则。1990年8月的《污染预防法》申明：“国会宣布对污染应该尽可能地实行预防和源削减是美国的国策；对不能预防的污染，应尽可能地以对环境安全的方式使之再循环；对不能预防或再循环的污染，应尽可能地以对环境安全的方式进行处理；处置或以其他方式向环境排放污染，只能作为最后一种方式使用，并且应以对环境安全的方式进行。”上述源削减和污染预防政策，使美国的环境管理理论和环境保护战略进入一个新的发展阶段。差不多与美国同期，其他工业发达国家及团体也出现了类似的动向。例如，经济合作与发展组织理事会在其1991年提出的《关于综合污染防治的建议》中号召成员国采取措施、消除障碍，实行污染综合控制。1996年9月，欧盟理事会通过了《污染综合防治指令》（又译为《一体化的污染防治指令》）。欧共体环境法和环境政策中的“综合污染控制”原则是对防备原则[①]、防止原则[②]、源头原则（又称源削减原则）[③] 等相关原则的概括。

中国早在《关于保护和改善环境的若干规定（试行草案）》（1973 年）就已提到贯彻“预防为主”的方针。在 1982 年 8 月召开的全国工业系统防治污染经验交流会议上，城乡建设环境保护部部长李锡铭已将我国防治工业污染的基本经验总结为三条，即“通过技术改造，最大限度地把‘三废’消除在生产过程之中，是防治工业污染的根本途径；大搞综合利用，实现‘三废’资源化，是防治工业污染的必经之路；结合企业整顿，把环境保护纳入企业经济责任制，加强环境管理，是防治工业污染的重要保证”。全国工业系统防治污染经验交流会议召开之后不久，国务院作出了《关于结合技术改造防治工业污染的几项规定》（1983 年），强调“通过采用先进的技术和设备，提高资源、能源的利用率，把污染物消除在生产过程之中”，并对技术改造方案提出了具体要求。上述防治污染的基本经验和几项规定与美国 1990 年《污染预防法》中的源削减和四条政策申明非常相似。之后，我国多数环境资源法律均有预防污染、综合防治和清洁生产的内容。例如，2002 年制定的《清洁生产促进法》《环境影响评价法》和 2008 年制定的《循环经济促进法》对从源头上预防污染、实行清洁生产作了具体规定，全面体现了预防为主、防治结合、综合治理的原则，标志着我国的污染防治工作已经从末端治理为主进入以源头预防为主、综合治理的阶段。《水土保持法》（1991 年制定，2010 年修改）第 3 条规定：“水土保持工作实行预防为主、保护优

---

① 英文是 the precautionary principle，也译为谨慎原则、风险预防原则。该原则是指，如果对某种活动可能导致对环境有害的后果存在着很大的怀疑（strong suspicion），最好在该后果发生之前不太迟的时候采取行动，而不是等到获得不容置疑地显示因果关系的科学证据之后再采取行动。唐双娥. 环境法风险防范原则研究——法律与科学的对话. 北京：高等教育出版社，2004.

② 英文是 the prevention principle，简言之就是“防止胜于治理”（prevention is better than cure）、防止而不仅仅是治理（prevention rather than just control）。

③ 英文是 the source principle，根据 1990 年美国《污染预防法》第 3 条的规定，“源削减”（source reduction）是从源头上减少污染的简称，是指采取技术、工艺、原材料替换、管理、教育等各种方法，在污染没有产生或形成之前减少污染物的数量和危害。目前各国对上述内容使用不同的概括性术语，有的称“源头原则”或“废物减量化或最少化”，有的将其纳入“清洁生产”的范畴。根据《欧共体第三个环境行动规划》规定，“源头原则”是指“在源头削减污染物排放”（reducing emissions of pollutants at the source），或在源头整治（或矫正）环境破坏（rectification of environmental degradation at source），即必须是优先在源头防止环境破坏，而不是使用末端技术（end-of pipe technology）。

先、全面规划、综合治理、因地制宜、突出重点、科学管理、注重效益的方针。”2014 年修订的《环境保护法》第 5 条规定了“预防为主、综合治理”的原则，并有多个条文提到“综合防治”“综合整治”。《中共中央国务院关于加快推进生态文明建设的意见》（2015 年）要求，“按照以人为本、防治结合、标本兼治、综合施策的原则”，“全面推进污染防治”。《水污染防治法》（1984 年制定，2017 年修改）第 3 条规定，“水污染防治应当坚持预防为主、防治结合、综合治理的原则”。

2. 预防为主、综合防治原则的内涵和意义

“预防为主、防治结合、综合防治”的原则，在有些国家的污染防治法律和政策中统称为污染综合防治原则，是指采取各种防治措施，防止环境问题的产生和恶化，或者把环境污染和破坏控制在能够维持生态平衡、保护人体健康和社会物质财富及保障经济、社会持续发展的限度之内。

（1）该原则是对环境问题特点的深刻认识，是对防治环境问题的基本方法、措施的高度概括。它明确了防治环境问题的基本措施，明确了预防与治理的辩证关系，已经从损害预防（prevention）原则发展到风险预防（precaution）原则，并且实现了损害预防原则和风险预防原则的结合。所谓预防，包括防止（prevention，又称损害预防）和防备（precaution，又称风险预防），是在预测人为活动可能对环境产生或增加不良影响的前提下，事先采取防范措施，防止环境问题的产生或扩大，或把不可能避免的环境污染和环境破坏控制在许可的限度之内。风险预防原则明确了科学不确定性与环境保护实际行动的关系，即当存在对地球造成严重或不可逆转的损害的威胁时，不应当以科学上没有完全的确定性为理由而推迟采取保护地球的措施。所谓治，是指对已经产生的环境问题，运用科学技术和工程办法消除或减少其有害影响。防与治都是保护环境的方法和措施，两者相互联系并在一定条件下可以相互转化。由于防可以避免环境问题的发生或扩大、实现防患于未然，而治是对已经产生的环境问题的治理，仅仅是一种事后补救措施，因而从总体上看、从防与治的功能看，应以预防为主。但是，预防既不能消除和减少已经产生的环境问题，也不能在没有任何经验的条件下防止所有环境问题的产生；对于由于条件的限制而无法认识、预测和防止的环境问题，只能进行治理。因此，在强调以预防为主时，决不能忽视治理，而应该坚持防治

结合。同时，不能把预防为主机械地理解为任何区域和单位都应在预防方面花费较治理方面更多的人力、物力、财力和时间，而应该理解为根据具体情况对防与治实行统筹安排，综合运用各种手段来保护环境，这就是综合治理或综合整治。

（2）该原则体现了环境保护战略和环境管理思想的精华，是建立健全环境管理法律制度体系的指导原则。该原则以预防方法为中心，突出防、兼顾治，重视防治结合，强调综合运用各种手段、措施和对各种防治方法的优化组合，明确了防治环境问题的基本方法和途径，体现了环境保护工作由消极、被动、事后、单一方式治理向积极、主动、事前、多种方式防治的转变，有利于以较少的投资和劳动获得最佳的经济、社会和环境效益。该原则是对传统环境保护方法和环境管理思想的突破，重视发挥环境科学技术、清洁生产和污染源单位的力量和作用，是一种跨部门的、多种环境介质的环境保护和管理战略。根据该原则，应该搞好全面规划和合理布局，综合运用各种环境保护管理的方法和手段，将有关预防、治理、管理污染的各种措施和制度结合起来，将末端控制和源头控制、废物控制和产品控制的措施和制度结合起来，建立健全综合决策、清洁生产、源削减、综合利用、环境影响评价、排污申报登记、污染集中治理、排污收费、排污许可证、排污指标转让等各种环境资源管理法律制度。

（3）"综合治理"的一个新发展是引入了新的"治理"（governance）观。理想的治理机制称为"善治"或"良治"（good governance）。目前治理的对象和范围，已经包括资源的合理利用与开发、环境污染和破坏的防治、生态保护和建设等环境资源生态领域。随着综合治理原则的发展，"综合治理"已经包括综合的整治（treatment）、控制（control）和治理（governance），综合治理正在成为第一种调整机制（行政调整机制）、第二种调整机制（市场调整机制）和第三种调整机制（社会调整机制）的综合。《中共中央关于全面深化改革若干重大问题的决定》（2013 年）强调，"改进社会治理方式""坚持系统治理""坚持依法治理""坚持综合治理""坚持源头治理，标本兼治、重在治本"。中共中央、国务院印发的《生态文明体制改革总体方案》（2015 年）对建设环境治理体系进行了全面的规划和部署：在指导思想和理念方面，要求"树立山水林田湖是一个生命共同体的理念，按照生态系统的整体性、系统性及其内在规律，统筹考虑自然生态各要素、山上山下、地上地下、陆地海洋以及流域上下游，进行整体保护、系统修复、综合治理，增强生态系统循环能力，维护生态平衡”；在生态文明改革目标方面，要求到2020年，构建以改善环境质量为导向，监管统一、执法严明、多方参与的环境治理体系。该方案还就“建立健全环境治理体系”作了专门系统的规定，包括要求“探索开发与治理结合新机制”，按照山水林田湖系统治理的要求，深入推进国土江河综合整治；健全环境信息公开制度，完善公众参与制度，保障人民群众依法有序行使环境监督权，健全举报、听证、舆论监督等制度；完善环境保护管理制度，将分散在各部门的环境保护职责调整到一个部门，逐步实行城乡环境保护工作由一个部门进行统一监管和行政执法的体制，建立权威统一的环境执法体制；完善行政执法和环境司法的衔接机制。在这种“综合治理”原则指导下的环境保护和环境管理是一种系统工程，实行该原则可以规范、诱导、指导国家机关及其工作人员、企业事业单位和全体公民的行为，有利于调动各个方面防治污染的积极性。将治理（governance）引入“综合治理”原则，根据治理的特征建立健全中国的环境资源治理机制，将使中国的环境治理或生态治理法治化，即“更加注重发挥法治在国家治理和社会管理中的重要作用”①。

三、损害者担责的原则

“损害者担责”原则在我国《环境保护法》中简称为“损害担责”原则。该原则是我国环境资源法中环境责任原则的提炼、集中和简化。

1. 包括损害者担责原则在内的环境责任原则的发展概况

从国外看，在相当长的一段时期内，基于污染物排放是生产活动副产品的认识，造成环境问题的人只要没有对具体的人及财产造成直接损害就不承担任何责任。随着环境问题的加剧，各国政府开始对环境保护实行财政援助，并对治理环境污染进行投资。随着政府对环境保护投资的增加，有人开始对这种做法提出质疑和反对。政府投资实际上是全体纳税人投资，为什么由个别不当行为造成的环境问题却由全体社会人员来承担责任。为了解决造

① 引自中共十八大报告，即《坚定不移沿着中国特色社会主义道路前进 为全面建成小康社会而奋斗——胡锦涛同志代表第十七届中央委员会向大会作的报告》（2012年11月8日）。

成环境污染的责任问题，由西方 24 个国家组成的经济合作与发展组织环境委员会于 1972 年首先提出了“污染者付费原则”（Polluter Pays′ Principle）或“污染者负担原则”。由于这项原则有利于实现社会公平和防治环境污染，因而很快得到国际社会的认可，并被一些国家确定为环境保护的一项基本原则。[①] 例如，《关于环境与发展的里约宣言》规定，“各国应制定关于污染和其他环境损害的责任和赔偿受害者的国家法律”；“考虑到污染者原则上应承担污染费用的观点，国家当局应该努力促使内部负担环境费用”。这是对环境责任原则的国际认可。

从中国看，该原则的发展过程颇具中国特色。对污染者的责任问题，《环境保护法（试行）》（1979 年）第 6 条曾规定“谁污染谁治理”的原则。后来的《环境保护法》（1989 年）和其他环保法律，虽然没有直接用上述语言规定该项原则，但仍然体现了该项原则的精神，如 2004 年修订的《固体废物污染环境防治法》第 5 条规定了“污染者依法负责的原则”。对环境质量的责任问题，较早明确提出的观点是 1985 年在洛阳召开的城市环境保护会议，该会强调市长要对城市环境质量负责。对开发者或环境破坏者的责任问题，较早明确提出“谁开发谁保护”原则的是《广东省人民政府关于加强环境保护工作的规定》（1980 年）。《国务院关于进一步加强环境保护工作的决定》（1990 年），规定了“谁开发谁保护，谁破坏谁恢复，谁利用谁补偿”的方针，并要求地方各级人民政府依照《环境保护法》的规定，“切实对本辖区的环境质量负起责任”。《国务院关于环境保护若干问题的决定》（1996 年 8 月 3 日）明确规定：“污染者付费、利用者补偿、开发者保护、破坏者恢复”“地方各级人民政府对本辖区环境质量负责，实行环境质量行政领导负责制”“地方各级人民政府及其主要领导人要依法履行环境保护的职责”。《环境保护法》、《水污染防治法》和《大气污染防治法》等环境法律都对环境保护目标责任制作了原则性规定。另外，有关企业法规有厂长对本厂环境

---

① 例如，《韩国环境政策基本法》（1990 年制定，1993 年修正）第 7 条规定：“对因自己的行为或项目活动而引起环境污染的人的费用负担原则是，让其缴纳防治其污染和恢复已被污染的环境及对受害救济所需要的费用。”《澳大利亚政府间环境协定》（1992 年）的第 3 节规定的责任原则如下：“污染者付费，即产生污染和废物者应该承担控制、避免或减少污染和废物的费用。商品和服务的利用者应该根据所提供的商品和服务的整个生命周期的成本费用付钱，包括自然资源和财产的利用以及废物的最后处置。”

保护工作负责的规定；有关土地承包、企业承包经营的法律或规范性文件，有承包者同时承包有关环境保护工作或任务的规定。随着环境保护事业的发展和可持续发展战略的实施，《清洁生产促进法》（2002 年）和《固体废物污染环境防治法》（2004 年修订）等法律法规相继规定了生产者延伸责任、共同责任、协调责任、社会责任等。2014 年修改的《环境保护法》规定了“损害担责的原则”。《中共中央关于全面深化改革若干重大问题的决定》（2013 年 11 月），《中共中央国务院关于加快推进生态文明建设的意见》（2015 年），中共中央、国务院印发的《生态文明体制改革总体方案》（2015 年）和中共中央办公厅、国务院办公厅印发《党政领导干部生态环境损害责任追究办法（试行）》（2015 年）等政策法规，规定了党政领导干部的环境责任。上述规定，共同形成了环境责任原则。

2. 包括损害者担责原则在内的环境责任原则的内涵和意义

环境责任原则是对开发者保护、利用者补偿、污染者付费、破坏者恢复、主管者负责、损害者担责等原则的概括。环境责任原则中的责任是指广义的环境责任（或广义的环境义务），它包括第一性环境义务（第一性环境责任）和第二性环境义务（第二性环境责任）；狭义的环境责任仅指因不履行或违反第一性环境义务而依法承担的环境法律责任或第二性环境义务。例如，2014 年修改的《环境保护法》总则中第 5 条规定的“损害担责”是指环境法律责任或第二性环境义务；第 6 条规定的“地方各级人民政府应当对本行政区域的环境质量负责”是指第一性环境义务；第 6 条规定的“企业事业单位和其他生产经营者应当防止、减少环境污染和生态破坏，对所造成的损害依法承担责任”，包括第一性环境义务和第二性环境义务。由于一切单位和个人都生活在自然环境之中，其活动都对环境产生影响，因而不论其是否造成环境问题都应履行保护环境的义务（即第一性环境义务）。许多环境法律中规定的环境污染和环境破坏损害赔偿责任是一种环境民事责任，承担该责任的条件是因环境污染而损害了公私财产和人体健康，如果仅仅造成了环境问题（包括环境污染和环境破坏）则不承担环境民事责任。至于其他违法环境责任，如环境行政责任、环境刑事责任，则分别用于违法环境行为和环境犯罪行为。概括起来，环境责任原则的主要内容如下：（1）开发者保护，亦称为谁开发谁保护，是指开发利用环境资源者，不仅有依法开发自然资源的权利，同时还有保护环境资源的义务[①]；（2）利用者补偿，又称为谁利用谁补偿、谁受益谁补偿，是指开发利用环境资源者或受益者，对因开发利用环境资源所造成的环境资源功能降低以及保护环境资源功能者所遭受的经济损失，有按照国家有关规定承担经济补偿的责任[②]；（3）污染者付费，又称为污染者负担，是指污染环境造成的损失及治理污染的费用应当由排污者承担，而不应转嫁给国家和社会[③]；（4）破坏者恢复，又称为谁破坏谁整治，是指因自身开发环境资源而造成环境资源破坏的单位和个人，对该环境资源破坏负有恢复整治的责任（包括破坏者自行恢复，破坏者交纳恢复费，由有关部门代理恢复整治）[④]；（5）主管者负责，又称为谁主管谁承担责任，是指行政区的首长对该行政区的环境质量负责[⑤]，企业、事业单位的法人代表对本单位的环境保护负责，承包人对所承包的生产、建设、经营活动的环境保护负责；（6）其他责任，目前环境责任的范围已经从生产者的直接生产责任扩大到生产之外的延伸责任，从污染者、破坏者、主管者的责任扩大到相关人员的责任、合作责任、协作责任、社会责任，从而形成了公平责任和

① 例如，2014 年修改的《环境保护法》第 30 条规定，“开发利用自然资源，应当合理开发，保护生物多样性，保障生态安全，依法制定有关生态保护和恢复治理方案并予以实施”。

② 例如，2014 年修改的《环境保护法》第 31 条规定，“国家建立、健全生态保护补偿制度。国家加大对生态保护地区的财政转移支付力度。有关地方人民政府应当落实生态保护补偿资金，确保其用于生态保护补偿。国家指导受益地区和生态保护地区人民政府通过协商或者按照市场规则进行生态保护补偿”。

③ 污染者负担（谁污染谁承担责任）与欧盟及其成员国的污染者付费原则相似，目前已经发展成为“污染者依法负责”或“污染者担责”。这是指造成环境污染的单位和个人，必须依法承担治理、修复被其污染破坏的环境资源的责任。责任的内容，包括采取防治措施、对污染源的治理和对被污染了的环境的治理等内容。承担责任的方式，包括污染者直接防治、承担治理费用、依法购买排污权或排污指标以及赔偿损失等方式。目前，“污染者担责的原则”已经成为我国污染防治政策的核心，它确立了污染者缴纳排污费（税）和污染物处理设施费、承担环境污染民事责任等法律责任的制度。例如，《固体废物污染环境防治法》（1995 年制定，2016 年修正）第 5 条明确规定：“国家对固体废物污染环境防治实行污染者依法负责的原则。”

④ 例如，《水土保持法》（1991 年）第 27 条规定：“企业事业单位在建设和生产过程中必须采取水土保持措施，对造成的水土流失负责治理。本单位无力治理的，由水行政主管部门治理，治理费用由造成水土流失的企业事业单位负担。”

⑤ 例如，2008 年 2 月修订的《水污染防治法》规定，“县级以上地方人民政府应当采取防治水污染的对策和措施，对本行政区域的水环境质量负责”；“国家实行水环境保护目标责任制和考核评价制度，将水环境保护目标完成情况作为对地方人民政府及其负责人考核评价的内容”。

共同责任原则。[①]

2014 年修改的《环境保护法》总则中第 5 条规定的“损害担责”即“损害者担责”原则，是对污染者付费或污染者负担原则的继承和提炼，它进一步明确了损害环境者的环境法律责任（或第二性环境责任、第二性环境义务）。在西方法治国家占主流的私益诉讼理论中，损害是与权利、救济、诉讼联系在一起的概念，即所谓的“有权利才有损害、有损害才有救济、有救济才有诉讼”。例如，David N. Cassuto 在其所著《词语的法律：诉讼资格，环境，以及其他有争议的术语》（《哈佛环境法律评论》，2004 年第 28 卷第 1 期）一文中指出，作为法律上的伤害的基础——损害，起源于传统的财产利益。在享有所有权的情况下，才伴随这样一个概念：应当保护一个人的财产免受其他人的损害或侵害。但是，环境是一种公共物品，没有人对环境享有所有权。没有一个所有人，也就没有所谓的损害。因此，环境与传统的损害概念不一致，也与设计用来保护私人财产的法律存在矛盾之处。[②] 但是，中国的法律至今还没有明确规定公民（或自然人、公众）的环境权，如果非要将损害与权利或将环境损害与环境权联系在一起，是很难理解“损害担责”或“损害者担责”原则的。正是在这种背景和话语体系下，对损害者担责原则的内涵形成了如下几个方面的理解。（1）“损害者担责”原则中的损害是指对民法中人身权利和财产权利的直接损害，适用民法中有关人身权利和财产权利损害的一般规定。（2）“损害者担责”原则中的损害是指通过环境污染所造成的对人身权利和财产权利的损害，适用我国《侵权责任法》（2009 年）“第八章 环境污染责任”的规定。（3）“损害者担责”原则中的损害是因环境污染和环境破坏所造成的纯环境损害（即没有造成人身权利和财产权利损害的纯自然资源、环境要素和生态系统损害），适用有关生态环境

---

① 所谓共同责任，是指所有与环境保护有关的组织、单位和个人都有防治环境污染和生态破坏、保护环境的责任，即污染破坏者、管理者和非污染破坏者，以及生产者和非生产者（销售者、进口者、使用者），包括政府、生产经营单位和个人，都应依法承担污染防治责任。例如，《固体废物污染环境防治法》（1995 年制定，2016 年修正）第 5 条明确规定：“产品的生产者、销售者、进口者、使用者对其产生的固体废物依法承担污染防治责任。”

② David N. Cassuto. “The Law of Words: Standing, Environment, and Other Contested Terms”, *Harvard Environmental Law Review.*, 2004, Vol. 28 Issue 1, pp. 86 - 87.

损害的专门法律法规。例如，中共中央办公厅、国务院办公厅印发的《生态环境损害赔偿制度改革试点方案》（2015 年印发，2018 年 1 月 1 日起废止）和《生态环境损害赔偿制度改革方案》（2017 年），这两个方案均明确规定：坚持“环境有价，损害担责”的原则，“体现环境资源生态功能价值，促使赔偿义务人对受损的生态环境进行修复。生态环境损害无法修复的，实施货币赔偿，用于替代修复”。上述方案所称生态环境损害，是指因污染环境、破坏生态而造成的大气、地表水、地下水、土壤、森林等环境要素和植物、动物、微生物等生物要素的不利改变，以及上述要素构成的生态系统功能退化；涉及人身伤害、个人和集体财产损失要求赔偿的，不适用本方案，而适用侵权责任法等法律规定；涉及海洋生态环境损害赔偿的，不适用本方案，适用海洋环境保护法等法律及相关规定。另外，2017 年修改的《民事诉讼法》和《行政诉讼法》，除规定基于人身权和财产权而依法提起的私益诉讼外，还规定人民检察院、法律规定的机关和有关组织对污染环境、破坏生态环境和资源保护等损害社会公共利益的行为，可以依法提起环境民事公益诉讼；人民检察院在履行职责中发现生态环境和资源保护、食品药品安全、国有财产保护、国有土地使用权出让等领域负有监督管理职责的行政机关违法行使职权或者不作为，致使国家利益或者社会公共利益受到侵害的，应当依法向人民法院提起行政公益诉讼。

四、公众参与原则

《环境保护法》规定的“公众参与”原则是公众参与环境资源保护原则的简称，又称环境民主原则、生态民主原则、依靠群众保护环境的原则。严格地说，公众参与原则与环境民主原则是有区别的，一般认为环境民主的范围和内涵要宽于公众参与的范围和内涵，或者说环境民主原则是以公众参与环境资源保护为主要内容的环境资源法原则。

1. 公众参与原则的发展概况

公众参与原则得以发展的力量之源主要有两个：一是环境保护群众运动（或生态运动）和民主运动的结合；二是公民环境权理论和民主思想的结合。从国外看，当代民主运动与环境保护群众运动（或生态运动）的紧密结合，是促进公众参与成为环境资源法基本原则的主要动力。美国在经过地球日活动和关于环境权问题的大讨论后，于1969年通过了体现公众参与原则的美国《国家环境政策法》。该法宣布“国会认为，每个人都应当享受健康的环境，同时每个人也有责任对维护和改善环境作出贡献”；同时规定联邦政府的一切部门应将其制定的环境影响评价和意见书“向公众公布”，并“向机关团体和个人提供关于对恢复、保持和改善环境质量有用的建议和情报”。《美国联邦土地政策管理法》（1976年）进一步规定了实行公众参与的具体政策，根据该法“第103节　定义”的规定：“所谓‘公众参与’是指在制订公有土地管理规则、作出关于公有土地的决定及制订公有土地的规划时，给受影响的公民以参与其事的机会。包括给他们以参加在受影响的土地的所在地召开的公开会议或公众意见听证会的机会，参加咨询的机会或者在特殊情况下，采取其他程序给他们创造对此提出各种评论的机会等。”《世界自然保护大纲》不仅提出了让公众更多地参与环境保护政策的制定的要求，而且详细地分析了让公众参与环境保护的好处。《关于环境与发展的里约宣言》强调，“环境问题最好是在全体有关市民的参与下，在有关级别上加以处理。在国家一级，每一个人都应能适当地获得公共当局所有的关于环境的资料，包括关于在其社区内的危险物质和活动的资料，并应有机会参与各项决策进程。各国应通过广泛提供资料来便利及鼓励公众的认识和参与。应让人人都能有效地使用司法和行政程序，包括补偿和补救程序。”《21世纪议程》用了一整篇共11章的篇幅专门论述包括公众参与问题在内的环境民主问题，认为公众的广泛参与和社会团体的真正介入是实现可持续发展的重要的条件之一。《生物多样性公约》第14条第1款规定，缔约国应“酌情允许公众参加此种程序”。1998年6月25日，35个来自欧洲和中亚的国家在丹麦签署了《在环境领域获得信息、公众参与决策和诉诸司法的公约》（简称《奥胡斯公约》），就坚持和实施公众参与原则作了具体规定。2000年9月8日第55届联合国大会第8次全体会议通过的《千年宣言》将“民主”作为联合国特别重视的关键目标之一，强调“加强我们所有国家的能力，以履行民主的原则与实践”；“作出集体努力，以促进更具包容性的政治进程，让我们所有国家的全体公民都能够真正参与。确保新闻媒体有发挥其重要作用的自由，也确保公众有获取信息的权利”。目前很多国家在制定和修改环境资源法律时，都规定了公众参与环境资源保护的内容。

从中国看，公众参与原则的发展主要得力于党和国家的群众路线和发展环境保护事业的迫切需要。我国宪法明确规定："人民依照法律规定，通过各种途径和形式，管理国家事务，管理经济和文化事业，管理社会事务。"这是我国实行公众参与原则的宪法根据。《环境保护法》(1989 年）第 6 条规定："一切单位和个人都有保护环境的义务，并有权对污染和破坏环境的单位和个人进行检举和控告。"这为公众参与环境保护提供了原则性的法律依据。《中国 21 世纪议程——中国 21 世纪人口、环境与发展白皮书》明确指出："公众、团体和组织的参与方式和参与程度，将决定可持续发展目标实现的进程。"[①]《国务院关于落实科学发展观加强环境保护的决定》(2005年）强调："健全社会监督机制……为公众参与创造条件……发挥社会团体的作用，鼓励检举和揭发各种环境违法行为，推动环境公益诉讼。企业要公开环境信息。对涉及公众环境权益的发展规划和建设项目，通过听证会、论证会或社会公示等形式，听取公众意见，强化社会监督。"《水污染防治法》、《环境影响评价法》和《大气污染防治法》等法律对公众参与环境影响评价等事项作了具体规定。2014 年《环境保护法》不仅规定了"公众参与"的原则，而且设立第五章"信息公开和公众参与"对如何实行环境民主原则作了具体规定。目前，环境民主正在逐步成为中国环境法的指导性原则，公众参与环境资源保护已取得一定的成效。

2. 公众参与原则的内涵和意义

公众参与原则即以公众参与为主要内容的环境民主原则，是环境资源法的基本原则之一，是环境资源法的精髓和灵魂，它体现了环境资源法的本质特征。公众参与原则是指，公众（包括作为公众组成成员的任何个人、单位或组织）在环境资源的开发、利用、保护和改善等环境资源活动中都享有平等的参与权，可以平等地参与有关立法、司法、执法、守法与法律监督事务的决策。它主要包括如下内容。

(1) 公众参与原则是形式民主和实质民主相统一的原则。西方资本主义

---

① 中国 21 世纪议程——中国 21 世纪人口、环境与发展白皮书. 北京：中国环境科学出版社，1994：177.

国家的法律和法学理论强调的民主，主要是指程序民主、形式民主或自由主义式民主。[①] 在我国环境资源法中，环境民主是基于公众参与的民主、形式民主和实质民主相结合的民主，是指人民或公众在环保领域或环境治理领域当家做主。实质民主表示平等是民主的基础。由于作为公众共用物的环境具有使用非排他性和利益共享性的特征，“良好生态环境是最公平的公共产品，是最普惠的民生福祉”[②]，公众对环境的享受基本上处于平等的地位、共享的状态；由于雾霾、酸雨等环境污染是一种具有流动性、扩散性的公害，环境污染使公众基本上处于相同的受害状态；由于环境保护和环境治理的正外部性，它使公众获得基本相同的环境生态效益。上述特点为环境实质平等提供了物质基础，从而有助于环境民主成为形式民主和实质民主相结合的民主。[③] 从总体和历史的角度看，防治全球性的环境污染和破坏、保护和改善地球环境不是个别人的事业，而是全人类的事业。全人类的环境保护事业必须实行民主、依靠全人类即公众的参与。公众参与原则体现了环境资源法公益性的特点，实行公众参与既是建设环境友好社会和生态文明社会的手段，也是和平解决环境争端、化解环境纠纷和环境利益冲突的方法。

（2）公众参与制度是环境民主原则的主要法律表现形式。在我国，环境民主原则的一个重要体现是公众参与。或者说，环境民主主要指公众有权通过各种途径和形式开展环境保护活动、参与对国家环境事务的管理，公众参与制度是环境民主原则的主要法律表现形式。这里的公众是指不特定多数

① 这种西方的形式民主，起源于古代希腊，即少数服从多数，逐渐演化成为近现代西方的代议制民主，其最大的特点是通过选举产生的人民（或民众）“代表”去代表人民（或民众）行使人民（或民众）的权利或反映人民（或民众）的利益。形式民主争取的平等始终只是法律面前人人平等，是把民主作为一种政治方法与手段。以维护私有财产为宗旨的传统的民法物权法所强调的民主就是典型的形式民主、程序民主，由这种民主的呵护下的财产分配呈现出极不公平的状态，即财产分配的“实质”不公平。

② 引自《中共中央国务院关于加快推进生态文明建设的意见》（2015 年 4 月）。

③ 中国自新文化运动、五四运动以来追求的主要是实质平等、实质民主，在长期的政治实践中逐渐演化成中国的民本主义民主，其最大的特点是以整体民众利益和公众利益作为民主的出发点，追求大道为公、公物共享、共同富裕。

人，公众就是指“大家”（all）。所谓公众参与[①]，指公民、法人和其他组织依法享有获取环境信息、参与和监督环境保护的权利，有参与政府制定公共环境政策的权利。其主要内容包括在《环境保护法》第五章“信息公开和公众参与”等法律规定中。走群众路线强调的是政府的领导方法与群众的义务，而公众参与强调的是群众的权利与政府对此权利的保护。在我国，人民是国家的主人，国家的一切权力归根结底都属于人民，人民有权通过各种途径和形式参与对国家经济、社会和环境事务的管理。公众参与是社会主义民主的一个方面、一种形式，是人民当家做主的具体表现，也是现代社会公民的一项重要权利和责任。公众参与的必然结果，是环境资源法的民主化、环境民主手段的法律制度化。

（3）坚持公众参与原则，是实现和维护公民环境权益的需要。公民环境权是每个公民都享有居住在有益于生活和健康的适宜环境的权利，公民有环境保护的权利和义务，有获得环境信息和参与环境管理的权利。实行公众参与原则的实质是捍卫公民的环境权。公众为了维护并实现其环境权，应该对任何污染破坏环境资源的行为都有权依法进行监督和干预，应能通过一定的方式和途径自由平等地参与环境管理，其中最基本的方式和途径就是实行公众参与。如果不坚持公众参与原则，公众不能自由平等地参与环境管理，公民的环境权就很难得到实现。

（4）公众参与原则是指导公众和非政府非营利部门（即第三领域）参与环境管理、推行环境治道（governance）、提供环境合作与协调的指导原则。实施可持续发展战略和建设生态文明社会意味着一场深刻的变革，公众是否认识、愿意接受并积极参与，是实施这些变革的必要条件。由于可持续发展

---

① 广义的公众参与，泛指公众参与、推动环境决策及其实施和环境保护活动等各种活动；是指政府之外的个人或社会组织通过一系列正式的和非正式的途径直接参与到权力机关立法或政府公共决策中，它包括公众在立法或公共政策形成和实施过程中直接施加影响的各种行为的总和，包括所有关心公共利益、公共事务管理的人的参与，包括参与与公共环境决策有关的选举、信访、听证、协商、宣传、教育、游行、示威、罢工和诉讼、集体申诉等维权行动。狭义的公众参与是指作为一种法定化、制度化的公众参与民主制度，遵循的是“公开、透明、互动、商谈、包容、和谐、尊重民意”等原则；是指公共权力机关在进行立法、制定公共政策、决定公共事务或进行公共治理时，由公共权力机构通过开放的途径从公众获取信息，听取意见，并通过反馈、互动对公共决策和治理行为产生影响的各种行为；是公众通过直接以与政府或其他公共机构互动的方式决定公共事务的过程；是决策者与受决策影响的利益相关人双向沟通和协商对话。

和生态文明的性质和特点，实行公众参与已成为加强环境法治建设、生态文明社会法治建设的关键。在生态文明建设时期，环境保护群众组织和社会团体是推动环境保护的巨大力量，公众参与原则是指导人民自觉地依法处理人与自然的关系、实现环境法治的思想基础。坚持公众参与原则，是环境保护群众组织及其运动生存、发展和实现其自身价值的需要，是公众能够积极、自觉、长期参加环境团体、开展环境保护活动、参与环境保护管理的保障。

（5）坚持公众参与是政府履行其环境保护职责的需要，是搞好环境保护和管理的重要途径和可靠保证，是正确处理政府与公民、生产企业与公众关系的指导原则。实行公众参与环境管理有利于解决和处理广泛、普遍的环境问题，实现对环境问题的全过程、全方位管理，加强和改进全社会的环境保护和环境管理；有利于全面推动整个环境保护事业的发展。公众与政府在影响和决定公共环境事务方面具有平等的权利，环境政策和环境资源法应该通过民主程序来制定。支持、发动和依靠公众参与环境保护，是国家政府履行其环境保护职责的根本途径，是处理政府和公众关系的最好方式。通过公众参与环境决策和环境监督，可以增强政府决策和管理的公开性、透明度，使政府的决策和管理更符合民心民意和反映实际情况，减少民众和政府之间的摩擦，加强政府与公众之间的联系和合作。

第三节　环境资源法的其他原则

除了《环境保护法》（2014 年修改）第 5 条规定的四项基本原则外，我国环境资源法还规定或体现了“环境保护与经济、社会发展相协调”原则、“环境资源的开发、利用与保护、改善相结合”原则、“节约优先”原则等原则。

一、环境保护与经济、社会发展相协调原则

该原则简称协调发展原则，是指环境保护与经济建设和社会发展统筹规划、同步实施、协调发展，以实现经济利益、社会利益和环境利益的统一。

1. 环境保护与经济、社会发展相协调原则的发展概况

以 1972 年在斯德哥尔摩召开的联合国人类环境会议为转机，人们开始认识环境保护同经济、社会发展相协调的重要意义。这一次会议通过的《人

类环境宣言》宣布，“为这一代和将来的世世代代保护和改善人类环境，已经成为人类一个紧迫的目标，这个目标将同争取和平和全世界的经济与社会发展这两个既定的基本目标共同和协调地实现”。《21 世纪议程》（1992 年）强调，“确保在各级决策和所有部门中将经济、社会和环境考虑结合起来”[①]，“总目标是根据国家的具体条件，通过适当的法律法规政策、文件和执行机制，来促进国家、州（省）和地方各级的环境与发展政策的结合”[②]。由于联合国环境与发展会议有 183 个国家和地区的代表团、102 位政府首脑或国家元首参加联合国环境与发展会议，因而可以认为，这次会议确认的“环境保护与经济、社会发展相协调”原则已在全世界取得共识。为了促进欧盟经济、社会的平衡、持续增长，欧盟环境法逐步形成了与“环境保护与经济、社会发展相协调”原则相类似的“综合原则”（又译为一体化原则，the integration principle），《欧洲联盟条约》（1992 年）将该原则表述为“环境保护要求必须纳入其他欧共体政策的制定和执行之中”。

从中国看，早在 1973 年《国务院批转国家计划委员会关于全国环境保护会议情况的报告》的批文中，已强调“经济发展和环境保护，同时并进，协调发展”。1983 年年底召开的第二次全国环境保护会议，是该原则发展的一个里程碑；会议制定了“经济建设、城乡建设和环境建设要同步规划、同步实施、同步发展，实现经济效益、社会效益、环境效益的统一”的战略方针。《环境保护法》（1989 年）第 4 条关于“国家制定的环境保护规划必须纳入国民经济和社会发展计划，国家采取有利于环境保护的经济、技术政策和措施，使环境保护工作同经济建设和社会发展相协调”的规定，标志着该原则得到了环境保护基本法的确认。国务院于 1994 年 3 月通过的《中国 21 世纪议程——中国 21 世纪人口、环境与发展白皮书》强调，“突出经济、社会与环境之间的联系与协调。通过法规约束、政策引导和调控，推进经济与社会和环境的协调发展”。从此，该原则发展到“可持续发展”的新水平。2002 年颁布的《环境影响评价法》第 1 条明确规定，“促进经济、社会和环境的协调发展”。2003 年颁布的《行政许可法》第 11 条规定，“促进经济、社会和生态环境协调发展”。国务院于 2005 年 12 月 3 日颁布的《关于落实

① 21 世纪议程. 国家环境保护局，译. 北京：中国环境科学出版社，1993：59.

② 同①61 - 62.

科学发展观加强环境保护的决定》强调，“经济社会发展必须与环境保护相协调”。笔者认为，从“使环境保护工作同经济建设和社会发展相协调”到“经济社会发展必须与环境保护相协调”，这是环境保护与经济、社会发展相协调原则的一个重要发展。我国 2014 年修订的《环境保护法》在规定“使经济社会发展与环境保护相协调”的同时，规定了“保护优先”的原则。《中共中央国务院关于加快推进生态文明建设的意见》（2015 年 4 月）在强调“坚持保护优先”的基本方针时，进一步指出“在环境保护与发展中，把保护放在优先位置”。笔者认为，从环境保护与经济、社会发展相协调到“把保护放在优先位置”，是该原则的又一个重要发展。

2. 环境保护与经济、社会发展相协调原则的内涵和意义

协调一词在《现代汉语词典》（商务印书馆 1996 年出版）里的含义是指配合得适当。欧盟要求环境政策要确保协调，协调的含义是指“欧洲联盟的其他政策应当将环境保护作为一个必要的考虑因素，从而确保环境政策与其他政策协调一致，从而确保社会、经济和环境的可持续发展”。根据 2014 年《环境保护法》有关“保护优先”和“经济社会发展与环境保护相协调”（第 4 条）的规定，环境保护与经济、社会发展相协调原则在生态文明建设中不仅没有过时，而且得到了进一步的发展。从某种意义上可以认为，环境保护与经济、社会发展相协调是中国特色社会主义发展新时代和生态文明时代的基本特征，该原则是指导人们进行经济建设、政治建设、社会建设、文化建设和生态文明建设的基础思维、核心思维。

（1）环境保护与经济、社会发展相协调原则辩证地、正确地反映了环境保护同经济、社会发展的关系，坚持环境保护与经济、社会的协调发展，实质上是坚持可持续发展和科学发展。环境与发展的关系既有对立的一面，又有相互统一的一面；既互相制约，又相互促进。从表面上看，可持续发展是一种长久、稳定的发展，是从纵向历史过程对发展提出的要求，是既满足当代需要又满足后代需要的发展；协调的概念是指环境保护和经济、社会发展必须结合起来处理，协调发展是一种多头、并行的发展，是从横向关系对环境保护和经济社会发展提出的要求，是既满足经济社会的需要又满足环境保护的需要的发展。实质上，可持续发展就是“对环境无害或少害的发展”，是环境保护与经济、社会的协调发展，是人与自然和谐、平衡的稳定发展。

诚如《中共中央关于制定国民经济和社会发展第十三个五年规划的建议》（2015 年 10 月 29 日通过）和《中华人民共和国国民经济和社会发展第十三个五年规划纲要（2016—2020 年）》（2016 年 3 月 16 日批准）所强调的，“协调是持续健康发展的内在要求。必须牢牢把握中国特色社会主义事业总体布局，正确处理发展中的重大关系，重点促进城乡区域协调发展，促进经济社会协调发展，促进新型工业化、信息化、城镇化、农业现代化同步发展，在增强国家硬实力的同时注重提升国家软实力，不断增强发展整体性”。当今世界已进入实施可持续发展战略的时代。环境保护是可持续发展的不可分割的内容，离开或削弱环境保护的发展只能是不可持续的发展。坚持环境保护与经济、社会的协调发展，实质上是坚持人与自然的协调发展、和谐共处、和谐永存。只有坚持环境保护与经济、社会发展相协调原则，才能实现经济、社会与环境的可持续发展。协调发展是科学发展的重要内容，其基本要求是使发展立足于环境之上而又不超出环境的承载能力、环境保护立足于社会经济发展实际水平而又不超出社会经济实际状况，即遵循社会经济规律和自然生态规律进行协调。中共十七大报告（2007 年）强调，科学发展观的“基本要求是全面协调可持续，根本方法是统筹兼顾”；“必须坚持全面协调可持续发展……坚持生产发展、生活富裕、生态良好的文明发展道路，建设资源节约型、环境友好型社会，实现速度和结构质量效益相统一、经济发展与人口资源环境相协调，使人民在良好生态环境中生产生活，实现经济社会永续发展”。环境、经济、社会之所以出现发展失调问题，在发展经济的过程中之所以出现严重的环境资源污染、破坏和浪费，原因之一就是缺乏先进的发展观、科学决策、宏观调控和科学管理。只有树立先进的发展观、制定切实可行的科学决策、宏观调控和建立科学的管理体制，把开发、利用、保护、治理和管理环境资源的活动建立在先进的发展观、科学决策、宏观调控和科学管理的基础上，才能实现环境、经济和社会的可持续发展、协调发展。因此，这一原则实际上确定了先进的发展观、科学决策、宏观调控和科学管理在国家建设中的重要地位和作用。

（2）环境保护与经济、社会发展相协调原则的基本要求，是“经济建设、城乡建设、环境建设同步规划、同步实施、同步发展，实现经济效益、社会效益、环境效益的统一”。其中同步规划、同步实施是实现同步发展的前提，实现三种效益的统一是三项建设的共同目标。这体现了“发展和保护相统一的理念”①。在统一的市场经济体制下，环境保护与经济、社会发展是一个统一联系的整体，经济建设、城乡建设和环境建设相互关联、相互促进、相互制约，环境资源法制建设和其他法制建设也是这样。无论从社会主义现代化建设的总体看，还是从环境保护工作或其他工作的局部看，片面强调某一种建设、某一项工作或片面追求某一种效益，都是不当的。正确的思想和做法是，坚持经济社会发展与环境资源保护相协调，使经济建设、城乡建设和环境建设同步规划、同步实施、同步发展，统一实现经济效益、社会效益和环境效益，力争最佳综合效益。

（3）环境保护与经济、社会发展相协调原则是对人类、国家、集体和个人利益，眼前、局部和长远、整体利益的综合考虑。法律的主要作用之一就是调整及调和种种相互冲突的行为，通过立法来衡平各种利益，使它们达到协调的状态，最终形成一个稳定且有利于发展的正义秩序。该原则是解决各种利益冲突的准则，其基本要求是提倡统筹兼顾、全面规划。经济、社会发展的根本目的是最大限度地满足社会对物质和文化不断增长的需要，其中包括对良好生活环境的需要。协调发展实际上是对经济利益、社会利益和环境利益的协调，是尽可能持续地保持和维护最佳的综合利益，是对代内人类利益和代际人类利益的兼顾，是代内公平和代际公平的最佳结合。该原则强调兼顾人类、国家、集体和个人利益，是正确处理眼前、局部与长远、整体利益的指导准则，也是对发展和环境保护的基本要求。

二、环境资源的开发、利用与保护、改善相结合原则

环境资源的开发、利用与保护、改善相结合原则，又称综合开发、利用、保护、治理环境资源原则，是正确处理环境资源的开发、利用活动与保护、改善活动的关系的指导原则，是调整各种环境行为内部关系的原则。

1．环境资源的开发、利用与保护、改善相结合原则的发展概况

从总体上看，各国的环境资源工作和管理思想大致经历了“从环境资源的开发、利用、保护、改善相分离到环境资源的开发、利用、保护、改善的

① 中共中央、国务院印发了《生态文明体制改革总体方案》（2015年9月）要求，“树立发展和保护相统一的理念”“实现发展与保护的内在统一、相互促进”。

相结合”这样一个发展过程。环境资源的开发、利用与保护、改善相结合原则，则是国内外开发、利用、保护、改善和管理环境资源的活动的经验教训的总结。

从国外看，各国在环境资源领域的活动，大都尝过“先开发、利用环境资源，后保护、改善环境资源；在开发、利用环境资源时导致环境资源的污染和破坏；开发、利用环境资源与保护、改善环境资源各自为政”的苦果。在一个相当长的时期内，开发、利用（加工）和保护、改善自然资源一直属于不同的行业、专业和部门。进入20世纪50年代以来，随着开发环境资源的规模和强度的加大以及环境问题和资源危机的加剧，人们开始从专业知识、计划管理和立法等方面将开发、利用、保护、改善环境资源的不同行业、专业、部门联系起来、结合起来。由于环境资源的开发、利用与保护、改善相结合原则的形成，各国的环境保护法体系已经从单纯的维护环境、防止污染的法律体系，向双重的维护、保护和改善、建设环境的法律体系发展；从自然资源法体系看，已经从单纯的自然资源开发、利用法体系，向双重的自然资源开发、利用和保护、改善法律体系发展；从能源法体系看，已经从单纯的能源开发、利用法体系，向双重的能源开发、利用和保护、节约法体系发展；从区域开发建设法体系看，已经从单纯的城乡规划建设法体系，向双重的城乡规划建设和区域综合开发、整治法体系发展。环境资源法的这种发展趋势，促进了环境资源的开发、利用、保护、改善相结合原则的形成和推广。

从中国看，在一个相当长的时期里，我国有关部门和专家虽然也有过将自然资源的开发、利用、保护、改善等活动结合起来的想法，但并没有将其作为指导原则，也没有从国家计划、政策、立法和行政管理体制上将它们结合起来。中共十一届三中全会以后，随着国土工作和环境保护工作的发展，党中央和国务院开始综合考虑环境资源的开发、利用、保护和改善等问题，形成以“国土整治”为标志的“环境资源的开发、利用与保护、改善相结合原则”。1981年8月中共中央书记处第97次会议决定由当时的国家建委会同国家农委负责我国的国土整治，即开始确定一个中央政府部门“管土地利用，土地开发，综合开发，地区开发，整治环境，大河流开发”，进行国土整治方面的立法、规划工作。同年10月，国务院批转了《国家建委关于开展国土整治工作的报告》(1981 年 8 月),这是我国第一个全面、系统考虑环境资源开发、利用、保护、治理的相互关系,并将这几个方面结合起来的国家级政策文件。该报告尖锐指出,1949 年以来,“资源的考察和开发、利用,多是由各部门分散进行,缺乏统一协调,既有重复劳动和空白,又对综合利用考虑不够”。该报告认为,“国土整治应当包括考察、开发、利用、治理、保护这些相互关联的五个方面的工作”,这实质上是提出了“环境资源的开发、利用与保护、改善相结合原则”。国务院于 1994 年通过的《中国 21 世纪议程——中国 21 世纪人口、环境与发展白皮书》,在其第十四章“自然资源保护与可持续利用”中指出:目前中国“资源管理体制上分散,缺乏协调一致的管理机制和机构”;“为了确保有限自然资源能够满足经济可持续高速发展的要求,中国必须执行‘保护资源,节约和合理利用资源’、‘开发利用与保护增殖并重’的方针”。从立法机制方面看,全国人民代表大会于 1993 年 3 月成立了环境保护委员会,后来改名为环境与资源保护委员会,这说明国家立法机关已经从环境保护和资源保护、合理利用的角度统一考虑、规划我国环境资源法律体系。之后,《水法》(2002 年修订)等资源法律和《环境保护法》(1989 年)、《水污染防治法》(2008 年修改)等环境保护法律,都分别规定了将开发、发展、合理利用、增殖、保护、防治、改善、建设、管理等环境资源活动结合起来的目标或原则。

2. 环境资源的开发、利用与保护、改善相结合原则的内涵与意义

环境资源的开发、利用与保护、改善相结合原则,是正确处理环境资源的开发、利用活动与保护、改善活动之间的关系的指导原则。

(1)该原则明确了环境资源工作(或活动)的主要领域及其关系。环境资源工作是指对环境资源进行开发、利用、保护、改善及为此而进行的考察、规划、管理、法制、科研、教育等各种活动的总称。开发、利用是指用垦殖、开采、工程建设、加工制造、能量转换、物质流通等手段,使水、土、气、生物、矿产等环境资源进入人的生活、生产领域和市场,发挥、挖掘环境资源的各种功能和潜力,以满足人类社会的各种需要。保护、改善是指用各种手段和方式,防止、治理环境资源的污染和破坏,减少、避免资源的浪费和枯竭,保持、恢复和提高环境资源的功能和作用,促进生态良性循环,建设优质的生活、生态环境。环境资源的开发、利用与保护、改善是相

互影响、相互促进、相互制约的两个方面。以不适当的、不可持续的方式开发、利用环境资源，是造成环境污染破坏和资源危机的主要原因。合理的开发、利用环境资源是保护、改善环境资源的基本要求。保护环境就是要对环境资源进行合理开发和利用。环境资源的开发、利用与保护、改善要相互结合和协调，要同步规划、同步实施、同步发展。在保护、改善环境资源时，宜结合合理开发、利用，将对环境资源的保护和改善上升为对环境资源的新功能和潜力的开发、利用，如将保护和改善生活环境质量上升为开发、利用环境对人的美学功能和舒适性功能，不能用脱离现实的过高要求束缚开发、利用环境资源的手脚。明确开发、利用与保护、改善的关系，也就是对从事这四类工作的人提出了要求。根据该原则，在环境资源工作中应克服“重开发、利用，轻保护、改善”“开发、利用是硬指标，保护、改善是软指标”“开发、利用与保护、改善是两张皮、两股道”的思想观念，树立“谁开发、利用谁保护，边开发、利用边保护”的思想观念。

（2）环境资源的开发、利用与保护、改善相结合原则的核心，是在环境资源领域实行可持续的生产、消费和管理方式；该原则的实质是要求在人与自然的交往中，正确处理人与自然的关系，实现人与自然的和谐共处。将环境资源的开发、利用与保护、改善结合起来的基本的、有效的途径和手段，是在环境资源领域实行可持续的生产、消费和管理方式。对环境资源的可持续生产，主要是指对环境资源的“合理开发、利用，综合开发、利用，对环境无害的开发、利用”；对环境资源的可持续消费，主要是指“减少环境压力、减少对地球有限资源的依赖、减少资源浪费的”的消费、“与地球承载力相适应的、重在提高生活质量的”消费、“合理、综合、节约利用自然资源的”消费；可持续管理方式，主要是指“综合的、协调的、注意综合效益的”的管理。可持续的生产、消费和管理方式的关键是树立“合理、综合、可持续开发利用环境资源”的观念；同时要树立对环境资源事务实行“综合、协调管理”的观念，建立健全综合、协调管理的机制。在调整人与自然的开发关系、利用关系、保护关系、改善关系这四种人与自然的关系时，应防止片面强调人与自然的开发关系、利用关系的倾向，而应该重视和加强人与自然的保护关系、改善关系。

三、节约优先原则

从法律上讲，节约优先原则是指我国法律明确规定或体现的，在资源能源开发利用和生产经营过程中将资源能源节约置于优先地位的指导性准则。坚持节约优先原则是贯彻落实科学发展观、构建社会主义和谐社会的要求，是建设资源节约型、环境友好型社会的必然选择。坚持节约优先原则，大力开展资源能源节约工作，对于调整经济结构、转变增长方式、缓解人口资源矛盾、提高人民生活质量、应对全球环境变化、实现国民经济又好又快发展，具有极其重要而深远的意义。

1. 节约优先原则的发展概况

节约是传统美德，节约优先原则是对节约这一美德的继承和提升。节约或节制是西方文化中主要的道德价值形式。古希腊哲学家柏拉图在其《理想国》一书中认为，“自律是一种秩序，一种对于快乐与欲望的控制”；“节制是对于快乐和欲望的控制，就是要使自己成为自己的主人”；“节制还应该为各种等级的人所共有，因为只有大家都有节制的德行，才能产生和谐，各等级之间以及各等级的内部，才不至于互相争夺”。“勤俭节约”“节约光荣、浪费可耻”是中华民族的传统美德，“一粥一饭当思来处不易，半丝半缕恒念物力维艰”是历代相传的古训。崇尚节约是我国传统文化思想和道德规范的体现，例如节约用水就是我国节水文化的重要内容。中华民族的传统意识是：节俭是维持人类生存的必需品，节俭是持家之本，节俭是安邦定国的法宝。

虽然节俭或节约往往被人们视为美德，但如果要将其从一项道德规范发展上升为具有法律约束力的法律原则甚至法律制度，则并不那么容易。轻视、阻碍甚至反对节约资源的思想，在经济学上有著名的“节约悖论”，在法学上有“私有财产权神圣不可侵犯论”。在经济学领域，英国经济学家凯恩斯①在1936年发表的《就业、利息和货币通论》（The General Theory of Employ-

① 约翰·梅纳德·凯恩斯（John Maynard Keynes，1883年6月5日—1946年4月21日），英国经济学家，现代经济学最有影响的经济学家之一。在20世纪30年代，凯恩斯发起了一场导致经济学研究范式和研究领域根本转变的革命，即著名的“凯恩斯革命”；在20世纪40年代的二战后期及战后初期，凯恩斯参与了国际货币基金组织、国际复兴开发银行（即世界银行）和关贸总协定（世贸组织之前身）等机构（它们构成了所谓的“华盛顿体系”）的组建工作，他是当今世界经济秩序的主要奠基人之一。

ment，Interest and Money一文，阐述了著名的节约悖论。[①]“节约悖论”(Paradox of thrift)，也称为“节俭悖论”“节约反论”“节约的矛盾”。所谓“节约悖论”是指，节俭导致需求不足，需求不足导致经济发展减速，经济发展减速又导致贫穷，最终是节俭的手段与节俭的目的相悖。根据凯恩斯主义的国民收入决定理论，消费的变动会引起国民收入同方向变动，储蓄的变动会引起国民收入反方向变动。根据储蓄变动引起国民收入反方向变动的理论，增加储蓄会减少国民收入，使经济衰退，是恶的；而减少储蓄会增加国民收入，使经济繁荣，是好的，这种矛盾被称为“节约悖论”。通俗地讲，在宏观经济水平尚未达到充分就业的时候，如果经济社会中的全体公民都节俭而不消费的话，对经济是有害的，它会使国民产出水平下降，这被称为节俭的悖论。在法学上，根据所有权绝对论和私有财产权神圣不可侵犯论，如果某种资源属于某人对其拥有排他性所有权的客体即物（或财产），根据所有权的排他性，除非法律有专门规定，资源所有权的主体如何消费、处分甚至消灭、损毁该资源是其自由。[②] 要求资源所有权人节约使用其资源，特别

---

① 凯恩斯在《就业、利息和货币通论》一文中，引用了一则在18世纪的欧洲流行的寓言：有一窝蜜蜂原本十分繁荣兴隆，每只蜜蜂都整天大吃大喝；后来一个哲人教导它们说，不能如此挥霍浪费，应该厉行节约；蜜蜂们听了哲人的话，觉得很有道理，于是迅速贯彻落实，个个争当节约模范；但结果出乎预料，整个蜂群从此迅速衰败下去，一蹶不振了。这个故事所隐藏的“节约的逻辑”，在经济学上被称为“节约悖论”。它所宣扬的“浪费有功、节约有害”的风气，在当时被认为是败坏社会风气的肇始。但是，凯恩斯却从经济学的角度对上述故事所描述的“节约悖论”进行了重新定义。凯恩斯认为，在经济大萧条时期，由于人们对未来预期不抱任何希望，因而大家都尽量多储蓄；如果全体公民都节俭、而不消费的话，这种不愿意消费的心理和行为又会导致其收入继续下降；根据乘数理论，消费的减少会使国民收入成倍减少，从而使经济进一步恶化；所以在经济萧条时期，政府总会增加财政支出，鼓励消费，来挽救经济颓势。广而言之，在新的社会条件下，节俭的社会潮流对社会发展与经济增长并没有什么好处。因为在既定的国民收入中，消费与储蓄总是呈反方向变动的：消费增加，储蓄就会减少，消费减少，储蓄就会增加；储蓄量与国民收入总量也呈反方向运动：储蓄增加，国民收入就减少，储蓄减少，国民收入就增加。也就是说，增加消费、减少储蓄会通过增加总需求而引起国民收入增加，就会促进经济繁荣；反过来，就会导致经济萧条。或者可以得出如下结论：控制消费、增加储蓄会增加个人财富，这对个人是件好事；但由于会减少国民收入，引起社会萧条，对整个国民经济却是件坏事。

② 所有权概念和私有财产神圣不可侵犯的原则均起源于罗马法。在罗马法中，私有财产物（res in patrimonium）有明确的定义，是指构成个人财产的物。所有权是指所有人除了受自身实力和法律限制外，就其标的可以为他所想为的任何行为的能力。从消极方面讲，所有权可以对任何人主张排除对所有物的干涉。因此，所有权意味着绝对性、排他性、永续性的财产权利。不仅罗马法把私人权利看成是国家权利的最高准则，而且在之后16、17世纪的欧洲启蒙学者们的社会契约论中，财产权也处于绝对的至高无上的地位，并形成了私有财产神圣不可侵犯的原则。

是要求资源富有者少消费其资源或者将其消费水平降低到社会的平均消费水平，实际上是对其资源所有权的限制，因而在立法时往往遭到资源所有权人的反对或抵制。但是，随着经济社会和科学技术的发展，一方面是人们的物质生活水平不断提高，奢侈浪费之风日益严重；另一方面是环境污染、生态破坏和资源紧缺的现象日益严重，这些严重影响、阻碍了经济和社会的进一步发展。在这种情况下，经济学家开始认识到"节约悖论"在理论上的缺陷和弊病，同时认识到节约资源能源对于经济社会可持续发展的重要意义和积极作用；法学家开始认识到，资源或财产所有权绝对论已经过时，对资源所有权进行必要、合理的限制是大势所趋，为了保障资源的可持续利用和经济社会的可持续发展，有必要将节约资源、勤俭生活的道德规范上升为具有法律约束力的法律规范，更加有效地引导人们对资源所有权等排他性私权的行使有所克制、有所约束，从而避免因超过自然环境资源的承载极限而导致资源危机，并影响经济社会的可持续发展。正是在这种背景下，各国纷纷制定有关节约资源能源的法律法规，规定节约资源、节约优先的原则，建立健全节约资源能源的法律制度和法律机制，实现对节约道德的法定化、规范化和制度化。因此，节约优先原则是对节约这一美德的继承和提升。

在中国，节约优先原则的确立有一个逐步明确的发展过程，或者说，我国法律和政策文件有关节约的主张，经历了一个从"强调勤俭并举、增产节约并举、开源节流并举，到强调节约、突出节约，再到提倡节约为主、节约优先"的发展过程。一开始，国家政策法律文件仅仅是提到"节约"，随着资源能源紧缺情况的出现，经济增长的资源能源及环境约束日趋严峻。为了解决资源能源紧缺问题和建设生态文明社会，我国政策法律文件逐步对"节约"加大重视程度，开始出现强调节约、主张节约为主和节约优先的内容，进而将节约作为"基本国策""放到首位"，将节约放到"优先"地位而使"节约优先"成为"基本方针"。例如，早在1961年11月25日中央批转农业部和水利电力部《关于加强水利管理工作的十条意见》中就提到要"节约用水"。《环境保护法（试行）》（1979年）第11条明确规定，"严格管理和节约工业用水、农业用水和生活用水，合理开采地下水，防止水源枯竭和地面沉降"。我国《宪法》第14条规定，"国家厉行节约，反对浪费"，这里的"节约"显然包括节约资源和能源的内容。《节约能源法》（1997年11月1日公布，2007年10月28日修订、2016年7月2日修正、2018年10月26日修正）规定，“节约资源是我国的基本国策。国家实施节约与开发并举、把节约放在首位的能源发展战略”（第4条）。在2000年，《国务院关于加强城市供水节水和水污染防治工作的通知》（2000年11月7日）提出“坚持把节约用水放在首位”。《中共中央国务院关于加快推进生态文明建设的意见》（2015年4月25日）提出，“坚持把节约优先……作为基本方针”。《生态文明体制改革总体方案》（2015年9月）再次重申，“坚持节约优先……方针”。这些法律及政策变化是与时俱进的表现，是适应生态文明建设的需要。目前我国《环境保护法》《土地管理法》[①]《水法》[②]《水污染防治法》《水土保持法》《防洪法》《清洁生产法》[③]《节约能源法》《农业法》《城市规划法》等法律都有节约资源能源，特别是节约水资源、土地资源、能源和建设资源节约型社会的规定。根据上述法律规定，国家有关部门相继制定了《城市节约用水管理规定》（1998年1月）、《公共机构节能条例》（2008年8月）等

① 《土地管理法》（1986年6月25日通过，1988年12月29日修正、1998年8月29日修订，2004年8月28日修正）规定，“十分珍惜、合理利用土地和切实保护耕地是我国的基本国策”（第3条），“非农业建设必须节约使用土地，可以利用荒地的，不得占用耕地；可以利用劣地的，不得占用好地”（第36条）。

② 《水法》（1988年1月21日通过，2002年8月29日修订、2009年8月27日、2016年7月2日修正）以法律形式确立了“建设节水型社会”的法律地位。该法第8条规定：“国家厉行节约用水，大力推行节约用水措施，推广节约用水新技术、新工艺，发展节水型工业、农业和服务业，建立节水型社会。各级人民政府应当采取措施，加强对节约用水的管理，建立节约用水技术开发推广体系，培育和发展节约用水产业。单位和个人有节约用水的义务。”

③ 《清洁生产促进法》（2002年6月29日，2012年2月29日修正）的许多条款都包括节约资源能源的内容：国家对浪费资源和严重污染环境的落后生产技术、工艺、设备和产品实行限期淘汰制度（第12条）；设立节能、节水、废物再生利用等环境与资源保护方面的产品标志，并按照国家规定制定相应标准（第13条）；各级人民政府应当优先采购节能、节水、废物再生利用等有利于环境与资源保护的产品。各级人民政府应当通过宣传、教育等措施，鼓励公众购买和使用节能、节水、废物再生利用等有利于环境与资源保护的产品（第16条）；新建、改建和扩建项目应当进行环境影响评价，对原料使用、资源消耗、资源综合利用以及污染物产生与处置等进行分析论证，优先采用资源利用率高以及污染物产生量少的清洁生产技术、工艺和设备（第18条）；企业在进行技术改造过程中，应当采用资源利用率高、污染物产生量少的工艺和设备，替代资源利用率低、污染物产生量多的工艺和设备；对生产过程中产生的废物、废水和余热等进行综合利用或者循环使用（第19条）；餐饮、娱乐、宾馆等服务性企业，应当采用节能、节水和其他有利于环境保护的技术和设备，减少使用或者不使用浪费资源、污染环境的消费品（第23条）；建筑工程应当采用节能、节水等有利于环境与资源保护的建筑设计方案、建筑和装修材料、建筑构配件及设备（第24条）；企业应当在经济技术可行的条件下对生产和服务过程中产生的废物、余热等自行回收利用或者转让给有条件的其他企业和个人利用（第26条）等。

政策和规范性文件。另外，不少法律、行政法规、行政规章和政策文件也有节约用水的内容。有些省、自治区和直辖市还制定了专门的节约用水地方法规，如《天津市节约用水条例》（2004 年）、《吉林省城市节约用水管理条例》（2004 年）、《北京市节约用水办法》（2005 年）等。总之，我国已经初步形成节约资源能源的法律规范体系。

2. 节约优先原则的内涵和意义

节约资源能源是我国政策法律文件反复提倡和强调的政策，节约优先原则是节约资源能源政策不断深化和提高的产物。

（1）节约优先原则是反映和针对我国资源能源国情，从实践出发的一项重要原则。“我国自然资源禀赋较差，人均占有量少，45 种主要矿产资源中，有 19 种已出现不同程度的短缺，其中 11 种国民经济支柱性矿产缺口尤为突出；重要资源自给能力不足，石油、铁矿石、铜等对外依存度逐年提高；主要污染物排放量大大超过环境容量，一些地方生态环境承载能力已近极限。”① 我国的石油、天然气、煤炭和电力等能源也相当紧缺。从国际看，在全球范围内发展绿色经济、倡导低碳生活越来越受到重视并逐渐成为新趋势，国际贸易竞争对我国工业节能降耗构成严峻挑战。绿色贸易壁垒正在加速形成，一些发达国家对出口国产品的能效水平、物耗水平和碳足迹提出更高要求。总体上看，与工业发达国家相比，我国经济增长主要依靠资源能源消耗支撑，我国制造业产品资源能源消耗高，单位工业产品能耗与国际先进水平相比存在较大差距，出口面临巨大压力。这种能源资源高消耗的粗放型工业发展道路很难继续走下去，只有加大节约力度，进一步挖掘资源能源节约潜力，才能确保实现工业可持续发展。要实现工业又好又快可持续发展，出路在于进行能够控制资源能源消费总量、节约资源能源的工业转型升级。从长远发展看，节约资源能源是解决资源能源安全和保障资源能源供应的优先举措，只有加大节能降耗力度，提高资源能源利用效率，建立资源能源节约型产业结构和生产方式，才能破解能源资源环境制约。资源能源是全面建设小康社会的重要物质基础。要实现 GDP 到 2020 年比 2000 年翻两番的目标，无论是增加国内资源能源供应还是利用国外资源，都面临着巨大的压

① 《“十二五”资源综合利用指导意见》，国家发展改革委 2011 年 12 月 10 日印发。

力。节约资源能源是缓解资源能源约束的现实选择，是解决资源能源环境问题的根本措施，是提高经济增长质量和效益的重要途径，是增强企业竞争力的必然要求。不下大力节约资源能源，难以支持国民经济持续快速协调健康发展；不走跨越式节约资源能源的道路，新型工业化难以实现。我们必须从战略高度充分认识节约资源能源的重要性，坚持节能优先的原则，大力节能降耗，提高资源能源利用效率，才能加快建设节能型社会。

（2）珍惜和节约资源是我国的基本国策、是“五型社会”的内涵，节约优先原则是落实基本国策的要求、是建设“五型社会”的指导方针。《节约能源法》规定，“节约资源是我国的基本国策。国家实施节约与开发并举、把节约放在首位的能源发展战略”。胡锦涛在中共十七大报告中强调：“坚持生产发展、生活富裕、生态良好的文明发展道路，建设资源节约型、环境友好型社会”；“加强能源资源节约和生态环境保护，增强可持续发展能力。坚持节约资源和保护环境的基本国策，关系人民群众切身利益和中华民族生存发展。必须把建设资源节约型、环境友好型社会放在工业化、现代化发展战略的突出位置，落实到每个单位、每个家庭。要完善有利于节约能源资源和保护生态环境的法律和政策，加快形成可持续发展体制机制”[①]。《中华人民共和国国民经济和社会发展第十二个五年（2011—2015 年）规划纲要》（2011 年 3 月 14 日批准）强调，“坚持把建设资源节约型、环境友好型社会作为加快转变经济发展方式的重要着力点。深入贯彻节约资源和保护环境基本国策，节约能源，降低温室气体排放强度，发展循环经济，推广低碳技术，积极应对全球气候变化，促进经济社会发展与人口资源环境相协调，走可持续发展之路”。《中国共产党第十八届中央委员会第五次全体会议公报》（2015 年 10 月 29 日通过）强调：“必须坚持节约资源和保护环境的基本国策”“加快建设资源节约型、环境友好型社会”“全面节约和高效利用资源，树立节约集约循环利用的资源观”“推动形成勤俭节约的社会风尚”。节约优先原则是建设“五型社会”、特别是资源能源节约型社会（包括资源能源节约型城市、农村、企业、工业和农业等）的现实需要和必然选择。资源节约型社会是指奉行节约资源的理念、生产方式、生活方式和消费方式的社会，

---

① 胡锦涛．高举中国特色社会主义伟大旗帜，为夺取全面建设小康社会新胜利而奋斗——在中国共产党第十七次全国代表大会上的报告（2007 年 10 月 15 日）．人民日报，2007－10－25．

是采用综合手段对资源实现节约利用、高效利用、可持续利用，用最少的资源消耗获取最大的经济、社会和环境收益，以实现经济、社会和环境可持续发展的社会经济形态。无论是整体环境还是各种环境要素都是对人类有用的资源，对环境友好必然体现在对资源的珍惜和节约利用上。从这个意义上讲，资源节约型社会是环境友好社会的重要内容和表现形式，也是最适合中国国情的环境友好社会的一种形态，即中国的环境友好社会必然是资源节约型的社会；同时，只有在对环境友好的氛围中，才能真正、有效地形成节约资源能源的风气。珍惜和节约资源是“五型社会”的内涵，只有将节约能源优先作为建设“五型社会”的指导方针，将珍惜和节约资源的基本国策落实到建设资源节约型的全过程，大力节约资源能源，才能促进“五型社会”建设特别是资源节约型社会的可持续发展。

（3）节约优先原则是处理开源、节流与治污的关系，特别是处理开源与节流关系的准则，是在生态文明建设中对节约原则的重视与提升。“增产节约”“开源节流”是党和国家一贯倡导的方针。在生态文明建设中正确处理“开源、节流与治污的关系”，要求我们做到：坚持把节约资源能源放在建设资源能源节约型社会工作中的首位，将“节流优先，治污为本，提高用水效率”作为资源能源节约工作的指导方针；将开源、节流和治污结合起来，将开源与节流相结合、以节流优先，坚持科学开源、多方开源，将治污纳入开源的轨道；将节约与治污相结合，以节约促治污，以治污促节约。节约优先原则明确了开源与节流、开源与治污、治污与节约的辩证关系，是正确处理开源、节流与治污关系的基本原则。无论是开源、节流，还是治污，它们都是对待资源能源的方式；只有将开源、节流和治污结合起来，正确处理和及时调整这三者的关系，才能实现资源能源的优化配置和最大效益。

（4）节约优先原则是一项高标准的原则，落实节约优先原则需要采取各种节约资源能源的方法与措施。为了坚持和贯彻节约优先原则，《中共中央国务院关于加快推进生态文明建设的意见》（2015 年 4 月 25 日）要求，“加强资源节约。节约集约利用水、土地、矿产等资源，加强全过程管理，大幅降低资源消耗强度。加强用水需求管理，以水定需、量水而行，抑制不合理用水需求，促进人口、经济等与水资源相均衡，建设节水型社会。推广高效节水技术和产品，发展节水农业，加强城市节水，推进企业节水改造。积极开发利用再生水、矿井水、空中云水、海水等非常规水源，严控无序调水和人造水景工程，提高水资源安全保障水平。按照严控增量、盘活存量、优化结构、提高效率的原则，加强土地利用的规划管控、市场调节、标准控制和考核监管，严格土地用途管制，推广应用节地技术和模式。发展绿色矿业，加快推进绿色矿山建设，促进矿产资源高效利用，提高矿产资源开采回采率、选矿回收率和综合利用率”。《生态文明体制改革总体方案》(2015 年 9 月) 要求：“建立能源消费总量管理和节约制度。坚持节约优先，强化能耗强度控制，健全节能目标责任制和奖励制。进一步完善能源统计制度。健全重点用能单位节能管理制度，探索实行节能自愿承诺机制。完善节能标准体系，及时更新用能产品能效、高耗能行业能耗限额、建筑物能效等标准。合理确定全国能源消费总量目标，并分解落实到省级行政区和重点用能单位。健全节能低碳产品和技术装备推广机制，定期发布技术目录。强化节能评估审查和节能监察。加强对可再生能源发展的扶持，逐步取消对化石能源的普遍性补贴。逐步建立全国碳排放总量控制制度和分解落实机制，建立增加森林、草原、湿地、海洋碳汇的有效机制，加强应对气候变化国际合作。”进一步讲，节约优先原则要求采取“政府调控、市场引导与公众参与相结合”的方式，综合运用行政手段、工程手段、经济手段、技术手段这四种手段，将政府调控、市场引导与公众参与结合起来，形成政府行政调整机制、市场调整机制和社会调整机制相结合的节约综合调整机制。首先要充分发挥政府在节约资源能源方面的主导作用和宏观调控作用，加强组织协调和政策、资金支持，做好规划、方案、规则等制度体系建设，并通过法律和行政手段予以落实，为资源能源节约型社会建设提供体制和机制保障。与传统的主要依靠行政措施推动资源能源节约的做法不同，资源能源节约型社会的本质特征是建立以资源产权、资源能源市场理论为基础的资源能源管理体制，因此必须十分注意经济手段的运用，充分发挥市场在资源能源配置中的导向作用，形成以经济手段为主的资源能源节约机制，不断提高资源能源的利用效率和效益。建设资源能源节约型社会是一场生产关系的重大变革，是一场深刻的革命，关系到社会各行业、各部门和每一位居民，需要全社会共同努力，只有使节约资源能源成为全社会的自觉行为，才能实现建立资源能源节约型社会的目标。要鼓励社会公众广泛参与和支持，促进节约资源能源的社会化。

因此，节约优先原则不是抽象性指导性原则，而是由一整套法律法规和法律制度予以配套并保障其实施的实施性指南。

第四节　彰显中国社会主义法治体系特色的绿色原则[①]

2017年3月15日，第十二届全国人民代表大会第五次会议审议通过的《中华人民共和国民法总则》（以下简称《民法总则》）第9条规定："民事主体从事民事活动，应当有利于节约资源、保护生态环境。"该条被称为"绿色原则"、"生态原则"、"生态环境保护原则"、"资源和环保原则"或"人与自然和谐发展原则"。它虽然是规定在我国《民法总则》中的民法基本原则，但由于大部分民事活动都对环境资源生态及其保护治理具有或多或少、或积极或消极等不同程度的影响和作用，环境资源法所调控的大部分生产经营活动（即企业和个人或单位和个人）都属于民事活动，因而它也是我国环境资源法的基本原则。绿色原则作为我国民法典编纂的重要创新与突破，在指引民事立法，规范民事活动，促进环境资源保护活动和生态文明建设，推动民法、环境法等学科发展上，具有不可替代的价值。将绿色原则作为民法与环境资源法的共同原则，无论从理论上还是从实践上看都具有正当性和重要意义。

一、绿色原则之文义解读

文义解释，又称文本解释，主要指根据法律条文中词语的含义来解释法律条文的法律意思。依据《民法总则》第9条的表述，绿色原则受到"民事主体""民事活动""应当""有利于""资源""生态环境"等语词的修饰与限定。在这些立法限定词中，有实词、有虚词，它们互相修饰、互相限定，从分析和解读这些语词入手，可以帮助我们理解和掌握绿色原则的基本内涵与适用范围。

（一）绿色原则是适用民事活动、调整民事关系的基本原则

"民事活动"是《民法总则》第9条即绿色原则的一个关键词，从这个

① 本节由张毅和我共同撰写。张毅是上海财经大学法学院博士研究生。

关键词出发可知，绿色原则是适用民事活动的民法基本原则。对何谓民法基本原则，学界存在不同看法，有人认为民法的基本原则就是民事活动的或适用民事活动的基本原则[①]，也有人主张将民法的基本原则与民事活动的基本原则严格区别开来，甚至指责“人们将民法的基本原则误认为是民事活动的基本原则”[②]。但是，法治思维的一个重要特点是法律思维或法律规范思维，法释义学或法教义学强调的是以现行有效法律为依据，从我国《民法总则》中其他五项基本原则的条文（即第 4 条至第 8 条）可知，“民事活动”也是其他五项民法基本原则的限定词或关键词，这说明《民法总则》或我国立法机关将民法的基本原则视为民事活动的或适用于民事活动的基本原则。

从第 9 条的文义看，绿色原则的适人范围是民事主体[③]，适事范围是民事活动。也就是说，绿色原则是适用于民事主体所从事的民事活动，而非适用于政治活动、文化活动等其他活动的基本原则。由于民事活动必然形成民事关系，民事关系只能在民事活动中形成，故民法调整民事关系与民法调整民事活动并不矛盾或并无实际区别。因此，基于民事活动与民事关系的内在联系，适用于民事主体所从事的民事活动的民法基本原则就是调整民事关系的基本原则。

据笔者统计，新颁布的《民法总则》在“第一章 基本规定”的 12 个条文中，有 2 个条文（第 1、11 条）提到“民事关系”，但这 2 条都不属于民法基本原则；有 7 个条文（第 4、5、6、7、8、9、12 条）提到“民事活动”，其中有 6 个条文属于民法基本原则，只有第 12 条属于《民法总则》适地范围的规定；有一个条文（即第 5 条）同时提到“民事法律关系”和“民事活动”[④]。一般认为，民事活动和民事关系与民事法律活动和民事法律关

① 依据我国《民法通则》对民事活动的构造以及表述习惯，表明“基本原则”既是民法的基本原则，又是民事活动的基本原则。史越. 民事活动的基本原则. 政法论坛，1986（4）：2.

② 李建华. 论我国民法典基本原则表述的立法技术——兼论民法典基本原则立法表述中民事活动等概念的取舍. 吉林大学学报，2009（3）：67.

③ 根据《民法总则》的规定，民事主体包括自然人（含个体工商户、农村承包经营户）、法人（含营利法人、非营利法人和特别法人）和非法人组织（含个人独资企业、合伙企业、不具有法人资格的专业服务机构）等。

④ 《民法总则》第 5 条规定：“民事主体从事民事活动，应当遵循自愿原则，按照自己的意思设立、变更、终止民事法律关系。”笔者理解，第 5 条实际上是要求民事主体在从事民事活动中应当依照民法规定，建立民事法律关系。

系是有区别的。民事活动范围极其广泛，不同国家在不同时期制定实施的民法只是有选择地调整某些民事活动和某些民事关系，因为民事法律即民法的存在（制定和实施）才使得其规范或调整的那些民事活动和民事关系成为民事法律活动和民事法律关系，而那些没有得到民法规范或调整的民事活动和民事关系则不能成为民事法律活动和民事法律关系。根据第 9 条关于“民事主体从事民事活动，应当有利于节约资源、保护生态环境”的表述，由于民事活动形成民事关系，因而绿色原则既是调整民事活动也是调整民事关系的基本原则；由于“民事活动”的范围大于“民事法律活动”，“民事关系”的范围大于“民事法律关系”，因而绿色原则也是调整民事法律活动和民事法律关系的基本原则。

综上所述可知，《民法总则》第 9 条用十分明确的基础性规范表明：绿色原则不仅是适用于民事活动的基本原则，是调整民事关系的基本原则；也是民事主体从事民事法律活动、形成民事法律关系的基本原则；更是民法的基本原则。

（二）绿色原则是兼具普遍约束力与价值判断的义务性基础规范

第 9 条的一个关键词是“应当”。基于对“应当”的不同理解，产生了对绿色原则的不同认识。由于“应当”同时具有强制性和价值判断性，这意味着绿色原则既是具有普遍法律约束力和较强法律约束力的法律原则，也是蕴含价值判断并表明立法机关已经作出“应当有利于节约资源、保护生态环境”的价值判断的法律原则，还是赋予司法机关一定自由裁判权限、提升司法裁判正当性的依据。

1. 绿色原则是具有普遍法律约束力和较强法律约束力的义务性基础规范

民法基本原则都是具有普遍法律约束力的指导性民法规范（指导性民法规范又称原则性民法规范，是相对于规则性民法规范的一类规范）。只有具有普遍法律约束力，民法基本原则才能发挥其指导性规范的功能，维护基本原则的规范效力，从而保障民法立法目的和民法调整功效的实现。如果没有法律约束力，基本原则就容易变成可遵守可不遵守、可坚持可放弃的“虚设条文”，这会导致基本原则本身被消解，进而导致法律价值的破坏和立法目的的落空。

法律规范包括具体规范和基础性规范，法律原则属于基础性规范，绿色原则也属于民法的基础性规范。虽然法律规范都具有一般的法律约束力，但其中用“应当”表示的应行性法律规范较之用“可以”和其他描述性词语来表示的法律规范，具有较强的法律约束力。同理，作为基础性规范的法律原则虽然都具有普遍法律约束力，但其也因修饰词的不同而具有不同程度的法律约束力。例如，《民法总则》对平等原则内容使用的是描述性用语（即民事主体在民事活动中的法律地位一律平等），是一种描述性规范或陈述性规范，它表示平等原则对民事主体的法律约束力或法律强制性较弱；对合法原则的内容（即民事主体从事民事活动，不得违反法律，不得违背公序良俗）使用的修饰词是“不得”，表示合法原则对民事主体具有很强的法律约束力或法律强制性，是一种禁止性规范；对自愿原则、公平原则、诚信原则与绿色原则的内容使用的修饰词都是“应当”，表示这四项基本原则对民事主体具有大致相同的、介于平等原则和合法原则之间的法律约束力或法律强制性。仅仅认识到绿色原则具有普遍法律约束力，还不足以全面理解绿色原则的性质和功能；只有理解“应当”的命令性和应行性，才能了解绿色原则与其他民法基本原则的区别。由于第9条的“应当”具有命令性和较强的法律约束力，这意味着绿色原则不仅是具有普遍法律约束力的指导性准则，也是具有较强的法律约束力的义务性基础规范。

2. 绿色原则是蕴含价值判断并表明立法机关已经作出该价值判断的义务性基础规范

第9条中的“应当”既是理解绿色原则的一个关键词，也是对绿色原则产生不同理解的一个“问题词”，因为人们往往将“应当”与“是”、价值与事实联系起来理解绿色原则。

将事实与价值、事实判断与价值判断、“是”与“应当”作为重大问题提出来的学者首推英国哲学家大卫·休谟。[①] 他在其专著《人性论》[②] 第三卷第一章第一节最后的一个“附论”中提出的问题和见解形成了后人所称的“休谟问题”和“休谟法则”。所谓休谟问题是指有关“是”与“应当”的关系、事实与价值的关系、“实然”与“应然”的关系、事实判断与价值判断的关系，以及价值判断的正当性、逻辑推理的有效性等问题。所谓休谟法则

---

① 大卫·休谟（David Hume，1711—1776），英国著名的哲学家、经济学家和史学家。

② 休谟. 人性论. 关文运，郑之骧，译. 北京：商务印书馆，1980.

是指在回答或解释休谟问题时所得出的具有重大影响的某种结论或某个观点。① 在有关休谟问题和休谟法则的讨论中②，一般认为："是"（is）是相对于"不是"或"非"而言，"是什么"（what is）属于事实判断；"应当"（ought to be，也有人译为应该）③ 相对于"不应当"而言，"应当是什么"（what ought to be）或"应当如何"属于价值判断。价值判断，又称价值上的判断、规范（norm）性判断，是指对某种事件或现象进行是"好"的还是"坏"的、"善"的还是"恶"的、"应该"做的还是"不应该"做的判断，这种判断或评价是因人而异的，没有可以检验真伪的、统一的、适用于所有人的"客观标准"，因而也没有严格意义上的对错之分。休谟法则提醒人们：价值判断不是客观事实或逻辑推理的产物，而是主观意识的产物；价值是规范性的，而事实是描述性的，其间的鸿沟无法跨越。西方大多数法理学家很早就接受了"休谟法则"，并将其运用在法律推理、规范分析等法学研究工作之中。美国法学家拉宾指出："法律学者们采用的方法主要有两种，即描述性的（descriptive）方法和规范性的（prescriptive，normative）方法，这种区别便来自休谟那十分著名的'实然'（is）与'应然'（ought）之分。"④ 描述性的方法适用于对事实问题"是否如此"的认识与描述；规范性的方法适用于对价值问题"应否如此"的判断与取舍。这种将认识领域分为"实在"（自然王国）与"应在"（人类王国）的二元论，引发了对法和法律规范的性质的长期争论。

有人根据"休谟法则"和事实与价值或"实在"与"应在"的二元论认为，法律规范蕴含价值表明法律规范属于价值的范畴而非事实的范畴，既然价值判断属于人的主观判断、因人而异的判断，既然"应当"表示的是价值判断，那么用"应当"修饰的绿色原则也必然具有主观任意性，因而蕴含价

---

① 例如，有人将如下观点称为休谟法则：不能从"是"（is）推出"应当"（ought to be）；"不能从事实判断中推出价值判断"；在事实判断与价值判断之间存在一条不可逾越的"鸿沟"。

② 蔡守秋．"休谟问题"与近现代法学．中国高校社会科学，2014（1）；蔡守秋．基于生态文明的法理学．北京：中国法制出版社，2014，1：第八章．

③ 在英语中，ought to 主要表示应当、应该。ought to 与 should 意思接近，大多数情况下二者可以互换。should 和 ought to 的区别是：ought to 比 should 语气强。

④ Edward L. Rubin. Legal Scholarship［G］//Patterson. *A Companion to Philosophy of Law and Legal Theroy*. Blackwell Publishers Ltd.，1996：562；熊文聪．被误读的"思想/表达二分法"——以法律修辞学为视角的考察．现代法学，2012（6）．

值判断的绿色原则也是一种任意性或任择性原则，并且据此推论认为立法主体或民事主体在适用绿色原则时也可以具有任意性。笔者认为，包括法律原则在内的所有法律规范都是通过人的意识和意志形成的，因而都蕴含价值判断；但是蕴含价值判断，不等于作为义务性基础规范的绿色原则是一种可以随意或任意适用的法律原则。法律规范不仅是思维的对象，同时又是现实的存在，因而属于兼具价值性和事实性的价值事实，或称规范事实或制度事实。由于法律规范属于价值事实，因而在《民法总则》生效后，绿色原则并不是只具有价值判断的任意性原则，不是在其后制定或解释民事法律的立法主体或民事主体可以任意适用的任意性原则，而是既蕴含价值判断又表明事实的义务性基础规范。

事实包括科学事实与价值事实。[①] 科学事实，又称纯粹事实、自然事实、原始事实等，是从科学认识角度理解的客观存在，是本身未必有独立自足的价值的事实，或者说是不带有价值评价的事实。例如，太阳出来了，刮风了，下雨了，这些就是科学事实。价值事实，又称不纯粹的事实、社会事实、规范性事实、制度事实，是本身就内含价值或义务的事实，或者说是指带有价值评价的事实。例如，某人说“秦始皇是好人”，这是一种价值判断，但“秦始皇是好人”这种言论也是客观存在的事实。法律规范不仅是思维的对象（客体），同时又是现实存在的事实，因而属于兼具价值性和事实性的价值事实，又称规范事实或制度事实。制度法理学的创始人尼尔·麦考密克（Nei MacCormick，1941 年—）与魏因贝格尔（1919—2009 年）在合著的《制度法论》中认为，世界上的事实可分为“原始事实”和“制度事实”，“法律是一种特殊的事实；一种在塞尔所说的意义上的制度事实……——例如法律制度——是以一种特殊方式出现的复杂的事实；它们是有重要意义的

① 英国语言哲学家安斯库姆（G. E. M. Anscombe）和美国语言哲学家塞尔（J. R. Searle）把世界上的事实分为两类，即纯物质性事实和制度性事实，其中制度性事实是与价值紧密地联系在一起的事实。纯物质性事实（或原始状态的事实）只与物质世界的有形存在有关，即仅与组成物质世界的物质客体的存在有关。这些事实丝毫不取决于人类的意志、人类的传统或人类的努力。由于纯物质性事实完全不包括意识因素，也不受意识作用的影响，由此可以用纯粹的行为描述对纯物质性事实进行外在的描述并且可以用陈述句对之加以表述。制度性事实则是另一种事实，即作为人类实践活动或其结果的事实，这种事实被称为以人为条件的事实（humanly conditioned fact）。由于这类事实的存在仅仅是因为规则的存在才有意义，规则是制度的核心内容，因而可称这种事实为“制度性事实”。John R. Searle. *The Construction of Social Reality*, The Free Press，1995，pp. 31 - 57.

规范的构成物，而且与此同时，他们作为社会现实的因素存在”[①]。认识到法律（包括法律规范、法律制度和法律原则）是一种价值事实或制度事实，对于我们理解绿色原则的内涵具有十分重要的意义。我们说绿色原则是既蕴含价值判断又表明事实的义务性基础规范，首先表示立法主体或立法机关已经作出“民事主体从事民事活动，应当有利于节约资源、保护生态环境”的价值判断，其次是要求“民事主体从事民事活动”时作出“应当有利于节约资源、保护生态环境”的价值判断。也就是说，绿色原则中的“应当”表示立法者已经通过利益衡量，作出了“应当有利于节约资源、保护生态环境”的价值判断。这种由法律明确规定的已经作出的价值判断，已经成为由法律确立的规范事实或制度事实，这种规范事实或制度事实对法律面前的一切人都是客观的事实，任何人都不能无视、否定或歪曲这种事实。它首先要求立法机关在进行民事立法或解释民事法律时应该信守其已经作出的价值判断，应该自觉接受蕴含自身价值判断的绿色原则，而不能对蕴含自身价值判断的绿色原则采取任意的态度或作法。其次，它要求民事主体应该按照立法机关已经作出的价值判断，使其所从事的民事活动“应当有利于节约资源、保护生态环境”，而不能对立法机关已经作出“应当有利于节约资源、保护生态环境”价值判断的绿色原则采取任意的态度和做法，更不能违反立法机关已经作出“应当有利于节约资源、保护生态环境”价值判断的绿色原则。至于民事主体在民事活动中没有遵守、实施甚至违反绿色原则是否承担法律责任或是否导致民事法律行为的无效，则应该根据有关法律责任的规定对具体情况进行具体处理，但无论作出何种不同的对待或处理都不意味绿色原则是一种任意性原则。[②] 因此，我们不仅要认识到绿色原则是蕴含价值判断、反映某种价值观的法律原则，还要认识到绿色原则是立法机关已经作出“应当有利于节约资源、保护生态环境”的价值判断的义务性基础规范，即认识到绿色原则是蕴含价值判断和既成事实的法律原则和法律事实。

---

① 麦考密克，魏因贝格尔．制度法论．周叶谦，译．北京：中国政法大学出版社，1994：135.

② 例如，对意思自治、公平原则、诚实信用原则中“应当”的背离，虽然可能遭遇法律的否定性评价，但不必然导致法律行为的无效。如《合同法》第54条关于因重大误解、显失公平、欺诈、胁迫、乘人之危等订立的合同，无疑是对平等、自愿、公平、意思自治等基本原则的违反，但此类合同的效力属于可撤销、可变更的，而非当然无效。同理，对绿色原则中“应当”的背离，也不必然导致民事法律行为的无效。

3. 绿色原则是赋予司法机关一定自由裁判权限、提升司法裁判正当性的依据

在司法裁判中，法律规则被称为“确定性命令”，具有确定性、具体性、可操作性等特性；它往往以“全有全无”（要么有效要么无效）的方式指引和规范人们行为，在作为裁判准则方面具有不可替代的优先性。在成文法规定不足的情形下，法律原则通过不断地适应、修正、弥补，在法律规定与规范事实的鸿沟之间架起桥梁，有学者认为法律原则或一般条款是《法国民法典》《德国民法典》等经典成文法能经久不衰、古老而垂青之秘诀所在。[①] 法律原则通过授权（由于此种授权是基于法律原则所具有的不确定性、衡平性与可诠释性而获得，因而无须再行授权之托）司法机关一定的创造性司法的权限，将“严格规则”与“自由裁量”有机统一起来，有利于解决不断变化发展的社会关系与相对固定的法律规定之间的矛盾。但是，相对于法律规则而言，法律原则具有模糊性、衡平性、开放性、外延宽泛等特点；它与规则不同，不是以“全有全无”的方式适用的，而是以“最佳化命令”（optimization requirements）的方式予以实现的，即它要求某事在相对于法律与事实的可能范围内以尽可能高的程度被实现。[②] 是否使用法律原则进行司法裁判，关键是看能否通过法律解释和法律论证，将法律原则的内容转化为对案件事实进行规范涵摄的大前提，使其变得相对具体、确定并具有可操作性。从民法原则应用的司法实践看，传统民法基本原则的可裁判性在司法实践中已经得到了比较广泛的认可和检验，已经有许多以民法基本原则作为直接裁判依据的案例。

绿色原则作为民法基本原则之一，也具有法律原则之一般可裁判性或裁判功能。依据前文释义，绿色原则不仅是具有普遍法律约束力的指导性准则，而且是具有较强法律约束力的义务性基础规范；不仅是蕴含价值判断，而且是表明立法机关已经作出“应当有利于节约资源、保护生态环境”的价值判断的义务性基础规范。在传统民事法律面对生态环境资源问题上规范不足、解释乏力的情况下，绿色原则作为基本原则，在授权司法机关处理涉及

---

① 李建华等. 论中国民法的现代性问题——民法典立法基调前瞻. 法制与社会发展，2002（1）：121；王利明. 关于制定民法总则的几点思考. 法学家，2016（5）：4.

② 罗伯特·阿列克西. 法概念与法效力. 王鹏翔，译. 北京：商务印书馆，2015：76－77.

生态环境资源类问题上，具有不可替代之功能，尤其在“人民群众日益增长的生态环境质量需求同不断恶化的生态环境之间的矛盾”成为重要时代特征的情势下，更应发挥绿色原则在弥补成文法漏洞方面的补充作用。因此，绿色原则具有更加明显的可裁判性或裁判功能。绿色原则要求民事主体在从事民事活动时，应当按照立法机关已经作出的价值判断，使其所从事的民事活动“有利于节约资源、保护生态环境”；这表明民事主体遵循绿色原则从事民事活动，具有强制性，不得任意违背。这实际上为司法机关审理因民事活动没有遵守“应当有利于节约资源、保护生态环境”的绿色原则而引发的民事案件，提供了法律依据。司法机关应当基于绿色原则所具有的普遍法律约束力和较强法律约束力，遵循立法机关已经作出“应当有利于节约资源、保护生态环境”的价值判断，在法律许可的自由裁量范围内对涉及背离绿色原则的案件作出裁判，对背离“应当有利于节约资源、保护生态环境”的民事行为应该作出法律和司法裁判的否定性评价。需要特别指出的是，绿色原则所具有的可裁判性或裁判功能，不宜局限地适用于传统的私益诉讼，而应较多地体现于新型的环境公益诉讼，即法院在审理环境民事公益诉讼案件时，对于背离绿色原则的民事活动可以依法作出裁决。至于民事主体在民事活动中没有遵守、实施甚至违反绿色原则是否导致民事法律行为的无效或承担何种法律责任，则应该由司法机关根据有关法律责任的规定对具体情况进行具体分析、处理：若民事主体主观过错较严重，行为在客观上对环境产生非常不利的影响，则应当认定其行为无效；若民事行为尚未达到前述的严重程度，则不宜认定其行为无效，而应尽量保全该民事行为的效力，并采用停止侵害、恢复原状、赔偿损失等责任形式来加以补救。“四川金核矿业有限公司与新疆临钢资源投资股份有限公司特殊区域合作勘查合同纠纷案”① 已明确损害环境公共利益的合同将被认定为无效合同，亦从实践角度佐证对环境保护基本原则的违反有面临强制性、否定性评价的风险。需要注意的是，绿色原则要求民事主体在从事民事活动时“应当有利于节约资源、保护生态环境”，这体现的是财产私益或财产权对公共利益或环境公益的让步，是财产权人的一种忍受，这种忍受并不需要受益的公共利益方的补偿，因而属于财

① 四川金核矿业有限公司与新疆临钢资源投资股份有限公司特殊区域合作勘查合同纠纷案（最高人民法院（2015）民二终字第167号. 最高人民法院公报，2017（4）.

产权人所负的一种社会义务。因此，在遇到因民事活动导致的环境纠纷案件时，裁判者应充分考虑绿色原则所追求之价值，更加注重利益之间的衡平与对权利行使方式的限制，并通过利益衡量，作出合理裁判。另外，民法基本原则的基本功能除了“实现对立法的指导和便利司法之外，更重要的则在于通过理性化的抽象设计，强化社会公众对民法的内心信仰和价值认同”[①]。绿色原则的一个基本功能就是强化社会公众对“节约资源、保护环境、促进人与自然和谐发展”的内心确信与价值认同，使之内化为民事主体的行为自觉。如果司法裁判所认可的民事活动有利于节约资源和保护生态环境，无疑将提升其裁判的说服力与正当性。

（三）绿色原则是处理民事活动与环境活动的关系、规范和指引民事活动的指导性准则

第 9 条的主体部分是“应当有利于节约资源、保护生态环境”，其中“资源”和“环境”、“节约资源”和“保护生态环境”是第 9 条规定的原则的关键概念。这是将第 9 条规定的原则称为资源、环境保护原则，简称绿色原则的主要原因。可以将“节约资源、保护生态环境”称为“环境、资源活动”，简称为环境活动。通过分析第 9 条的主体部分和关键术语可知，绿色原则不仅表示“物”和“财产”与“资源”和“生态环境”既存在相互联系与区别，肯定了作为公众共用物的环境、资源的公共利益载体属性，又将资源禀赋、环境功能、生态价值等价值追求融入民法评价体系之中；而且表示民事活动与环境活动既有联系又有区别，肯定了环境活动的重要地位和作用，将节约资源、保护生态环境、促进生态文明建设纳入民法或民法规范体系之中；还意味着将财产私益与环境公益既区别开来又联系起来，体现了环境公益优先财产私益、以环境公益限制财产私权的不正当行使、追求双赢的思想；从而为处理民事活动与环境活动的关系的民法原则理顺了逻辑思路，奠定了法理基础。

1. 将财产与资源、环境，民事活动与环境活动既联系起来又区别开来，为正确处理民事活动与环境活动的关系、规范和指引民事活动奠定了法理基础

首先必须指出的是，与民法调整对象有关的民事活动和物质要素的种类

① 赵万一．民法基本原则：民法总则中如何准确表达?．中国政法大学学报，2016（6）：30．

繁多，而《民法总则》第一章“基本规定”的条文和字数有限，《民法总则》能用十分珍贵、有限的条文专门关注环境活动，即专门用第9条规定“民事主体从事民事活动，应当有利于节约资源、保护生态环境”，表明中国民事立法机关或中国民法典对环境活动的重要地位和作用的肯定和重视。其次值得关注的是，“资源”和“环境”、“节约资源”和“保护生态环境”与“民事活动”共存于《民法总则》第一章“基本规定”的第9条中，这种安排表示绿色原则已经将财产与资源、环境，民事活动与环境活动既联系起来又区别开来，从法理上说明了绿色原则是将环境功能和生态价值纳入民法、以“节约资源、保护生态环境”为中心、处理民事活动与环境活动的关系的民法基本原则。

（1）将民事活动与资源、环境置于一个法律条文中，确认了财产与环境、资源的相互联系与区别，肯定了资源、环境的价值与功能，这是正确处理民事活动与环境活动的关系、规范和指引民事活动的法理基础。

“物”和“财产”是民事活动不可或缺的物质实体，“资源”和“生态环境”是环境活动不可或缺的物质实体。在绿色原则没有确立前，民法物权法在定义或规定“物”和“财产”时基本不联系“资源”和“生态环境”，环境资源法在定义或规定“资源”和“生态环境”时基本不联系“物”和“财产”。由于民法物权法与环境资源法各吹各的号、各唱各的调，致使有人因误以为“资源”和“生态环境”就是排他性物权（或不产权）的客体而用物权法的观点和方法来对待资源、环境保护和环境资源法治建设，也有人因误以为“物”和“财产”就是“资源”和“生态环境”而用环境资源法的观点和方法来要求和对待“物”和“财产”的占有与使用，并因此产生了某些法律解释冲突和法理冲突。因此，如何将“物”和“财产”与“资源”和“生态环境”既联系起来又区别开来非常重要，特别是如何区别“物”和“财产”与“资源”和“生态环境”往往成为法律和法学的一个重要问题甚至难题。以往民法之所以在节约资源和保护环境方面没有发挥应有的作用或其作用不够明显，其中一个重要原因就是没有将“物”和“财产”与“资源”和“生态环境”既联系起来又区别开来。《民法总则》第9条将“资源”与“环境”与“民事活动”放到一起，不仅确认了“资源”和“生态环境”与“物”和“财产”的相互联系，而且确认和肯定了“资源”和“生态环境”与“物”和“财产”的重要区别。两者的相互联系是：第一，在现实生活中，环境法中的环境要素和自然资源与民法中的物和不动产往往表现在同一个东西上，例如对同一片森林，民法将其规定为国家所有的森林或集体所有的森林，环境资源法却将其规定为森林环境要素或森林自然资源。第二，在法律上，民法物权法所称的某些不动产（如土地、森林、草原、水、野生动植物等）可能在环境资源法被称为某种自然资源或环境要素，在环境资源法中所称的某种自然资源或环境要素可能在民法物权法中被称为某种不动产。[①] 两者的相互区别是：第一，作为天然环境因素的大气、水、海洋等自然资源和生态环境主要是大自然的恩赐物，主要是非人力劳动的自然物；作为人为环境因素的风景名胜区、城市和乡村等人工环境主要具有共享性的环境功能和环境价值。无论是天然环境还是人工环境都具有生态联系性、整体不可分割性、公众共享性等特点，整体上看或基本上属于不特定多数人（即公众）可以非排他性享用的"公众共用物"[②]，是公众需要的共同利益或公共利益的载体。第二，"物"主要是人力劳动的产品；作为厂房、住宅的"物"（不动产）主要强调其排他性的经济功能和经济价值。根据我国《物权法》的规定，物就是财产（"物包括不动产和动产"），物就是排他性物权的客体；也就是说，"物"具有排他性、稀缺性和可交易性，物（或财产）是与排他性的物权（或产权）联系在一起的概念。

如果"资源"和"生态环境"与"物"和"财产"是风马牛不相及的事物，《民法总则》不可能将"资源"和"生态环境"与"物"和"财产"与"民事活动"规定在第一章第 9 条中。如果"资源"和"生态环境"与"物"和"财产"没有区别，如果自然资源和生态环境属于或等于物（或财产），那么《民法总则》要求"民事主体从事民事活动，应当有利于节约资源、保护生态环境"就成了一句同义反复的"多余的话"，即意味着民事主体在从事民事活动时，应当有利于节约和保护民事主体可以直接支配和排他性使用的物（或财产）。但是按照民法或物权法的规定，民事主体有权自由地使用

① 例如，根据 2014 年修改的《环境保护法》第 2 条的规定，环境"是指影响人类生存和发展的各种天然的和经过人工改造的自然因素的总体，包括大气、水、海洋、土地、矿藏、森林、草原、湿地、野生生物、自然遗迹、人文遗迹、自然保护区、风景名胜区、城市和乡村等"。根据《物权法》（2007 年）规定，"物"或"不动产"包括国家所有的水、海域、矿产、珍贵稀有野生动植物，以及国家和集体所有的土地、森林、草原、湿地等。

② 蔡守秋，潘凤湘．论公众共用物的法律起源．河北法学，2016（10）：23.

和处理自有的或自用的财产，包括完全毁掉或消耗掉自有的或自用的财产；如果法律笼统地规定民事主体必须节约和保护自己的财产，不仅限制或剥夺了民事主体自由地使用和处理自有的或自用的财产的民事权利，而且使民事主体还可能承担没有节约使用自己的财产、没有保护自己支配的财产的法律责任，即有可能使合法的民事活动成为无效的民事活动，从而使民事主体受到负面评价甚至承担否定性的法律后果。显然，这种意义上的“绿色原则”，不仅是违背民法所需的民法基本原则，而且是违背民法指导思想和所追求目的、自残其身的“无理要求”。只有在承认和确认“资源”和“生态环境”是区别于或不同于具有排他性的“物”和“财产”的公众共用物的前提下，绿色原则要求“民事主体从事民事活动，应当有利于节约资源、保护生态环境”才符合逻辑、才具有合理性和正当性。更加重要的是，《民法总则》第 9 条将“资源”与“生态环境”融入其中后，使第 9 条规定的民法基本原则蕴含了资源禀性、环境功能和生态价值，从而使其成体现当代资源观、环境观和生态观的，名副其实的绿色原则。这实际上是从民法角度肯定了资源与环境在民法中的价值与功能，为正确处理民事活动与环境活动的关系奠定了思想认识方面的基础。

(2) 将民事活动与节约资源、保护生态环境置于一个法律条文中，确认了民事活动与环境活动的区别，肯定了环境活动的重要地位和作用，这是处理民事活动与环境活动的关系、规范和指引民事活动的法治思维的前提。没有从民法指导思想上承认和明确民事活动与环境活动的相互联系与区别，是以往民法在促进环境保护活动和环境法治建设方面没有发挥应有的作用或不够得力的一个重要原因。其实，民事活动与环境活动既存在内在的、紧密的联系，又存在重要的区别，这是我国《民法总则》第 9 条规定民事活动应当有利于节约资源、保护生态环境的应有之义。民事活动与环境活动的相互联系是：第一，所有的民事活动都在一定的地域、空间和时间范围内进行，即都在一定的环境条件下进行，都与外界环境发生某种联系，都受到外界环境的影响和作用，同时也对环境产生某种影响和作用。民事活动对环境的影响，可以用民事活动的外部性来表示：正外部性表示民事活动对环境的正面的、有利的、积极的影响和作用；负外部性表示民事活动对环境的负面的、不利的、消极的影响和作用。第二，环境活动是保护和改善环境生态，为人民提供优质生态产品、优良环境质量、优美环境条件的活动，其中节约资源是防治环境污染和破坏、保护和改善环境的一种基本途径和重要手段。良好的环境质量是最普惠的公共物品，环境保护是最根本最重要的民生，环境保护搞好了，环境质量就会提高，就能改善包括民事主体的在内的公众的民生条件。如果环境活动搞得不好或受到阻碍，环境就会受到污染和破坏，环境质量就会下降或恶化，就会影响甚至损害人身健康和人的财产，其中包括作为民事主体的自然人的身心健康以及作为民事主体的自然人、法人和非法人组织的财产。正如中共十九大报告所指出的，“人类对大自然的伤害最终会伤及人类自身，这是无法抗拒的规律”。如果民事活动与环境活动是风马牛不相及的两项活动，《民法总则》决不会规定绿色原则。民事活动与环境活动的主要区别是：民事活动主要指作为民事主体的自然人、法人和非法人组织基于人身权、财产权而进行的生活、生产、经营、交易、消费等各种活动，主要是一种维护排他性权利和利益的私益活动；环境活动主要指节约资源、保护生态环境方面的活动，主要是一种维护非排他性环境权益的公益活动。如果认为民事活动与环境活动没有区别，即将民事活动理解为包括环境活动或将环境活动等同于民事活动，则会产生逻辑矛盾，因为在这种情况下，规定“民事活动应当有利于节约资源、保护生态环境”实际上就等于规定“民事活动应当有利于民事活动”，这种同义反复会使绿色原则变得毫无意义。

我国《民法总则》第 9 条以“节约资源”和“保护生态环境”为关键词，将环境活动与民事活动放到一起，不仅将环境活动与民事活动既联系起来又区别开来，确认和肯定了环境活动和民事活动的相互影响和作用；而且意味着在处理“民事活动与环境活动”关系、规范和指引民事活动时，既不宜将民事活动与环境活动等同或混淆，也不宜将这两者割裂开来或对立起来，从而为正确处理民事活动与环境活动的关系奠定了法理基础，使绿色原则成为处理民事活动与环境活动的关系、规范和指引民事活动的指导性准则。特别重要的是，《民法总则》第 9 条将“节约资源、保护生态环境”纳入其中后，绿色原则开始成为引导民事活动贯彻“节约资源、保护生态环境”基本国策，发挥民事活动在资源节约型社会和环境友好型社会建设中的重要作用的民法基本原则。

2. 对民事“行为方式”的选择设置前提性要求与高标准要求

我国法律条文中采用“有利于”的表述既不多见，也不稀罕。笔者通过分析研究若干法律中载有“有利于”的法律条文[①]发现：第一，“有利于”可以用于描述或修饰某项原则、政策、措施、行为（或活动）、行为（或活动）方式、产品、设备和设施。《民法总则》第9条中的“有利于”直接用于描述和修饰的是行为（或活动），即“节约资源、保护生态环境”这种行为（或活动），实际上用于描述和修饰的是绿色原则。第二，单独的“有利于”表示人或事务之间的利益关系状态，即表示一些人或事务对另一些人或事务有利、有益、有好处，能起到增利和增益或帮助和促进的作用。如果在“有利于”前面加上“应当”“制定”“采用”“实行”“最”等修饰词，则具有不同的含义和意义，例如，可以表示行为方式的选择的前提性要求[②]，也可以体现行为方式的选择的更高标准的价值欲求。[③] 绿色原则中的“应当有利于”既是对民事行为方式的选择的前提性要求，也是体现更高价值欲求的民事行为方式的选择的高标准要求。

（1）“应当有利于”是对民事行为方式的选择的前提性要求。在《民法总则》中，“有利于”的表述，总共出现4次，除第9条绿色原则外，其余3处均出现在第2节“监护”中，即在对监护人的选择以及对被监护人履行监护职责过程中，应当遵循“最有利于”被监护人的原则。《合同法》（1999年）第62条规定，在履行方式约定不明时，应以有利于实现合同目的的方式履行。《物权法》（2007年）第84条规定，应当按照有利于生产、生活、团结互助、公平合理的原则处理相邻关系。分析上述条文可知，“有利于”在上述条文中蕴含着“对比”、“判断”与“选择”的过程。在数位（大于等

---

① 例如，《民法总则》（2017年）第9条、第31条、第35条、第36条；《物权法》（2007年）第84条；《合同法》（1999年）第62条；《环境保护法》（2014年）第4条、第36条；《循环经济促进法》（2008年）第4条、第10条、第25条、第26条、第46条、第47条；《清洁生产促进法》（2012年）第7条、第14条、第16条、第23条、第24条、第25条、第27条；《节约能源法》（2016年）第62条；等等。

② 例如《循环经济促进法》（2008年）第4条明确规定，“发展循环经济应当在技术可行、经济合理和有利于节约资源、保护环境的前提下，按照减量化优先的原则实施”。

③ 例如《环境保护法》（2014年）第36条规定，“国家鼓励和引导公民、法人和其他组织使用有利于保护环境的产品和再生产品，减少废弃物的产生”。《循环经济促进法》（2008年）第25条规定，“国家机关及使用财政性资金的其他组织应当厉行节约、杜绝浪费，带头使用节能、节水、节地、节材和有利于保护环境的产品、设备和设施”。

于二）监护人之中进行对比、判断，应当选择一个最有利于被监护人的监护人；在数种（大于等于二）合同履行方式之中进行对比、判断，应当选择一个有利于合同目的实现的履行方式；在相邻关系处理中，对不同方式进行对比、判断，应当选择有利于生产、生活的方式处理相邻关系。如果将此理解类推于绿色原则中“有利于节约资源、保护生态环境”的表述，则是在有害于、不利于、无害于、无利于、有利于“节约资源、保护生态环境”等多种方式中进行对比、判断，行为人应当选择一个“有利于”节约资源与保护生态环境的方式从事其民事活动。由于立法机关已经明确选择“应当有利于节约资源、保护生态环境”这种行为方式，因而在第 9 条中的“有利于”是对民事行为方式的选择的前提性要求。因此，仅仅用具有选择性的“有利于”这个修饰词来理解绿色原则是不够的，只有将“应当”与“有利于”结合起来，即从“应当有利于”出发，才能理解绿色原则的真谛。

（2）“应当有利于”是体现更高价值欲求的民事行为方式的选择的高标准要求。绿色原则体现立法者的价值追求，这不仅可以从“应当”的含义中得以推导，而且可以从“有利于”的表述中得以确认。一般而言，利益的大小或好处的多少可以用符号“＞、＜、＝”或符号“≯、≮、＝”来表示。[①]从民事活动对环境的影响看，主要存在着“有利于、有害于、无利无害于”三种状态，分别对应于“＞、＜、＝”这三状态。其中“有利于”的价值大于或高于“有害于”“无利无害于”，“有利于”是一种严格要求、积极性要求。绿色原则要求民事活动“应当有利于节约资源、保护生态环境”，既排除了“有害于”的情况（如浪费资源、污染环境、破坏生态，阻碍或妨碍节约资源和保护生态环境等情况），也排除了“无利无害于”（如既不浪费资源、污染环境、破坏生态，也不节约资源、不保护生态环境）的情况。或者说，绿色原则并不满足于或停留在不浪费资源、不污染破坏生态环境的水平上，而是致力于节约资源、保护生态环境。另外，民事活动对环境的影响包括正外部性和负外部性。第 9 条中的“应当有利于节约资源、保护生态环境”不是强调或关注对环境的负面的、不利的、消极的影响，而是强调和关注如何发挥、增加、激励和促进民事活动对环境的正面的、有利的、积极的

① 符号“＞、＜、＝”分别对应“大（高）于、小（低）于、等于”；符号“≯、≮、＝”分别对应“不大（高）于、不小（低）于、等于”。

影响和作用。正是在这个意义上，我们说绿色原则是体现更高价值欲求的民事行为方式的选择的高标准要求。

3. 将财产私益与环境公益既区别开来又联系起来，体现了环境公益优先财产私益、以环境公益限制财产私权的不正当行使、追求双赢的思想

民事活动与环境活动是两种不同类型的活动，财产私益和环境公益都是重要而神圣不可侵犯的利益，当两者在各自的范围或空间内独立存在或运行时，没有必要明确或强调谁应当有利于谁、谁应当优先于谁、谁应当让位于谁、谁应当受到谁限制的问题；当两者联系在一起、发生相互影响和作用特别是相互矛盾甚至冲突时，则可能存在谁应当有利于谁、谁应当优先于谁、谁应当让位于谁、谁应当受到谁限制的问题。对此，不同主义、思想和学派有不同的主张、看法和倾向，不同国家的民法特别是以实行私有制为主的资本主义国家的民法与以实行公有制为主的社会主义国家的民法有不同的选择、规定和重点。我国《民法总则》第9条明确规定的是“民事主体从事民事活动，应当有利于节约资源、保护生态环境”的原则，实际上是要求排他性的民事私益（这里指财产私益、私人财产权益）活动应当有利于非排他性的环境公益（这里指公众共同享用的环境利益）活动。这意味着当民事活动与环境活动共同存在且发生相互影响和作用时，民事活动应当有利于环境活动（即有利于节约资源、保护生态环境），民事活动应当以环境活动为限制条件；当民事活动与环境活动发生矛盾甚至冲突时，民事活动应当有利于环境活动，实质上体现的是环境公益优先于财产私益、以环境公益限制私人财产权的不正当行使、追求共享和双赢的价值观或利益衡量观。

（1）在法学界，特别在中国法学界，财产私益和环境公益都已经成为共识。所谓财产私益已经成为共识，是指与具有排他性的物权或产权（都称为私权）联系在一起的物或财产是属于特定人的私产即私人利益，这已经成为共识。早在古罗马法时期，乌尔比安就提出了以“个人利益”为基础的“私法”理论即“公法是有关罗马国家稳定的法，私法是涉及个人利益的法。事实上它们有的造福于公共利益，有的则造福于私人”[①]。这种认为私法或民法的宗旨是维护私权、私产或私益的认识一直延续到现代。所谓环境公益已

① 桑德罗·斯奇巴尼．正义与法．黄风，译．北京：中国政法大学出版社，1992：33．

经成为共识，是指环境是一种公益或是公益的一种载体、环境保护是一种公益活动或公益事业，这已经基本成为共识。值得注意和强调的是，对何谓公共利益存在很大分歧，与对环境公益已经达成共识，这是两个不同层次的问题，因为环境公共利益仅仅是一种公共利益。一般认为，对于公益（公共利益），特别是公益的概念和定义（包括公益的性质、特点、内容和类型），无论在学界还是在实务部门都存在着不同的认识和理解。从这个意义上讲，公益（或公共利益）是难以统一定义的不确定性概念。学界之所以认为公共利益是一个不确定的概念，主要是因为一些学者将许多不同性质的利益（如几个或多数私人利益加起来后的利益、政府组织或国家机关的排他性利益等）都塞进了公共利益的框框①；但是，将不特定多数人（即公众）非排他性享用（即共同享用）的利益视为公共利益的一种，则是多数学者的共识。例如，在经济学中，公共物品和公共服务是公共利益主要的现实的物质表现形式，有的经济学家甚至将公共利益界定为公共物品，其中“公共物品是指非竞争性和非排他性的货物。非竞争性是指一个使用者对该物品的消费并不减少它对其他使用者的供应。非排他性是使用者不能被排斥在对该物品的消费之外”②。因此，中文中的公共利益，翻译成英文可以是 public interest 也可以是 public goods，英语中的 public goods 翻译成中文可以是公共物品也可以是公共利益。在法学中，德国学者 Neumann 认为，公益是一个不确定多数人的利益，这个不确定的多数受益人就是公共的含义。换言之，公益以考察受益人之多寡的方法决定，只要不特定多数受益人（也译为大多数的不确

① 例如，沃尔夫将公益分为普通公益和特别公益，所谓普通公益是国家及地方之公法团体的利益，这种团体的成员数量较为庞大，并且，这些团体可以视为一个由其构成成员而形成功能和秩序的单位。所谓特别公益，是指地区内以及国内其他有某些特别功能的团体的利益，例如工会等的利益，这些团体的构成成员是较小范围的人群。德国学者 Kruger、Leisner 认为，公益由多个私益组成，国家保障私人的生命、财产及健康，就是公益的需求，所以，保障私益也符合公益。陈新民．德国公法学基础理论：上．济南：山东人民出版社，2001：200．我国学者胡锦光、王锴认为，“社会利益与国家利益一样，都是公共利益的下位概念”，“国家利益主要包括国家的安全利益、外交利益、军事利益以及意识形态利益等等，以维护统治阶级的政治统治为目的”，“集体利益并不完全是公共利益，相对于集体中的少数人来说，集体中的大多数人的利益就是公共利益”，“对于作为公共利益的集体利益而言，集体利益仍然从属于公共利益，是公共利益的下位概念”。胡锦光，王锴．论我国宪法中“公共利益”的界定．中国法学，2005（1）．

② 世界银行．变革世界中的政府——1997 年世界发展报告．北京：中国财政经济出版社，1997：26．

定数目的利益人）存在，即属公益。[①] 这种关于公益的观点已经成为德国流行的通说。基于上述对公共利益的认识，由于环境是一种公众非排他性享用的公众共用物或公共物品，环境利益是一种公众可以共同享用（即非排他性享用）的利益，因而可以认为环境就是公众需要的公共利益，并且是一种真正的、名副其实的公共利益。也就是说，对环境公益已经达成共识，是因为学者和法律已经通过列举的方式、排除的方式，明确地将不特定多数人即公众共同享用的环境和自然资源视为一种公共利益或公共利益的载体。特别是当代中国的法律，事实上已经通过法律列举的方式将环境和环境利益视为一种公众共用物和公共利益。[②]

私人利益与公共利益的关系问题是人类社会生活的一个永恒的主题；处理环境活动与民事活动的关系，实际上就是处理私人利益与公共利益的关系即处理财产私益与环境公益的关系。绿色原则将资源与环境、节约资源和保护生态环境与民事活动放到一起，实际上是将环境公益与财产私益放到一起，这抓住了处理环境活动与民事活动的关系的关键和具有基础性的法理问题。

（2）绿色原则符合公益优先私益、以公益限制私权的不正当行使的思想、理论和法律。即使是在实行私有制为主的社会，包括提倡个人自由的近

---

① 陈新民．德国公法学基础理论：上．济南：山东人民出版社，2001：186.

② 例如，中国《公益事业捐赠法》（1999 年）第 3 条规定，“本法所称公益事业是指非营利的下列事项”，其中第 3 项就是“环境保护、社会公共设施建设”。《信托法》（2001 年）第 60 条规定，“发展环境保护事业，维护生态环境”属于公共利益，为了这一公共利益目的可以设立公益信托。《反垄断法》（2007 年）第 15 条第 4 项规定“为实现节约能源、保护环境、救灾救助等社会公共利益的。”《环境保护法》（2014 年修改）第 58 条，将污染环境、破坏生态视为损害社会公共利益的行为，将环境保护视为公益活动。《慈善法》（2016 年）第 3 条第 5 项规定本法所称的公益活动包括“防治污染和其他公害，保护和改善生态环境。”《民事诉讼法》（2017 年修正）第 55 条，将污染环境视为损害社会公共利益的行为。《行政诉讼法》（2017 年修正）第 25 条，将对生态环境和资源保护的侵害视为“国家利益或者社会公共利益受到侵害”。《国有土地上房屋征收与补偿条例》（2011 年）第 8 条规定，“环境和资源保护”属于公共事业和公共利益，为了由政府组织实施的“环境和资源保护”等公共事业的需要，政府可以作出房屋征收决定。另外，《中共中央关于全面深化改革若干重大问题的决定》（2013 年）、《最高人民法院、民政部、环境保护部关于贯彻实施环境民事公益诉讼制度的通知》（2014 年）、全国人大常委会《关于授权最高人民检察院在部分地区开展公益诉讼试点工作的决定》（2015 年）、《最高人民法院关于审理环境民事公益诉讼案件适用法律若干问题的解释》（2015 年）、《人民法院审理人民检察院提起公益诉讼案件试点工作实施办法》（2016）等中央政策、法律规范性文件，均已认可和肯定“环境公益”以及与其相关联的“环境公益诉讼”“环境民事公益诉讼”“环境行政公益诉讼”等术语或概念。迄今为止，我们还没有发现认为环境和环境保护不属于公共利益的法律法规和政策文件。

代资本主义社会和提倡垄断资本主义的现代资本主义社会，也有很多主张和承认公益优先私益、以公益限制私权的不正当行使的思想、理论、学派。例如，孟德斯鸠强调，共和政体“要求人们不断地把公共的利益置于个人利益之上”[①]。霍尔巴赫指出：“一个真正自由的国度里，每一个公民都在法律保护下享有为自己福利或个人利益而劳动的权利，不容许任何人违反共同利益”[②]。法国学者马里旦（Jacques Maritain）认为，“公共利益超过个人利益”[③]。美国学者博登海默认为，公共利益和个人利益并不是“位于同一水平上的”，公共利益优于个人利益。[④] 英国学者米尔恩（A. J. M. Milne）指出：“社会责任”“要求共同体成员在维护和增进共同利益中发挥作用，并在发生冲突时让社会利益优先于私人的和局部的利益”[⑤]。不少以私有制为主的资本主义国家的法律也规定了公益优先私益、以公益限制私益的原则。例如，1947 年修正的《日本民法》第 1 条第 1 项规定：“私权应服从公共利益（或译为公共福祉）。”《德意志联邦共和国基本法》（1949 年颁布，后经 1955 年、1998 年、2002 年等多次修改）第 14 条规定，“财产权的行使应有利于社会公共利益”，“只有符合社会公共利益时，方可准许征收财产。对财产的征收只能通过和根据有关财产补偿形式和程度的法律进行。确定财产补偿时，应适当考虑社会公共利益和相关人员的利益”。《德国民法典》（1896 年制定，1998 年修改）规定，“如果因为社团全体成员大会的违法决议或者董事会的违法行为危及公共利益时，可以剥夺社团的权利能力”（第 43 条），“基金会的目的不能完成或者其完成危及公共利益的，主管行政机关可以为基金会另定目的或者将基金会撤销”（第 87 条）。至于倡导社会主义和共产主义的学者，以公有制为主的社会主义国家的法律，一般都坚持公益优先私

① 孟德斯鸠．论法的精神：上册．2 版．北京：商务印书馆，1982：34.

② 霍尔巴赫．社会体系．西方人权学说：上册．黄楠森，沈宗灵主编．成都：四川人民出版社，1994：142.

③ 马里旦．人权和自然法//西方法律思想史资料选编．法学教材编辑部．北京：北京大学出版社，1983：670－671，672.

④ E. 博登海默．法理学——法哲学及其方法．1 版．北京：华夏出版社，1987：384－385.

⑤ 米尔恩．人的权利与人的多样性——人权哲学．1 版．北京：中国大百科全书出版社，1995：189－190；又见沈宗灵，黄楠森主编．西方人权学说：下册．成都：四川人民出版社，1994：354．两处的译文略有不同。

益、私人利益服从公共利益、以公益限制私益的原则。① 在我国，许多学者认为，公共利益是一切基本权利的界限，财产权当然也不例外；应当将公共利益置于优先地位并通过公共利益限制私权的不正当行使，个人的财产权的行使不得恣意侵犯公共利益。“关于处理公共利益与私人利益关系的准则，人们一般认为‘公共利益优先’。”② 全面地看，每个社会秩序都面临着分配任务、限定权利范围、使一些权利与其他权利相协调的任务，而公共利益意味着在分配和行使个人权利时决不能超越外部界限③；“有利于节约资源、保护生态环境”原则既符合“私益不得损害公共利益”“私权应该服从公共利益”“民事活动不得侵犯公共利益”的一般法律原则，也符合《环境保护法》（2014 年）和《中共中央国务院关于加快推进生态文明建设的意见》（2015 年）规定的“节约优先、保护优先”原则。④ 因此，从公益优先私益、以公益限制私权的不正当行使的思想、理论和法律，发展成为环境公益优先财产私益、以环境公益限制财产私权的不正当行使的思想、理念和法律原则，这是正确处理民事活动与环境活动的关系、规范和指引民事活动的要点和关键。

（3）绿色原则体现了追求共享和双赢的思想。当人们对何谓公共利益有不同看法或缺乏判断公共利益的统一标准时，如将多数人的个人利益或政府的利益视为公益、将个人生命利益与多数人的财产利益相比时，笼统地强调公益优先或私益服从公益，往往存在片面性。但是，如果仅仅在不同类型的物质性利益之间进行比较（即不是将人身利益与物质利益进行比较），并且

---

① 例如，我国《宪法》（1982 年颁布，2004 年修正）规定，“国家为了公共利益的需要，可以依照法律规定对公民的私有财产实行征收或者征用并给予补偿”（第 13 条）。《中华人民共和国民法通则》（1986 年颁布，2009 年修改）规定，“民事活动应当尊重社会公德，不得损害社会公共利益，扰乱社会经济秩序”（第 7 条）；民事法律行为应当“不违反法律或者社会公共利益”（第 55 条）。《物权法》（2007 年）第 7 条规定，“物权的取得和行使，应当遵守法律，尊重社会公德，不得损害公共利益和他人合法权益”。

② 姜明安. 公共利益与公共利益优先的限制. 中国发展观察，2006（10）.

③ E. 博登海默. 法理学：法律哲学与法律方法. 邓正来，译. 北京：中国政法大学出版社，2004：325.

④ 《环境保护法》（2014 年）第 5 条规定：“环境保护坚持保护优先、预防为主、综合治理、公众参与、损害担责的原则。”《中共中央国务院关于加快推进生态文明建设的意见》（2015 年）规定：“坚持把节约优先、保护优先、自然恢复为主作为基本方针。在资源开发与节约中，把节约放在优先位置，以最少的资源消耗支撑经济社会持续发展；在环境保护与发展中，把保护放在优先位置，在发展中保护、在保护中发展；在生态建设与修复中，以自然恢复为主，与人工修复相结合。”

在将公共利益视为不特定多数人的利益的前提下，特别是具体到财产私益与环境公益发生矛盾或冲突时，主张“公共利益优先”即“环境公益优先于财产私益”则具有正当性。因为这种环境公益优先实质上是一种“公私兼顾”或“公私双赢”选择方案。由于排他性财产私益仅仅是特定财产权主体自身的利益，不包括非财产权主体和其他不特定多数人的利益，因而所涉利益具有排他性、狭隘性；而非排他性环境公益是不特定多数人共享的利益，其中包括作为公众成员的所涉民事主体的环境利益，即所涉利益具有共享性、广泛性。当财产私益与环境公益发生交织甚至冲突时，如果将财产私益置于优先地位，即要求直接维护环境公益的环境活动有利于（或让位于）直接维护财产私益的民事活动，这时可能出现不利于甚至有损于公众的环境公益的情况，同时也会不利于甚至有损于所涉财产利益主体的环境利益。如果将环境公益置于优先地位，即要求直接维护财产私益的民事活动有利于直接维护环境公益的环境活动，这时就会出现既有利于公众的环境公益也有利于所涉财产私益主体的环境利益的情况。从这种意义上讲，要求维护财产私益的民事活动有利于维护环境公益的环境活动，或者以环境公益限制财产权的不正当行使具有正当性、合理性。[①] 因此，绿色原则是将民事活动与环境活动、财产私益与环境公益既联系起来又区别开来，通过将环境公益置于优先地位、追求共享和双赢，而实现民事活动和环境活动协调、双赢的指导性准则。

二、绿色原则之体系解读

基于对第9条的条文分析，我们可以了解绿色原则的主要含义和作用。但是，仅仅停留在对第9条的条文分析上是不够的，只有在对第9条语义分

---

① 例如，某染布厂从事染布生产既要从长江取水，又要向长江排污。当该染布厂从事染布生产这种民事活动时，如果将工厂的财产利益（即财产私益）置于优先地位，要求环境保护活动有利于（或让位于）该厂的生产活动（包括伴随生产活动的排污活动），这时可能出现污染长江水源即损害环境公益的情况，同时该厂也会因长江水源被污染而使本厂从长江取用的水资源不符合染布水质的标准，即不利于甚至损害该厂享用环境公益，并且因该厂染布的质量的下降而导致该厂的财产损失。显然这是一种双输结果。如果该厂将环境公益置于优先地位，即要求其染布生产这种民事活动（包括伴随生产活动的排污活动）有利于（或让位于）环境保护活动，这时就会因长江水质的改善而出现有利于不特定多数人（即公众）的环境公益的情况，同时该厂也会因长江水质的改善而使本厂从长江的取水符合染布水质的标准，即有利于该厂享用环境公益，并且因该厂染布的质量的提高而导致该厂的财产增加。显然这是一种双赢结果。

析的基础上，进一步进行体系解读，我们才能准确、全面理解绿色原则的丰富内涵、重要意义和中国特色。所谓体系解读，是指在文义解读的基础上，从更广泛的视野、更高的视角，运用整体观、发展观和系统论、综合论的方法对绿色原则进行解读，包括从民法体系内（又称本体系）和体系外（又称整个法律体系、跨民法体系）、民法体系的时间维度（民法体系的历史发展）和空间维度（民法体系的本土性和区域发展）对绿色原则进行解读。通过对绿色原则的体系解读可以发现：绿色原则是中国整个民法的基本原则；是与其他原则共存、互补、相协调的，承载生态文明核心价值与绿色发展理念的基本原则；是横跨民法和环境资源法两大领域的一项重要原则；是有别于其他民法传统原则，但基于民法基本目的和精神的一项新原则；是反映中国国情、具有中国社会主义特色，并借鉴了各国民法的有益经验、具有普遍意义的指导性原则。

（一）从绿色原则在中国民法典、《民法总则》第一章和中国整个法律体系中的位置进行体系解读

1. 从绿色原则在中国民法典或中国民法体系中的位置可知，它属于中国整个民法的基本原则。

从第 9 条即绿色原则在拟制中的中国民法典中所处的位置看，它理所当然地属于中国整个民法的基本原则。根据全国人民代表大会常务委员会副委员长李建国关于《中华人民共和国民法总则（草案）》的说明，中国民法典由总则编和各分编组成，编纂工作按照“两步走”的思路进行：第一步编纂民法典总则编，即民法总则草案；第二步编纂民法典各分编，如物权编、合同编、侵权责任编、婚姻家庭编和继承编等。[①] 绿色原则位于中国民法典的总则编即《民法总则》的第一章“基本规定”中，这一位置表明：绿色原则只能是通用（普遍适用）于整个民法的基本原则，不可能是仅仅适用于物权编、合同编、侵权责任编、婚姻家庭编和继承编等特定民事法律领域的特定原则或具体原则。如果将绿色原则视为或理解为仅仅适用于特定民事法律领域的特定原则或具体原则，既不符合立法的初衷和本意，也不符合民法典的科学结构和内在逻辑。

---

① 李建国. 关于《中华人民共和国民法总则（草案）》的说明——2017 年 3 月 8 日在第十二届全国人民代表大会第五次会议上. 人民日报，2017－03－09（5）.

绿色原则在《民法总则》各审草案中三易其稿，透露出学界对该原则的法律地位和适用范围存在激烈争论。有的学者一直不同意将绿色原则纳入民法基本原则之列，其主要理由是："节约资源、保护生态环境"是行政法规范的环境活动而不是民事活动，借以法律的强制方可施行；绿色原则属于公法原则或社会原则，而非私法原则，且自身存在外延与内涵难以界定以及难以通过具体民法制度加以落实等弊端。[①] 笔者认为，若我国《民法总则》未在第一章中规定绿色原则，此时认为绿色原则不是我国民法的基本原则，是可以商榷的。例如，目前西方大多数国家的民法典都没有类似我国《民法总则》第 9 条的规定，因而可以认定绿色原则不是这些国家民法的基本原则。但是，当《民法总则》在其"基本规定"中纳入绿色原则后，如果仍坚持认为绿色原则不是我国民法的基本原则，则属于将个人意见代替国家法律规定的"非法治思维"。另外，"将全部法律截然分为公法与私法两类，将中国现行民法视为纯粹的私法，将全部法律原则截然分为公法原则与私法原则，认为只有私法原则才能成为《民法总则》中的民法基本原则"，并且基于上述观点，得出绿色原则不是我国民法的基本原则的片面结论，是既没有全面理解第 9 条的文本、又没有正确认识中国特色社会主义法律体系的产物。中国特色社会主义法律体系不能简单地分为公法和私法两类法律，以环境资源保护法律为主体的生态文明建设法律不能机械地对号入座为私法或公法，以"节约（资源）优先、保护（环境）优先、预防为主、综合治理、公众参与、损害担责"为代表的生态文明原则不能单一地归类为私法原则或公法原则，以"节约资源、保护生态环境"为代表的生态文明建设活动与民事活动不是公私二分、水火不容的关系，况且我们不能忘却两者目标的一致性，"在以关注个人利益为首任的私法中同样必须追求公共福祉，在首先关注全局的公法中也必须使个人能够获得正义……我们的公法中务必要飘荡着自然法自由王国的空气，而我们的私法也必须浸透着社会主义的膏油"[②]！

2. 从绿色原则在民法原则束中的位置看，它是与其他原则共存、互补、相协调的，是承载生态文明核心价值与绿色发展理念的基本原则。

我国《民法总则》之第一章"基本规定"共有 12 条即 12 项基本规定，

---

① 赵万一. 民法基本原则：民法总则中如何准确表达?. 中国政法大学学报，2016（6）：46-48.

② 奥托·基尔克. 私法的社会任务. 刘志阳，张小丹，译. 北京：中国法制出版社，2017：26-31.

其中包括平等原则、自愿原则、公平原则、诚信原则、合法原则、绿色原则、公序良俗等原则，形成了一组民法原则即民法原则束或民法原则体系。如果仅仅孤立解读绿色原则的条文，很难准确掌握绿色原则的内涵和特点，只有将其放在民法原则束或民法原则体系中，通过将其与《民法总则》之第一章“基本规定”中的其他基本规定和其他原则的比较，才能深刻理解绿色原则的特点和内涵。

（1）绿色原则是与第一章中的其他基本规定和原则共存、互补、相协调的民法基本原则。从绿色原则在《民法总则》之第一章“基本规定”中的位置看，即从第 9 条与基本规定中的其他条文的关系看，可以得出如下几点结论。第一，绿色原则不是确定或决定民事立法主要宗旨、目的和任务的原则（这主要是第 1 条的任务），不用担心绿色原则会改变民法的主要宗旨、目的和任务。第二，绿色原则不是确定或决定民法调整对象或调整关系的原则（这主要是第 2 条的任务），不用担心绿色原则会改变民法的主要调整对象或调整关系。第三，绿色原则不是改变、有损民事主体的人身权利、财产权利以及其他合法权益的原则（第 3 条已经规定这些权利受法律保护、不受侵犯），不用担心绿色原则会改变、有损民法固有的民事主体的人身权利、财产权利以及其他合法权益。第四，绿色原则不是改变自愿原则、意思自治原则、公平原则、诚信原则这些民法基本原则（这些原则分别由第 5 条、第 6 条、第 7 条规定），也不用担心绿色原则会改变这些原则。第五，绿色原则不同于“不得违反法律，不得违背公序良俗”的民法基本原则（这些原则由第 8 条、第 9 条规定），“不得违反法律”原则强调民事活动不得违反法律，是一种消极性的、低标准的原则，“违反环境资源法律”虽然也是绿色原则不允许的，但绿色原则对民事活动的要求不是停留在不违反环境资源法律的低水平上，而是要求民事活动应当有利于环境活动，它是规定民事“行为方式”的前提性与高标准要求的原则。第六，绿色原则不是处理民事纠纷的法律规则，它虽然是兼具普遍约束力与价值判断的义务性基础规范，是处理民事活动与环境活动的关系、规范和指引民事活动的指导性准则，是提升司法裁判正当性的依据，但它并没有要求要依照绿色原则具体处理民事纠纷，因为第 10 条原则已经明确规定“处理民事纠纷，应当依照法律；法律没有规定的，可以适用习惯，但是不得违背公序良俗”。因此，任何将绿色原则的内涵和功能解释为改变第一章中的其他民法原则的扩大解释，或者用它来否定第一章中的其他基本规定的解读，都不符合绿色原则的本意和特色。

从《民法总则》之第一章“基本规定”中的其他基本规定和原则与绿色原则的关系看，可以得出如下几点结论。第一，第1、10、11、12条的基本规定，虽然与“节约资源、保护生态环境”存在整体联系，但不能包括或代替绿色原则的具体内容和功能。第二，第2条强调“民法调整平等主体的自然人、法人和非法人组织之间的人身关系和财产关系”，而作为公众共用物的自然资源和环境不是具有排他性的财产，因而不能包括或代替绿色原则，而能说明绿色原则的独特性和必要性。第三，第3条强调的是“人身权利、财产权利以及其他合法权益受法律保护”，而作为不特定多数人（即公众）成员的公民（或自然人）的环境权或环境权益因为其非排他性或共享性，并没有得到民法或主流民法学的认可或肯定[①]，因而第3条不能包括或代替绿色原则，而能说明绿色原则的独特性和必要性。第四，第4条规定的平等原则、第5条规定的自愿原则、第6条规定的公平原则、第7条规定的诚信原则，由于与绿色原则有各自的适用范围和功能，因而不能包括或代替绿色原则，而能说明绿色原则的独特性和必要性。第五，第8条和第10条规定的“不得违反法律”原则、“应当依照法律”原则（简称守法原则）和“不得违背公序良俗”原则（简称“公序良俗”原则）虽然也可以通过扩大解释而与“节约资源、保护生态环境”搭上关系，但主流民法学或大多数民法学者倾向于将第8条中的“不得违反法律”和第10条中“依照法律”理解为“不得违反民事法律”和“依照民事法律”，而不是指依照环境资源保护法律，将第8条和第10条中的“不得违背公序良俗”理解为人与人之间的社会秩序、社会风俗和人际伦理道德，而不是人与自然或人与环境之间的环境秩

① 例如，著名民法学者曾世雄先生在《民法总则之现在与未来》中强调，“生活资源之变动，有享有之一面，有涉及权利、法益，亦有涉及自由资源者，范围广泛”；民法以生活资源为本位，生活资源主要包括权利、法益和自由资源，权利是民法提供完整保护的资源，法益是民法提供局部保护的资源，自由资源是纳入民法范畴但却不为民法所保护或民法对其放任自流的特定资源（如公海、荒山之兽等）。曾世雄先生所指的“自由资源”（如公海、荒山之兽等），其实就是环境法中的环境或环境要素。某些私法学者一直认为，像手表、自行车等财产是人的利益或人的利益载体，而大气、水等环境要素（或自由资源）不是人的利益或不是人的利益载体，环境在传统部门法中只能作为人的“生活资源”所涉及的“自由资源”，充其量只能作为“财产权利和财产利益”的“反射利益”“溢出利益”而间接地为法律“涉及”。曾世雄．民法总则之现在与未来：北京：中国政法大学出版社，2001：73－73.

序、生态秩序和环境道德、生态伦理，因而它们不能包括或代替绿色原则，而能说明绿色原则的独特性和必要性。因此，任何通过《民法总则》第一章中的其他基本规定和原则来否定或削弱绿色原则的基本原则性质和功能的扩大解释，都不符合《民法总则》之第一章“基本规定”中其他基本规定和原则的本意和内涵。

（2）绿色原则与立法目的条款和其他关系密切原则是一种“双保险”关系，充分体现了绿色原则的明确性、坚定性基础规范性。

第一，绿色原则是与《民法总则》第1条立法目的具有重要关联的基本原则，它不仅是承载社会主义核心价值与绿色发展理念的基本原则，而且是彰显绿色发展理念、促进共享经济发展的基本原则。通过绿色原则与《民法总则》第一章第1条内容的比较可知，绿色原则是承载生态文明核心价值观并强调环境活动（即节约资源、保护生态环境）的基本原则。在《民法总则（草案）》起草过程中，绿色原则与社会主义核心价值观曾共同规定在《民法总则》（三审稿）第五章“民事权利”的第133条之中，作为对民事权利行使的一种外部性限制。[①] 之后又从第五章“民事权利”部分提到第一章“基本规定”，其中绿色原则规定在第9条，回归民法基本原则，而社会主义核心价值观成为民法立法目的之一，规定在第1条之中。就此可知，两者既具有高度关联性，也具有相对区分性。虽然有不少学者认为，社会主义核心价值观包括社会主义环境保护观、节约资源观和生态文明观[②]，但是在高度归纳的24字社会主义核心价值观[③]中这三个观念并没有明确表示出来。这说明在《民法总则》第一章第1条规定社会主义核心价值观的前提下，仍然有规定反映环境保护观、节约资源观和生态文明观的绿色原则的必要。笔者认

---

① 《民法总则》（三审稿）第133条规定：“民事主体行使民事权利，应当节约资源、保护生态环境；弘扬中华优秀文化，践行社会主义核心价值观。”

② 在生态文明建设背景之下，核心价值观中的生态维度逐渐被挖掘与重视，党、国家和社会普遍认为，新时代下的核心价值观应包括“生态富强、生态民主、生态文明、生态和谐的生态国家价值观，生态自由、生态平等、生态公平、生态法治的生态社会价值观，生态爱国、生态敬业、生态诚信、生态友善的生态个人价值观”。黄娟．社会主义核心价值观的生态维度——生态文明新时代的核心价值观．思想教育研究，2015（2）：31－35；蔡东伟，汪晓莺．生态信仰：培育和践行社会主义核心价值观实效新视野．理论月刊，2014（7）：43－45.

③ 根据中共中央办公厅印发的《关于培育和践行社会主义核心价值观的意见》（2013年），24字社会主义核心价值观是指富强、民主、文明、和谐、自由、平等、公正、法治、爱国、敬业、诚信、友善。

为，《民法总则》之所以将社会主义核心价值观与绿色原则分别规定在两个法律条文中，其中一个重要原因是：社会主义核心价值观具有高度的抽象性、意识性、精神性和理念性，其内核和重点是彰显思想方针、理想信仰和伦理道德，而绿色原则具有高度的行为性、实践性和法律约束性，其内核和重点是强调环境活动（即节约资源、保护生态环境）和生态文明观；民法主要是规范民事主体的民事活动的行为规范，既需要社会主义核心价值观作为指导思想方针，又需要体现生态文明观的行为和实践的绿色原则。社会主义核心价值观与绿色原则是一般与特殊、抽象与具体、价值与载体、目的与手段等的关系。立法目的决定基本原则，基本原则保障立法目的。作为立法目的的核心价值观与作为基本原则的绿色原则，两者在一定程度上起着决定与保障、目标与手段、价值与载体的关系。民法作为市民社会基本法，在生态文明法治建设中必然是责无旁贷的，除了在立法目的中明确“弘扬社会主义核心价值观”之外，更需要指向体现生态文明观的行为和实践的绿色原则以建立起民法与生态文明建设之间的关联。虽然绿色原则蕴含着生态文明观，但包括生态文明价值观和生态文明理念在内的生态文明毕竟在我国是一个新事物，“生态文明”的提出在我国还只有 20 余年的历史。由于民法和民法学传统上重视和强调的是个人主义（包括个人的权利和自由）、人与人的关系和以人为本的社会秩序，而生态文明观强调的是中华民族共同体、人类共同体和人与自然共同体，人与自然的关系和人与自然的和谐，不少学者对生态文明观仍然存在不同的看法。《民法总则》如果仅仅规定社会主义核心价值观，有些人并不认为它必然包括绿色原则的内容和生态文明的理念；如果在两个法律条文中分别规定社会主义核心价值观和绿色原则，即便有人不认可社会主义核心价值观包括生态文明观的内容，也不能否定绿色原则或对专门规定的绿色原则熟视无睹，这等于对绿色原则加上了双保险。通过绿色原则与《民法总则》第一章第 1 条内容的比较可知，绿色原则是彰显绿色发展理念、促进共享经济发展的基本原则。《民法总则》第一章第 1 条虽然规定了“维护社会和经济秩序，适应中国特色社会主义发展要求”的立法目标，但按照传统民法学的理解，民法中的“经济秩序”主要指市场经济、商品经济的秩序，民法中的“发展”主要指经济发展；虽然也有学者将“经济秩序”和“发展”解释为包括绿色经济秩序、共享经济秩序和绿色发展、环境发展，但这往往被指讽为离开民法基本目的的扩大性解释。《民法总则》要想同时反映民法的基本目的和新的发展观（或新的发展理念）特别是绿色发展和共享经济[①]，在其第一章中用两个条文同时规定上述两个方面的内容，是最佳的选择和一种立法艺术。一般认为，对于法律条文的认知和解释都具有主观性，科学立法的高明之处就是能尽量减少或排除对法律条文的认知的主观任意性。由于《民法总则》第一章第1条有关“维护社会和经济秩序，适应中国特色社会主义发展要求”的规定和第9条有关绿色原则的规定，对那些主张“经济”既包括商品经济、市场经济又包括共享经济、绿色经济，“发展”既包括GDP增长又包括绿色发展、可持续发展的人而言，可以认为第1条与第9条存在着高度的关联性，第9条绿色原则是对第1条立法目的的具体化，两者不仅没有矛盾而且是一种共容和互补的关系。对那些主张第1条规定的“经济”仅指商品经济、市场经济而不包括共享经济、绿色经济，“发展”仅指GDP增长而不包括绿色发展、可持续发展的人而言，由于第9条的存在，他也不能否定“节约资源、保护生态环境”这种绿色经济、共享经济在民法基本原则中的存在。从前述文本分析可知，绿色原则蕴含着资源禀性、环境功能、生态价值等价值判断，强调的是“节约资源、保护生态环境”，实际上体现的是共享经济和绿色发展等新型发展理念。共享经济和共享发展强调的是“发展成果由人民共享，作出更有效的制度安排，使全体人民在共建共享发展中有更多获得感”，“增加公共服务供给。坚持普惠性、保基本、均等化、可持续方向，从解决人民最关心最直接最现实的利益问题入手，增强政府职责，提高公共服务共建能力和共享水平”[②]；而环境与自然资源从整体上看基本属于公众共用物。《中共中央国务院关于加快推

---

① 根据《中共中央关于制定国民经济和社会发展第十三个五年规划的建议》（2015年10月29日中国共产党第十八届中央委员会第五次全体会议通过），新发展理念是指创新发展、协调发展、绿色发展、开放发展、共享发展的新的发展理念。《中国共产党第十八届中央委员会第五次全体会议公报》（2015年10月29日中国共产党第十八届中央委员会第五次全体会议通过）强调，“必须牢固树立并切实贯彻创新、协调、绿色、开放、共享的发展理念。这是关系我国发展全局的一场深刻变革”。

② 中共中央关于制定国民经济和社会发展第十三个五年规划的建议（2015年10月29日中国共产党第十八届中央委员会第五次全体会议通过）. (2015－10－29). http://news.xinhuanet.com/fortune/2015－10/29/c_1116983078.htm；中国共产党第十八届中央委员会第五次全体会议公报（2015年10月29日中国共产党第十八届中央委员会第五次全体会议通过）. (2015－10－29). http://news.xinhuanet.com/fortune/2015－10/29/c_1116983078.htm.

进生态文明建设的意见》（2015 年）强调："良好生态环境是最公平的公共产品，是最普惠的民生福祉。要严格源头预防、不欠新账，加快治理突出生态环境问题、多还旧账，让人民群众呼吸新鲜的空气，喝上干净的水，在良好的环境中生产生活。"在生态文明社会建设中，应该根据公众共用物的状况和人们的需要，努力增加公众共用物的生产和供给，满足公众对公众共用物不断增长的需求，使社会主义现代化建设和改革开放的成果能够为公众所共同享用，实现共享发展、共同发展。因此，绿色原则就是保障公众共用物的供给，促进共享经济和共享发展的原则。绿色发展强调的是"坚持节约资源和保护环境的基本国策，坚持可持续发展，坚定走生产发展、生活富裕、生态良好的文明发展道路，加快建设资源节约型、环境友好型社会，形成人与自然和谐发展现代化建设新格局"，"推动建立绿色低碳循环发展产业体系"，"推动低碳循环发展，建设清洁低碳、安全高效的现代能源体系，实施近零碳排放区示范工程"，"全面节约和高效利用资源，树立节约集约循环利用的资源观"①。而"节约资源、保护生态环境"既是绿色发展的主要内容，又是实现绿色发展的基本途径。因此，绿色原则就是促进和保障绿色经济和绿色发展的原则。为践行绿色发展，国家陆续出台了《清洁生产促进法》（2002 年）、《循环经济促进法》（2008 年）、《环境保护法》（2014 年）等相关法律法规，并出台了《十三五规划纲要》《生态文明体制改革总体方案》《关于加快推进生态文明建设的意见》等系列政策文件。绿色发展已成为我国经济发展的新趋向、新理念。绿色发展理念不仅是国家制定大政方针、实现发展模式转型的治国理念，同时也是指导每个人改善个人行为习惯的生活理念。民法作为民事权利基本法，在民众日常生活中起着指引、规范、调整等作用，绿色发展理念若要深入民心并贯彻实施，离不开民法的维护和规范。绿色原则既是将节约、环保等绿色理念内化到民事主体，渗透至民事行为的必要路径；也是将绿色理念从宏观的中央决策、政府规划具体到民事生

① 中共中央关于制定国民经济和社会发展第十三个五年规划的建议（2015 年 10 月 29 日中国共产党第十八届中央委员会第五次全体会议通过）.（2015-10-29）. http：//news.xinhuanet.com/fortune/2015-10/29/c_1116983078.htm；中国共产党第十八届中央委员会第五次全体会议公报（2015 年 10 月 29 日中国共产党第十八届中央委员会第五次全体会议通过）.（2015-10-29）. http：//news.xinhuanet.com/fortune/2015-10/29/c_1116983078.htm.

活领域，鼓励民事主体积极践行绿色发展理念的指导性规范。正是在这个意义上，笔者认为《民法总则》第 1 条和第 9 条的规定，不失为是对绿色原则所蕴含的绿色经济、共享经济的双重保险。

第二，绿色原则严于守法原则，是体现了更高的价值追求与目标层次的民法原则。《民法总则》第 8 条中的“不得违反法律”和第 10 条规定中的“应当依照法律”，被称为“禁止违反法律原则”或“守法原则”，合起来简称为“守法原则”。在民法典制定过程中，“守法原则”与“绿色原则”作为民法原则曾共同遭受学者非议，最终二者均得以规定在基本原则之中，这说明它们既存在关联性也存在可分性。有人认为，第 8 条、第 10 条中的“法律”，不仅包括民事法律规范，而且包括非民事法律规范，比如环境保护法等相关法律。《民法总则》既然已规定“守法原则”，即民事主体从事民事活动同样必须遵守有关“节约资源、保护生态环境”的环境资源法律，那么为什么还要规定绿色原则？笔者认为，守法原则不能包括或代替绿色原则。首先，对于守法原则中的法律，虽然有学者认为包括所有的法律，但不少民法学者认为，守法原则中的法律主要指民事法律。由于存在争论和分歧，很难断定守法原则包括绿色原则的内容。其一，在我国，法律效力是分级别的，狭义的法律包括宪法、基本法律和法律，广义的法律包括行政法规、部委行政规章、地方法规和地方行政规章。当不同效力级别的法律法规发生冲突时，适用“高级别的法优于低级别的法”的原则，即作为基本法律的《民法典》（包括《民法总则》《物权法》等民事基本法律）要优于作为法律的《环境保护法》等环境资源法律。如果将第 10 条理解为“处理民事纠纷，应当依照环境资源法律”，则很可能产生环境资源法的效力高于或优于民法的悖论或嫌疑。其二，有的民法学者认为，民法是万法之源，民法始终具有独立性本质。如果将第 8 条理解为“民事主体从事民事活动，不得违反环境资源法律”，将第 10 条理解为“处理民事纠纷，应当依照环境资源法律”，则很可能产生民事活动或民事权利要依据环境资源法的嫌疑。[①] 其次，守法原则与绿色原则具有不同的内涵、功能和适用范围，它们不能互相取代。两者主要存在以下差异。其一，守法原则中的“不得违反法律”和“应当依照法

① 龙卫球. 民法依据的独特——兼论民法与宪法的关系. 国家检察官学院学报，2016（6）；等.

律”指向的对象是法律，绿色原则指向的对象是环境活动（即“节约资源、保护生态环境”）。虽然法律与活动（或行为）存在关联性，但毕竟是两种不同性质的对象。这说明绿色原则与守法原则并不完全重复。其二，守法原则的表述是“不得违反”和“应当依照”；绿色原则的表述是“应当有利于”。“应当有利于”的约束性或严格性程度强于“可以”但弱于“不得违反”和“应当依照”；“不得违反”属于强制性的规定，“是指其适用不以当事人意志为转移、不能通过约定予以排除或变更的规定”①。这说明，绿色原则在语气程度或强制性方面要弱于守法原则。守法原则规定的是底线，即“不得违反”；绿色原则追求的是择优即“应当有利于”，它着眼于发挥民事活动的积极因素，是一种高标准要求。这说明绿色原则在价值追求、目标层次等方面，要高于或严于守法原则。

第三，绿色原则是异于公序良俗原则，适用于特定领域、具有特殊标准的民法原则。在确立绿色原则之前，不少学者倾向于将“环境保护”与“公序良俗”相关联，欲通过对“公序良俗”原则的扩张，以容纳包括环境保护在内的公共利益而对民事权利或权利行使施加限制。比如，有学者在否定绿色原则是民法基本原则的基础上，认为绿色原则的基本内涵已被公序良俗原则所包含，因此没必要单独设立绿色原则。② 另有学者认为包括环境资源保护在内的公共利益应当通过公序良俗原则加以实现。通过对公序良俗原则内涵的解释与扩充，可以解决环境资源保护与民法体系建设的通道问题③，或者将环境保护与可持续发展理念引入“诚实信用”或“公序良俗”原则之中。④ 虽然，绿色原则与公序良俗原则存在诸多联系，但既有的研究，并未促成绿色原则被公序良俗所吸收。笔者认为，其主要原因在于：首先，公序良俗原则基本理论依据是“法无明文禁止即可为”和“权利不可滥用”的辩证统一。由于在制定民法典时，因不可能预见一切损害公共秩序、道德风俗和公共利益的行为而作出详尽的禁止性规定，因而设立公序良俗原则以弥补

① 孙鹏．论违反强制性规定行为之效力——兼析《中华人民共和国合同法》第 52 条第 5 项的理解与适用．法商研究，2006（5）：122.

② 尹田．民法基本原则与调整对象立法研究．法学家，2016（5）：14.

③ 陈海嵩．论环境法与民法的对接．法学，2016（6）：68；侯佳儒．环境法学与民法学的对话．北京：中国法制出版社，2009：239.

④ 吕忠梅．如何“绿化”民法典．法学，2003（9）：105.

禁止性规定之不足，即公序良俗原则主要适用于法无明确规定和禁止的场合。但是，目前国家已经制定大量有关环境资源的法律，环境资源法已经有大量禁止性法律规范，没有必要通过公序良俗原则来包括和解释“有利于节约资源、保护生态环境”的内容；如果希望通过公序良俗原则来包括和解释“有利于节约资源、保护生态环境”的内容，那只能是一种舍近求远、弃明取暗的绕大圈方法。其次，在民法和民法学传统中，公序是指公共秩序，一般指反映人与人的关系的社会秩序；良俗是指善良风俗，一般指反映人与人之间的伦理道德风俗；即民法中的公序良俗主要适用于对社会公共秩序和人伦善良风俗的维护。经过长期的法律解释和司法实践，公序良俗已经有比较明确的含义，已经形成特定的适用范围，且已经形成了适用的典型类型①，其适用范围的每一次拓展都十分艰难；在司法实践中几乎没有利用公序良俗原则来保护公众环境权益的案例。而绿色原则强调的是节约资源和保护生态环境，即可以适用于人与自然的生态秩序、环境道德和生态伦理。虽然有学者将公序良俗扩大解释为包括反映人与自然关系（或人与环境关系）的环境秩序（或生态秩序）和反映人与自然关系的环境道德（或生态伦理）；但这种新的秩序观、伦理观在短时期内很难得到持人类中心主义和“主、客二分”方法论的学者的认同。因而指望用公序良俗原则来包括绿色原则的内容，在工业文明盛行的现实中和短时期内很难达成共识。最后，其他不同。例如，在设立标准上，公序良俗的设立标准是低标准，即不违反最普遍的道德规范；而绿色原则追求高标准，即追求有利于节约资源、保护生态环境的行为规范。在功能适用上，公序良俗原则授予法官自由裁量权，针对法律行为的内容进行“内容审查”，其内容主要是针对具有特定内容的民事活动（如合同行为）是否发生效力，法官可直接适用公序良俗原则进行裁决、判断法律行为效力，通常而言违

---

①　例如，日本民法学者我妻荣运用判例综合研究法，将违反公序良俗行为归纳为以下七种类型：侵犯个人尊严（如人身买卖契约、卖淫契约等）；破坏男女平等（如含有歧视妇女内容的劳动契约）；违反一夫一妻制（如婚外性关系契约）；以犯罪为内容的契约；显失公平的契约；明显限制公民基本权的契约；动机违法契约（我妻荣．判例より见たる公の秩序善良の风俗．民法研究：Ⅱ．东京：有斐阁，1923；法律用语词典．东京：自由国民社，1994：224.）。又如，有学者概括公序良俗的适用大致包括“禁止祖父母、外祖父母等近亲属探望孙子女、外孙子女的行为，请托他人办事形成的协议或不当得利，以人身为交易内容或所附条件的民事协议，违反性道德而为的赠与，侵犯生命周期仪式的行为”等五种典型类型（李岩．公序良俗原则的司法乱象与本相——兼论公序良俗原则适用的类型化．法学，2015（11）：54－68.）。

反公序良俗的法律行为无效；而绿色原则倾向于“行使审查”，主要适用于对权利行使的限制、权利的行使是否受法律保护，在适用上更加注重利益之间的衡平与对权利行使方式的限制，即权利的行使不受法律保护并不影响权利的存在。①

（3）从绿色原则在民法原则束中的定位看，它是限制性基本原则；从适用上看，它是处理民事活动与环境活动关系的衡量性、兜底性原则。《民法总则》第一章规定的几项基本原则因不同视角而呈现出不同属性，如从主体角度有平等原则，从内容角度有权利不受侵犯、公平原则；从民事关系产生的原因角度有意思自治、诚实信用、禁止权利滥用原则；从补充法律角度有遵守国家政策、公序良俗等原则。② 有学者将民法基本原则分为：基本体制原则与非基本体制原则、价值性基本原则与功能性基本原则、“一般法律思想”与“概括条款”③。对基本原则的分类本身就是一种价值判断，因而存在不同主张是十分正常的现象。

第一，绿色原则是民法体制中的限制性基本原则。龙卫球教授认为：“它（绿色原则）和公平原则、诚实信用、权利义务一致等原则一样，从不同角度体现了社会化的要求，所以本身都不是民法的基本体制原则。它和那些具有社会化倾向的原则共同构成对于民法体制的限制原则。”④ 他在另一文中又认为：“体制原则属于民法内部价值，是民法的根本原则和内在基础，包括平等、自愿、公平、诚信原则，其中，平等和自愿属于体制性基础原则，公平和诚信属于体制内部限定原则。”⑤ 龙卫球教授同时提出了民法的“体制原则”“基本体制原则”“体制性基础原则”“体制的限制原则”“体制内部限定原则”等概念，他有时认为“公平原则”与“诚信原则”不是民法

① 于飞．公序良俗原则与诚实信用原则的区分．中国社会科学，2015（11）：152．

② 李小华，王曙光．民法基本原则序论．华东政法大学学报，2002（2）：42．

③ 龙卫球．我国民法上的“生态环境保护原则”如何把握——《民法总则》第九条评析．（2017-10-17）．http：//longweqiu. fyfz. cn/b/916267；赵万一．民法基本原则：民法总则中如何准确表达?．中国政法大学学报，2016（6）：30；于飞．民法基本原则：理论反思与法典表达．法学研究，2016（3）：89．

④ 龙卫球．我国民法上的“生态环境保护原则”如何把握——《民法总则》第九条评析．（2017-10-17）．http：//longweqiu. fyfz. cn/b/916267．

⑤ 龙卫球．民法和环境保护法的新型“链接”关系．（2017-10-15）．http：//www. spp. gov. cn/llyj/201706/t20170613_192957. shtml．

的基本体制原则，而是民法体制的限制原则；有时又认为“公平原则”与“诚信原则”是民法的根本原则和内在基础，但不是体制性基础原则，而是体制内部限定原则，并且没有对上述术语或概念作出明确的界定；还有时认为与公平原则具有类似性质的“平等”原则属于体制性基础原则。笔者认为，“民法体制”是一个没有统一定义的概念，民法体制与民法、民法体系、民法典的体例结构、民法制度、民法体系和民法制度是什么关系很难讲清楚。如果将“民法体制”理解为由民事法律规范和法律制度所形成的统一体系或整体，那么可以认定，凡是《民法典》中规定的原则都属于民法体制中的原则，而不宜将其称为民法体制外原则，只有在刑法、行政法和环境法等法律中规定的原则才可以称为民法体制外原则；凡是民法典中的《民法总则》第一章“基本规定”规定的民法原则都是民法基本体制原则，只有在民法典其他编、章中规定的原则才属于非民法基本体制原则；凡是由《民法总则》第一章“基本规定”确立的限制性原则都是体制内部限定原则，而不是体制外部限定原则。从这个角度讲，《民法总则》第一章“基本规定”中的绿色原则是民法基本体制原则，而不宜将其视为非民法基本体制原则；是体制内部限定原则，而不是体制外部限定原则。现代民法和许多民法学者将“诚信原则”视为具有很强法律效力的“帝王条款”，而龙卫球教授却认为属于民法的根本原则和内在基础的“公平原则”与“诚信原则”都不是民法的基本体制原则或体制性基础原则，显然龙教授主张的有关民法基本体制原则的功能是非常特殊的、标准是非常严格的，但这种有关民法基本体制原则或体制性基础原则以及“公平原则”与“诚信原则”都不是基本体制原则或体制性基础原则的观点并不是民法学界的定论。至于龙教授断定绿色原则不是民法的基本体制原则或体制性基础原则的观点，更是言之尚早。笔者认为，民法基本原则本身就是对民法体制的建立、健全和发展具有指导性的原则，民法体制是具有国别性、时间性且不断发展演变的体制，从民法体制角度将《民法总则》第一章规定的民法原则分为民法“体制原则”“基本体制原则”“体制性基础原则”“体制的限制原则”“体制内部限定原则”等不同类型的各种体制原则，其分类的必要性、实用性、功能性、合理性、科学性、逻辑严谨性都值得质疑和商榷；断定绿色原则不是民法的基本体制原则，很容易使人产生绿色原则不属于民法基本原则的误解，降低或削弱绿色原则的作用和意义；

因而没有必要通过将绿色原则定性为非民法基本体制原则的解读来说明绿色原则与其他民法原则的区别。但是，从龙卫球教授的观点看，将绿色原则定位于限制性原则应无争议[①]，而作为限制性原则的绿色原则属于民法体制内部限定原则也无疑义。

第二，从适用上看，绿色原则是处理民事活动与环境活动关系的衡量性、兜底性原则。一般而言，法律原则都具有利益衡量性，且通常借助“法益衡量”的方式来适用或解决原则之间的冲突。[②] 绿色原则具有更为明显的衡量性，它“旨在平衡民事活动自由与生态环境保护的关系，强调在当今人与自然日趋紧张的关系背景下，民事活动的绝对性应当受到生态环境保护的必要限制，以追求人与自然的关系和谐”[③]。绿色原则的适用过程，就是“环境公益”与民法所保护的“私人权益”在不同场域进行衡量的过程。说绿色原则属于兜底性原则，是指在适用绿色原则衡量和处理民事活动与环境活动的关系时，它具有兜底性，即无论民事活动的类型和表现形式如何多种多样，在衡量和处理民事活动与环境活动的关系时，都应当要求民事活动应当有利于节约资源和保护生态环境。“一切有权力的人都容易滥用权力，这是万古不易的一条经验。”[④] 权利亦是如此，民法因此逐渐形成“禁止权利滥用原则”[⑤]。该原则表明权利的行使不仅具有私人性，而且具有社会性。绿色原则正是通过在民法中建立起民事活动与环境活动的关联，基于环境公益、限制民事活动中私权滥用的总管性即兜底性原则。值得注意的是，我们说绿色原则属于兜底性原则，并不意味着它可以对第 3 条规定的“民事主体的人身权利、财产权利以及其他合法权益”恣意施加干预，它主要是指权利衡量方面的兜底性。首先，“权利逻辑”是民法基本逻辑，仅当权利有“失

---

① 于飞. 认真地对待《民法总则》第一章“基本规定”. 中国高校社会科学，2017 (5)：83.

② 卡尔·拉伦茨. 法学方法论. 陈爱娥，译. 北京：商务印书馆，2003：279-286；陈林林. 基于法律原则的裁判. 法学研究，2006 (3)：10-12；李鑫. 法律原则适用的方法模式研究. 北京：中国政法大学出版社，2014：142-143.

③ 龙卫球. 我国民法基本原则内容的嬗变与体系化意义——关于《民法总则》第一章第 3～9 条的重点解读. 法治现代化研究，2017 (2)：31.

④ 孟德斯鸠. 论法的精神：上册. 张雁深，译. 北京：商务印书馆，1995：154.

⑤ 对权利滥用，学说与判例主要存在“故意损害说”“实际损害说”“缺乏正当利益说”“选择有害方式行使权利说”“不利益说”“越界说”等不同观点。钱玉林. 禁止权利滥用的法理分析. 现代法学，2002 (1)：55.

范”之虞时，绿色原则方可对权利行使施加限制，即绿色原则作为义务性限制原则，在民法适用中具备谦抑性。其次，原则的适用场域与条件比规则更加严苛，比如需满足“穷尽规则”“规则失灵”“充分论证”等条件下方可适用原则作为裁判依据，且“原则具有规则所没有的深度——分量和重要性的深度”①。最后，绿色原则的“行使审查”功能，决定绿色原则仅对“权利行使”而非对“权利产生”发生作用②，即绿色原则不过早介入权利内容的审查，且权利行使不当受到负面评价，并不否定权利本身。如某企业因采矿行为不当造成生态破坏受到制裁，仅否定其采矿行为，并不否定采矿权本身。民法作为权利基本法，绿色原则并不僭越民法的私权自治逻辑，即绿色原则只能是处理民事活动与环境活动的衡量性、兜底性原则。

3. 从绿色原则在中国整个法律体系中的位置看，它是横跨民法和环境资源法两大领域的一项重要原则。

前两项体系解读属于民法体系内部的解读。对绿色原则的体系解读不能停留在内部体系的解读上，还应该从整个法律体系的角度进行解读。中国整个法律体系包括宪法、民商法、行政法、刑法、经济法、诉讼法、环境资源法等部门法律。绿色原则规定在《民法总则》中，这表明它是整个民法的基本原则。但是，绿色原则的主要内容是“民事主体从事民事活动，应当有利于节约资源、保护生态环境”，这与《环境保护法》第 6 条规定的内容③存在重要关联，实质上体现的是环境保护优先④的价值观或利益衡量观，所以绿色原则也是环境资源法的一项重要原则。

我们只有将民法放到整个中国法律体系中，将民法与环境资源法等其他法律相比较，才能真正掌握绿色原则的精髓。一般而言，不同的法律部门有不同的主导思想、直接立法目的、调整对象和适用范围；其中适用范围主要

---

① 罗纳德·德沃金．认真对待权利．信春鹰，吴玉章，译．北京：中国大百科全书出版社，1998：45-46.

② 于飞．认真地对待《民法总则》第一章“基本规定”．中国高校社会科学，2017（5）：83.

③ 2014 年修改的《环境保护法》第 6 条规定，“一切单位和个人都有保护环境的义务”，“企业事业单位和其他生产经营者应当防止、减少环境污染和生态破坏，对所造成的损害依法承担责任。公民应当增强环境保护意识，采取低碳、节俭的生活方式，自觉履行环境保护义务”。

④ 2014 年修改的《环境保护法》第 5 条规定，“环境保护坚持保护优先、预防为主、综合治理、公众参与、损害担责的原则”。

指适事范围，包括适用于人的何种行为或活动，如民法适用民事活动、行政法适用行政活动、刑法适用刑事活动、经济法适用国家调控经济的活动、社会法适用劳动保护和社会保障活动、诉讼法适用诉讼活动、国际法适用国际活动等。分析《民法总则》之第一章“基本规定”发现，基本规定共有 12 个法律条文，除“民事活动”外，专门提到的人的行为或活动只有“环境活动”（即第 9 条中“节约资源、保护生态环境”活动的简称）；除泛泛而谈的“法律”外，专门提到的法律只有宪法（第 1 条）、民法（第 2 条）和环境资源法（第 9 条中的“节约资源、保护生态环境”，主要属于环境资源法调整和规范的内容）。号称“社会生活的百科全书”和“万法之源”的《民法典》，在面对许多法律部门及其所适用的许多的人的行为或活动的情况下，其《民法总则》之第一章“基本规定”专门提到的人的行为或活动只有“民事活动”和“环境活动”（即第 9 条中“节约资源、保护生态环境”活动的简称），并且将“民事活动”和“环境活动”放在同一个法律条文，其中的原因和深意值得深思和研究。笔者认为，《民法典》之《民法总则》之第一章“基本规定”之所以没有专门提到行政活动、刑事活动、国家调控经济的活动、劳动保护和社会保障活动、诉讼活动、国际活动，其中一个重要原因是因为按照主流法治观，上述活动及其所属的法律部门与民事活动及其所属的民法部门一样，其基本理念和价值观都建立在近现代工业文明和现代主义的基础上，特别是建立在个人主义和自由主义的基础上，在主导思想、适用范围、相互关系和法理基础等方面都没有与民事活动及其所属的民法部门形成重大区别，没有对其形成特殊影响和法理冲击，从某种角度讲甚至都可以归源于或派生于民法和民法理论。虽然民事活动和环境活动都涉及自然人、法人和非法人组织的活动，但基于近现代工业文明和现代主义的民法和民事活动，其主导的思想主要是个人主义、主要维护的是私人占有支配的财产权益、主要适用于具有排他性的物（或财产）和私益活动；而基于生态文明和具有后现代思想倾向的环境资源法和环境活动，其主导的思想主要是共享主义、主要维护的是公众共同享用的环境权益、主要适用于具有非排他性的环境（或自然资源、生态系统）和环境公益活动。而上述区别，正是当代民法和民事活动健康发展必须面对、必须明确和解决且不可回避的重大问题。《民法总则》之第一章“基本规定”之所以专门提到“民事活动”和“环境活动”，并且将“民事活动”和“环境活动”放在同一个法律条文，其中一个重要原因是因为要突出民事活动与环境活动的特殊联系与特殊区别，强调民事活动与环境活动相互之间的特殊影响和作用，明确和正确处理民法与环境资源法的相互关系。换言之，我们只有将绿色原则放到整个中国法律体系中，将民法与环境资源法相比较才能真正理解绿色原则的必要性、重要性和开创性。

由于绿色原则是具有普遍法律约束力的指导性准则和具有较强法律约束力的义务性基础规范，肯定环境活动的重要地位和作用，重视发挥民事活动对环境活动的有利影响和作用，因而环境资源法学者特别赞同该项原则，不仅将其作为环境资源法影响和促进民法生态化的一项重要成果，即将绿色原则作为环境保护基本义务以及环境保护优先原则、资源节约优先原则在民法领域的一种具体表现；还将其作为民法对环境活动和环境资源法的一种肯定和支持。以往在制定和实施环境资源法时，总有人提出环境资源法的规定是否有悖于民法基本原则或干涉民事活动等法理和法规冲突的疑问，而《民法总则》确立绿色原则就在法律指导思想、价值理念和法律原则上的维度上解决了这一问题，即环境资源法规定一切单位和个人（一切单位和个人当然包括作为民事主体的自然人、法人和非法人组织）都有保护环境的义务与《民法总则》规定“民事主体从事民事活动，应当有利于节约资源、保护生态环境”是完全吻合的。因此，从跨民法体系或从整个法律体系角度看，绿色原则不仅是民法的一项基本原则，也是环境资源法环境保护基本义务以及环境保护优先原则、资源节约优先原则的一种重要表现形式，还是民法对环境资源法和环境活动的一种原则性肯定和支持，即绿色原则是横跨民法和环境资源法两大领域的一项重要原则，它不仅对民事活动具有引导作用，而且对促进节约资源和保护环境具有重要意义。

（二）从绿色原则在民法体系中的发展历程进行解读

体系解读的一个重要方面是从民法体系的时间性和发展历程来进行分析。民法体系不是僵化的、一成不变的体系，而是开放的、不断发展演变的体系。如果将民法视为一成不变的僵化体系，就不能全面、深刻地理解包括绿色原则在内的民法原则的内涵、特点和功能。只有结合民法体系的发展历程，用发展的眼光对民法体系进行动态分析、历史分析，才是有充分说服力的对绿色原则的体系解读。通过对民法体系发展历程的分析可知，绿色原则首先是一项有别于其他民法传统原则的新原则。但是，说绿色原则是一项新的民法原则绝不意味着它是一项外来的、凭空创造的、与民法基本精神和其他原则无关的“新原则”。从中国民法体系发展的历史看，绿色原则之所以能够发展成为民法的基本原则有其内在必然性，是因为它实际上是一项基于民法根本目的、宗旨和精神，是一项从相关民法基本原则中分化、提升出来，但有别于其他民法传统原则的一项新原则。

1. 绿色原则是有别于其他民法传统原则的一项新原则

通过对民法体系发展历程的分析可知，绿色原则首先是一项有别于其他民法传统原则的新原则。大家知道，我国的民法体系有一个产生、发展的历史过程。如果返回到 2017 年以前的任何时刻，几乎所有的民事法律、民法教科书和民法学论著，都没有确认绿色原则是民法的基本原则。中华人民共和国成立初期，曾经宣布废止包括《民法典》在内的国民党政府的《六法全书》；但是，即使在原国民党政府的《民法典》的第一编“总则”中也没有绿色原则的规定。中华人民共和国成立后，不仅《民法通则》（1986 年颁布，2009 年修正）的第一章“基本原则”没有规定绿色原则，而且《物权法》（2007 年）、《侵权责任法》（2009 年）、《婚姻法》（1980 年颁布，2001 年修正）、《合同法》（1999 年）等民事法律都没有绿色原则的规定。因此，从我国民法体系的发展历史看，绿色原则不是中国民法的传统原则，而是一项新的原则。这种“新”不仅体现在绿色原则的名称上，而且体现在绿色原则的实体内容上，这些已经从上述文本分析中得到阐明。承认和肯定绿色原则是中国民法中有别于其他民法传统原则的一项新原则，对于理解和掌握绿色原则的性质、特点、功能和意义具有重要的作用。

2. 绿色原则是从相关民法基本原则分化、提升出来的一项新原则

通过对民法体系发展历程的分析可知，绿色原则的某些内容可以在以往民事法律规定的某些民法原则中找到某种关联或某些蛛丝马迹。2017 年以前我国民事法律、民法教科书和民法学论著所确认的民法基本原则大致包括平等原则、自愿原则、公平原则、公共利益原则、诚实信用原则、公序良俗原则、守法原则等。在民法没有规定绿色原则的前提下，面对日益加剧的环境污染和生态破坏、日益发展壮大的环境资源保护活动，如何发挥民法在环

境资源保护方面的有利影响、积极作用，成了我国法学界特别是民法学者和环境资源法学者十分关注和重视的一个问题。这时法学工作者采取的一个基本办法，就是运用法律解释论对相关民法原则进行适用于环境资源保护的引申性解释、扩大性解释，将某些民法基本原则解释为包含环境资源保护内容或有利于环境活动的原则，从而发挥民法在促进环境活动方面的积极作用。例如，我国《民法通则》（1986 年颁布，2009 年修正）的第一章“基本原则”中规定了“民事活动应当尊重社会公德，不得损害社会公共利益”原则[①]，有些学者和法学论著就认为，社会公德包括保护环境的美德即环境道德，环境或环境保护属于公共利益，因此该民法原则包括“民事活动应当尊重社会环境道德，不得损害环境公共利益”的内容。《民法通则》的第一章“基本原则”中规定了“守法原则”[②]，有些学者和法学论著就认为，民事活动必须遵守法律包括必须遵守环境资源保护法律，民事活动适用中华人民共和国法律包括适用环境资源保护法律，因此该民法原则包括遵守环境资源保护法律的内容。《民法通则》的第一章“基本原则”中规定了“保护民事权利”[③] 的原则，有些学者和法学论著就认为，环境权益属于民事权益，民法所保护的民事权利包括环境权益，因此该原则包括保护公民、法人的环境权益的内容。虽然有些学者认为，上述解释有些牵强附会、不符合原意、不准确等缺陷或不当之处，但谁也不能否认以往民事法律规定的民法原则的确与环境活动存在某种联系，的确包含某些环境资源保护的内容。因此，从民法体系的历史发展或动态发展看，绿色原则不仅是一项新的民法原则，而且是一项从相关民法基本原则分化、提升出来的新原则。前者表示绿色原则的创

① 《民法通则》第 7 条规定：“民事活动应当尊重社会公德，不得损害社会公共利益，扰乱社会经济秩序。”《合同法》（1999 年）第 7 条规定：“当事人订立、履行合同，应当遵守法律、行政法规，尊重社会公德，不得扰乱社会经济秩序，损害社会公共利益。”《物权法》（2007 年）第 7 条规定：“物权的取得和行使，应当遵守法律，尊重社会公德，不得损害公共利益和他人合法权益。”原国民党政府在 1929—1931 年颁布的“民法典”相关内容，现仍在我国台湾地区生效并于 2010 年 2 月 3 日修改，“第一编 总则”的“第一章 法例”的第 2 条也规定，“民事所适用之习惯，以不背于公共秩序或善良风俗者为限”。

② 《民法通则》第 6 条规定：“民事活动必须遵守法律，法律没有规定的，应当遵守国家政策。”第 8 条规定：“在中华人民共和国领域内的民事活动，适用中华人民共和国法律，法律另有规定的除外。”

③ 《民法通则》第 7 条规定：“公民、法人的合法的民事权益受法律保护，任何组织和个人不得侵犯。”

新性，后者表示绿色原则的继承性。那种一提到绿色原则是一项新型的民法原则，就断定绿色原则完全是一种外来的或体系外的、非本体系的、应时性的原则的观点，是一种缺乏对民法体系进行时间维度的动态分析、发展历史分析的认识。

3. 绿色原则是基于民法基本目的和精神的一项新原则

通过对民法体系发展历程的分析可知，绿色原则所蕴含的某些思想和精神可以在以往民事法律对有关民法基本目的和精神的表述中找到某种关联。在 2017 年以前，虽然学界对民法的基本目的和精神存在不同的理解，但很多民事法律、民法教科书和民法学论著确定或认为：民法的基本目的一般是指民事立法的目标和宗旨，它主要包括追求正义，保障公民、法人的合法的民事权益（主要是人身权和财产权），正确调整民事关系（主要是人身和财产关系），适应经济社会发展（主要是市场经济、市民生活和人的全面发展）的需要等；民法的基本精神是与市场经济的本质和规律相适应的理性精神，它主要包括追求正义，平等精神和契约精神，人格、财产和权利神圣不可侵犯等。在民法没有规定绿色原则的前提下，为了发挥民法在环境资源保护方面的有利影响和积极作用，基于“民法的基本目的和精神集中体现在民法的基本原则”或“民法基本原则集中反映民法的基本目的和精神”的共识，法律和法学工作者采用的一个基本办法，是运用法律解释论将民法的基本目的和精神解释为包含某些环境保护的要求或内容。例如，我国《民法通则》（1986 年颁布，2009 年修正）的第一章“基本原则”中规定了民事立法的基本目的[①]，有些学者和法学论著就认为，《民法通则》“为了保障公民、法人的合法的民事权益，正确调整民事关系，适应社会主义现代化建设事业发展的需要”这一基本目的，包括“保障公民、法人的合法的环境权益，正确调整环境民事关系即与环境活动有关的民事关系，适应社会主义现代化环境资源建设或生态文明建设事业发展的需要”的内容，环境保护就是最根本的民生，而民法基本原则必须体现和反映民法的基本目的。所以，《民法通则》

① 例如，《民法通则》第 1 条规定：“为了保障公民、法人的合法的民事权益，正确调整民事关系，适应社会主义现代化建设事业发展的需要，根据宪法和我国实际情况，总结民事活动的实践经验，制定本法。”第 2 条规定：“中华人民共和国民法调整平等主体的公民之间、法人之间、公民和法人之间的财产关系和人身关系。”

虽然没有明确规定绿色原则，但从其基本目的和基本原则的关系看，该基本目的已经包含绿色原则的某些内容。《民法通则》的第一章“基本原则”中规定了平等精神和保护民事权利等民法基本精神[①]，有些学者和法学论著就认为，《民法通则》规定的“当事人在民事活动中的地位平等”精神包含“当事人在环境民事活动中的地位平等”的思想，“公民、法人的合法的民事权益受法律保护”的精神包含“公民、法人的合法的环境权益受法律保护”的思想，公民环境权是最基本的公民权益，而民法基本原则必须体现和反映民法的基本精神。所以，《民法通则》虽然没有明确规定绿色原则，但从其基本精神和基本原则的关系看，该基本精神已经包含绿色原则的某些思想内容。虽然有些学者指出，上述解释有些牵强附会、不符合原意、不准确等缺陷或不当之处，但谁也不能否认以往民事法律规定的民法基本目的和精神的确与环境活动存在某种联系、的确包含某些环境资源保护的思想和内容。因此，从民法体系的历史发展或动态发展看，绿色原则不仅是一项新的民法原则，而且是基于民法基本目的和精神的一项新原则。

（三）从民法体系的本土性和国际联系上进行解读

世界各国没有完全相同的政治制度模式，也没有完全相同的法律体系。各种法律规定从根本上讲，只不过是对实际生活的表达而已。世界民法体系不是全球各国一个样的法律体系，而是具体体现为各个国家的既具有共性又具有个性的法律体系。大陆法系的民法体系主要是反映德国和法国特点的法律体系，英美法系的民法体系主要是反映英国和美国特点的法律体系。包括法国、德国民法典在内的各国民法典都是相应各国政治、经济、社会、文化的产物。“《法国民法典》的制定本身就是大革命的结果，统一私法是大革命的根本目标之一。如果没有大革命，国家主权没有从君主转向代议制立法机关，制定这样一部统一的民法典是不可想象的。”[②] 正如马克思所言：“我手头的就是拿破仑法典，根本不是由它产生了资产阶级社会，而应该是产生于

① 例如，《民法通则》第 3 条规定：“当事人在民事活动中的地位平等。”第 4 条规定：“民事活动应当遵循自愿、公平、等价有偿、诚实信用的原则。”第 5 条规定：“公民、法人的合法的民事权益受法律保护，任何组织和个人不得侵犯。”

② 王云霞.《法国民法典》的时代精神. 法学家，2004（2）.

18世纪并在19世纪得到发展的资产阶级社会在法典中找到了其法律表述。”[①] 全国人大常委会副委员长李建国在《关于〈中华人民共和国民法总则（草案）〉的说明》中指出，绿色原则“既传承了天地人和、人与自然和谐共生的我国优秀传统文化理念，又体现了党的十八大以来的新发展理念，与我国是人口大国、需要长期处理好人与资源生态的矛盾这样一个国情相适应”[②]。只有结合中国民法的本土发展实践，从中国的国情、中国的现实出发进行体系解读，才能理解绿色原则的中国特色、内涵和功能。但是，如果将民法基本原则机械地视为由某个孤立国家（如德国、法国、美国和英国）的民法所规定的原则，特别是在市场全球化、贸易全球化、环境问题和环境保护全球化的当今世界，也不可能全面、深刻地理解绿色原则的特点、内涵和意义。正确的体系解读应该从民法体系的本土性、地域性和空间维度出发，对绿色原则产生的中国背景和国情进行全面分析，既要注意中国国情的独特性，又要看到中国国情的国际联系性。通过这种体系解读可知，绿色原则既是反映中国国情、继承中国文化传统、具有中国社会主义特色的民法原则，又是借鉴了各国民法的有益经验，具有普遍意义的指导性原则。前者体现绿色原则的本土特点和创新性，后者体现绿色原则与世界民法文化的共通性和开拓性。

1. 绿色原则是反映中国国情、继承中华法律文化传统、具有中国社会主义特色的民法原则

综观世界各国的民事法律，有关民法基本原则的规定是不同的，有的甚至没有考虑或规定民法的基本原则，更谈不上明确规定绿色原则。19世纪初产生了一部伟大的民法典——法国民法典，20世纪初又产生了一部伟大的民法典——德国民法典，这两部民法典以先进的理念、合理的结构、精良的制度著称于世，维护了作为资本主义基础的私有制，推动了民事活动及与其关联的市场经济的发展，影响了世界法律的进程，被一些学者称为垂范久远的经典之作；但是，迄今为止还没有哪个国家的民法典像中国《民法总则》那样明确规定“民事主体从事民事活动，应当有利于节约资源、保护生态环境”即绿色原则。因此，首先应该肯定的是，绿色原则是中国民法的基

① 让-路易·安贝翰. 民法典的制定历史：民法典，拿破仑的?. 石佳友，译. 法学家，2004 (2).

② 李建国. 关于《中华人民共和国民法总则（草案）》的说明. 人民日报，2017-03-09 (5).

本原则，是中国民法的特色原则、创新性原则。从这个意义上讲，说中国民法的绿色原则体现了中国特色社会主义民法的特点，具有开拓性、创新性和典范作用，的确是名副其实、当之无愧的。如果局限于德国式的法教义学，将绿色原则视为中国民法的特色原则、创新性原则，这是很难理解的。因为，在某些崇拜德国法教义学的学者看来，以德国民法典为代表的民法体系和以德国法教义学为代表的民法解释学是人类法律文化的最高成就，在民法领域只能继承、接受、选择和解释，不能对其进行革新、创新、发明和创造。但是，时代是思想之母，实践是理论之源。法律发展没有止境，法制创新没有止境，法治思想和法学理论的发展也没有止境。从 1840 年鸦片战争以来，中华民族经历了刻骨铭心的磨难，进行了感天动地的奋斗，在法治建设方面也经过了从落后、奋起、反复到逐渐成熟的曲折历程。如果结合中国的具体国情和本土资源，从空间维度、时间维度进行系统化解释，说绿色原则是中国民法的特色原则、创新性原则则是顺理成章的事。中华人民共和国在特定时代所面临的突出的环境资源问题，中国共产党和政府对环境资源问题和环境资源保护的特别关注和重视，中国文化（包括法律文化）特别是中国传统文化（包括法律文化）的影响和作用，这些既是绿色原则产生的原因，也是绿色原则所具有的中国特色的客观反映。

（1）绿色原则是因应突出的环境资源问题和环境资源保护活动，顺应民心民意，反映人民生活需求的产物。绿色原则形成的时代是中华民族历史进程中一个问题集中、发展迅速、成绩辉煌、富于特色的伟大时代。从 1978 年中共十一届三中全会实行改革开放，历经 40 年快速发展，我国在经济社会发展取得巨大进步的同时，不仅粗放的发展方式已经难以为继，还积累了大量资源、环境、生态问题，成为明显的短板，成为人民群众反映强烈的突出问题。从总体上看，这个时期的环境保护滞后于经济社会发展，生态环境问题十分严重，多阶段、多领域、多类型问题长期累积叠加，环境承载能力已经接近或达到上限，全国主要污染物排放总量远高于环境容量，生态环境恶化趋势没能得到根本扭转，环境质量改善任务艰巨。在 2012 年，中国经济总量约占全球 11.5％，却消耗了全球 21.3％的能源、45％的钢、43％的铜、54%的水泥，排放的二氧化硫、氮氧化物总量居世界第一。[①] 在环境污染方面，主要表现为“四害（废水、废气、废渣和环境噪声）横行”。在生态破坏方面，主要表现是生态空间遭受过度挤占、自然资源遭受到过度开发、土地退化导致生态服务功能降低、生物多样性减少致使大量物种濒危。正如习近平所指出的，“各类环境污染呈高发态势，成为民生之患、民心之痛”，“环境就是民生，青山就是美丽，蓝天也是幸福，绿水青山就是金山银山；保护环境就是保护生产力，改善环境就是发展生产力”[②]。面对严重的环境资源生态问题，为了更好地运用民法武器来保护生态环境，绿色原则在我国民法中应运而生。从这个意义上讲，将“民事主体从事民事活动，应当有利于节约资源、保护生态环境”规定为民法的基本原则，是民法顺应民心、回应民意、反映人民生活需要的必然结果；绿色原则是反映中国特定国情，应对中国环境资源问题和生态危机，具有中国特色的原则。

（2）绿色原则是党和国家的法治建设和生态文明建设的方略和政策的产物。当代中国在政治、社会、文化和法制方面的最大特色是：完成了中华民族有史以来广泛而深刻的社会变革，形成了中国共产党统一集中领导的体制，开辟了中国特色社会主义道路，形成了中国特色社会主义理论体系，确立了中国特色社会主义制度。其中，“中国特色社会主义最本质的特征是中国共产党领导，中国特色社会主义制度的最大优势是中国共产党领导，党是最高政治领导力量”，“中国共产党是中国特色社会主义事业的领导核心”[③]。从 1978 年中共十一届三中全会实行改革开发，到 2017 年中共十九大召开，中国共产党制定并实施了一系列推动民生事业、环境保护事业、生态文明建设和法治建设的方针、政策和方略。在绿色原则正式颁布前十年，中共十七大提出：“加强能源资源节约和生态环境保护”，“生态文明观念在全社会牢

① 董峻，王立彬，高敬，安蓓．开创生态文明新局面——党的十八大以来以习近平同志为核心的党中央引领生态文明建设纪实．（2017 - 08 - 02）．http：//news. xinhuanet. com/politics/2017 - 08/02/c _ 1121421208. htm.

② 习近平．在省部级主要领导干部学习贯彻党的十八届五中全会精神专题研讨班上的讲话（2016 年 1 月 18 日）．人民日报，2016 - 05 - 10（2 - 3）；http：//news. xinhuanet. com/politics/2016 - 05/10/c _ 128972667. htm.

③ 坚定不移沿着中国特色社会主义道路前进 为全面建成小康社会而奋斗——胡锦涛同志代表第十七届中央委员会向大会作的报告（2012 年 11 月 8 日）．人民法院报，2012 - 11 - 18（1 - 4）．

固树立”，“必须把建设资源节约型、环境友好型社会放在工业化、现代化发展战略的突出位置，落实到每个单位、每个家庭。要完善有利于节约能源资源和保护生态环境的法律和政策，加快形成可持续发展体制机制”[①]。中共十八大进一步强调：“建设生态文明，是关系人民福祉、关乎民族未来的长远大计。面对资源约束趋紧、环境污染严重、生态系统退化的严峻形势，必须树立尊重自然、顺应自然、保护自然的生态文明理念，把生态文明建设放在突出地位，融入经济建设、政治建设、文化建设、社会建设各方面和全过程，努力建设美丽中国，实现中华民族永续发展。坚持节约资源和保护环境的基本国策，坚持节约优先、保护优先、自然恢复为主的方针，着力推进绿色发展、循环发展、低碳发展，形成节约资源和保护环境的空间格局、产业结构、生产方式、生活方式，从源头上扭转生态环境恶化趋势，为人民创造良好生产生活环境，为全球生态安全作出贡献。”[②] 特别是中共十八届三中全会、四中全会的顶层设计及中央深改组工作的持续推进过程[③]，充分说明了中国共产党领导和推动环境资源保护、生态文明建设和法治建设方面的力度和强度。党的政策是立法的基础和依据，将中国共产党规定的有关节约资源、保护生态环境和建设生态文明的方针和政策，纳入包括民法在内的法律之中，不仅是顺理成章之事，也是国家立法机关的职责所在。[④] 正是从“中国特色社会主义最本质的特征”这个角度看，绿色原则反映了党和国家对环境资源问题和环境资源保护的特别关注和重视，是党和国家的法治建设和生态文明建设的方略和政策的产物，是中国特定国情和中国社会主义特色的体现。

（3）绿色原则是反映中国文化（包括法律文化）的独特性，继承和发展中华文明和中华法系的产物。每一个国家的民法都因为自己的国情、文化、

---

① 坚定不移沿着中国特色社会主义道路前进 为全面建成小康社会而奋斗——胡锦涛同志代表第十七届中央委员会向大会作的报告（2012年11月8日）. 人民法院报，2012-11-18（1-4）.

② 胡锦涛. 高举中国特色社会主义伟大旗帜，为夺取全面建设小康社会新胜利而奋斗——在中国共产党第十七次全国代表大会上的报告（2007年10月15日）. 人民日报，2007-10-25.

③ 例如，中央全面深化改革领导小组（简称中央深改小组，成立于2013年12月30日），自成立至2017年，共审议了30多个涉及司法领域的改革文件，70个涉及社会民生领域的改革方案，40多项生态文明建设和环境保护具体改革方案。阚枫. “深改组”谋篇定策：中国改革新程蹄疾步稳.（2017-10-16）. http：//news. 21cn. com/caiji/roll1/a/2017/1016/07/32746787. shtml.

④ 例如，中共十八大报告和十九大报告、《中国共产党章程》（2012年）和《中国共产党章程》（2017年）等党的纲领政策性文件和党内法规都规定了“坚持节约资源和保护环境的基本国策”。

地理、历史、政治生态和所处的时代和国际环境的不同，而具有不同的本土特点。无论是民法还是环境资源法，它们都只是国民生活的结果而非原因。2017 年 4 月，习近平总书记在广西南宁考察河道整治工作时指出，顺应自然、追求天人合一，是中华民族自古以来的理念，也是今天现代化建设的重要遵循。[①] 中国传统文化包含丰富的环境保护思想，早在公元前两千多年前的中国古代思想家就已经形成“天地为万物之母”“物我一体”的“天人合一”观。以中国法律文化为代表的中华法系，具有不同于其他法系（如印度法系、伊斯兰法系、欧陆法系以及英美法系）的特点：它不像大陆法系、英美法系那样强调公法与私法二分，民法为诸法之源或之母，个人本位、自由本位、权利（私权）本位；它主要强调天人合一、礼法体制、礼法法系、国家（或政府）权力、道德（义务）本位、法刑不分、民刑交织、公私法混合、甚至诸法统一于刑。中国古代的法律经常将一些具有道德伦理性质的要求、一些具有民事性质的农耕活动规则、一些顺应自然和天象的风俗习惯规定在法律中。更为重要的是，中国传统文化不仅具有悠远性和独特性，而且在发展中从未产生过断档和空白，即一直对其后的文化和法律留下根深蒂固、难以消除的影响。

从 1840 年第一次鸦片战争至今，中国从来没有真正颁布过像法、德那样的民法典，即使在曾经颁布过的一些借鉴法、德民法典的民事法律中，其民法基本原则也没有定型。中华民国成立后，从 1912 到 1928 年，中国没有一部独立的民法典。几经周折，国民党政府才在 1929 年制定了“民法总则”，完成了物权篇总共 1 225 条。这部吸纳了当时大陆法系和英美法系的民法典（主要是《德国民法典》）的成果，其第一编“总则”中的第一章“法例”总共只有 5 条，其中可以称得上民法基本原则的只有 2 条，即第 1 条“民事，法律所未规定者，依习惯；无习惯者，依法理”和第 2 条“民事所适用之习惯，以不背于公共秩序或善良风俗者为限”。也就是说，它对民法基本原则的规定既不系统，也相当粗糙，很难说有什么值得自傲的中国特色。

---

① 董峻，王立彬，高敬，安蓓．开创生态文明新局面——党的十八大以来以习近平同志为核心的党中央引领生态文明建设纪实．人民日报，2017-08-03（01）；（2017-08-3）．http：//theory.southcn.com/c/2017-08/03/content_175493834.htm.

中华人民共和国成立后曾多次编纂民法典，但是在草拟民法典时学者们对民法基本原则一直存在不同看法，或者说并没有定型的或不变的民法原则之说。经过中国传统文化和法律文化的沉淀和洗礼，通过总结和吸收中国历次民法典的经验和教训，结合中国民事和环境资源法治建设的伟大实践，1986年颁布、2009年修正的《中华人民共和国民法通则》，在第一章“基本原则”中规定了平等原则、自愿原则、公平原则、诚实信用原则、公序良俗原则等五项基本原则，初步体现了中国特色社会主义民法对民法基本原则的总结和提升。在《民法通则》颁布实施后30年中，中国的环境资源生态问题日益突出，绿色环保理念和生态文明观日益深入人心，《民法总则》在原有《民法通则》的基础上顺应民心民意增加了绿色原则，这既符合中国的传统文化精神和“天人合一”的思想，也适应了现代社会保护环境、维护生态平衡的需要，更体现了党和国家节约资源、保护生态环境的方针和政策，因而成为《民法总则》彰显中国特色的一大亮点。从中国民法基本原则产生的时代背景和曲折历程可知，中国特色的传统文化和传统法律文化的影响和作用，既是绿色原则产生的一个原因，也是绿色原则所具有的中国特色的客观反映。在强调公法与私法二分，强调个人本位、自由本位、权利（私权）本位的民法典或民法学中，要形成中国式的绿色原则，是很难想象的事；不是说没有可能，而是说阻力之大难以想象。但从中国传统文化和法律文化看，在中国民法典中规定蕴含礼法观、德治观、天人合一观、公法私法一体观并体现义务本位和国家本位思想的绿色原则，则是有渊源的。我们只有联系和结合中国的文化传统和文明传统，才能正确认识和理解绿色原则为什么首先在中国民法中产生以及绿色原则所蕴含的思想和精神，才能深刻理解绿色原则的中国特色和开拓作用。

2. 绿色原则是反映中国文化（包括法律文化）与世界文化（包括法律文化）的联系，借鉴、吸收外国民法原则的精华，具有普遍意义的民法原则

从中国文化（包括法律文化）出发对绿色原则进行解读，不仅要看中国文化（包括法律文化）特别是中国传统文化（包括法律文化）的独特性，也要看到中国文化（包括法律文化）特别是中国传统文化（包括法律文化）与世界文化（包括法律文化）的联系和共通性。我们说绿色原则是具有中国特色的民法原则，既没有否定绿色原则与各国民法原则的联系，以及中国文化

与世界文化的联系；也不意味着它是一项凭空创造的，与民法基本精神和其他原则无关的、甚至冲突的“新原则”。从法律的本土性、区域性或中国特色国情看，绿色原则之所以能够在神州大地上诞生，是因为中国文化和中华法系文化具有包容、宽容外来文化（包括法律文化）的传统，是因为中国民法善于吸收外国民法原则的精华和继承世界民法文化精神。绿色原则实际上是一项借鉴、吸收外国民法和环境资源法的精华，具有普遍意义的民法原则。

（1）绿色原则反映了中国文化（包括法律文化）与世界文化（包括法律文化）的联系和共通性。中国传统文化虽然是一个完整的统一体，但因中国地域广大，民族众多，所以内部的区域文化和民族文化又呈现出丰富多彩的差异。它不仅具有统一性和不同于其他国家文化的独特性，而且具有多样性和包容性，与其他国家的文化存在联系和共通性。更为重要的是，这种开放、包容、和而不同的文化传统的影响一直延续至今而没有中断。①

自 1500 年以来，特别是自 1840 年第一次鸦片战争以后，葡萄牙、荷兰、沙俄、英国、德国、法国、美国、日本等世界列强挟军事、经济、科技之强势，加强了对中国的文化入侵，但客观上也促进了中国法律文化与西方国家法律文化的联系。这种“被迫”“被压”的中国文化与西方文化的联系进一步加强，表现在法律和法学方面是促进了以大陆法系民法为榜样、兼顾其他国家民法的中国民法和民法学的初步形成，其中一个重要表现是 1929 年《中华民国民法典》的制定。在中华人民共和国成立后，即使是在以美国为首的资本主义国家严密的军事、经济和文化封锁下，包括法律文化在内的中外文化的联系和交流也没有中断，而只是改变了联系的渠道和方式，如前 30 年（大约从 1949 年至 1979 年）我国主要是存在与苏联的联系。特别需要指出的是，在绿色原则正式形成的前几十年，包括民法、民法学在内的世界

① 华夏五千年文明，形成了一个有着 56 个民族共存、以儒学为主要内容和主流意识、儒释道三教合一的文化。中华传统文化能够兼收并蓄，体现在汉民族文化能够长期吸收周边少数民族的文化上；对外来文化也能够敞开它博大的胸怀，有扬有弃的吸收、整合；诸子百家在争鸣中能够取长补短，相互融汇；儒释道三家能够各有传承、各自发展、相互融合。中国传统文化注重和谐、中庸、和而不同、海纳百川、多样统一，它不像西方文化那样过分讲求分别与对抗，而是提倡在主导思想的规范下，不同派别、不同类型、不同民族之间思想文化的交互渗透、兼容并包、博采众长。

各国的法律和法学发生了许多有利于环境保护的变化（包括法律上的和法学中的变化），而这正是中国法律文化与国外法律文化联系最密切、交流最频繁的几十年。自 1978 年中共十一届三中全会实行改革开放以后，随着中国工业化、城市化进程和市场经济的发展，我国逐步扩大、加强了与世界各国的文化（包括法律文化）的联系和交流。中国文化（包括法律文化）的所具有的包容性、宽容性和善于吸纳外来文化的传统，以及 1978 年以来中国扩大改革开放，形成的提倡学习、借鉴和吸收国外法治建设有益经验的良好氛围，使中国民法典的制定不可能隔开与世界法律文化的联系，不可能不受到世界法律和法学研究成果和发展趋势的影响。

（2）绿色原则是借鉴、吸收外国民法原则的精华，是具有普遍意义的民法原则。从 20 世纪 60 年代开始，各国的环境污染和资源紧缺问题日益严重并逐渐发展成为全球性问题，以环境保护活动和生态运动为代表的绿色运动逐渐兴起并很快发展成为全球性的运动。面对日益严重的环境资源问题和日益强大的绿色运动，各国法律工作者和法律分别产生了强烈共鸣与相应的改革和变化，民法和民法学对环境问题和环境保护的重视，以及环境资源法律和法学的兴起，则是其中的一个重要表现。1966 年，联合国大会专门讨论了人类环境问题；1972 年 6 月，在斯德哥尔摩举行了联合国人类环境会议，来自 113 个国家的约 1 200 名代表参加了会议，会议通过了著名的《人类环境宣言》和全球环境保护行动计划。会后，许多国家纷纷制定环境专门法律、成立环境管理专门机构，美、英、德、法、日等工业发达国家相继在环境立法方面取得突破。在美国，1969 年制定的《国家环境政策法》宣布了国家环境保护的政策，设立了总统环境质量委员会以及环境影响评价等重要法律制度，并要求“所有联邦政府机构均应当对其现有的法定职权、行政法规定以及各项现行政策和程序进行一次清理，以确定其是否存在有妨害充分执行本法宗旨和规定的任何缺陷或矛盾，并应当就清理结果在不迟于 1971 年 7 月 1 日以前，向总统报告其职权和各项政策符合本法所规定的意图、宗旨和程序”。之后，美国爆发了一场由 1 500 多所大学和 1 万多所中学举行的全国性的环境保护运动即“地球日”活动，掀起了一场公民环境权大讨论热潮，推出了以服务环境保护为宗旨的公共信托理论，兴起了以保护环境公益为目标的公民环境诉讼，制定了《美国国家环境政策法》等环境资源法律。

民法素有人民之法、民生之法的美誉，侵权法从未缺席应对环境污染问题，早期环境污染事件均以侵权法来处理。例如，在欧洲和欧盟，除了通过环境资源专门立法保护环境外，民法也发挥了重要作用。大陆法系国家的民法面对环境问题和环境保护，首先考虑的应对之策是尽量发挥既有民法制度资源有利于环境保护的作用，运用法律解释学或法教义学（Juristiche Dogmatic）对传统民法的民事活动、民法原则、民事权利和民事责任制度等作有利于环境保护的阐释或扩大性解释。如利用相邻关系（相邻权）学说维护公民的日照权、通风权、宁静权、观景权、眺望权等，防止和处理环境污染和环境破坏对相邻人的人身和财产损害问题；通过地役权的理论维护公民的通行权、取水权和排水权等，防止和处理侵占公共地域和压缩生态空间的问题；通过建立环境污染损害民事责任制度和环境污染侵权民事诉讼制度，防止和处理通过环境污染侵犯人身权和财产权的问题；通过明确公众共用物、动物不是物、环境是不同于财产的共用物、人身财产损害不同于环境生态损害、环境保护属于公共利益等法律术语或法律概念，为环境资源法律和法律制度的发展消除传统的法律障碍。民法作为对受到损害的民事权益进行救济的法律，欧盟民法学者在创设有利于环境保护的环境民事责任制度方面作出了重要贡献。欧盟法学界和立法机关经过广泛讨论、深思熟虑，从制定《欧洲委员会 1993 年绿皮书》（1993 年 5 月 1 日欧洲委员会提出）①、《欧盟 2000 年环境民事责任白皮书》（2000 年 2 月 9 日由欧洲委员会提出）② 到制定《2004 年欧盟关于预防和补救环境损害的环境责任指令》③ 等有关环境民事责任的指令，欧盟基本上形成了一套有利于环境保护的欧盟环境民事责任体制（EC environmental liability re-

① Communication of 14 May 1993 (COM (93) 47 final) presented to the Council, the Parliament and the Economic and Social Committee.

② White Paper On Environmental Liability, presented by the Commission, Commission of the European Communities, Brussels, 9 February 2000, COM (2000) 66 Final.

③ 《欧洲议会和欧洲理事会关于预防和补救环境损害的环境责任指令》（2004 年 3 月 10 日在布鲁塞尔通过，简称《2004 年欧盟关于预防和补救环境损害的环境责任指令》，Directive of the European Parliament and of the Council on environmental liability with regard to the prevention and remedying of environmental damage, Brussels, 10 March 2004）。

gime)。在上述政策文件和法律中的损害，不仅包括了对人、财产和场所污染（contamination of sites）的损害，而且包括对不属于财产的环境和自然资源的损害，简称环境损害（environmental damage）。[①] 目前欧盟国家有关环境民事责任的法律包括：有关环境民事责任的国际公约[②]；民法典中有关规定；部门性的环境民事责任专门法规；综合性的环境民事责任专门法规。在法国，不仅法国《环境法典》专设一编规定了救济生态（环境）本身损害的相关规则，而且《法国民法典》在 2012 年提出了修订侵权责任条款的法律案，将针对生态（环境）本身损害的救济纳入民法典侵权责任体系，以与环境法典更好地衔接。于 2005 年 2 月 28 日法国议会两院联席会议通过并被纳入法国宪法的《环境宪章》规定，“某些消费或生产方式和对自然资源的过度开采对生物的多样性、人的充分发展和人类社会的进步产生了有害的影响”；“人人都享有在一个平衡的和不妨害健康的环境里生活的权利”；“人人都负有义务参与环境的维护和改善”。在德国，不仅德国《环境责任法》（1990 年）对因环境污染所造成的人身损害和财产损害（即对私法上的环境责任）作了明确规定，德国其他法律还要求环境损害的责任人对环境本身的损害负责，尤其是当这些环境物质不属于私人财产时。如德国于 2007 年制定了《避免和修复环境损害的环境责任指令》（简称《环境损害法》），构建

---

① 例如，《环境民事责任白皮书》（2000 年）提出的环境损害不仅包括了对人、财产和场所污染（contamination of sites）的损害，而且也包括对自然（nature）的损害，特别是对那些位于共同体内、从生物多样性保护观点看是非常重要的自然资源（natural resources）的损害，即受《自然 2000 网》（the Natura 2000 network）保护的区域和物体的损害。《2004 年欧盟关于预防和补救环境损害的环境责任指令》中的环境损害（environmental damage）主要是指对受保护物种和自然栖息地的损害（damage to protected species and natural habitats），对水和土地的损害。

② 例如，《由危害环境的活动所造成的损害的民事责任公约》（1993 年 6 月 21 日由欧洲理事会成员国公开签署，简称罗加诺公约）。该公约第 2 条第 7 款对“损害”定义如下：“（a）死亡或人身伤害；（b）财产的损失或损害，这里的财产不是指在危险活动地工厂本身或在操作者控制下所拥有的财产；（c）因环境损伤（impairment of the environment）所造成的损失或损害，只要这种环境损伤没有被视为包含在副款（a）或（b）（sub-paragraph（a）or（b））意义上的损害（damage），对环境损伤的赔偿应该限于实际采取或将要采取的恢复措施的费用，不包括因这种环境损伤所造成的利润损失；（d）预防措施的费用以及由预防措施所造成的任何损失或损害。”

了涉及责任规范的环境损害的框架，包括水体、土地和自然保护法中的损害。① 这些虽然不是规定在德、法等国民法典中的法律原则，但的确包含着我国绿色原则中“节约资源、保护生态环境”的意思或某些内容。

事实上，我国在研究制定民法典时，一直非常关注和吸收上述国外民法和环境资源法的优秀成果和有益经验，一些学者提出的有关制定绿色民法典和民法生态化的主张大都吸收了西方工业发达国家民法和民法学的有益经验和研究成果，研究起草的几个民法典建议稿以及《民法总则》中的不少法律条文都不同程度地借鉴了国外民法的新近进展和研究成果，体现了西方工业发达国家民法中保护资源环境的思想或精神。从这个意义上讲，绿色原则是吸收了外国民法和环境资源法的有益成果和经验、体现民法的基本精神和发展趋势的产物，是反映中国文化（包括中华法律文化）与世界文化（包括法律文化）的联系和共通性的产物。

三、结语

通过对绿色原则之文义解读可知：绿色原则是适用民事活动、调整民事关系的基本原则；是兼具普遍约束力与价值判断的义务性基础规范；是对民事行为方式选择的前提性与高标准的要求，是提升司法裁判的正当性依据；是将“资源禀性”、“环境价值”与“生态功能”纳入民法，处理民事活动与环境活动的关系、规范和指引民事活动的指导性准则。

通过对绿色原则之体系解读可知：从绿色原则在中国民法典或中国民法体系中的位置可知，它属于中国整个民法的基本原则；从绿色原则在民法原则束中的位置看，它既是与其他原则共存、互补、相协调的民法基本原则，也是承载生态社会主义核心价值与绿色发展理念的基本原则，它与其他关系密切的民法原则一起对节约资源和保护环境是一种“双保险”；从绿色原则在中国整

---

①　德国《环境损害法》共有 13 条和 3 个附件，在第 2 条规定了作为核心概念的“环境损害”，对“环境损害”直接指向的特殊部门法作了具体规定，即不是所有的环境损害，而是只有明确根据《联邦自然保护法》第 19 条规定的对于种群和自然生活空间（也即自然栖息地）的损害（第 1 项）、根据《水平衡管理法》第 90 条规定的对水体的损害（第 2 项）和根据《联邦土地保护法》第 2 条第 3 款规定因为影响土地功能造成的土地损害（第 3 项）。该法明确了环境损害是指自然资源（种群和自然生活空间，水体和土地）的一种直接或间接发生的可以确定的不利改变或自然资源功能受影响，从而划清了环境法中的环境与民法中“物”的界限、纯环境损害与因环境污染造成的人身损害和财产损害的界限。

个法律体系中的位置看，它是横跨民法和环境资源法两大领域的一项重要原则；从民法体系发展历程看，绿色原则是有别于其他民法传统原则，从相关民法基本原则分化、提升出来，并基于民法基本目的和精神的一项新原则；从民法体系的本土性和国际联系看，绿色原则是反映中国国情、具有中国社会主义特色，并借鉴了各国民法的有益经验、具有普遍意义的指导性原则。

综合文本分析和体系分析可知：绿色原则是适用民事活动、调整民事关系的民法基本原则，是横跨民法和环境资源法两大领域的一项重要原则；是对民事行为方式提出前提性与高标准的要求，兼具普遍约束力与价值判断的义务性基础规范，是提升司法裁判的正当性依据；是以“节约资源、保护生态环境”为中心，处理民事活动与环境活动的关系、规范和指引民事活动的指导性准则；是有别于其他民法传统原则，并基于民法基本目的和精神的一项新原则；是反映中国国情、具有中国社会主义特色，并借鉴了各国民法和环境资源法的有益经验、具有普遍意义的民法原则。确立绿色原则是我国在编纂民法典过程中的一大亮点，是中国法律和法学对世界法律文件的一项重要贡献，绿色原则具有创新性、开拓性、中国社会主义特色和普遍引导作用，对促进民法、环境资源法、环境资源保护工作和生态文明建设的发展，具有重要的现实作用、理论意义和深远的历史影响。

绿色原则虽然已成为我国民法的基本原则，但“徒法不足以自行”。首先要科学、准确、合理地把握绿色原则在我国民法典中的地位与作用，既不可贬低绿色原则对促进民法生态化的意义，也不要夸大和随意扩展绿色原则的任务和功能，绿色原则并不改变也不可能改变民法的核心内容、主要任务和基本功能，民法不会因为绿色原则而沦为环境资源法或生态法。值得注意的是，在《民法总则》正式确立绿色原则后，仍然有学者基于民法保护私益和私权的本质属性、核心内容和主要功能，对绿色原则成为民法基本原则持怀疑、淡化甚至否认的态度。其实，强调绿色原则是民法基本原则，并不是要改变民法维护私益、保障私权的基本属性、核心内容和主要功能。不同法律部门有其特定的直接立法目的和调整对象，正是基于直接立法目的和调整对象等的不同，才须对法律作不同的分类，正如《民法总则》的直接目的在于“保护民事主体的合法权益，调整民事关系”，而《环境保护法》的直接目的在于“保护和改善环境，防治污染和其他公害”。我国在立法目的中，除了规定直接目的之外，往往同时规定法律的间接目的或终极目的。直接目的是区分不同类属法律属性的主要标准，而间接目的往往成为不同法律部门的联系和交叉，如《民法总则》立法目的中的“维护社会和经济秩序，适应中国特色社会主义建设”与《环境保护法》中的“促进经济社会可持续发展”，在某种意义上具有一致性。无论是公法还是私法、是民法还是环境资源法，虽然其内核和主体功能是独立的、相互区别的，但是其外延和次要功能却是模糊和交叉的，而且各法律部门体系也是不断发展演变的。各法律部门虽然相互独立，但受法律调整的社会关系却是相互交织并浑然一体的。“民事活动”与“环境活动”两者存在内在的联系和交叉，“对环境有影响的民事活动”和“涉及民事权益的环境活动”是民法与环境资源法之间的交叉领域，绿色原则就是民法和环境资源法之间有效“链接”的桥梁。只要民法的直接立法目的与主要调整对象没有发生改变，民法的内核和主体功能便不会因增加绿色原则或其他原则而受到挑战。

一个新的民法原则的确立，总是同旧的理念和价值观的破除相伴随，正所谓不破不立。贯彻落实绿色原则，涉及价值观念、思维方式、行为方式、研究范式的变革，涉及人与人的关系、人与自然关系、各种利益关系的调整，不改革就只能是坐而论道，最终到不了彼岸。马克思认为，“从一个较高级的社会经济形态的角度来看，个别人对土地的私有权，和一个人对另一个人的私有权一样，是十分荒谬的。甚至整个社会，一个民族，以至一切同时存在的社会加在一起，都不是土地的所有者。他们只是土地的占有者，土地的利用者，并且他们必须象好家长那样，把土地改良后传给后代”①。习近平指出，“良好生态环境是最公平的公共产品，是最普惠的民生福祉”②。中共十九大报告提出了三个“共同体”（中华民族共同体、人类命运共同体、人与自然是生命共同体）的思想。我们应该“以人为本，以自然为根，以人与自然和谐为魂”，将“民事主体”作为三个“共同体”中的成员，将维护民事主体的排他性的基本权利与维护公众的非排他性的环境资源共享权利结

① 马克思恩格斯全集：第25卷．北京：人民出版社，1974：875.

② 习近平：良好生态环境是最公平的公共产品．(2013-04-10)．http：//news.ifeng.com/mainland/detail_2013_04/10/24079201_0.shtml；良好生态环境是最公平的公共产品，是最普惠的民生福祉．海南特区报，2013-04-11.

合起来，有效贯彻和落实绿色原则，使民事主体从事民事活动从应然和实然上都有利于节约资源和保护生态环境。

环境利益的共享性、整体性，环境问题的连锁性、复杂性决定了环境保护不能仅依靠某一部门法的努力，学科的划分不是为了画地为牢、相互隔离，而是为了突出重点、集中力量进行深入研究，法治理论与法律制度建设应该超越学科界限，共同致力于服务现代经济、政治、社会、文化和生态的综合治理。民法应以绿色原则为契机，不断完善私法理论在公益保护方面之不足，在具体的民事法律制度中贯彻与落实绿色原则，以适应不断变化发展之社会关系和公众需求。环境资源法应乘绿色原则之东风，继续着力于维护和改善基本民生中的环境质量，为将生态文明融入不同法律部门提供更多理论与制度支持。民法学和环境资源法学应该通过绿色原则，更加有效地共同致力于服务现代民生民益和生态文明建设。

第六章

环境资源法调整人与自然的关系的理论

法律应不应该、能不能够和如何调整人与自然的关系，是法学界长期争论的一个重大理论问题，有的学者甚至将其视为法学研究中的具有“哥德巴赫猜想”性质的重大理论问题。[①] 经过长期的探索与实践，中国环境资源法律已经形成调整人与自然关系的规则、制度和机制，中国环境资源法学已经形成基于生态文明的调整人与自然的关系的理论。

第一节　调整论的基础概念、基本观点和主要内容

所谓调整论（The Regulation Theory），是指有关环境资源法既调整人与自然的关系又调整与环境资源有关的人与人的关系的各种观点。从广义上讲，调整论是关于法律既调整人与人的关系又调整人与物（包括环境、自然资源和大自然）的关系的各种观点的总称。《调整论——对主流法理学的反思与补充》一书以及“建设和谐社会、环境友好社会的法学理论——调整论”等论文[②]，对环境资源法的调整论作了比较全面系统的分析和阐述。

法律调整人与人的关系的理论形成和成型在先，调整论实际上是建立在法律调整人与人关系的理论之上的理论，即调整论认可、肯定并高度重视法律对人与人的关系的调整。调整论的任何观点，都不能用于轻视、贬低人的

① 陈泉生．一场法学研究范式的革命．东南学术，2004（5）．

② 蔡守秋．调整论——对主流法理学的反思与补充．北京：高等教育出版社，2003；蔡守秋．建设和谐社会、环境友好社会的法学理论——调整论．河北法学，2006（10）．

作用，人与人的关系的作用，以及法律调整人与人的关系的意义和作用。由于有关法律调整人与人的关系的理论已经基本成型且学界对其没有重大分歧，因而调整论的重点是阐明法律调整人与自然关系的理论，即不再重述法律调整人与人的关系的有关理论。

另外，必须指出的是，调整论认为环境资源法既调整人与自然的关系又调整与环境资源有关的人与人的关系，将人与自然的关系和与环境资源有关的人与人的关系视为环境资源法的调整对象；但并不认为包括环境资源法在内的各种法律只能调整人与人的关系和人与自然的关系，不能将其他什么事物（包括人或物、事务和活动等）作为法律的调整对象。调整论虽然是为了应对由环境资源生态保护事业和生态文明建设提出的问题，促进环境资源法治建设和生态文明社会建设，而形成的一种环境资源法学理论；但它并不是一种封闭的、僵化的理论，而是一种与时俱进的法学理论。调整论主张根据社会、经济、政治、文化和生态文明建设的需要，以及法律的目的、任务和功能，确定法律的调整对象和对象范围，注意吸收和综合法律调整对象和调整功能的其他学说和观点，它实际上是关于法律调整对象和调整功能的一种综合调整理论。

概括起来，调整论的基础概念、基本观点和主要内容如下。

一、调整论的四个层次和四个要点

调整论的内容十分丰富，它从现实存在的人与自然的关系、有关人与自然的关系的法律规定及其法治实践出发，回答了法律是否、应否、能否以及如何调整人与自然关系等不同层次的问题，阐明了环境资源法调整人与自然的关系的正当性（包括合理性和必要性）及其意义和作用。

相对于上述四个层次，调整论有四个要点。(1) 环境资源法坚持“以人为本，以自然为根，以人与自然和谐为魂”。每一个具体的人、个体的人，是处于人类生态系统中的生态人，既与其他人发生联系，也与自然（包括环境、自然资源和生态）发生联系。人的本质是人的社会性和自然性的统一，是人与人关系的总和和人与自然的关系的总和的统一。法律人是由人与人的关系和人与自然的关系的总和而成的人，环境资源法律中的生态人是体现人与人的关系和人与自然的关系的统一的人。“法律人是作为关系总和的人。

在这些关系中，人相对于其他人和物而存在。所有的秩序都有关系特征。法律人不是实体，人是关系。法律人是关系和关系者的结构统一。”① 环境、资源和生态是人生存发展的物质基础，适当的人与人的关系和人与自然的关系是实现人的自由发展、全面发展的条件和基础。“人与自然是生命体共同体”是人与自然关系的基本特征，“人与自然的和谐”是调整人与自然关系的基本任务和目的。(2) 个人主要通过其行为建立或变革人与人的关系和人与自然的关系。人的行为可以分为对人的行为和对自然（非人物）的行为，人对人的行为形成人与人的关系，人对自然（非人物）的行为形成人与自然的关系。马克思曾经指出人类活动有两个方面，“人们对自然的作用”和“人对人的作用”；这两种活动表现为两种关系，即人与自然的关系和人与人的关系，正是从这个意义上才可以说“人创造环境，同样环境也创造人”②。法律是规制人的行为的行为规则，并且是具有法律强制力的行为规则。法律既可以规定人对人的行为，也可以规定人对自然（非人物）的行为。因此，法律既能够调整人与人的关系，也能够调整人与自然（非人物）的关系。(3) 每个人只能通过自身与其他人的关系和自身与自然的关系求生存、求发展、求利益、求幸福。人的一切行为的目的是追求最大的效益（包括经济社会效益和环境生态效益），只有和谐的人与人的关系、和谐的人与自然的关系才能提供最大的效益。从这个意义上讲，人生的目的就在于人与人和谐相处、人与自然和谐相处③，即追求和谐的人与人的关系、和谐的人与自然的关系是人的行为的不朽动力。马克思主义的创始人把“人类整个进步”及“我们这个世纪面临的大变革”，即他心目中所追求的人与人的关系和人与自然的关系的主要内容，理解为“人类同自然的和解以及人类本身的和解”④，即人与自然的和谐及人与人的和谐这两个方面。“如果想获得幸福，一个人与他的环境之间就需要一种和谐的调整。”⑤ 法律通过规定（包括改变）人对人、人对自然的行为规则，调整人与人、人与自然的关系，保障人与人、

① 阿图尔·考夫曼. 后现代法哲学——告别演说. 米健，译. 北京：法律出版社，2000：51.

② 马克思恩格斯全集：第3卷. 北京：人民出版社，1960：43.

③ 古希腊罗马时期斯多葛学派的创始人芝诺认为：“人生的目的就在于与自然和谐相处。”王诺. 欧美生态文学. 北京：北京大学出版社，2003：25.

④ 马克思恩格斯全集：第1卷. 北京：人民出版社，1956：603.

⑤ 艾温·辛格. 我们的迷惘. 郜元宝，译. 桂林：广西师范大学出版社，2002：108.

人与自然的和谐共处。(4) 为了适应调整人与人的关系和调整人与自然关系的需要，法律可以通过其制定（含立、改、废）和实施（含遵守、执行、监督），确立人的行为规则、权利、义务、责任和法律制度，或者规制（包括维护）人或自然的资格、利益和状态，形成既调整人与人的关系又调整人与自然的关系的调整机制，以实现和保障人与人和谐相处、人与自然和谐相处，促进和保障人类生态系统即人与自然共同体的可持续发展。

二、环境资源法律调整和调整对象的概念和含义

1. 环境资源法律调整和调整对象的概念

法学界对法律调整、法律调整对象一直存在不同的认识、定义和表述方式。持不同研究范式或价值观的法学家，往往用法律调整某种实体、某种行为、某种关系等说法，来表示法律的调整对象。例如：将法律的调整对象说成是人或人的行为①；将法律调整的对象说成是自然力、物或自然环境②；将法律的调整对象说成是行为关系③；认为法律只能调整人与人的关系，不能调整人与自然的关系④；认为法律既可以调整人与人的关系，也可以调整

---

① 例如，孙国华、朱景文主编的《法理学》（中国人民大学出版社 1999 年版，第 229 页）认为："法律调整的对象是社会关系参加者的意志行为。"《法学大辞典》（曾庆敏主编，上海辞书出版社 1998 年版）认为，法律调整就是国家运用法律手段规范人们的行为。

② 例如，郭明瑞教授在"从构建和谐社会的需求看我国物权法立法的必要性"（《河南省政法管理干部学院院报》2006 年第 3 期）中认为："首先，物权法以有体物为调整对象所形成的独立体系有效地保证了对现代社会有形财产的调整需要"，"由于物权法仅以有体物为调整对象，这就为其他类型的财产权立法预留出了空间，从而可以满足对复杂类型的财产权进行单独立法的需要"，"以有体物为调整对象的物权法当然不能将所有的财产类型加以囊括"。杨立新教授认为："对历史上与自然力相关的科技、哲学、博物学和政治经济学的简单回顾可以大致看出，自然力成为法律调整对象，乃是人类对于自然资源的开发利用达到一定阶段的必然结果。由于自然力具有高度的商业价值，在政治经济学上无价值的自然力，经过现代财产法的运作，成为了能源产业开发对象。因此，自然力首先是通过商品化，从交易制度中进入法律体系，然后才产生了权属的确认问题，这便是合同法和物权法对于自然力研究的起始点，也是公共权力对于自然力的大规模运用进行管理的政治经济学基础。"杨立新. 民法物格制度研究. 北京：法律出版社，2008：239 - 240.

③ 例如，张文显教授在《法理学》（法律出版社 1997 年版，第 49 页）中认为："法是由国家专门机关创制的，以权利义务为调整机制并通过国家强制力保证的调整行为关系的规范。"

④ 例如，陈汉光、朴光洙编著的《环境法基础》（中国环境科学出版社 1994 年版，第 1 页）认为："环境保护法是调整人与人之间的关系的法律规范。"韩德培主编、陈汉光副主编的《环境保护法教程》（法律出版社 2003 年版，第 32 页）也认为，"环境保护法是调整人与人之间的关系的法律规范"。

人与自然的关系[①]；认为法律既不能调整人与人的关系，也不能调整人与自然的关系[②]；法律调整对象的其他看法或观点。如有人用法律协调来代替法律调整，或者用表面关系与实质关系来说明法律调整的关系[③]，也有人用社会关系、自然关系、权利义务关系、“人—自然—人”的关系等“多方关系”或“不确定关系”来代替人与人的关系或人与自然的关系[④]，等等。对上述有关法律调整和法律调整对象的各种观点，最重要的是要研究其真实含义，考察其是否合理，以便克服偏见、达成共识，而不能仅仅停留在对法律调整或法律调整对象的不同定义和表述方式上。

综合学界有关法律调整的各种观点，笔者认为：所谓法律调整，是指法律控制或规范特定对象的活动。法律调整是从法的运作方面描述法的实现、法在生活中如何起作用的一个概念。这里的控制或规范包括影响、改变、协调，包括建立、确认、赋予、改进、改善、激励、维护、禁止、消灭等；这里的特定对象，包括人、人的行为、状态、关系、事项、工作和秩序等。但是，调整论论证的角度是将人与自然的关系和人与人的关系作为法律的调整对象，即环境资源法的调整对象是人与自然（环境资源）的关系，以及与环境资源有关的人与人的关系；环境资源法对人与自然（环境资源）的关系以及与环境资源有关的人与人的关系的调整，是指环境资源法对这两种关系的控制或规范，包括影响、改变、协调，包括建立、确认、赋予、改进、改善、激励、维护、消灭等。

当谈到环境资源法的调整作用和调整对象时，调整是环境资源法律的一种特殊行为，环境资源法律是产生或发起调整行为的主体，人与自然的关系以及与环境资源有关的人与人的关系是调整行为的对象即客体。首先，要明

---

① 例如，蔡守秋主编的《环境法教程》（法律出版社 1995 年版，第 17 页）认为：“环境法的调整对象还具有不同于其他法律部门的特殊性：它既调整人与人的关系，也调整人与自然的关系。”

② 例如，徐祥明主编的《环境法学》（北京大学出版社 2005 年版，第 84、85 页）认为：“环境法的调整对象既不是人与人的关系，也不是人与自然的关系。”

③ 例如，金瑞林教授在《环境法——大自然的护卫者》（时事出版社 1985 年版，第 59、30 页）认为：“环境法的任务是协调经济发展同环境保护的关系，实质上是协调人同自然的关系”，“环境法的有效性，要通过各种社会因素和自然因素的交错关系而起作用。环境法调整的虽然也是人们的社会关系，但其实质是通过调整人的社会关系来调整人同自然的关系。这是一般法律部门所不具有的”。

④ 例如，有人认为，“法律调整的对象，是主体之间或者主体与客体之间交往而形成的社会关系或自然关系”。谢晖，陈金钊．法理学．北京：高等教育出版社，2005：212.

确调整是一种法律行为，法律调整是指法律的一种行为或一种作用。我国著名法理学家孙国华主编的《法理学教程》是一本介绍法律调整内容较多的教材，涉及“社会和社会调整”、“原始社会的社会调整”以及“社会调整系统中的社会主义法”、“社会主义的法律调整及其机制”等内容。《法理学教程》认为“规范性调整包括道德规范调整、宗教规范调整、家庭规范调整、政策的调整、法律调整等”[①]，并明确指出，“法律调整是从法的运作方面，描述法的实现、法在生活中如何起作用的一个范畴”，“法律调整是法律作用的表现，但法律调整也不同于法律作用（即法律作用对象的范围比法律调整的对象广泛得多）”[②]。其次，要明确法律调整的主体是法律，法律调整的对象即调整的客体是人与自然的关系。谢晖教授认为，“在纯粹法学的视域中，法律调整的主体是国家（或国际组织）的法律”[③]。这时，因为法律是主体，不宜将主体简单地理解为人；因为客体是人与人的关系和人与自然的关系，不能机械地把人与人的关系理解为人、把人与自然的关系理解为物。当我们说“民法（或行政法、环境资源法）的调整对象”时，这是一种主从宾结构，表示所属关系；当我们说“民法（或行政法、环境资源法）调整某种关系”时，这是一种主谓宾结构，表示主客关系；无论是主从宾结构、所属关系还是主谓宾结构、主客关系，都从语法上、逻辑上说明法律是主体。有些坚持“主、客二分法”的学者，认为不能从语言逻辑或语法上分析主体和客体的关系，他们反对通过语言的主从宾结构和主谓宾结构确定主体与客体的关系。其实，法学家起初研究主体和客体的关系时，就是从语言结构和语法上进行分析的。徐国栋在《“人身关系”流变考》[④]一文中指出：人身关系与财产关系的对立起源于古罗马的修辞理论和法的分类理论。从修辞的角度言，为了使论述脉络清楚，有必要对方方面面的事物进行分类，最简单的分类就是主体与客体的分类，因此，公元前1世纪的西塞罗说：“为了理解词并为了写作，没有什么比把词划分为两个种更有用和更令人愉快的练习了：一个

① 孙国华主编．法理学教程．北京：中国人民大学出版社，1994：32－33.

② 同①288－289.

③ 谢晖，陈金钊．法理学．北京：高等教育出版社，2005：210；谢晖．法学范畴的矛盾辨思．济南：山东人民出版社，1999：323.

④ 徐国栋．“人身关系”流变考：上．法学，2002（6）.

种是关于物的，另一个种是关于人的。"[①] 200多年前，历史法学派代表人物、德国法学家德里希·卡尔·德·萨维尼（Friedrich Carl von Savigny，1779—1861年）已经指出，法律就像语言一样，既不是专断的意志，也不是刻意设计的产物，而是缓慢、渐进、有机发展的结果。[②] 著名法学家凯尔森（Hans Kelsen，1881—1973年）在论及主体时认为："法律上的人（按定义来说，他是法律义务与法律权利的主体）的概念，符合一种想象，需要有一个权利与义务的持有者。法学思想不满足只看到组成义务或者权利的内容的某种人的行为或不行为，想象着必须还存在具有义务或权利的人物。这种想法体现了人类思想的一般趋向。在经验上可以观察得到的一些质也就被解释成为一个客体或实体的那些质，而在文法上的主语只是一些质组成了统一体这一事实的象征而已……但是在语言形式所决定的日常想法里，这一实体却被当成是设想在'它的'质之外有一个独立存在的分立的本题……人们以为每一个可感觉世界中的对象都有一个不可见的精神的住所，这个精神就是对象的主人，就像实体有它的那些质、文法上的主语有它的那些谓语一样。"[③] 这说明法律中的主体从源头上看，可以从语言学和语法角度进行理解，即主体与客体的关系可以从主语与谓语、宾语的主谓关系、主宾关系和所属关系来理解；而不可以像"主、客二分"那样先验地将主体等于人，即脱离法律条文中的主谓关系、主宾关系和所属关系来理解主体与客体。

有些学者认为主体就是人，判断主体的标准也是人，主体与句子中的主语没有关系。"凯尔森发现主体的直觉说明，法律中的主体和客体是有判断标准的，这就是主体是指一个权利与义务的持有者、一个行为或不行为的发起者。"凯尔森不是从什么"人就是主体"的先验观点出发，而是从普通人的感觉、直觉出发，即认为有权利必有权利的拥有者、有行为必有行为的发起者，是从语法和分析句子的结构出发，将句子的主语、宾语与主体、客体

---

① Ciceron, De la Invencion, In Nicolas Estevanez edi. Obras Escogidas, Casa Editorial Canier Hermanos, Tomo Primero, Paris, s/a, p. 228.

② E. 博登海默. 法理学：法律哲学与法律方法. 邓正来，译. 北京：中国政法大学出版社，1999：89.

③ Hans Kelsen, *General Theory of Law and State*, pp. 93-94. 龙卫球. 法律主体概念的基础性分析——兼论法律的主体预定理论. 学术界，2004（4）.

联系起来的，即句子中的主语就是表示主体、宾语就是表示客体。这种对主体与客体的看法，是一种直觉的看法，符合普通人的日常认识。这不像某些法学家那样，脱离日常认识和人的直觉去认识主体和客体，后者往往犯逻辑错误。例如，有学者认为老人权利保障法中的“老人依法享有福利”中的老人是主体、福利是客体，而动物福利法中“动物依法享有福利”中的动物是客体、福利也是客体；儿童保护法中“某人贩卖儿童”中的某人是主体、被贩卖的儿童也是主体，而“某人贩卖珍贵野生动物”中的某人是主体、被贩卖的珍贵野生动物是客体。

法律调整人与自然的关系与人调整人与自然的关系，既有联系也有区别。法学理论中的法不能简单地等同于人，法学界一直有将法律作为主体的观点。关于法律调整人与自然的关系与人调整人与自然的关系，我们可以用法治和人治这两个概念来类比。所谓法治是指法的统治（rule of law），而不是指某个人用法律去统治（rule by law）。一些法学家反复强调：在专制国家，国王就是法律；在民主国家，法律就是国王。也就是说，法治的主体是法律而不是人或国王。例如著名法学家德沃金认为，“我们生活在法律之中，并以法律为准则，法律确定我们的身份；……我们是法律帝国的臣民，是法律秩序和理想的忠实的追随者，在我们争论应当如何行事的时候，在精神上也受到了法律的约束”[①]。法律调整人与自然的关系是法治的表现，是强调和重视法律的权威；而说人调整人与自然的关系，是强调和重视具体的个体的人的作用，这两者有不同的含义。某些人一提到环境资源法的调整对象是人与自然的关系，或一提到法律调整人与自然的关系，就断定调整论主张由动植物或非人自然体去调整人与自然的关系，这完全是一种强加于人的臆想。这些人为什么不质问“主流”法学家：“不能说民法的调整对象是平等主体之间的财产和人身关系，而应该说人的调整对象是平等主体之间的财产和人身关系。”

环境资源法学对人与自然的关系的调整，是指根据自然生态规律和经济社会发展规律，根据公众和立法机关的需要，对人与自然的关系进行合理、有效地调整（简称有效调整）。基于“主、客二分法”的西方“主流”法学，

---

① Ronald Dworkin. *Law's empire*. Cambridge：Belknap Press of Harvard University press，1986：7.

一般主张将人与自然的关系视为或规定为“主体与客体”的关系；基于这种传统的认识，某些学者想当然地认为“离经叛道”的调整论是要将人与自然的关系调整为人与人的关系或主体与主体的关系，即要将自然变为人。其实，调整论主张环境资源法的调整对象是人与自然的关系以及与环境资源有关的人与人的关系，这仅仅表明环境资源法的调整对象和调整作用，至于环境资源法将人与自然的关系调整成什么关系即调整的结果，则需要根据公众和立法机关的需要，通过具体的法律规定来确定。法律调整人与自然的关系不是指法律要将人与自然的关系调整为人与人的关系即将自然变为人，法律没有必要也不可能将人与自然的关系调整为人与人的关系即将自然变为人；如果人与自然关系可以变为人与人的关系或者自然可以变为人，则没有法律调整人与自然关系的必要，因为人与自然的关系已经不存在了；正是因为人与自然关系不可能变为人与人的关系或自然不可能变为人，调整论才提出法律调整人与自然的关系的问题。调整论主张的法律调整是指有效调整，而不是要将人与自然的关系调整为人与人的关系或将自然变为人。所谓有效调整，是指法律对现实生活中的人与自然的关系，有选择地进行合目的性、合规律性、合乎成本效益原则的合理而适度地调整；是指通过法律规定的各种方法、手段、机制，使人与自然的关系向着对人和环境有利的方向变化，包括人与自然的关系从混乱到有序、从失调到平衡、从有害到有利、从危险到安全、从不好到好、从较好到很好、从不和谐到和谐等；即有效调整是指促进、引起人与自然的关系向着好的、有利的方向变化的行为，是指通过法律调整使现实生活中的人与自然的关系成为更加适应人们需要的那种人与自然的关系。

总之，说环境资源法能够调整人与自然的关系，既不是指大自然或物（如老虎或老鼠）能够调整人与自然的关系，也不是指环境资源法能够调整自然（环境资源，如老虎或老鼠）或自然过程（如火山爆发），更不是指环境资源法能够调整物与物的关系（如老虎与老鼠的关系）或将自然变为人。正如我们说法律能够调整人（如婴儿的父母、健康人等）与婴儿、精神病人的关系时，不宜说婴儿、精神病人能够调整他们与人（如婴儿的父母、健康人等）的关系，也不是指法律能够调整婴儿、精神病人的行为，更不是指法律能够调整婴儿与婴儿、精神病人与精神病人的关系，或者异想天开地要法律将婴儿变成其父母（或将精神病人变成健康人）。也就是说，环境资源法调整人与自然的关系，与说法律调整人与婴儿、精神病人的关系，具有同样的逻辑。

2. 环境资源法调整人与自然的关系，是指环境资源法对人与自然关系的作用

调整（regulation）包含规范、规制、协调、引导、干预等意思。《辞海》认为，“调整”是重新调配或安排，使适合于新的情况和要求。[①] 有的学者认为调整就是指引[②]，有的学者认为调整就是干预。[③] 环境资源法律对人与自然的关系的调整，是指环境资源法根据社会经济规律和自然生态规律，通过环境资源法的目的、宗旨、理念、原则和任务，运用法律规定的各种行为规则、措施和制度，对人与自然的关系所施加的规制，包括确认、限制、改变、消灭、禁止、鼓励、维护和促进某种人与自然的关系；是环境资源法的一种作用或功能，是一种动态的过程。我们说环境资源法调整人与自然的关系，是指环境资源法对人与自然关系的作用，是指法律能够调整人与自然两者的相对状态，实际上是指环境资源法具有调整人与自然关系的作用或功能；只有通过环境资源法的制定（即立法）和实施（包括法律的遵守、执法和监督），才能实现法律对人与自然关系的调整。

明确“调整”的含义，对于理解法律调整人与人的关系和人与自然的关系的功能具有重要的意义。某些学者为了表明其法律仅调整人与人的关系理论与法律可以调整人与自然关系的调整论有所区别，提出了“协调人与自然的关系”与“调整人与人的社会关系”、“调整人与人的社会关系”是手段、“协调人与自然的关系”是目的等看法。例如，《生态法学》认为，“要协调人和自然的关系，在法律调整的范畴之内，就必须首先调整人与人之间在生态领域所形成的社会关系……生态保护法通过调整人与人之间的社会关系实现协调人与生态环境关系的目的。”[④] 笔者认为，承认法律能够协调人与自

---

① 辞海. 上海：上海辞书出版社，1979：904.

② 张文显教授认为，调整就是指引。张文显. 法学基本范畴研究. 北京：中国政法大学出版社，1993：44.

③ 周长龄教授认为，调整就是干预。周长龄. 法律的起源. 北京：中国人民公安大学出版社，1997：102.

④ 陈茂云，马骧聪. 生态法学. 西安：陕西人民教育出版社，2000：45.

然的关系，较一概否定“法律调整人与自然的关系”是一种进步，但也因此带来一系列理论上和逻辑上的矛盾或症结。例如，协调与调整是两个水火不相容的或互相排斥的概念吗？法律协调人与自然的关系与法律调整人与自然的关系是两个水火不相容的或互相排斥的概念吗？如果法律协调人与自然的关系与法律调整人与自然的关系具有大同小异的含义，那么反对法律调整人与自然的关系中的不少观点从逻辑上看是不成立的。笔者认为，调整本身就有协调的含义，法律“协调”和法律“调整”都是指法律的作用或功能，法律协调人与自然的关系和法律调整人与自然的关系没有根本对立；《法学大辞典》认为，法律调整就是国家运用法律手段规范人们的行为，协调人们之间关系的活动。[①] 人为地制造协调与调整的对立，除了使问题复杂化外对统一法律调整的认识没有任何意义；而将法律调整人与人的社会关系视为法律的手段、将法律协调人与自然的关系视为法律的目的，不仅无助于否定调整论，反而增强了法律调整人与自然的关系的重要性，因为“目的”决定“手段”、“手段”服务于“目的”。

3. 环境资源法的调整对象包括人与自然的关系和人与人的关系，是指环境资源法能够直接调整这两种关系

调整论不否定法律的间接调整作用和间接调整对象，但不主张用法律的间接调整作用和间接调整对象来定义法律的调整对象。环境资源法的调整对象包括人与自然的关系和人与人的关系，是指环境资源法能够直接调整这两种关系。法律调整包括直接调整和间接调整，一个法律或一个法律部门的调整对象是指该法的直接调整对象，当我们论及环境资源法的调整对象时，是指直接调整对象，而不是指间接调整对象或间接影响对象。所谓法律直接调整人与人的关系就是指法律直接规定某个人对其他人的行为。所谓法律直接调整人与自然的关系和人与人的关系，是指法律虽然直接规定人对环境资源的行为（或人对自然的行为、人对非人自然物的行为，在环境资源法学中简称为环境资源行为）或人与自然的相对状态，即法律直接规定或明确个人、单位和组织对环境资源能够做什么、不能够做什么、鼓励做什么、禁止做什么。所谓法律间接调整人与自然的关系和人与人的关系，是指法律虽然直接

① 曾庆敏主编．法学大辞典．上海：上海辞书出版社，1997：1102.

规定个人、单位和组织对他人或物（自然）做什么、不能够做什么、禁止做什么，但这些行为的结果却会对物（自然）或他人发生影响，会形成或改变人与物或人与自然的关系。例如：《法国民法典》第554条规定，“所有权是对于物有绝对地使用、收益及处分的权利”。这就是直接规定即调整人与物的关系；但这项规定可以影响其他人对该物的使用，从而间接影响人与人的关系。《德国民法典》（1896年制定，1998年修改）规定，“债权人基于债的关系，有权向债务人要求给付。给付也可以是不作为”（第241条）。这就是直接规定即调整人与人的关系，有学者根据此项规定认为，债权关系就是对他人特定行为的支配关系；但有关债权关系的规定可以影响其他人对物的使用，从而间接影响人与物的关系，为此《德国民法典》不得不追加规定，“仅以种类确定的物为债务标的物的，债务人应给付中等品质的物。债务人为交付前款种类物而完成其必要行为时，债的关系仅限于此物”（第243条）。我国《野生动物保护法》（2018年修正）第21条规定，“禁止猎捕、杀害国家重点保护野生动物”。这就是直接规定即调整人与野生动物的关系；但这项规定可以影响其他人对该野生动物的利用，从而间接影响人与人的关系。我国《野生动物保护法》第7条规定，“教育行政部门、学校应当对学生进行野生动物保护知识教育”。这是直接规定、直接调整教育行政部门、学校与学生之间的人与人的关系；但这项规定可以影响学生对野生动物的思想和行为，从而间接影响或间接调整人与野生动物即人与自然的关系。在用法律规范人们向环境排放废物的行为时，可以采用两种方法：（1）通过法律规定人以关心其他人的利益、不损害其他人的利益的角度来控制自己影响环境的行为，即直接规定人对人的行为以间接控制人对环境的行为。例如，某环境法律规定，“单位和个人不得以侵犯或损害其他人利益的方式向环境超标排放废物”。（2）通过法律规定人不得从事污染破坏环境的行为，即直接规定人对环境的行为而间接影响人对人的行为。例如，某环境法律规定，“单位和个人不得向环境超标排放废物”。目前大多数环境法律都采取第（2）种模式而不采取第（1）种模式。因为第（2）种模式比较直接、明确，易于为公众理解、掌握和实施，大多数人特别是普通老百姓习惯于直接感觉、直接行为以及行为的直接目的、直接效果或直接获利；而第（1）种模式比较间接、含糊和较难实施，并且容易产生“如果不侵犯或损害其他人利益”，即使污染和破坏环境，也可以“向环境超标排放废物”的误识。这种现象在规定立法目的时表现得特别明显。笔者曾参加1979年《环境保护法》的立法起草及修改研究工作，在拟定《环境保护法》第1条①中的立法目的时，曾有人主张或建议将维护社会安定团结、维护社会主义公有制、巩固人民民主专政、维护中国共产党的领导、增进人民福利、保护当代人和后代人的利益、保障公民在环境中过有尊严的生活、促进社会持续繁荣、促进社会主义革命和四个现代化建设、促进环境保护国际合作等内容规定为环境保护法的立法目的。显然上述目的并没有什么错，也是党和国家和许多学者的一向主张。但是，环境资源法立法最重要的，是应该规定其直接的立法目的，即“为了保护和改善环境，防治污染和其他公害”，实现了上述目的就可以间接影响或实现上面所提的其他目的；如果不规定或者不写“为了保护和改善环境，防治污染和其他公害”这一直接目的，其他的间接目的、间接影响写得再多，也不能使公众了解和明确环境保护法的主要立法目的。因此，明确和强调环境资源法的直接调整对象是人与自然的关系，是为了更好地、更明确地理解、掌握、遵守和实施环境资源法，更好地发挥它在保护和改善环境、促进人与自然和谐方面的作用。

将法律调整对象分为直接调整对象和间接调整对象源于法律规范的直接意思与间接意思，直接意思是表面的、确定的、直观的、容易达成共识的东西，间接意思是潜在的、不确定的、想象的、总是存在不同理解的东西。对法律规范和法律条文，能够形成一种共同确信东西的是直接的感知与直观，而不是带有各种价值倾向的理性、想象和推理。如果通过对法律规范和法律条文的间接意思的想象、推理和阐释，导致对法律规范和法律条文的直接意思的遮蔽、扭曲、变样甚至否定，那么这种间接意思的缺陷就是致命的。②

---

① 最后正式颁布的《环境保护法》（1989年）的第1条规定：“为保护和改善生活环境与生态环境，防治污染和其他公害，保障人体健康，促进社会主义现代化建设的发展，制定本法。”

② 例如，“保护环境”这一法律规则或法律条文的直接意思就是保护环境，公众在保护环境的直接意思上基本能够达成共识；而通过想象、推理而形成的“保护环境”这一法律规则或法律条文的间接意思则很多，如认为“保护环境”的实质是保护人、保护人的利益、保护人的尊严、调整人与人的关系、促进贸易和市场经济、促进经济社会文化发展、维护社会安定团结、维护统治阶级的利益、巩固执政党的利益、扩大国际交往和国际合作等，有的甚至认为“保护环境”这一法律条文的意思不是保护环境而是保护人或人的利益。

调整论不是否定或反对法律的间接调整功能，而是承认任何法律直接调整都会产生间接调整的作用和间接影响；但是，调整论认为既不宜用法律的间接调整对象作为划分法律部门的标准，也不宜用法律的间接调整作用和间接影响来否定法律的直接调整作用。传统的法学理论大都承认法律可以间接调整人与自然的关系，调整论的贡献是论证了法律可以直接调整人与自然关系的道理。这是因为，法律规范的间接影响是多方面的、多层次的甚至是难以预料的、不确定的，法律可以间接调整的关系太多，所以研究和讨论法律间接调整的对象没有什么实质意义；如果用法律的间接影响、间接调整来定义法律的调整对象或否定法律的直接调整，那样会将民法与行政法、刑法，国内法与国际法的调整对象搞乱。例如，如果从间接调整对象出发，会得出物权与债权一样都调整或影响人对人的关系、民法与行政法一样都调整或影响行政关系、国际法与国内法一样都调整或影响人与人的关系的结论。其实，无论在现实生活中①还是在法律中②，直接调整对象和直接关系与间接调整对象和间接关系的区别是十分明显的，混淆直接调整和直接调整对象与间接调整和间接调整对象，或者用间接调整和间接影响来取代直接调整和直接影响，实际上是用各种主观想象代替明确的事实、用各种主观推理代替明确的法律规范。

主张“法律只能调整人与人的关系、不能调整人与自然的关系”的学者，其理由主要是：法律只能通过调整人与人的关系而间接调整人与自然的关系，只能先调整人与人的关系、后调整人与自然的关系，只能通过调整人与人的关系来实现对人与自然的关系的调整。例如，《环境保护法教程》认

---

① 例如，张某在照料大熊猫，这是人与自然（或物）的关系；张某在照料小孩，这是人与人的关系；张某同时用左手照料大熊猫、用右手照料小孩，表明他同时形成了人与自然（或物）的关系和人与人的关系。如果这个大熊猫属于中国某组织或某公民的管理对象，除了直接的人与自然（张某与大熊猫）的关系外，还存在间接的人与人的关系（即张某与中国某组织或某公民的关系）。如果这个大熊猫是另一个大熊猫的幼仔，则除了直接的人与自然（张某与大熊猫）的关系外，还存在间接的物与物的关系（即熊猫幼仔与大熊猫的关系）。

② 例如，法律规定任何人不能虐待动物是直接调整人与动物的关系，法律规定任何人不能虐待妇女是直接调整人与人的关系。如果这个动物是他人（邻居、政府官员或罪犯）所有或管理的动物，法律规定任何人不能虐待动物，除了直接调整人与动物的关系外，还可能调整或影响虐待动物的人与他人（邻居、政府官员或罪犯）之间的关系。如果这个妇女正在负责饲养或保护大熊猫，法律规定任何人不能虐待妇女除了直接调整人与人的关系外，还可能调整或影响人与自然物的关系（即虐待妇女的人与大熊猫的关系）。

为："把环境保护法说成是'国家调整人类与环境的矛盾关系的行为规范的总和'，或者不分先后地说'既调整人与人的关系，又调整人与自然环境的关系'（原书还加注如下：只有先调整人与人之间的关系，才能达到调整人与自然的关系）的说法是不妥的"①；如果需要调整人与自然的关系，必须首先调整人与人之间的关系。正如马克思所指出的："人们在生产中不仅仅同自然界发生关系。他们如果不以一定方式结合起来共同活动，便不能进行生产。为了进行生产，人们便发生一定的联系和关系；只有在这些社会联系和社会关系的范围内，才会有他们对自然界的关系。"②

笔者认为，其一，承认法律能够先调整人与人的关系，后调整人与自然的关系，较一概否定"法律调整人与自然关系"是一种进步，因为该观点毕竟认为法律可以调整人与自然的关系。但是，这种认识也带来了一系列理论上和逻辑上的矛盾或症结。例如，法律先调整人与人关系中的"调整"概念与法律后调整人与自然的关系中的"调整"概念是不是具有相同的含义？如果先调整和后调整中的"调整"具有相同的含义，那么反对法律调整人与自然的关系的不少理由从逻辑上看是不成立的。其二，认为法律只能通过调整人与人关系才能调整人与自然的关系，这是一种背离法治思维的思维方式。这种看法的实质是，认为法律只能直接规定人对人的行为，不能直接规定人对自然（或人对物）的行为。立法实践表明法律可以直接规定人对自然的行为，许多法律用十分明确的法律条款规定了人对自然的直接行为即对人与自然的关系的直接调整。法治思维和法律解释学、法教义学的基本立场和信条是从法律规范出发的，我们在理解法律调整对象时，不能对法律中大量存在的有关人与自然的关系的法律规定或法律规范（包括体现人与自然关系的立法指导思想、立法目的、理念、原则、规则和制度）熟视无睹或置之不理。其三，各种人类活动无一例外地都体现为具体个人的行为，在现实生活中个人与个人的关系和个人与自然的关系的产生谁先谁后，调整个人与个人的关系和调整个人与自然的关系谁先谁后，没有固定不变的顺序。有些人将马克思主义创始人关于"人们在生产中不仅仅同自然界发生关系。他们如果不以一定方式结合起来共同活动和互相交换其活动，便不能进行生产。为了进行

① 韩德培主编，陈汉光副主编．环境保护法教程．北京：法律出版社，2003：31．

② 马克思恩格斯全集：第6卷．北京：人民出版社，1961：486．

生产，人们便发生一定的联系和关系；只有在这些社会联系和社会关系的范围内，才会有他们对自然界的关系，才会有生产”这段话，理解为“人与自然（环境）关系的产生是以人与人关系产生为前提”，即“人与人的关系是直接的，而人与自然的关系只能通过人与人的关系进行，因而只能是间接的”；并进一步推论出，法律只能通过调整人与人的关系来调整人与自然的关系。上述理解是不够准确和全面的。其实，马克思那段话的重点是讲“他们”即复数的人、而不是单个的人与自然的关系，是强调“人们在生产中不仅仅同自然界发生关系”，而且在人们内部也发生人与人的关系，即强调只有在人与人形成人们时才有人们与自然界的关系；丝毫没有否定具体个人与自然的关系存在的意思，更不是否定“劳动首先是人和自然之间的过程”这一观点。目前法律分析中所说的人与自然的关系，包括（单个）人与自然的关系和人们（复数人）与自然的关系，即自然人、法人、非法人组织甚至人类社会等与自然的关系，如果讲人们（复数人）与自然的关系，显然必须首先肯定（单个）人与（单个）人之间的关系，因为没有（单个）人与（单个）人之间的联系和关系，就没有人们（即复数人）。同理，“单棵树木如果不以一定方式结合起来，便不能形成森林；只有在树木与树木的联系即物与物的关系的范围内，才会有人对森林的关系”；根据同样逻辑可以认为，“如果各种环境要素不结合成整体环境，即如果没有物与物的关系，也没有人与整体环境的关系”。准确地说，马克思主义创始人的那段话说明的是“只有通过（单个）人与（单个）人的联系和关系，形成人们后，才有人们与自然（环境）的关系”；而不是说“只有在（单个）人与（单个）人的关系产生后，才有（单个）人与自然（环境）的关系”。如果联系马克思、恩格斯的其他论述，全面分析和理解马克思主义创始人的观点可知，马克思主义在研究自然史和人类社会发展史时，从本源上看，总是肯定人是大自然发展变化的产物，即先有自然后有人，这也是唯物主义与唯心主义的根本区别；从人类社会产生之后，总是肯定人与自然的关系和人与人的关系是同时存在、相互依存的；每一个人既生活在自然界也生活在人类社会中，每一个具体的人既可以直接与其他人发生关系，也可以直接与自然发生关系；人与自然的关系是人类社会永恒存在的、不断发展的、对立统一的辩证关系。例如，马克思把“人类历史的第一个前提”确定为“有生命的个人的存在”和“他们与自然界的关系”[①]。马克思、恩格斯在研究人的劳动过程或生产实践活动时，总是承认和肯定其首先存在着人与自然的关系，即肯定“劳动首先是人和自然之间的过程，是以人自身的活动来引起、调整和控制人和自然之间的物质变换的过程”[②]；然后，透过表面的人与自然的关系看到隐藏的人与人的关系。马克思甚至明确指出：“人同自然的关系直接地包含着人与人之间的关系，而人与人之间的关系直接地就是人同自然界的关系，就是他自己的自然的规定。”[③] 另外，马克思主义在论及个人与社会的关系时，从来都不否认个人行为和个人关系的先在性，马克思和恩格斯认为：“凡是有某种关系存在的地方，这种关系都是为我而存在的”[④]；“个人总是并且也不可能不是从自己本身出发的”[⑤]。总之，既不能笼统地说先有人与人的关系然后才有人与自然的关系，也不能笼统地说每个人只能先形成人与人的关系然后才能形成人与自然的关系，更不能笼统地说个人不可能与自然发生直接关系、只能通过调整人与人的关系才能调整人与自然的关系。

三、人与自然的关系的性质和特点

调整论开辟了研究和注重关系而不仅仅是研究和注重主体或客体、人或物的理论，即法律关系学。“法律人是作为关系总和的人。在这些关系中，人相对于其他人和物而存在。所有的秩序都有关系特征。法律人不是实体，人是关系。法律人是关系和关系者的结构统一。”“在此意义上，人是‘如何’和‘何物’是规范论辩‘主体’和‘客体’的合二为一（in einem）。”[⑥] 全面、准确地理解法律所调整的人与自然的关系的概念和含义，是理解和掌握调整论的前提。

1. 人与自然的关系的概念和特点

所谓关系，是指两个或数个事物或现象之间的相互联系、影响和作用。在大千世界（或万物万人万事）中，存在着各种各样、错综复杂的关系。最

① 马克思恩格斯选集：第1卷．北京：人民出版社，1972：24.
② 马克思恩格斯全集：第23卷．北京：人民出版社，1972：201－202.
③ 马克思．1844年经济学哲学手稿．刘丕坤，译．北京：人民出版社，1979：72.
④ 马克思恩格斯全集．第3卷．北京：人民出版社，1979：34.
⑤ 同④274.
⑥ 阿图尔·考夫曼．后现代法哲学——告别演说．米健，译．北京：法律出版社，2000：51.

简单的关系是由两个方面组成的两方面关系或双方关系，如丈夫与妻子的关系。在现实中的关系大多是多方（或多边、多角）关系或复合关系（如家庭关系包括父子关系、母女关系、夫妻关系、兄妹关系、兄弟关系等），但从研究角度看，最基本的和首先要研究的关系是双方关系，因为任何复杂的关系都可以分解为简单关系。表示关系的词可以分为两类：一类是明确表示什么与什么之间关系的词（简称确定关系词），如男女关系表示男人与女人之间的关系，师生关系表示老师与学生之间的关系；另一类是没有明确表示什么与什么的关系的词（简称不确定关系词），这种关系词往往是多种关系甚至多种含义的总称，并且不同的人对其有不同的理解。例如，社会关系并不是指社与会的关系，国家关系并不是指国与家的关系，法律关系并不是指法与律的关系，不同的人对它们的概念及其内涵有不同的理解。从古至今，几千年来法学家之所以对社会关系、经济关系、自然关系、法律关系、人身关系、人的关系、财产关系、私法关系（包括民事关系、私权关系等）、公法关系（包括行政关系、公权关系等）等概念和内含争论不休，其中一个重要原因，是这些关系词本身就是没有明确表示什么与什么的关系或因人而异的“不确定关系词”。

掌握双方关系与多方关系、简单关系与复杂关系、用“确定关系词”表示的关系与用“不确定关系词”表示的关系之间的区别和联系，对于研究、讨论法律调整对象问题和统一对法律调整人与自然的关系这一问题的认识，具有重要的意义和作用。例如，本来我们研究讨论的是法律能否调整人与人的关系、人与自然的关系、物与物的关系问题，从语言逻辑上看，这些关系基本属于双方关系和用“确定关系词”表示的关系；但是，有些学者在讨论中却有意无意地将用“确定关系词”表示的关系转变为用“不确定关系词”表示的关系，结果导致各用各的概念术语，永远也无法达成共识。例如，有的学者认为：环境资源法调整的是“人—自然（或物）—人”的关系，它不调整人与自然的关系；环境资源法调整的是人与人之间的权利义务，它不调整人与自然的关系；环境资源法调整的是“社会关系”，它不调整人与自然的关系；环境资源法调整的是“法律关系”，它不调整人与自然的关系；等等。笔者认为：“人—自然（或物）—人”的关系表示其是一种多方（或多边、多角）关系，它可以分解为“人—人”和“人—自然（或物）”或“自然（或物）—人”的关系；如果你头脑中先验存在的是人与人的关系即，或根本没有人与自然关系的概念，或故意对客观存在的人与自然的关系视而不见，就会将“人—自然（或物）—人”的关系认定为人与人的关系即“人—人”，而将自然（或物）认定为人与人关系的中介或中间介质，即不承认客观存在的“人—自然（或物）”或“自然（或物）—人”的关系；如果你头脑中同时有人与人的关系和人与自然（或人与物）的关系的概念，并能够正视客观存在的各种关系，就会将“人—自然（或物）—人”的关系，认定为包括人与人的关系即“人—人”和人与自然（或人与物）的关系即“人—自然（或物）”或“自然（或物）—人”[①]。由于“人—自然（或物）—人”的关系可以包括或分解为人与人的关系和人与自然的关系，因而如果能够对这种多方（或多边、多角）关系、复合关系进行实事求是的分析，那种认为环境资源法调整的是“人—自然（或物）—人”关系的观点，与环境资源法既调整人与自然的关系、又调整与环境资源有关的人与人的关系的观点，并没有根本的冲突。曾任国家环境保护总局副局长的潘岳指出：“人与人的关系与人与自然的关系互为中介，也互为制约”；“人与自然的关系必然决定性地影响着人与自身、人与人、人与社会所组成的人类社会这个子系统”[②]。其实，调整论主张环境资源法既调整人与自然的关系，又调整与环境资源有关的人与人的关系，这种关系既可以以简单关系或双方关系的形式出现，也可以蕴藏在多方（或多边、多角）关系或复合关系之中；说环境资源法既调整人与自然的关系又调整与环境资源有关的人与人的关系，已经包括它能够调整“人—自然（或物）—人”关系。值得指出的是，将自然认定为人与人关系的“中介”与将债权中的标的物视为人与人关系的“中介”，有某些相似

① 通过将自然或物视为人与人的关系的中介，与通过将人视为人与人的关系的中介，其逻辑是一样的。例如，有的人认为，有关男女恋爱方面的法律调整的是“男方—媒人（或婚姻介绍人）—女方”的关系，这种关系仅仅表示男女之间的关系，媒人（或婚姻介绍人）是男女之间关系的中介，不存在或不调整男方或女方与媒人（或婚姻介绍人）之间的关系。笔者认为：“男方—媒人（或婚姻介绍人）—女方”的关系表示其是一种多方（或多边、多角）关系，它可以分解为“男方—女方”和“男方—媒人（或婚姻介绍人）”或“媒人（或婚姻介绍人）—女人”的关系；如果你头脑中先验存在的是“男方—女方”的关系，或根本没有男方或女方与媒人（或婚姻介绍人）之间的关系的概念，或对客观存在的男方或女方与媒人（或婚姻介绍人）之间的关系视而不见，就会将“男方—媒人（或婚姻介绍人）—女方”认定为仅仅是“男方—女方”的关系，而将媒人（或婚姻介绍人）认定为男女之间关系的中介；如果你头脑中有男方或女方与媒人（或婚姻介绍人）的关系的概念，并正视这种客观存在的关系，就会将“男方—媒人（或婚姻介绍人）—女方”认定为包括男女之间关系和男方或女方与媒人（或婚姻介绍人）之间的关系。

② 潘岳．和谐社会与环境友好社会型社会．环境经济，2006（8）：19.

之处；或者说，用“人—自然（或物）—人”关系来否定“人—自然”或“自然（或物）—人”的关系，与用债权关系中的“债权人—标的物—债务人”关系来否定“债权人—标的物”或“标的物—债务人”的关系，有不少相似之处。主张债权或债权关系仅仅是“人与人的关系”即“债权人与债务人的关系”的学者认为，债权关系是“债权人—标的物—债务人”关系，标的物是债权人与债务人之间的“中介”，债权是“通过物这种中介的对人权”。但黑格尔（1770—1831年）在其《法哲学原理》（1821年出版）中却认为，“从客观上说，根据契约产生的权利并不是对人的权利，而只是对在他的外部的某种东西或者他可以转让的某种东西的权利，即始终是对物的权利”[①]。也就是说，黑格尔认为债权表示“债权人与标的物”关系，债务人不过是债权人与标的物之间的“中介”，债权是“通过债务人这种中介的对物权”。如果说物权关系是一个单宾语句（人对物），对人权关系也是一个单宾语句（人对人），那么债权关系是一个双宾语句（包括人直接对物与人间接对人），或者说间接宾语是债务人，直接宾语是标的物。相较于债是“通过物这种中介的对人权”的表达，黑格尔这种债权是“通过债务人这种中介的对物权”的认识，无疑更具有分析性的眼光。《奥地利民法典》关于债的“对人的物权”的表达就是一个黑格尔式的双宾语句表达。根据类似的逻辑，环境资源法所调整的人与自然的关系和人与人的关系，也可以包括在社会关系、法律关系、权利义务关系等用“不确定关系词”所表示的“不确定关系”中；那些用社会关系、法律关系、权利义务关系等复杂关系或“不确定关系”，来否定环境资源法既调整人与自然的关系又调整人与人关系的观点，是站不住脚的或难以自圆其说的。

所谓人与自然的关系（从广义上也称人与物的关系）[②]，是指人与自然

---

① 黑格尔．法哲学原理．范扬，张企泰，译．北京：商务印书馆，1961：49.

② 有人认为，人与物关系中的物包括人工物、自然物、实体物、虚似物、具体物、抽象物等不同的种类，而人与自然的关系中的自然是指自然物而不包括人工物或人造物；所以人与物的关系与人与自然的关系是有区别的，人与自然的关系的范围要大于人与自然的关系，甚至可以说人与自然的关系是人与物的关系的一种。也有人认为，人与自然关系中的自然，又称自然因素，包括构成大自然的除人之外的物质、能量、自然力和自然现象等各种天然的自然因素即天然物，也包括人对天然的自然因素即天然物进行加工改造后形成的人为的自然因素即人工物；人与自然的关系和人与物的关系，具有基本相同的性质，所以在某种意义上可以认为，人与自然的关系类似于人与物的关系。

之间的相互联系、影响和作用；由于人与自然的某种状态，包括运动状态和相对静止状态，必然反映人与自然的某种关系，因而人与自然的关系也表示人与自然这一综合体所呈现的各种状态，或者指“人与环境资源”的相对状态。某些学者对人与人的关系非常熟悉，但对人与自然的关系却研究不深、了解不多。其实，人与自然的关系如同人与人的关系一样复杂多样，有的人之所以对法律中的“人与自然的关系”产生错觉，其根源就在于没有认识到人与自然关系的丰富多样性。人与自然的关系，在环境资源法上主要指人与环境、资源、生态系统的关系，首先大量具体地表现为个人与个别自然因素或环境要素的关系；但是在许多情况下，也表现为复数人（如单位、组织、社区和国家等）与复数自然因素（如土地、海洋、森林、草原等生态系统）的关系，包括人类与整体自然界的关系或人类社会与自然界的关系。从不同角度可以将现实生活中人与自然的关系归纳分类如下：时间关系；空间（或地域、地理）关系、人地关系；生态关系；介质关系；因果关系；物质交流关系和利用关系；利益关系；直接关系和间接关系、单向关系和双向关系、双方关系和多方关系、简单关系和综合关系；带感情色彩或不同价值观的关系，如敌我关系、支配关系、剥削关系、朋友关系、管理与被管理关系、主体与客体的关系、主体与主体的关系、合同或契约关系、代理关系等。环境资源法律和政策、生态伦理和环境道德经常涉及的人与自然的关系有人与天、人与地、人与大气、人与水、人与海、人与动植物、人与环境（或环境要素）、人与自然资源、人与生态系统等的关系。调整人与自然的关系，就是调整人与环境、资源、生态系统的关系。调整人与自然的关系的活动，包括开发、利用、保护、改善、治理（管理）环境资源等活动。保护、改善环境资源和可持续利用环境资源的实质，或环境资源工作的宗旨，就是按照自然生态规律和社会经济规律调整好人与自然的关系、实现人与自然的和谐相处与和谐发展。环境保护法主要是调整人与自然之间的保护与被保护关系的法律。法律保护和改善环境资源，就是法律规定人们保护和改善环境资源的行为规范，实际上就是法律调整人与自然的关系。

人与自然关系是既不同于人与人的关系，又不同于物与物的关系的一种新型关系。它具有区别于人与人的关系和物与物的关系的许多特点，例如：(1) 它是由人与自然这两个方面决定的关系。在论及法律调整人与自然关系时，要考虑人和自然这两个方面，既不能否定和轻视人的性质和作用（如人的意志性、主动性、能动性和法治意识等），也不能否定和轻视自然的性质和作用（如自然的客观性、规律性、生态联系性、内在价值性等）。（2）它是伴随人和人类始终的一种客观存在的关系。每一个人从出生到死亡，都与自然存在无法摆脱的各种关系。人类的经济、社会、政治、文化和生态文明建设都与自然存在千丝万缕的联系。（3）人与人的关系和人与自然的关系不是你死我活的敌对关系，不是死板的你先我后的关系，而是互为前提、互相影响的关系。因为人与自然的关系包括人和自然两个方面，相对于人与人的关系和物与物的关系而言，它的变化可以同时影响人与人的关系和物与物的关系。（4）人与自然的关系在许多情况下是一种可以由人类通过各种方式、方法调整或协调的关系。（5）作为环境资源法调整对象的人与自然关系，是指现实存在的人与自然的关系；作为人与自然的关系中的人和自然，是指本来意义上的人和自然。本来意义上的人和自然不一定与法律设定的或拟制的"人"和"自然"相吻合①，现实的人与自然的关系可能被某些法学家通过"本质分析法"解释为或转化为人与人的关系。例如，"某人打狗"所形成的人与自然（或人对物）的关系，可能被某些学者通过"打狗欺主"的"本质分析法"解释为或转化为人与人的关系。② 环境资源法不能凭空创造人与自然的关系，环境资源法调整人与自然的关系是对现实存在的人与自然的关系的正当化、法定化，只有环境资源法所规定和控制的人与自然的关系才是环境资源法调整的人与自然的关系。（6）人与自然关系的种类多样，许多关系属于人与自然的利益关系、主体与客体的关系。当代环境资源法所调整的人与自然的关系几乎都可以纳入利益关系的范畴，都与人的利益有关，不宜将

---

① 例如，有学者强调，"这里，所谓'人'，是法律上的人，即法律主体……法律上的人并不一定仅仅就是我国法律上的自然人与法人两种，一些国家的古代法律曾经将神庙和动物也拟制为法律主体，在分析法学的观念中，这也是法律上的人，因为法律上的人不同于社会学和生物学上的人，它的本质特征在于法律的拟制，它只因法律的拟制而产生，而不因其他"。（郑永流主编．法哲学与法社会学论丛：四．北京：中国政法大学出版社，2001：245.）《调整论——对主流法理学的反思与补充》所指法律调整的人与自然的关系是真实的人与自然的关系，认为改变人与自然的名称并不能否定人与自然关系的真实，法律将动物拟制为人（即法律拟制）实际上是法律调整人与自然关系的一种方式，而不是否定法律可以调整人与自然的关系。

② 剖析"人打狗"或"打狗欺主"的案例//调整论——对主流法理学的反思与补充．蔡守秋．北京：高等教育出版社，2003：第二章之"第三节　调整论对几种对立观点的评析".

利益关系和人与自然的关系完全隔离开来。在人与自然的关系领域，自然（包括自然资源能源、生活环境和生态环境）是人需要的、对人具有使用价值的东西，它构成人的利益的一种或一种利益载体（即人的环境利益）。那种将人的利益关系与人与自然的关系对立起来的观点，是缺乏正当性的。环境资源法所调整的人与自然的关系不是仅指主体与主体之间的关系，而是包括主体与主体之间、主体与客体之间的各种关系，在大多数情况下表现为主体人与客体物之间的关系，在特定条件下也可以表现为主体自然体与主体人的关系。[①] 清华大学民法学者马骏驹认为，“‘所谓利益，无非是主体与客体之间特定的价值评价关系’”[②]，“只有当‘受法律保护’的事物来自人的‘外部’时，才可能形成主体与客体的法律关系，进而使该事物成为权利的客体”[③]。“主、客二分法”将人与自然的关系理解为主体与客体的关系，马骏驹教授承认人的利益关系、主体与客体的法律关系，也就承认了人与自然的法律关系。（7）环境资源法所调整的人与自然的关系可以纳入社会关系的范畴，不宜将人与自然的关系和社会关系截然分开或对立起来，由于经过环境资源法所调整的人与自然的关系是经过人的社会活动所形成的、被打上社会烙印即具有社会性的关系，因而更有理由将环境资源法调整的人与自然的关系视为一种社会关系或纳入社会关系的范畴。（8）环境资源法调整的人与自然的关系可以纳入法定关系或扩大了的法律关系的范围，不宜用“法律关系通说”定义的人与人之间的法律关系[④]去否定法律规定的人与自然的关系，以法律关系仅仅是人与人的关系的观点来否定法律调整人与自然的关系是站不住脚的。

2. 人与自然的关系可以纳入社会关系的范畴

在法学界，广为流传的格言是“法律是社会关系的调整器”，并且各位法学家发表了不少关于法律调整社会关系的论文和著作。例如，中山大学法学院黄建武教授在《法律调整——法社会学的一个专题讨论》一书中，以利

① 例如，当法律明确规定动物享有福利、动物不受虐待的权利、大自然的权利（如动物的权利、河流的权利、大地母亲的权利）时。

② 马骏驹．从人格利益到人格要素——人格权法律关系客体之界定．河北法学，2006（10）：46，49．

③ 同②46．

④ 某些法学家认为，法律关系仅仅指人与人之间的关系或主体人与主体人之间的关系，这是法学界占主流地位的“法律关系通说”。

益和行为为核心、以法社会学的方法为主要研究方法，较为系统地分析、阐述了法律调整社会关系的能量与机制、原理和过程、作用与局限等问题。[①]

在不赞同法律可以调整人与自然的关系的学者中，有的人从预先设定的社会关系概念出发，认为法律是调整社会关系的，因为人与自然的关系不是社会关系，所以法律不能调整人与自然的关系。例如，有学者认为："法调整的是社会关系，而社会关系只有在人与人之间才能产生，人与动物之间、人与各种客体之间，都不可能产生社会关系。"[②] 笔者赞同人与人的关系是社会关系的观点，但是不赞同将社会关系仅仅理解为人与人的关系；赞同自然物或物与物（包括动物与动物）不能形成人与人的社会关系的观点，但是不赞同人与自然不能构成社会关系的一个部分的观点；认为"法律从来只调整人与人之间的社会关系"的认识并不符合法律发展的历史、现状和趋势，以社会关系仅仅是人与人的关系的观点来反对法律调整人与自然的关系是站不住脚的。将人与自然的关系纳入社会关系的范畴，并不是否定社会关系或否定人与人的关系是社会关系的基本内容；而是对传统社会关系范围的合理扩大，即不是将社会关系狭隘地理解为组成社会的人与人之间的关系，而是将其广义地理解为人与人之间的关系和组成社会的人与组成社会的其他各种因素之间的关系，即认为社会关系既包括人与人的关系也包括人与自然的关系。据笔者所知，已有不少学者、理论家、著名人物和学科、学说将人与自然的关系纳入社会关系的范围。

概括起来，将人与自然关系纳入社会关系的范畴的原因和理由主要体现在如下三个方面。

（1）将人与自然的关系纳入社会关系的范畴，是包括法学在内的人文社会科学在面对客观存在的人与自然的关系问题时的一种最佳选择。

有人（包括个人和人们）、有物（包括个体物和个体物组合），就有人与人的关系、物与物的关系、人与物的关系，有人、有自然（自然物或自然界）就有人与自然的关系，这是最浅显的道理；自从人类社会出现以来，客观存在着三种关系，即人与人的关系，（非人）物与（非人）物的关系，人与（非人）物的关系，这是任何人都不能否认的事实。但是，人与物的关系

① 黄建武．法律调整——法社会学的一个专题讨论．北京：中国人民大学出版社，2015.

② 王灿发．环境法教程．北京：中国政法大学出版社，1997：20.

或人与自然的关系在一个相当长的时期内，得不到学界和学者的在理论上的重视和关注，同样也是不能否认的事实；包括法学在内的传统学科流行的是两种关系，即人与人之间的社会关系、（非人）物与（非人）物之间的自然关系，自然技术科学主要研究物与物之间的自然关系，人文社会科学主要研究人与人之间的社会关系。

按照“人、物二分法”或“主、客二分法”的定向思维：整个世界被一分为二，即被分为人和物或人类社会（简称社会）与自然界（简称自然），或者说世界由人与物组成即世界包括自然与社会两个部分，社会由人组成即社会是指人的集合，自然由非人自然物组成即自然由自然物组成，除了人与物或自然与社会外，没有其他东西；社会关系是指人与人的关系，社会是社会关系即人与人的关系的总和，自然关系是指自然物与自然物的关系，自然是自然关系即物与物的关系的总和，除了社会关系与自然关系外，没有其他关系；人类全部知识体系分为以研究自然界（或物与物的关系）为对象的自然技术科学与以研究社会（或人与人的关系）为对象的人文社会科学。因此，按照“主、客二分”范式形成的两种关系观（指自然关系和社会关系），是无视和否定人与自然的关系的关系观，是使人与自然的关系在学科体系中没有立足之地或没有位置的关系观。如果固守上述“主、客二分”的思维方式，人与自然的关系既不能纳入人与人的社会关系的范畴，也不能纳入物与物的自然关系的范畴，因为人与自然的关系既不是人与人的关系也不是物与物的关系；因为人与自然的关系既不属于自然技术科学的研究对象，也不属于人文社会科学的研究对象，所以无论是自然技术科学还是人文社会科学，都无法研究或难以研究人与自然的关系。也就是说，由于“主、客二分法”的绝对性、机械性和普及性，因而在“主、客二分”和语境或话语体系下，在传统学科体系中根本没有人与自然的关系的容身之地和位置。

包括伦理、法学和自然科学在内的近现代学科知识体系，是历史发展和传统知识积淀的产物，其基本概念和主要术语是在“人、物二分法”或“主、客二分法”这一研究范式引导下形成的，面临人与自然的关系的问题或研究课题，它们可能有三种选择：1）以人与自然的关系和本学科无关为由，不从事或拒绝对人与自然的关系的研究。这是某些学者不关心、不研究人与自然关系的一个重要原因或理由。2）以人与自然的关系既不是人文社会科学也不是自然技术科学的研究对象为由，建立介于人文社会科学和自然技术科学之间的新的“社会自然科学”或“综合科学”，专门研究人与自然的关系。[①] 这是不断成立或组建新的跨学科研究、边缘科学、社会科学和自然科学联盟、科学文化与人文文化结合、第三种文化或第三类科学等新学科和学术性组织的原因。3）在本学科传统体系和基本概念术语的框架内研究人与自然的关系，如一些自然技术科学将人与自然的关系纳入自然关系的范畴进行研究，一些人文社会科学将人与自然的关系纳入社会关系的范畴进行研究。由于“主、客二分法”的绝对性、机械性和普及性，以及由“主、客二分法”形成的传统思维、习惯、学科和话语体系力量的强大[②]，因而这第三种选择是目前我国学界对待人与自然的关系研究或跨学科研究的主流。由于这第三种选择是在原有学科和知识体系范围内进行的，因而新的人与自然关系范畴及与之相关的概念、术语和理念，势必与原有的人与人的关系、物与物的关系范畴及与之相关的概念、术语和理念，发生矛盾、摩擦、抵触甚至冲突，有些学者甚至时而将人与自然的关系视为自然关系，时而将人与自然的关系视为社会关系[③]，从而引起原有学科的概念和话语体系的演变甚至学科范式的变革。

真正的学者、学科和科学都有一种探求与人类有关特别是与本学科有关的各种事务和现象的本能，由于人与自然关系是一种客观存在，且自然技术科学和人文社会科学的研究对象和范围都是发展变化、与时俱进的，因而无

---

① 如果将传统的以物与物的关系为研究对象的自然技术学科称为第一类学科，将传统的以人与人的关系为研究对象的人文社会学科称为第二类学科，则可以将以人与自然关系为研究对象的新的学科称为第三类学科。第三类学科或社会自然学科属于第一、二类学科的交叉学科、边缘学科、跨领域学科和综合学科，它奉行的研究范式是“主、客一体化”，是变革传统的“主、客二分法”研究范式的产物。

② 目前我国官方、大学、有关学术组织和学术刊物一般将学科划分为自然技术科学类和人文社会科学类两大类（如人文科学和理工科学、自然科学和社会科学、文科科研处和理工科科研处等），并在这两类学科领域组织研究课题申报、评奖、评聘有关教授等学术职称（如自然科学类课题和奖项与社会科学类课题和奖项），如果人与自然的关系坚持以“人文社会科学和自然技术科学之间的新的社会自然科学或综合科学”的名义出现，在学科分类、科研课题分类、科研奖项分类和科研组织机构分类等方面还很难适应。

③ 例如，法理学教授谢晖认为，法律调整的人与自然的关系有两种情形，其一本质上是社会关系，其二本质上是自然关系，“法律对人与自然关系的调整，摆脱了只限于人与自然间发生的社会关系的情形，而深入到人与自然间的自然生态关系”。谢晖. 法学范畴的矛盾辨思. 济南：山东人民出版社，1999：327-329.

论是出于本能冲动还是出于客观存在和现实需要，包括伦理学、社会学、经济学、管理学、法学和自然技术科学在内各门学科及其学者都不得不并且想方设法地研究人与自然的关系。虽然上述三种选择反映了学者和学界的现状，但总的发展趋势是：第一种选择的学科和学者越来越少；第二种选择虽然代表了一种发展方向和趋势①，但第三种文化或第三类科学目前还没有形成气候或定型；第三种选择则是目前学界或学者的主流，即从原有的或本学科的基础出发对人与自然关系的相关问题进行研究。② 面对客观存在的人与自然的关系问题，以社会关系为研究对象的人文社会科学要么是置身事外、回避现实而无所作为，要么是通过概念和研究对象的扩展将人与自然的关系纳入社会关系的范畴，而发挥其在研究和解决人与自然的关系问题方面的重要作用。从包括法学在内的人文社会科学视角看，社会关系是一种用不明确关系词表示的关系，是一种包含多种关系的复杂关系，是一种不断发展的关系，其内涵具有可扩展性；人文社会科学是具有价值导向的价值科学，为了体现人与自然的关系对人的价值，它应当和能够将人与自然的关系纳入社会关系的范畴。基于上述认识和自身发展的需要，人文社会科学将人与自然关系纳入社会关系的范畴，不仅可以使其在研究人与自然的关系时，充分继承和利用现有的人文社会科学资源（包括现有的某些人文社会科学的术语、概念、方法和制度）；而且也符合社会和社会关系演变的历史进程和发展需要。在建设生态文明社会的实践中，包括人文社会科学工作者在内的许多人正在对社会和社会关系作扩大解释。从某种意义上讲，将人与自然的关系纳入社会关系的范畴，这是人文社会科学发展的必然要求和趋势，是包括法学在内

① 《国家“十二五”科学和技术发展规划》（科学技术部 2011 年 7 月发布）强调，“加强基础学科之间、基础学科与应用学科、科学与技术、自然科学与人文社会科学的交叉融合”，“多学科综合交叉的基础研究”，“人与环境相互作用等领域的基础研究”。《国家哲学社会科学研究“十一五”（2006—2010 年）规划》（2006 年 6 月）强调，“要促进哲学社会科学与自然科学的相互渗透，促进哲学社会科学不同学科之间的相互渗透，重点建设一批能够增强原创能力、推动理论发展的基础学科，一批有较强对策研究能力、对经济社会发展有重大影响的应用学科，一批立足学术前沿、注重前瞻研究的新兴学科和交叉学科”。

② 例如，环境资源经济学、环境资源管理学和环境资源法学虽然具有跨学科性、主要研究有关人与自然关系的问题，但仍然主要从经济学、管理学和法学的基础上研究有关人与自然的关系的问题；环境学、生态学虽然具有跨学科性、主要研究有关人与自然的关系的问题，但仍然主要从化学、工程和生物学等自然技术科学的基础上研究有关人与自然的关系的问题。这是由学科建制的历史和现实所决定的，任何新学科的产生及该学科学者群的产生都离不开学科建制的历史和现实的束缚。

的人文社会科学在面对客观存在的人与自然的关系问题时的一种最佳选择。

当代环境资源法学虽然具有跨学科的特点，但其主要是从传统法学领域形成的一门新兴法律二级学科；环境资源法学研究人员虽然来自与环境资源保护有关的不同部门和机构，但其主要是由原有法律研究和教育部门（即大学法学院系和法学研究机构）的法学专家组成的队伍。环境资源法学研究人员是处于现实生活（包括现实学科、学术圈和学术共同体）中的人，为了充分依靠和利用既有学科、学术圈和学术共同体的既有知识体系和信息资源，便于与本学术共同体的同行进行交流，自然而然地采用了对待人与自然的关系的第三种选择，即将人与自然的关系纳入社会关系的范畴。①

（2）社会不仅是人的集合、人与人的关系的总和，也是人与其物质生活条件的结合、人与人的关系及人与自然的关系的总和。

社会关系是一个与社会②相联系的概念，而人与人的关系仅仅是一个与人相联系的概念，从什么时候起人们将社会关系等同于人与人的关系，是一个需要考究的问题。必须指出的是，将社会等同于人的集合或人与人的关系的总和，这并不是历来如此，而是近代“主、客二分法”研究范式极端发展的产物；它并不是整个学界一致持有的观点，而仅仅是部分学者的观点、仅仅是一家之言。中国著名的儒学大师钱穆先生认为：“中国本无社会一辞，故无社会史。”③ 虽然中文中的“社”和“会”两词均是渊源久远的固有词汇，这些单字被用来指称具体的各个不同的社会组织，但并无现代汉语中“社会”概念的抽象含义；联结这两个单字于一的“社会”一词本身也不见于古代中国。“社会”这一概念在20世纪被引入中国，到今天，人们广泛地

① 特别需要强调的：此处是将人与自然的关系纳入社会关系的范畴，不是说将人与自然的关系纳入人与人的关系的范畴，不是说人与人的关系包括人与自然的关系；此时的社会关系和人与人的关系是两个不同的概念，社会关系不等于人与人的关系。将人与自然的关系纳入社会关系的范畴是对传统的社会关系的范围的扩大，传统的学科按照“主、客二分法”将社会关系定义为人与人的关系；而将人与自然的关系纳入社会关系的范畴时，则意味着对社会关系内涵的改造和扩大，即社会关系是指在人类社会存在的与人有关的关系，包括人与人的关系和人与自然的关系。

② 必须指出的是，社会并不仅仅是专属于人的概念。美国著名的生物学家爱德华·威尔逊（Edward O. Wilson，1929—）将社会扩大到非人的生物，创立了社会生物学理论。威尔逊给社会生物学的定义是“有关动物社会行为与复杂社会组成这两者的生物学基础的系统研究”，他在《社会生物学：新的综合》一书的第一章中指出：“社会，一群属于同一物种的个体，以协作的方式组织起来，像社会和社会的这种术语，应当给予广义的定义，从而防止把许多有趣的现象排除在外。”

③ 钱穆．现代中国学术论衡．长沙：岳麓书社，1996：11.

使用这一概念，但却很少意识到“社会”不仅与中国传统的“会”“社”不同，而且与人们常常等同视之的英文词 society 也不同，后者既可以抽象地指大规模社会，也可以指具体而微的社会联合体。在中国，与“社会”相近的概念是“民间”。在中文的日常用法中，“民间”和“社会”常常可以互换。比如“民间团体”和“社会团体”，“民间办学”与“社会办学”等。“民”的原始义和基本义之一即是“人民”“民众”，尤指与“官”相对的普通民众。“间”字是一个表示地域空间的词，在“民”的概念上加入了一个“空间”的概念，就建构了一个同时具有人和空间含义的“民间”即“社会”的概念，令有普通民众生活于其中的世界变得清晰可见。可见中国古人的“社会”是与地理、“空间”联系在一起的，并没有现代某些学者所谓的抽象的、与物质空间无关的“社会”概念。不少专家认为，作为一个重要的和基本的概念，“民间”也许是人们可以在传统语汇中发现的与 civil society 概念最为接近的唯一概念。初看上去，它包含了若干与 civil society 相似的要素：一个商品交换的市场，家庭的内部空间，以及一种不在政府直接控制之下的社会空间与秩序。

据考察，在西方国家，社会一词较早以“市民社会”一词出现。中文世界所使用的“市民社会”一词，大体是由英文 civil society 一词转译而来的。该词的最早含义可上溯至古希腊先哲亚里士多德。在亚氏那里，所谓 civil society（即 koinnia politiké）一词，系指一种“城邦”（即 Polis）。也就是说，社会的最初含义是与地域联系在一起的，在古人心目中没有什么抽象的社会，只有具体的与人和土地、地域等大自然联系在一起的“城邦”这种社会，即最初的社会是包括土地等自然因素的，包含人与自然的关系的。在古代西方，“市民社会”尚未成为一个独立的概念，城邦、市民社会和国家是浑然一体的（如古希腊）。到了西方近代，契约论思想家们把自然状态和市民社会看作是人类社会发展前后相继的两个阶段：在自然状态下生活的人们为了保护自己的生命和财产不受损害，彼此交出了自然权力，签订了契约，由此形成的社会状态又叫“市民社会”，它实质上是国家的同义词。格劳秀斯、斯宾诺莎、霍布斯、洛克、卢梭等思想家都是在这个意义上使用“市民社会”一词的。“霍布斯称由国家保证其和平秩序的社会为 civil society……事实上，在卢梭的著作中，civil society 指的就是国家，因为 civil society 与自然状态最大的不同点就是前者包含了雄居社会之上的国家。”[①]可见，社会的概念来自市民社会的概念，而最初的市民社会相当于国家，而国家是包括国民和国土等因素的。马克思主义创始人谈论较多的社会是“市民社会”，但这种“市民社会”绝不仅仅指人。马克思认为，市民社会构成了社会存在的物质生活领域，以物质生产活动为主要内容。《当代国外社会思潮》一书指出：“格仑德曼认为，马克思早在《1844 年经济学哲学手稿》中，就明确提出了‘社会是人与自然的完整统一体’的思想，强调要关注人类世界，关注现存世界。在现存世界中，自然界具有‘优先地位’，但这个自然界已不是原生态的自然界，而是‘人类学的自然界’。在现存世界中，自然与社会相互制约、相互渗透。通过实践，人类不仅改造自然存在，而且自身也进入自然存在之中，赋予自然存在以新的尺度——社会性。对人与自然关系的辩证理解，是构建社会主义的理论前提。”[②] 正如马克思在《1844 年经济学哲学手稿》中所揭示的，“社会是人同自然界的完成了的本质的统一，是自然界的真正复活，是人的实现了的自然主义和自然界的实现了的人道主义”[③]。只是随着“主、客二分法”和“自然、社会二分法”范式的确立，某些学者心目中的社会才开始专指脱离自然的政治社会或人际关系，甚至变成了一个脱离时间和空间的抽象概念。但即使是采用“主、客二分法”和“自然、社会二分法”范式的学者，也大都认为社会不能脱离自然、更不能脱离非人的物质因素。

按照“主、客二分法”的研究范式：人与物是对立的，除了人就是物，非人即物；社会（或人类社会）与自然（或自然界）是对立的，除了人类社会就是自然界，非社会即自然。但事实证明，这种机械的、截然分割和对立的“人、物二分法”“社会与自然二分法”缺乏科学性，在某些情况下甚至是错误的。其实，在整个宇宙或地球生态系统中，人本身是一种自然物，人与物不能截然分割；人类社会和大自然都是宇宙的组成部分，人及其环境共同构成人类生态系统即“人与自然的共同体”；某些东西既可以成为社会因素也可以成为自然因素，既可以纳入自然的范畴也可以纳入社会的范畴，当

---

① 王绍光. 关于“市民社会”的几点思考. 二十一世纪，1991（8）：103.

② 段忠桥主编. 当代国外社会思潮. 北京：中国人民大学出版社，2001：240.

③ 马克思恩格斯全集：第 42 卷. 北京：人民出版社，1979：122.

代社会是人和人化自然的综合体，当代自然是人工自然和天然自然的综合体。社会总是具体的、与地理区域和自然环境相联系的，几乎没有哪位学者将城乡设施、道路设施、名胜古迹、土地、生活用品、物质财富和居住环境等物质资源或物质要素排除在社会之外，也没有哪位学者敢说社会由赤裸裸的人（即排除一切物）组成。随着科学技术和生产力的发展，人类人化自然的进程加快，当代人类社会和自然界已经一体化为人与自然的综合体，即当代社会已经是人化自然和人类的综合。

总之，人类社会由人及与人密切相关的物组成，人类社会不等于人的简单集合，当代社会学、经济学和政治学中的社会概念，都毫无例外地包括自然的因素或物的因素，特别是与人类生活和生产活动紧密相连的自然环境和自然资源。社会学的发展历史表明，早期的社会学设定社会是人的集合，只研究人的问题或由人与人的关系变化所引起的社会问题，严格排除非社会的因素即人以外的因素和问题。随着当代环境问题和人与自然关系的恶化，社会学开始从仅研究单纯的人的问题或人与人的关系引起的社会问题，扩大到研究由环境污染破坏或人与自然的关系恶化所引起的环境问题。例如，恺史（Case）在其所著《社会学大纲》中已经把社会问题分为四种：自然环境问题、人口问题、社会组织问题和社会思想问题。1893年，埃米尔·迪尔凯姆开创了“社会形态学”，以研究人与环境对社会结构的影响。第一次世界大战后，美国社会学家开始真正认识到社会行为可以被看作是对环境的适应，开始把生态学的观点应用到社会学中。现代社会学公认，经过人工改造过的自然环境是社会的重要组成部分即称为社会环境，由环境污染和环境破坏所造成的问题是一个严重的社会问题。美国社会学会专门成立了环境社会学分会，环境社会学即专门研究环境保护和人与自然的关系等社会问题的学科已经形成。著名的《社会学（第十版）》教材认为：“集中在某一居住地和工作场所并以社会互动的日常形式为特征的人的集合叫作社区。一个包含了满足人类基本需要的所有社会设置的综合性的，以地域为基础的社会集合被称为社会”；“用来给社会分类的两种常用方式是依据社会生存方式和依据社会结构的总体类型来分类。生存方式的分类方法是考察一个社会如何为其成员提供衣、食、住所的。狩猎和采集社会、园艺社会、游牧社会、农业社会、工业社会以及后工业社会等是以这种方法确定的主要社会类型"[①]。因此，从当代社会学或环境社会学的维度看，社会首先是一个人与地域相统一的人与自然的关系概念，可以从空间维度将社会划分为不同的层次，即国际（社会）、国家（社会）、社区（包括城市社会、乡村社会等）和家庭。国际社会又称全球社会，由全人类和地球村即由地球和地球村居民组成。国家是人类社会的一个重要层级，国家由国土、国民和具有主权的国家机关（政府组织）组成。城市社会由城市环境和市民组成。农村社会由村庄和村民组成。社区是基层社会，由社区居住环境与社区居民组成；社区首先是一个地域概念，占有一定的环境和自然资源。家庭是社会的细胞，由"家"和"庭"组成，"家"指由婚姻和血缘关系维持的人员，"庭"指这些人员共同生活居住的房舍和住地。农业社会必然包括农业生产赖以进行的环境资源物质条件，工业社会必然包括工业生产赖以进行的环境资源物质条件。总之，现代社会是指由人类、人的活动和人赖以生存的自然环境的综合体，社会绝不可能由赤裸裸的人组成。美国"过程研究中心"主任小约翰·B. 科布教授在《后现代社会政策》一文中指出，"人类参与的社会并不仅仅是由人类组成的。现代社会理论在这方面理解上的失误，比它的其他特征造成更大的危害。我们同物理环境（尤其要包括构成物理环境的生命体）有着根深蒂固的联系。'土地'并不仅仅是表演历史剧的舞台，我们本身属于它，离开了它，我们便无法生存。对我们来说，生物圈是一个极为重要的社会"[②]。乌尔里希·贝克在《风险社会》指出，风险社会"主要的后果是，在发达的现代性中，社会及其所有的经济、政治、文化和家庭子系统不再被理解为与自然相分离的部分……在 20 世纪结束的时候，自然就是社会而社会也是'自然'。任何继续将自然说成非社会的人，就是在说一些不再能够把握我们的现实的另一个世纪的术语"[③]。

法国社会学家布鲁诺·拉图尔教授（Bruno Latour，1947 年—）[④] 在其

① 戴维·波普诺. 社会学（第十版）. 李强，等译. 北京：中国人民大学出版社，1999：113.

② 大卫·雷·格里芬编. 后现代精神. 王成兵，译. 北京：中央编译出版社，1998：156.

③ 乌尔里希·贝克. 风险社会. 何博闻，译. 南京：译林出版社，2004：98－99.

④ 布鲁诺·拉图尔是法国当代 STS（科学、技术与社会，科学技术研究）巴黎学派的创立者，当代法国科学知识社会学（Sociology of Scientific Knowledge，简称 SSK）家，行动者网络理论创立者之一。他所倡导的实验室人类学研究方法和行动者网络理论（actor-network-theory，简称 ANT）已经在社会学界产生了重要的影响。

《重组社会：行动者网络理论》一书中指出，“社会的”（social）一词在使用上存在着严重的混乱，现在的“社会”一词是19世纪的发明，它是混合了18世纪的“利维坦”（Leviathan）和21世纪的“集体”（collective）的一个古怪变形；目前流行的“社会”一词在内容上不明确，在使用上很混乱，必须重新定义社会、重组社会。拉图尔深刻地指出，传统的“社会”观都是处于康德所设定的二元对立模式之中，这种“社会”观阻碍了我们进行合理的科学解释。因此，要打破这种二元对立模式，将社会描述成一个动态发展过程，与行动中的科学一起构造世界的无缝之网。拉图尔直言，“我想要做的就是重新定义社会，让它重新回到网络中”①；“通过回到社会的原初意义上，重新定义社会的观念，使得能够追随联合”②。拉图尔之所以将其论文命名为《重组社会：行动者网络理论》，是因为其目的就是要消解科学知识社会学对“社会”所设定的本体论地位。拉图尔将社会学的传统观点都归结为社会的社会学（sociology of the social），认为传统社会学（即社会的社会学）从根本上讲是将社会作为解释的起点，以社会解释社会。这是一种同义反复，不具备解释力。传统的阐释学派和“社会解释”只考虑“人”，对物则基本上不做讨论，没有注意到实体之间真正的联系；而拉图尔却将物纳入社会的解释对象之中，强调社会解释要将实体与实体联系起来，去追溯一个行动的网络。拉图尔主张联结的社会学（ sociology of associations），认为社会的本质在于联系（association），以联结（connections，或联系）作为社会学研究的核心。研究者应当去追踪这种真正的联系，搞清楚了事物之间的联系，也就明白了什么是社会。③

我国著名社会学家费孝通认为，社会学把“社会”本身，视为广义的“自然”（包括“生物”）的一部分，“社会”的存在和演化，都是包含在广义的“自然”的存在和演化之中的。社会和自然，不是两个“二分”（duality）的概念，更不是相互“对立”的范畴，而是同一事物的不同方面，不同层次

---

① B. Latour. *Reassembling the SociahAn Introduction to Actor Network-Theory*. New York: Oxford University Press. 2006, p. 11.

② Ibid. pp. 1 - 2.

③ 吴莹，卢雨霞，陈家建，王一鸽. 跟随行动者重组社会——读拉图尔的《重组社会：行动者网络理论》. 社会学研究，2008 (2).

而已。“人”和“自然”是合一的，作为人类存在方式的“社会”，也是“自然”的一种表现形式，是和“自然”合一的。我们今天用“合一”这个词，就是说它们本来就是不能分开的。尽管人们通常在语言中、在概念上把它们分开处理，但这只不过是常规思维中为了认识和解释方便而采用的一种“概念化”（conceptualization）方式；我们从学术角度，不把“自然”和“人类社会”割裂开来，而是把它们视为统一的，是一体的。人类社会的规律，也就是自然的规律，人类社会的原则，也就是自然的原则；同样，自然的原则（如古人说的“天道”），也是人类社会的原则……这种观念，作为社会学研究的基础，可以使我们从一个基本的层面上，摆正人和人之外的世界的关系。我们把“人”放到自然历史演化的总的背景下去理解，人是自然界演化的一个过程和结果，同样地，所谓“社会”“人文”也是自然的一部分，它是人根据自身的需要造出来的一个第二环境，但“人文”只能建立在自然规律和原则的基础上，“人文”的活动，只是在很多方面利用自然，利用自然特性，顺着自然内在的规律，适应它的要求，使之为人所用，而不能真正改革这些规律和原则，也不可能和“自然”法则对抗，不可能超越自然的基本规律。这种“天人合一”的思想，实际上不仅是中国的，它是世界上很多文明所具有的基本的理念，但中国人传统上对这方面有特别丰富的认识和深刻的探讨。今天中国社会学应该继承这种传统，从自然存在和演化的角度，对“人”和“社会”进行最基本的定义。需要注意的是，在近代，中国人这种观念发生了很大的变化。19 世纪末到 20 世纪初，中国知识分子在救亡图存的努力中，曾经在短时间内大量借鉴西方近现代社会思想，这种借鉴对中国现代学术发展起到了非常重要的促进和推动作用，为现代中国学术建立了一个重要的基础；但是，也应该看到，这种匆忙的、被动的借鉴的过程，也存在着很多粗糙和不协调之处，特别是对于人和自然的关系上，我们在接受西方现代科学的同时，基本上直接接受了西方文化中“人”和“自然”的二分的、对立的理念，而在很大程度上轻易放弃了中国传统的天人合一的价值观。在实践中，后来大量出现的豪迈的“战天斗地”“征服自然”“改造山河”“人有多大胆、地有多大产”的强烈的冲动，一反中国古代人与自然环境互相依存，通融、欣赏的态度，把自然视为一种对抗性的力量。在社会学领域，人们则不太习惯于把人、社会、自然放到一个统一的系统中来看待，而是常常自觉不自觉地把人、社会视为两个独立的、完整的领域，忽视社会和自然之间的包容关系。[①] 费老晚年的上述观点，对于人文社会科学工作者正确理解社会与自然、社会关系与自然关系、人与人的关系和人与自然的关系，将人与自然关系纳入社会关系即纳入人文社会科学的研究范畴，具有十分重要的指导意义。

（3）人与自然的关系是社会关系的一个重要的组成部分。

传统的"社会—自然"观，习惯于只是一维地将社会视为人的集合，将社会（society）视为人类的同义词，将社会结构看作是人与人的关系，忽视社会中非人物质因素及社会结构中人与自然的关系。如果将社会或人类社会仅仅视为人的集合，即将一切非人的因素排除在社会之外，当然可以将社会关系仅仅视为人与人的关系。但是，事实说明，人的社会生活和人类社会具有两维性，生活在人类社会中的人同时是生活在大自然中的人，社会中的人不仅与人打交道、不仅作用于人，而且还与大自然打交道、直接作用于环境资源因素；人与人打交道形成人与人的关系，人与自然打交道形成人与自然的关系；最严厉的法律或统治者都不能禁止人直接作用于物或直接与大自然打交道；因而说社会关系仅仅是人与人的关系是片面的。笔者认为，社会关系是由人类活动所引起的与人相关的关系，它包括各种不同的类型，包括关系双方都为人的关系和关系一方为人的关系、由人的社会化生产所形成的人与人的关系和人与自然的关系、由社会生产力所体现的人与自然的关系和由社会生产关系所体现的人与人的关系。这是由现代社会内涵得出的符合逻辑的结论。因此，我们不宜将人与自然的关系视为跟社会关系风马牛不相及的关系，不宜将社会或社会关系仅仅理解为人与人的关系，而应该如实地将人与自然的关系作为社会关系的一个重要的组成部分。

在以往的研究中，也有许多专家学者并不认为社会关系就是单纯的人与人的关系。有的人认为，社会关系归根到底是社会物质生活关系的记录，而社会物质生活关系就包括人与自然的关系。有的人将社会关系分为"自然形成（发生）的""不以人的意志为转移的""物质的社会关系"和由人的意志决定的"思想的社会关系"。例如，马克思很重视社会关系，但他理解的社

① 以上观点均引自费孝通．试谈扩展社会学的传统界限．北京大学学报（哲学社会科学版），2003（3）．

会关系虽然主要是指人与人的关系，但绝不仅仅指人与人的关系或仅仅反映人与人的关系，他始终从“物质生活关系”出发来解释“市民社会”。马克思在《德意志意识形态》指出：“市民社会包括各个个人在生产力发展的一定阶段上的一切物质交往。”也就是说，“市民社会”是一定生产力发展条件下社会经济关系和物质交换关系的体现，“市民社会”是“物质的生活关系的总和”。一般认为，物质关系是不可能脱离物的，即使说这种物质的生活关系主要是指人与人的关系，但也无法排除它包括或反映人与自然的关系。马克思对市民社会的“物质的生活关系”的分析表明他已经找到了一条通向唯物历史观的现实道路，即用现实的、具体的方法去研究市民社会中的社会关系。列宁在1894年与民粹派的论战中，根据马克思、恩格斯的唯物史观，把社会关系分成物质关系和思想关系，并认为“思想的社会关系不过是物质的社会关系的上层建筑，而物质的社会关系是不以人的意志和意识为转移而形成的，是人维持生存的活动的（结果）形式”①。这种不以人的意志为转移的“物质的社会关系”显然反映和体现人与自然的关系。

按照当代社会学、政治学和经济学的观点，社会关系包括经济关系、生产关系、生产力关系、阶级关系、家庭关系等各种关系，其中不少关系包括或体现人与自然的关系，即不能简单地将社会关系等同于人与人的关系。例如，人类社会最基本的活动是生产，“社会发展的基本动力在于社会内部的矛盾运动，主要是生产力和生产关系的矛盾、经济基础和上层建筑的矛盾。后者归根到底还是由生产力和生产关系的矛盾所决定并受其制约的”②，“生产包括生产力和生产关系两个方面。社会生产力，表示人们在生产过程中对自然界的关系。生产关系，表示人与人的社会关系”③。关于经济关系的内容，处于晚年的恩格斯在《致瓦·博尔吉乌斯》的信中就明确指出包括人与自然的关系，他强调：“我们视为社会历史的决定性基础的经济关系，是指一定社会的人们用以生产生活资料和彼此交换产品（在有分工的条件下）的方式说的。因此，这里面也包括生产和运输的全部技术装备。这种技术装备，照我们的观点看来，同时决定着产品的交换方式，以及分配方式，从而

① 列宁选集：第一卷．北京：人民出版社，1995：19.

② 简明社会科学词典．上海：上海辞书出版社，1983：523.

③ 同②239.

在氏族社会解体后也决定着阶级的划分，决定着统治和从属的关系，决定着国家、政治、法律等。此外，包括在经济关系中的还有这些关系赖以发展的地理基础和事实上由过去沿袭下来的先前各经济发展阶段的残余（这些残余往往只是由于传统或惰力才继续保存下来），当然还有围绕着这一社会形式的外部环境"，"人们自己创造着自己的历史，但他们是在制约着他们的一定环境中，是在既有的现实关系的基础上进行创造的。"[①] 也就是说，经济关系包括"地理基础"即自然和围绕着社会的"外部环境"，又即自然环境。

社会关系包括经过人化的、具有社会性的物质关系即人与自然的关系。所谓人化是指通过法律、政策、道德等方式将人的意志或阶级意志、国家意志体现在某种关系上面，包括法律化、道德化、政治化和意识化。即使如某些学者所宣称的，现实的人与自然的关系不属于社会关系；那么，经过人为转化的、法律认可或控制的人与自然的关系，即被法律确认的、被赋予人的意志或国家意志的人与自然的关系也已经具有社会性，因而已经成为一种社会关系，则是毫无疑问的。例如，人对财产的占有或所有关系本来是一种人与物的关系，但由于人与其财产的关系已经经过法律的确认或人的意志化，因而包括法学在内的社会科学都将财产关系（即人对财产的占有或所有关系）视为一种社会关系。又如，现实中的牛马等动物不具有人性和社会性，但如果法律明确赋予牛马以动物权利，或者法律明确规定保护动物的福利和利益，则法律规定的牛马就具有社会性，法律规定的人与牛马的关系也就转化成了社会关系。值得指出的是，通过道德规范、法律规范将人与自然的关系转化为道德关系或法律关系，只是使原有的关系附加或增加了道德属性或法律属性即社会属性，并不是消灭了原有关系，所以经过人化、道德化和法律化的人与自然的关系是具有社会性的人与自然的关系，可以纳入社会关系的范畴。

正如前面已经指出的，"社会关系"这个词不是指社与会的关系，不是明确指出某种关系或某些关系的关系词，而是笼统表示具有共同特征或联系的多种关系的总称的关系词，这就必然导致对社会关系是指什么关系、包括什么关系产生不同的理解，从而为将人与自然的关系纳入社会关系的范畴扫

① 马克思恩格斯选集：第4卷．北京：人民出版社，1972：505-506.

清了语法和逻辑上的障碍。据笔者查阅的有关文献资料，不少从事人文社会科学研究的学者、专家和著名的社会活动家在介绍或阐述人与自然关系时，有时将其视为社会关系或自然关系，有时将其作为社会关系的一个重要组成部分，很少有人将人与自然关系与社会关系截然分开。例如，马克思把“人类历史的第一个前提”确定为“有生命的个人的存在”和“个人对其他自然的关系”[①]，人与自然的作用即人与自然的关系“表现为双重关系：一方面是自然关系，另一方面是社会关系”[②]。按照马克思的理解，在一个社会中，人与人的关系、人与物的关系甚至物与物的关系都属于广义的社会关系的范畴。马克思不同意将人与人的关系混同于“人们之间的物的关系和物之间的社会关系”即物化的社会关系，更不同意将人与人的关系混同于人与物的关系。马克思说：“一种社会生产关系采取了一种物的形式，以致人和人在他们的劳动中的关系颠倒表现为物与物彼此之间的和物与人的关系，这种现象只是在日常生活中看惯了，才认为是平凡的、不言自明的事情。”[③] 马克思在其巨著《资本论》中，将他在《1844 年经济学哲学手稿》概括的“人的依赖关系”、“物的依赖关系”和“个人全面发展”[④]，称为“直接的社会关系”“人们之间的物的关系和物之间的社会关系”即物化的社会关系与“自由人联合体”三大社会发展阶段，进一步丰富了三大社会形态理论。马克思认为人与自然的关系可以表现为社会关系或自然关系，也就是说人文社会科学可以将人与自然的关系纳入社会关系的范畴，这正如自然技术科学可以将人与自然的关系纳入自然关系一样。例如，时任全国政协主席的李瑞环认为：“一部人类的发展史，就是人与自然的关系史。”[⑤] 所谓人类的发展史即社会的发展史，将人类的发展史说成是人与自然的发展史，充分说明了人与

---

① 马克思恩格斯选集：第 1 卷. 北京：人民出版社，2012：146.

② 同①160.

③ 马克思恩格斯全集：第 13 卷. 北京：人民出版社，1962：22-23.

④ 马克思在《政治经济学批判（1857—1858 年草稿）》中指出：“人的依赖关系（起初完全是自然发生的），是最初的社会形态，在这种形态下，人的生产能力只是在狭窄的范围内和孤立的地点上发展着。以物的依赖性为基础的人的独立性，是第二大形态，在这种形态下，才形成普遍的社会物质变换，全面的关系，多方面的需求以及全面的能力的体系。建立在个人全面发展和他们共同的社会生产能力成为他们的社会财富这一基础上的自由个性，是第三个阶段。第二个阶段为第三个阶段创造条件。”马克思恩格斯全集：第 46 卷，上. 北京：人民出版社，1979：104.

⑤ 李瑞环. 关于我国绿化的几个问题（1999 年 6 月 25 日）. 环境工作通讯，1999（8）.

自然关系和社会关系的互融性。目前无论是中国理论界还是党和国家的政策文件，大都认为和谐社会的基本特征包括人与人和谐和人与自然和谐这两个基本方面，这实际上已经将人与人的和谐关系与人与自然的和谐关系作为和谐社会的社会关系的基本内容。“就一个社会的和谐来说，当然存在多种需要协调的关系，但归根到底，无非是人与自然的和谐和人与人之间的和谐。而就这两方面来说，人与自然、与环境、生态的和谐更具有根本性。它是整个社会各种因素协调的基础。”① 如果认为和谐社会的社会关系仅指人与人的和谐关系，不包括人与自然之间的和谐关系，这是有违于目前党和国家的政策文件及中国学界的共识的。

某些学者坚持将社会关系等同于人与人之间的关系，或者将社会关系和人与自然的关系完全对立起来，这是概念化思维的结果。由概念思维引发的概念化方法是一种理论抽象的方法，概念化或抽象化②是一种择一式、主客二分法的思维，其必经途径是人对事物的内容和特征进行取舍，取舍的过程实际上就是保留、突出事物的某些内容和特征，忽略、抛弃事物的某些内容和特征，形成一种固定的、封闭的、易趋于僵化的概念，这往往产生“取舍不当”或“抽象化过度”的问题。在抽象概念或僵化概念的思维方式中，没有“或多或少”“主次轻重”，只有“非此即彼”“本质特定”。与抽象概念或僵化概念的单一性不同，现实社会及社会关系丰富多彩、纵横交错、千变万化。某些人用“社会关系是指人与人的关系”这一定义和“社会关系只能是人与人之间的关系，不包括人与自然的关系”这种主张，来否定或反对社会关系不包括人与自然的关系，这是用定义或概念来否定或反对客观事物性质和特征的典型表现，是“取舍不当”或“抽象化过度”所带来的副作用。正如美国法学家伯顿所指出的，在法学中，“通过定义进行解释，常常使对规则的解释问题变成一个解释其语词的问题，进而又使后者变成解释定义的定义问题”，而且更为糟糕的是，“等到找到最后的可资利用的定义，也可能还

① 黄宏．生态文明背后的理论支撑．中国社会科学报，2012－11－30（A－07）．

② 概念化或抽象化是指在众多经验材料中去粗取精、去伪存真、去微用宏、固本弱末、重主弃次，保留、强调或突出那些主体认为能反映事物内在联系和本质特征的因素。简言之，抽象化就是对事物下定义以形成概念。

存在模糊性和歧视性”[①]。美国现实主义法学家卡多佐认为，用僵化的概念去评价丰富多彩的现实，“把整个实在法体系—— 一种先验的东西——限定在数量有限的逻辑范畴之中，而这些逻辑范畴本质上又是预先确定的、基础上不可动摇的，受毫无灵活性的教条支配，并因此无法使自身顺应生活中永远变化并在变化的事件”[②]。综合考察人文社会科学对社会关系的各种看法，社会关系包括十分丰富的内容。一些学者对复杂多样的社会关系进行理论概括或理论抽象，得出“社会关系只能是人与人之间的关系，不包括人与自然的关系”的概念或观念，这虽然反映了社会关系的主要内容、特征和根本属性；但是，这一观念或概念并没有反映社会关系的所有内容、特征和其他属性。任何概念既然是认识者对其所认识的对象即客体特征的认识和概括，那么它不可能不打上认识者的主观判断、主体认识和主体世界观、认识论之烙印；认识者本身及其认识的时间性、局限性、目的性和偏爱性，决定了其定义的概念不可能对客体特征悉数掌握或穷尽描述。我国某些学者或某些理论关于社会关系的概念也不例外，这就产生了不同概念的争论以及对概念进行补充、修正、限制、扩张甚至再定义的必要性。

值得注意的一个现象是，尽管某些人文社会科学学者表面上拒绝研究人与自然的关系，但实际上仍然在用不同的方式对人与自然的关系进行研究。例如，在某些法学理论甚至在传统民法理论中，已有将社会关系不局限于人与人的关系、而将人与物的关系甚至物与物的关系纳入社会关系中的先例；即使是传统的法学理论或民法理论，也没有机械地将社会关系仅仅理解为人与人的关系，传统的法学理论或民法理论已经根据需要将某些人与物的关系甚至是物与物的关系纳入了社会关系的范畴。一些法学家和民法学家认为人与财产的关系属于社会关系，而财产显然不是人而是物，所以人与财产的关系实际上是人与物的关系而不是人与人的关系；认为人与权利（义务）的关系属于社会关系，而权利和义务在民法典中被规定为物或抽象物、无体物、“客体物”，人与权利（义务）的关系是人与物的关系而不是人与人的关系。因此，将人与自然的关系，特别是那些已经成为当代环境问题的人与自然的

① 史蒂文·J. 伯顿. 法律和法律推理导论. 张志铭，解兴权，译. 北京：中国政法大学出版社，1999：63.

② 本杰明·卡多佐. 司法过程的性质. 苏力，译. 北京：商务印书馆，2000：27.

关系纳入社会关系的范畴，不仅是正当的、合理的，也是难以避免的。

最后必须强调的是，之所以可以将人与自然的关系纳入社会关系的范畴，是因为人与自然的关系是与许多社会问题相关的关系，是社会生活和社会建设中必须面对和必须认真对待的一种基本关系。人与自然的关系的失衡是造成环境污染、生态破坏和资源紧缺的根本原因，协调和改进人与自然的关系是加强环境资源法治建设和促进“五型社会”的需要。

3. 经过环境资源法调整的人与自然的关系，可以纳入法定关系或扩大了的法律关系的范围

法律关系的本原是社会关系，在上述“人与自然的关系可以纳入社会关系的范畴”的基础上，可以顺理成章、水到渠成地理解和掌握“经过环境资源法调整的人与自然的关系，可以纳入法定关系或扩大了的法律关系的范围”的道理。

目前较为流行的“法律关系通说”是：法律关系的主体只能是人，法律关系只是主体和主体之间的关系即人与人的关系，主体和客体或人与自然之间不能构成法律关系；法律只能调整法律关系即主体之间的人与人关系，由于人与自然的关系不是法律关系，因而法律不能调整人与自然的关系。有些人之所以反对环境资源法调整人与自然关系，是因为“人与自然之间不存在法律关系”①；是因为不能“把环境法律关系视为人与物的关系、人与环境要素的关系或人与自然的关系。就法律关系本身来说，只能是法律关系主体之间的关系，即人与人的关系”②；是因为“不管环境和人的关系如何联系紧密和重要，但它总是人与物之间的关系，而无法变成人与人之间的关系，更无法变成法律关系”③。笔者认为，不宜用学者们概括的法律关系只是主体和主体之间的关系即人与人的关系，来否定法律调整人与自然的关系，其主要理由如下：（1）环境资源法调整的对象是指现实存在的人与人的关系，不是法律关系。（2）法律关系只是主体和主体之间的关系即人与人的关系，仅仅是某些学者对法律关系的定义，这种法律关系不能否定法定关系（即法律规定的人与自然的关系）存在。（3）法学界对法律关系的概念和内涵一直

① 李爱年．环境保护法不能直接调整人与自然的关系．法学评论，2002（3）：75.

② 金瑞林主编．环境法学．北京：北京大学出版社，1990：32－33.

③ 王灿发．环境法教程．北京：中国政法大学出版社，1997：20.

存在不同看法，法律关系的概念和内涵是可以根据法治建设的需要进行补充、扩展和发展的。(4) 调整论主张用法定关系（即法律规定的人与自然的关系）来取代法律关系，或者将法律关系扩展为法定关系。环境资源法可以将人与自然的关系调整成法定关系（即法律规定的人与自然的关系）或扩大了的法律关系。

调整论认为：法律调整的对象是指现实的社会关系，而不是指法律关系或法律权利义务关系；现实中的人与自然的关系是环境资源法的调整对象，而环境资源法中的法律关系或法律权利义务关系仅仅是环境资源法调整现实中的人与自然的关系的结果或产物；用法律关系只是主体和主体之间的关系即人与人的关系来否定法律调整人与自然的关系，是站不住脚的。对于这一点，中国法学界基本上已经达成共识。例如，南京师范大学庞正教授认为，“法律关系的本原是社会关系，是经由法律手段确认和调整各种社会关系的结果”①。中国民法学教授金平、赵万一等指出：民法调整的财产关系不是权利义务关系即法律关系，“作为规定权利义务内容的民法，是不能调整已经具有权利义务内容的法律关系的。因为后者已具有法律效力，而调整则是赋予某一社会关系法律效力”，“如果认为作为民法调整对象的财产关系是法律关系，那么无论在时间上还是在逻辑上，都是难以自圆其说的”，“从马克思主义学说的观点看，作为民法调整对象的财产关系和上升为法律的财产关系，泾渭分明，决不容许混为一谈”②。从逻辑上看，说法律调整对象是法律关系或是权利义务关系，等于是说法律的调整对象是法律，这是同义反复。因此，主张环境资源法的调整对象包括人与自然的关系，与主张法律关系是人与人的关系，这是两个不同的问题；既不能认为环境资源法的调整对象是法律关系或法律权利义务关系，也不能从法律关系只是人与人的关系这个概念出发，得出环境资源法不能调整人与自然的关系的结论。

调整论认为，环境资源法律规定的人与人的关系和人与自然的关系，是现实生活中作为法律调整对象的关系在法律中的体现；“法律关系通说”中的主体人与主体人之间的关系，则是法学家提炼或抽象的一种关系。环境资源法对人与自然的关系的调整，属于法律规定的条文即法律规定这种事实，

① 庞正．法律关系基础理论问题论辩．法治研究，2010 (6).

② 金平，聂天贶，吴卫国，赵万一．论我国民法的调整对象．法学研究，1985 (1).

这种事实体现的是环境资源法的功能和作用。对法律规定的各种关系进行理论抽象，从中得出法律关系仅仅指主体人与主体人之间的关系的概念或学说，这仅仅是一种带有价值导向的学术观点。有的学者甚至明确地将法律关系视为思想关系，例如《中国大百科全书（法学）》（中国大百科全书出版社 1984 年版，第 99 页）中的法律关系条目认为“法律关系是一种思想关系”；《法学词典（增订版）》（上海辞书出版社 1984 年版，第 617 页）中的法律关系词条认为，“法律关系是一种意志关系……法律关系的内容包括经济的、政治的、文化的、家庭婚姻等各种社会关系，是现实社会关系的思想形式”。笔者认为，不宜将法律关系视为带有主观性的思想关系或意志关系，正如张文显教授所指出的：“用形而上学的方法把法律关系死死地限定在意志关系的范畴内，把法律关系与社会关系之间形式与内容的辩证关系简单化为精神与物质的关系，致使法律成为脱离其内容的空壳。”① 周永坤教授也认为：“至于说法律关系是思想社会关系，这是容易引起误解的判断。”② 如果将法律关系视为思想关系或意志关系，由于不同的人有不同的思想认识和意志，要想在法律关系的概念和内涵上得到统一是根本不可能的，也是不必要的；因而，法律是否调整人与自然关系，与某些学者将法律关系定义为只是主体和主体之间的关系即人与人的关系，不是同一个问题。某些学者对法律关系只是人与人的关系的定义，或不承认法律规定的人与自然的关系是一种法律关系的观点，决不能否定法定关系（即法律规定的人与自然的关系）存在，更不意味着环境资源法不能调整人与自然的关系。但是，由于法律界一向器重法律关系理论，因而如果法律关系理论将法律规定的人与自然的关系也纳入法律关系的范围，则更有利于发挥法律关系理论的作用和扩大法律关系理论的适用范围，因为这意味着人们对法律关系的思想认识与法律规定的各种关系是吻合的。

由于目前在法学界流行的“法律关系”本身属于用“不确定关系词”表示的不确定关系，因而学者们对“法律关系”的概念和内涵一直存在不同看法；不同法律部门法学或不同部门法专家对本领域的法律关系的概念及其内涵，往往基于其基本理念或价值导向，突出或强调某种关系。根据张文显主

---

① 张文显．法哲学范畴研究（修订版）．北京：中国政法大学出版社，2001：95．

② 周永坤．法理学——全球视野．北京：法律出版社，2000：122－123．

编的《法理学》，“法律关系”观念最早源于罗马法之“法锁”（法律的锁链，juris vinculum）观念和债权关系。根据罗马法，“债”的意义有二：一为债权人得请求他人为一定的给付；二为债务人有应请求而为一定的给付。债本质上是根据法律，要求人们为一定的法锁。法锁的观念为近代法律关系理论的创立奠定了基础。但是，当时法和权利、法律关系之间没有明确的概念分界。[①] 也就是说，目前在法学界流行的“法律关系”，是在罗马法之“法锁”的基础上创立的，而“法锁”的原意是指法律的锁链（juris vinculum）即法律的链条；显然，“法锁”或法律的链条表示的是法律中一系列关系即多方关系，而绝不仅仅是主体人与主体人之间的关系。至于债权关系，根据罗马法，也是要求人们为一定给付的法锁即法律的链条，它表示的仍然是法律中的一系列关系即多方关系。周永坤教授认为“法律关系”一词源出罗马法，即“债是法律关系，基于这种关系，我们受到约束而必须依照我们国家的法律给付某物的义务”[②]。也就是说，基于债这种法律关系，人们有依照国家法律给付某物的义务；这意味着，即使是债这种法律关系，“物”在其中也居于重要位置、起着重要的关联作用。值得注意的是，在罗马法中，除了债权外还有物权，而债权与物权是有区别的，物权享有人可以直接对物实施权力即直接占有物、使用物，而债权则须依赖他人的行动才能最终获得物、占有物，即在物权法中一个人可以直接作用于物，而不必存在人与他人的关系。[③] 另外，罗马法中的人役权分为用益权、使用权、居住权和奴畜使用权，在罗马人看来，人役权是人与物之间的关系。[④] 如果同时考虑罗马法中的物权、债权、人役权和其他权利的法律关系，应该可以得出结论：罗马法中的“法锁”或法律关系的本意应该包括法律规定的由人的行为所产生的人与人之间的关系、人与物之间的关系甚至物与物之间的关系。进一步的考证发现，法律关系作为一个明确术语是19世纪的事。历史法学派的创始人胡果（1764—1844年）根据罗马法中规定的各种民事行为所必备的条件和原则，抽象出了“法律关系”这一概念。德国著名的法律关系理论家卡尔·

---

① 张文显主编．法理学．北京：高等教育出版社，北京大学出版社，1999：109.

② 查士丁尼．法学总论．张企泰，译．北京：商务印书馆，1989：158.

③ 何勤华主编．外国法制史．北京：法律出版社，2001：97-98.

④ 屈茂辉．用益物权论．长沙：湖南人民出版社，1999：13.

冯·萨维尼于1839年对法律关系（Rechtsverhältnis）作了理论阐述。他一方面说法律关系是“法律规定的人与人之间的关系”[①]，另一方面将民事法律关系分为与生俱来的权利、人对物的关系和人与人的关系三类。[②] 也就是说，他虽然强调法律关系主要是人与人的关系，但仍然在解释具体的法律关系时涉及人与人的法律关系和人与物的法律关系。[③] 他还在其1840年出版的《现代罗马法体系》第一卷中认为：“所谓法律关系，是指某人在不受他人妨碍的情形下、可以依自己的意思加以支配的领域，该领域是由法律来规范的。在法律关系上，依自己的意思而加以支配的领域，首先是‘自己自身的人格’，然后是‘自己以外的外界’。”[④] 也就是说，萨维尼所讲的法律关系根本不是指什么与什么的关系，而是指法律规定的人所支配的领域，包括对自身的支配和对外界的支配；这也可以将法律关系理解为法律规定的人所作用的领域。彭夏尔特（Puntschart）于1885年发表的《基本的法律关系》对法律关系进行了专门的研究。1913年，霍菲尔德在其《司法推理中应用的法律概念》一文中，不仅阐明了法律关系的概念，还从逻辑角度对“权利—义务关系”“特权—无权关系”“权力—责任关系”“豁免—无能关系”等法律关系现象进行了剖析，他心目中的法律关系显然是一种复杂关系而不是单一的关系。1927年，美国西北大学教授A. 考库雷克（又译为科库雷克，Albert Kocoured）出版的《法律关系》（Jural Relations）一书，分20章系统地探讨了法律关系的一般理论。从此，法律关系成为法理学的专门理论问题之一。从总体上看，这个时期的法律关系包括人与人之间的法律关系、人与物之间的法律关系以及由自然法则所确定的法律关系，并且不同类型的法律有不同的法律关系，有时法学家在分析某种法律关系时强调人与人的关系并

① 何勤华主编．西方法学史．北京：中国政法大学出版社，1996：248.

② 周永坤．法理学——全球视野．北京：法律出版社，2000：125.

③ 早期德国学者曾经对物权的定义、性质和物权之本质展开过激烈争论，形成种种学说。其中，由中世纪的注释法学派提出的所谓“对物关系说”（即债权为人与人的关系，而物权为人与物的关系，因而物权应定义为人直接就物享受其利益之财产权利）曾首先获得德国学者邓伯格（Dernburg）等人的支持和积极倡导。但此种学说后来遭到萨维尼（Savigny）和温特夏德（Windscheid）等学者的反对，他们提出所谓“对人关系说”为对峙，认为一切法律所明定的权利均为人与人之间的关系，债权如此，物权也如此，物权表面上是占有和使用物的权利，但实质上是排斥任何人侵害物权主体利益的权利，故物权应定义为具有排斥任何人侵害之消极作用的财产权利。

④ 陈华彬．潘德克吞体系的形成与发展．上海师范大学学报：哲学社会科学版，2007（4）.

不意味着他不承认人与物（即人与自然）的法律关系。不少学者在论述法律关系的演变历史时，都认为法律关系从来都不是一个绝对的、僵化的概念，而是一个受社会现实影响、其内涵不断发展的、与时俱进的概念。诚如舒国滢教授所指出的，“几千年来，法律关系的起源、进化和演变，像国家和法律的产生与发展一样，经历了一个漫长的历史过程。法律关系作为人们之间的权利义务关系，始终代表着人与自然、社会与自然、个人与社会之间的斗争与和谐，代表着原始人与文明人、贵族与平民、强者与弱者、国家与社会、权利主体与义务主体之间在分配社会利益和社会责任方面的冲突、抗争以及不平等结果。可以说，一部法律关系演进史，同时也是一个社会、一个民族的文明发展史”[①]。特别值得注意的是，从古至今的民法学者虽然对物权的定义、性质和特点有不同理解和认识，但大都肯定，物权就是主体人占有、支配、使用、收益甚至处分客体物的权利，即都肯定物权体现人与物的关系。曾在德国留学多年的清华大学陈卫佐教授指出，“在德国学者看来[②]，所谓法律关系，是指法律所调整的人与人之间以及人与标的之间的关系。例如，出卖人与买受人之间、使用出租人与使用承租人之间、配偶之间以及合伙人之间的法律关系都属于人与人之间的法律关系；某人对某物的所有权、某人对某项发明的专利权都属于人与标的之间的法律关系”[③]。奥地利法律社会学家卡尔·雷纳尔“阐述了构成资本主义法律秩序的基础的两个因素：所有权和人的自由权利。所有权界定了人与自然的关系，即由独立的个人对物质世界分离部分的控制。人的自由权利界定了人与人之间的关系，这是一种独立平等的关系，每一个人都可以自由地做他喜欢做的事情，同时尊重他人的权利”[④]。《新大不列颠百科全书》甚至将产权解释为“政府所认可的或规定的个人与客体之间的关系”[⑤]，即产权是指人作为主体与物这种客体间的关系。真正将法律关系定义为或认定为人与人的关系或“主体人与主体人之间的关系”的，主要是德国某些法教义学学者和中国的某些学者，也就是

① 舒国滢. 略论法律关系的历史演进. 法学家，1993（3）.

② Vgl. Kohler，BGB AT，S. 226－227.

③ 陈卫佐. 德国民法总论. 北京：法律出版社，2007：45.

④ 托马斯·C. 格雷. 论财产权的解体. 高新军，译. 经济社会体制比较，1994（5）：25.

⑤ Encyclopedia Britannica，Inc. 新大不列颠百科全书：英文版　第15版　第26卷. 芝加哥：芝加哥不列颠百科全书教育公司，1997：175.

说“法律关系通说”中的法律关系仅仅是诸多法律关系定义中的一种。因此，用“法律关系通说”定义或理解的法律关系来否定环境资源法调整人与自然关系，是缺乏正当性的。

笔者不仅不反对而且赞同，债权及债权法突出人与人的关系，物权及物权法突出人与物的关系，人身权及人身权法突出人心与人身（包括人与其人身、人与其人格）的关系。[①] 但是，笔者不赞同将仅仅适用于某个特定法律或特定法律部门（如债权法、物权法、社会法、环境资源法等）的法律关系定义适用于所有法律部门，更不赞同将适用于债权及债权法的突出人与人的关系的“法律关系理论”生搬硬套地适用于环境资源法领域。作为适用于所有法律部门的法律关系概念及其内涵，应该根据整个法治建设的需要和发展进行补充、扩展和发展。调整论主张用法定关系（即法律规定的社会关系，包括法律规定的人与人的关系和人与自然的关系）来取代“法律关系通说”中的法律关系（即主体人与主体人之间的关系），或者将债权法中的法律关系（即债权人与债务人之间的关系）扩展为法定关系；这种法定关系也可以称为扩大的法律关系或广义的法律关系。所谓扩大的法律关系或广义的法律关系，是指既包括法律规定的人与人的关系也包括法律规定的人与自然的关系和其他关系的法律关系。广义的法律关系包括：有关联的不同法律行为的不同主体之间的关系；一个法律行为中行为主体和行为对象即客体之间的关系；由民事行为、行政行为、刑事行为、诉讼行为等法律行为引起的法律关系；由合法行为、自觉守法行为、双方合意行为、单方行为所引起的法律关系；由物权行为、债权行为和公众环境权行为所引起的法律关系；由违法行为、侵权行为、犯罪行为、行政命令行为引起的法律关系；由法律直接规范的行为、法律考虑的行为和其他法律事件（如婴儿、精神病人和动物的行为，如洪水、火山爆发、地震等自然灾害）；等等所引起的法律关系。广义

---

① 笔者认为，债权直接反映和调整人与人的关系（即对人关系）、间接反映和调整人与物的关系，强调并突出人与人的关系是债权法、权利流转和市场交易的特点；物权直接反映和调整人与物的关系（即对物关系）、间接反映和调整人与人的关系，强调并突出人与物的关系是物权法、物的归属的法律制度的特点；环境权直接反映和调整人与环境的关系、间接反映和调整人与人的关系，强调并突出人与环境的关系是环境保护法、共享环境资源机制的特点。也就是说，不同的法律部门或不同的法律有不同的直接调整对象、重点调整对象和不同的调整对象范围；民法学对这种现象进行理论抽象也有不同的概念术语。

的法律关系理论，应当是能够科学解释法律既调整人与人的关系又调整人与自然的关系的新的法律关系理论。迄今已有不少学者赞同并论证了这种广义的法律关系理论。例如，法理学家张志铭教授认为，“法律的基本性质是综合性，即除了人们在法律领域的活动中所形成的少数比较纯粹的法律关系外，法律关系不仅包含有思想社会关系中适合于法律调整的部分或内容，而且还包含有物质社会关系中、人与自然间形成的生产力关系中适合于法律调整的部分或内容”[①]。笔者认为，环境资源法律关系应当是在环境资源法律框架范围内由具体法律行为所形成的一种广义的法律关系；或者说，经过环境资源法调整的人与自然的关系，可以纳入法定关系或扩大了的法律关系的范围。

作为环境资源法调整对象的人与自然的关系是现实社会中存在的人与自然关系，已经被环境资源法调整的人与自然的关系体现为环境资源法中已经规定的人与自然的关系，是一种法律规定的关系即“法定关系”。环境资源法学在定义环境资源法律关系（包括人与自然的关系和有关环境资源的人与人的关系）或环境资源法律关系概念时，应当从加强和推动环境资源法治建设和生态文明社会建设出发，尽可能全面地总结、提炼、归纳环境资源法律规定的各种关系。调整论认为，环境资源法律关系应当是由环境资源法的规定和实施所确认、形成、变更和消灭的人与人的关系和人与自然的关系，或者说是指由环境资源法律规定、控制（又称规制）的行为（即环境资源法律行为，简称环境法律行为）所形成的人与人的关系和人与自然的关系，是环境资源法作用于“社会和自然这一综合体”、环境资源法时从静态到动态的过程和结果，是包括环境资源法律秩序在内的环境资源法律价值得以表现和实现的形式。环境资源法律关系的一个重要特点是，以环境法律行为为起点分析主体、客体和内容，将行为的发起者作为主体，将行为指向或作用的对象作为客体，将行为本身（包括权利义务）作为法律关系的内容，将人与自然的关系纳入法律关系的范畴，既重视一个法律行为中行为主体和行为对象即客体之间的关系；也重视有关联的不同法律行为的不同主体之间的关系。

---

① 张志铭．中国社会主义法律关系新探．中国法学，1988（5）．

调整论认为，要区别法定关系与法律关系、现实关系与想象关系、原始关系与侵权关系这三组概念，主张法律关系向法定关系接近、想象关系与现实关系脱钩、侵权关系与原始关系分开。法律规定的关系种类很多，包括人与人的关系、人与自然的关系等各种关系，其中有些关系（如主体人与主体人之间的关系）被某些法学家定义为法律关系，而另一些关系（如主体人与客体物之间的关系）被某些法学家排除在法律关系之外。“法律关系通说”中的“法律关系”是一个专门术语或专门概念，是某些学者对法律规定的各种关系即“法定关系”的选择、概括和理论抽象；这种“法律关系”显然不等于法律、法律现象和法律案例中存在的各种关系。调整论质疑“法律关系通说”对各种法定关系人为选择或取舍的正当性，并主张将法律规定的人与自然的关系（包括主体人与客体自然之间的关系）纳入法律关系的范畴，将法律关系与法定关系统一起来。现实法律关系是指现行法律规定和实施中存在的关系，例如现行法律规定的物权关系，就是主体人对物的占有关系或占有状态；想象的法律关系或潜在的法律关系，是指将来有可能形成的关系，如想象的物权关系是指现行的物权关系在将来或今后可能发生，但目前并没有发生的关系和状态。[①] 调整论认为，在分析具体的法律关系时，不能把想

① 例如，被视为“人格主义理论”（les théories personnalistés）代表的法国学者普拉尼奥（Planiol），在 1900 年曾就物权关系建立一种“全面消极义务”的理论，以便将物权并入债权。他认为：“物权是一种建立于作为积极主体的当事人与作为消极主体的其他一切人之间的关系……物权应被置于与债的关系的同一形式之下去加以认识，在物权关系中，积极主体是单一的，表现为一个人，而消极主体则在数量上不受限制，包括一切人，这些人均和积极主体发生关系。”（Planiol，Traité élémentaire，t. 1，1e éd. 1900，no 762 et no 763.）依照普拉尼奥的观点，物权不可能是人与物之间的关系，而是积极主体（sujetà actif）与消极主体（sujet passif）之间的关系。在现代法国，普拉尼奥的理论已被一致抛弃。抛弃这种理论的主要理由是：这种理论不仅赋予权利（包括所有权）以一种“唯灵论”（spiritualiste）的、忽视物质的概念（例如，对于一农民对其农庄的所有权，采用一种极端抽象的方法，人们仅仅只能看到一种普遍的消极义务）；而且，当它将法律关系缩减为两方私人间的关系时，其便具有强烈的个人主义的特征。法国著名学者卡尔波尼埃（J. Carbonnier）认为这种理论不仅忠实于拿破仑法典的思想，并进一步将之推向了极端，是“法国民法典的个人主义与意思主义理论的激增”。（J. Carbonnier，Les biens，no 43，Théorie juridique.）也有学者认为，普拉尼奥将物权视同为债权，客观上是对物权效力的减弱（尹田．法国现代合同法．北京：法律出版社，1995：31.）。依普拉尼奥的分析，物权仅得在普遍消极义务被违反之时方可显现，这样，人们就不得不否认在正常情况下权利人所处状态的法律特征，而权利的正常状态是最普遍和最通常的情形。对于学者来说，法律上的分析应当从正常的和习惯的情形出发，而不应从例外情形和不正常状态出发。（Malaurie et Aynès，Les biens，2e éd，CUJAS，1992，p. 86.）以上内容请参见尹田．物权与债权的区分价值：批判与思考．人大法律评论，2001 年卷第二辑．

象的关系当作现实的关系，而应该将想象关系与现实关系脱钩，这样才能抓住法律关系的本质与特征。原始关系是指法律规定的关系即法律规定的初始状态，例如法律规定的债权关系、物权关系；对原始关系的侵权关系是因为原始关系的存在，有可能发生的因侵犯原始关系而形成的侵权关系，包括行政侵权和民事侵权，例如因阻碍和侵犯物权所有人支配其物、债权所有人交易其物所形成的侵权关系。调整论主张，应该将原始关系与侵权关系分开。如果在界定原始关系时，引入侵权关系，就会搞乱原始法律关系的性质和特点，得出“物权表面是指权利人在法定的范围内直接支配一定的物的关系，实质上是指排斥他人干涉物权主体的关系”，“物权关系包括因侵权产生的行政关系、刑事关系”的结论即“人对物的关系，实质上反映的是人与人之间的关系”的结论；就会得出“债权表面上是特定当事人之间得请求为特定行为的法律关系，实质上是排斥他人干涉的关系”，“债权关系包括因侵犯债权行为而产生的行政关系、刑事关系”的结论即“债权人与债务人之间的平等主体关系，实质上反映的是民事主体与侵权行政机关的不平等的行政关系”的结论；按照此等逻辑，还可以得出“国际法表面上看是调整国家与国家之间的国际关系，实质或实际上是调整国内人与人之间的国内关系”的结论。另外，目前流行的以债权关系为原型的“法律关系通说”（指法律关系仅仅是主体与主体之间或人与人之间的关系）自身存在不少致命的、逻辑上的硬伤。例如，“法律关系通说”一方面将主体、客体和权利义务作为法律关系的三大要素，另一方面又将法律关系仅仅限定为“人与人之间的关系”或“主体与主体之间的关系”，也就是说法律关系可以无视客体物的存在、主体人和客体物之间的关系，这在逻辑上是不能自圆其说的。按照“法律关系通说”的定义，其逻辑结论应该是法律关系的构成要素只包括权利主体（即人）这一个要素。同时，该定义也产生了一个逻辑问题，在上述法律关系三要素中，“通说”将人与人的关系（即主体与主体的关系）定义为法律关系，那么人与物（即主体与客体的关系）是什么关系呢？显然，该定义根本没有考虑法律规范所确认和调整的主体与客体的关系即人与物的关系。一方面认为主体和客体是构成法律关系的要素，另一方面又坚持主客与客体之间不存在法律关系，实际上否定了客体在法律关系中的要素地位即否定了客体在法律关系中存在的必要性。[①] 既然确认法律关系有三个要素即主体、客体与内容，如果只将主体与主体之间的关系认定为法律关系，而不考虑主体与客体之间的关系，显然是一种理论上的局限性和逻辑推理上的失误。还有，按照“法律关系通说”所信奉和坚持的“主、客二分法”，只有人是主体，除人之外的物都是客体，法律、法律权利和法律义务等显然不是人而是物，权利与权利、权利与义务之间的关系显然属于物与物之间的关系而不属于人与人的关系；“法律关系通说”坚持法律关系是人与人的关系（即主体与主体的关系），实际上是将权利和义务排除在外。如果将不考虑、不重视主体人与客体物的关系和主体人与作为物的权利义务的关系，这样的法律关系理论还有通用的价值和意义吗？

值得注意的一个怪现象是，某些学者在法律关系理论上经常持有自相矛盾的看法。一方面，他们认为，法律关系仅仅是指主体与主体之间或人与人之间的关系是西方国家的主流法学理论，有的学者干脆将以德国法学家萨维尼为代表构建的法律关系（指法律关系仅仅是主体与主体之间或人与人之间的关系）理论称为“法律关系通说”。另一方面，他们继承并坚持从苏联法学灌输到中国法学的如下观点：将法律关系包括人与自然的关系或人对物的关系是西方资产阶级国家的资产阶级法学理论。例如，在 20 世纪 50 年代[②]、“文化大革命”时期曾将“对物关系说”作为“资产阶级掩盖法律的阶级本质”的典型来痛加批判，“对人关系说”成为尔后中国法学教材特别是民法教科书论述民事法律关系理论和所有权理论时的“基本知识”和“必修课”。北京大学教授尹田在《物权法的方法与概念法学》一文中指出：在 20 世纪 70 年代到 90 年代初，中国学者普遍支持“对人关系说”，将“对物关系说”作为“资产阶级掩盖法律的阶级本质”的典型来痛加批判，成为同一时代几

① 有些学者已经承认或认识到主体与客体的法律关系，例如民法学者清华大学马骏驹教授指出，“只有当‘受法律保护’的事物来自人的‘外部’时，才可能形成主体与客体的法律关系，进而使该事物成为权利的客体”；“事实上，‘所谓利益，无非是主体与客体之间特定的价值评价关系’”。马骏驹．从人格利益到人格要素——人格权法律关系客体之界定．河北法学，2006（10）：46，49．

② 在 20 世纪 50 年代，中国法学界曾对“民法调整的是人与物之间的物质关系”的观点进行过猛烈的批判，据《政法研究》1956 年第 3 期李奋武的文章《民法所调整的财产关系是物质关系吗?》的介绍，“民法所调整的财产关系是物质关系，还是思想关系？这一问题已经引起了我国政法界和北京各政法院校的普遍注意，并因此展开了讨论。民法中所调整的财产关系是人与人之间所发生的社会关系中的一部分，这是大家一致公认的”。

乎每一本民法教科书论述民事法律关系理论和所有权理论（当时，物权制度尚未被“发现”）时的“必修课”[①]。这种反对、否定和批判法律关系包含人与自然关系（或人对物的关系）的观点和理由，可以说是某些“主流”法学和“正统”法学家60年一贯制的理论和学说，不同的是他们在一个时期将“法律关系包含人与自然的关系”即“对物关系说”定性为资产阶级或西方国家的主流法学理论或通说，而在另一个时期又将“法律关系仅仅是指主体与主体之间或人与人之间的关系”即“对人关系说”定性为资产阶级或西方国家的主流法学理论或通说。这就产生了如下悖论：过去将“对物关系说”作为西方资产阶级的主流法学理论，将“对人关系说”作为马克思主义法学的“基本知识”和“必修课”；今天在反对调整论时，又将“对物关系说”视为背离西方法学传统和西方法学基本理论“异端邪说”，将“对人关系说”视为西方主流法学理论或西方“法律关系通说”。笔者认为，人与人的关系和人与自然的关系不是水火不相容、有你无我或你死我活的关系，主张法律是否调整人与人的关系和人与自然的关系，以及主张法律关系是否包括人与人的关系和人与自然的关系，不宜贴上“资产阶级法学”和“马克思主义法学”的标签。问题的关键是，法律和法学理论应该与时俱进，应该根据经济社会政治文化和环境生态的发展，而继承、发展和创新能够解释法律现象、应对法律事实、处理法律问题的法律制度和法学理论。

第二节　环境资源法调整人与自然的关系的正当性

调整论通过分析研究环境资源法调整人与自然关系的正当性（包括必要性和重要性），阐明环境资源法调整人与自然关系对于促进环境资源法治建设和生态文明社会建设、实现人与自然的和谐共处的重要意义，回答了法律应当和能够调整人与自然关系的问题。

一、环境资源法调整人与自然关系的现实依据和现实意义

在环境资源法领域，以社会事实或社会现象出现的环境社会关系（包括

① 吴汉东主编. 私法研究（创刊号）. 北京：中国政法大学出版社，2002：75.

人与自然的关系和有关环境资源的人与人的关系），是环境资源法的调整对象、环境资源法律关系的本原；以法律规范或法律规则表现的环境社会关系（包括人与自然的关系和有关环境资源的人与人的关系），是环境资源法律关系的应然形态、制度形态，是立法对某些现实的社会关系的选择和确认；通过环境资源法律制定和实施后形成的环境社会关系（包括人与自然的关系和有关环境资源的人与人的关系），是环境资源法律关系在社会生活中的实现，是具体的法律事实。

1. 人与自然关系的性质和特点，决定环境资源法应当调整人与自然的关系

美国法学家奥利弗·温德尔·霍姆斯（Oliver Wendell Holmes，Jr.，1841 年 3 月 8 日—1935 年 3 月 6 日）在《普通法》一书中强调："法的生命不在于逻辑，而在于经验。"[①] 他还强调，"真理是，法在不断演进着，从未达到一致。它永远从生活中汲取新的原则，并总是从历史中保留那些未被删除或未被汲取的东西"[②]。霍姆斯所说的"经验"主要指不断变化的社会生活及其需要。在任何时代，决定法律发展的最基本的东西不是既有的某个立法，也不是某种法学理论或法教义学，更不是某个法学概念或司法判决，而在于社会本身即社会的现实发展和需要。同理，法律的功能和作用，不是先验存在的，而是后天形成的，是社会生活的发展、演变和需要，才逐渐促成法律功能的健全。环境资源法律之所以要调整人与自然的关系，首先是由人与自然的关系在现实生活中的重要地位和作用决定的。人与自然的关系的重要性，决定了环境资源法调整人与自然关系的应然性和必要性。人与自然关系的发展演变是环境资源法调整人与自然关系的主要动力，人与自然关系发展演变到一定程度，无论既有的伦理道德或政策法律是否调整人与自然的关系，都会要求伦理道德或政策法律去调整人与自然的关系。

人与自然的关系和矛盾，是人类社会的永恒主题和人类社会发展的基本矛盾。人与自然的关系是人类社会中最基本、最普通，无时不在、无处不在的客观存在。在社会发展中，没有比人与人的相互作用、人与自然的相互作用更根本的相互作用了；全部社会现象，包括意识现象中的各种相互作用，

① Oliver Wendell Holmes，*The Common Law*，Harvard University Press (1963)，p. 5.

② 转引自张乃根. 西方法哲学史纲. 北京：中国政法大学出版社，1997：279.

不仅来源于这两个根本的相互作用，而且归根到底只有通过这两个相互作用才得到正确的说明。整个人类社会的发展史也就是人与人的关系和人与自然关系的发展史。自然发展史和社会发展史告诉我们，从本源上讲，是先有大自然后有人，人是大自然演变的产物。把自然、环境和生态摆在对人的优先地位的观点，深刻体现了物质第一性、意识第二性这一彻底的唯物主义观点，它充分说明了在人与自然、环境、生态的关系中，自然、环境对人具有客观性和先在性。[①] 在人类出现之前，世上只有自然物与自然物的关系，没有人与人的关系；这意味着先有人与自然的关系，然后才有人与人的关系。自人类社会形成以来或者就人类社会而言，人与人的关系和人与自然的关系是同时存在、互为前提、互相影响的关系，人与自然的关系和人与人的关系这两者谁也不能包括和代替对方；每一个人既生活在人类社会中又生活在大自然中，每一个具体的人从一生下来既与大自然发生联系，也与其他人发生联系。马克思把“人类历史的第一个前提”确定为“有生命的个人的存在”和“他们与自然界的关系”[②]。马克思明确指出：“人靠自然界生活……所谓人的肉体生活和精神生活同自然界相联系，也就等于说自然界同自身相联系，因为人是自然界的一部分”[③]；“历史的每一阶段都遇到有一定的物质结果、一定数量的生产力总和，人和自然以及人与人之间在历史上形成的关系”[④]。2008年10月，胡锦涛在全国抗震救灾总结表彰大会上的讲话中指出，“人类是大自然的一员，大自然是人类赖以生存和发展的物质基础。在改造客观世界和主观世界的实践中不断认识自然，在顺应自然规律的基础上合理开发自然，在同自然的和谐相处中发展自己，是人类生存和进步的永恒主题。自然界运动是不以人们的意志为转移的。开发利用自然首先要认识自然、尊重自然、按自然规律办事。自然灾害给人类带来磨难，同时又促使人类更加自觉地去认识和把握自然规律、增强抵御自然灾害能力，进而推动人类文明进步”；“我们要深刻认识这一基本国情，更加自觉地处理好人与自然的关系，从而更加合理地开发利用自然为人民生活、经济建设、社会发展服

① 黄宏. 生态文明背后的理论支撑. 中国社会科学报，2012-11-30：A-07版“特别策划”.
② 马克思恩格斯选集：第1卷. 北京：人民出版社，1972：24.
③ 马克思恩格斯全集：第42卷. 北京：人民出版社，1979：95.
④ 同②43.

务。人类对自然规律的认识和把握，是一个永不停息的过程，规律性的东西往往要通过现象的不断往复和科学技术的不断发展才能更明确地被人们认知。只要我们坚定不移地走科学发展道路，锲而不舍地探索和认识自然规律，坚持按自然规律办事，不断增强促进人与自然相和谐的能力，就一定能够不断有所发现、有所发明、有所创造、有所前进，就一定能够做到让人类更好地适应自然、让自然更好地造福人类”[①]。法律之所以要调整人与自然关系，就是为了应对和处理人与自然的关系这一社会基本存在、这一社会基本矛盾、这一社会基本关系、这一社会基本问题、这一人类面临的永恒主题。

人与自然的关系的重要性，还表现在它对人与人的关系、物与物的关系的重要影响甚至决定作用上。由于人与自然的关系涉及人与自然这两个方面，人与自然的作用即人与自然的关系“表现为双重关系：一方面是自然关系，另一方面是社会关系”[②]。也就是说，人与自然的关系既可以影响人与人的关系，也可以影响物与物的关系；人与自然关系的变化可以同时引起人与人的关系的变化和物与物的关系的变化。人与人的关系的确重要，但它仅仅由人形成，它的变化直接引起的是人们内部状态的变化，它对物与物关系、人与自然关系的变化只具有间接影响或可能影响的作用。物与物的关系的确重要，但它仅仅由物形成，它的变化直接引起的是自然内部或诸物内部状态的变化，它对人与人关系、人与自然关系的变化只具有间接影响或可能影响的作用。而人与自然的关系既包括、涉及人，又包括、涉及物，人们常用“以自然为根”表示自然的重要性，常用“以人为本”表示人的重要性，因此人与自然的关系也被称为“根”与“本”的关系即根本关系。由于人与自然的关系是由人与自然或人与物这两个方面构成的，人与自然关系的变化往往直接引起人的变化和自然的变化，即必然引起人与人的关系的变化和物与物的关系的变化。[③] 2005 年 6 月 27 日，时任国家主席胡锦涛在省部级主要领导干部提高构建社会主义和谐社会能力专题研讨班上的讲话中指出，

① 胡锦涛在全国抗震救灾总结表彰大会上的讲话. 人民日报，2008－10－09.

② 马克思恩格斯全集：第 3 卷. 北京：人民出版社，1965：33.

③ 例如，由汶川大地震造成的人与自然关系的变化，不仅直接引起汶川地区人们内部的变化，即人与人的关系的变化，而且直接引起汶川地区自然界的变化，即物与物的变化。

"大量事实表明，人与自然的关系不和谐，往往会影响人与人的关系、人与社会的关系。如果生态环境受到严重破坏、人们的生产生活环境恶化，如果资源能源供应高度紧张、经济发展与资源能源矛盾尖锐，人与人的和谐、人与社会的和谐是难以实现的"①。时任环境保护部部长周生贤也指出："人与人的社会和谐依赖于人与自然的和谐。人类社会系统与自然生态系统的协调发展、和谐共处、互惠共存，有利于推动建成和谐社会人人共享的美丽中国。"② 因此，不是人与人的关系的变化必然先于或必然引起人与自然关系的变化，也不是人与自然关系的变化只能通过人与人的关系的变化来实现，而是人与自然关系的变化往往先于或必然引起人与人的关系变化，那种仅仅强调人与人的关系对人与自然关系的优先地位和决定作用，甚至将人与人的关系的变化始终作为人与自然关系变化的先决条件，是无视人与自然关系对人与人的关系和物与物的关系的优先地位和决定作用的表现。例如，地理环境与世代居住其上的人的关系，决定人们或民族的肤色、体形、语言、生活习惯和生产方式，"在人类与地球的关系中，人类对土地的依附是其中最深刻和最深奥的方面之一。人类因土地而划界……尽管如此，人类却一直放任其赖以生存的土地的退化，以至于土地的退化直接威胁到人类自身的生存。因此，人类必须重新审视与土地的关系，对土地利用和人类住区采取更为可持续的管理方法"③。

人与自然关系的可调整性，决定了环境资源法调整人与自然关系的可行性和有效性。因为人与自然的关系是由人和自然双方决定的关系，所以任何一方的变化都可能影响、作用和改变双方的关系。人与自然关系的可调整性，是因为它是与人相关、有人参加、受人的行为影响的一种关系。人与自然的关系不是自然界内部中物与物的关系，不是在一切情况下都是由纯自然因素（包括自然物、自然现象、自然力和自然能）单方面决定的关系。在一定的时空范围和条件下，人类可以认识、作用、影响、改变和调整人与自然

---

① 胡锦涛．在省部级主要领导干部提高构建社会主义和谐社会能力专题研讨班上的讲话．人民日报，2005-06-27.

② 推进生态文明 建设美丽中国——在中国环境与发展国际合作委员会2012年年会上的讲话（2012年12月12日）．中国环境报，2012-12-14.

③ 联合国环境规划署环境法教程．王曦，译．北京：法律出版社，2002：400.

的关系。虽然人类不可能违背客观规律命令大自然如何运行，不可能改变自然生态的客观规律，但是，人类可以通过调节人类自身的行为来作用、影响、改变人与自然的关系，可以通过其行为或活动、采用某些工具和方法，对自然施加作用和影响，预防、减轻、转变和化解来自自然的对人的作用和影响，从而改变人与自然的关系或人与自然的相对状态。例如，人可以通过筑坝修闸改变人与河的关系，通过捕杀野生动物改变人与动物的关系，通过森林养护改变人与森林的关系等。理论和实践都说明，人类可以通过包括法律、政策和道德在内的各种方式、方法和途径，来调整、控制、协调和改变人与自然的关系。

马克思主义认为，人可以自觉、有效地调整人与自然的关系是人与动物的重要区别。随着人类的进化，人的智力逐渐发达，人的能力逐步增强，人类相继形成了家庭、氏族、部落、阶层、阶级和国家，以及语言、文字、工具、思想、习惯、道德、政策和法律，这些为人类控制或调整人与人的关系和人与自然的关系提供了调整的主体、工具和方式。最初，人通过语言、文字、生产工具、科学技术和道德等“非法律手段”调整人与人的关系和人与自然的关系；随着人类社会的进步和人类文明程度的提高，人调整人与自然的关系的方法越来越先进、合理、科学，并逐步发展为用人自己认可或制定的各种法律形式等法律手段，调整人与人的关系和人与自然的关系。因此，道德和法律对人与自然关系的调整，不是对人的主观能动性的压制和贬损，而是表明人比自然物更加聪明、智慧和有力量，是发挥人的主观能动性的表现。

实践说明，包括环境污染、生态破坏和资源危机在内的环境资源问题的产生，主要是人类没有正确处理好人与自然的关系和人与人的关系，是人与自然关系处理不当、失当、失衡和日益恶化的结果；保护和改善环境、防治环境污染和生态破坏，只能基于人与自然关系的调整（包括人与自然关系的协调和改进）。我国在一个相当长的时期内，人与自然的关系不当、不顺、不和谐的现象十分严重，体现在如下几个方面。1）人与天关系不和谐，一些厂矿企业肆无忌惮地对天开战，毫无节制地向大气中排放二氧化碳等污染物，致使蓝天变灰、晴空变浊、沙尘暴肆虐、雾霾频现、空中死神（酸雨）横行、全球气候变暖、地球臭氧层出现空洞。2）人与地关系不和谐，一些单位和个人随心所欲地对地逞威，漫不经心地向大地倾倒废物和滥垦土地，致使垃圾围城、土壤污染、水土流失严重、土地荒漠化加剧、耕地锐减、人地纠纷猛增。3）人与海洋关系不和谐，一些单位和个人将大海看作垃圾桶和竞技场，随心所欲地向大海攫取财宝、排放污染物，致使赤潮增多、海难频发、海平面上升、海洋污染加重、海洋生物遭殃、“海洋厄尔尼诺与拉尼娜”捣乱。4）人与水关系不和谐，人们失去理性地“圈河”取水、筑坝修堤、“种田种到湖底”，致使湿地锐减、清水变浑、流水变腐、江湖阻塞、大河断流、洪涝旱灾害连绵、水资源危机加剧、河湖生命垂危。5）人与森林、草原关系不和谐，人们急功近利、不计后果地“开荒开到山顶”，滥垦林地草地，滥伐乱砍、滥采乱挖野生植物，致使森林萎缩、植被减少、木材告急、牧草紧缺、青山变秃岭、草地变沙地、无数心旷神怡的绿色消失、众多赏心悦目的美景不再存在。6）人与动物（鸟、兽、宠物等）关系不和谐，一些人视熊、虎为敌，视剥夺鸟兽生命为儿戏，毫无人性地虐待动物，滥猎、滥捕、滥杀野生动物，致使天空鸟声绝、山中兽迹灭、生物多样性锐减、野生动物濒危、禽流感蔓延报警、“非典”（SARS）病毒肆虐告急。例如，我国严重的水资源危机就与没有正确处理好人与河流的关系有关，不尊重河流生命、不维护河流健康、侵犯河流生态权利、随意挤占生态用水，是导致水环境资源问题的重要原因。在20世纪末，黄河平均年径流量为423亿立方米，而沿黄各地引用的黄河水量每年平均达到307亿立方米，几乎快把黄河“吸干”；1998年，黄河水流真正入海的时间只有5天。由于任意挤占生态用水，我国第二大内陆河黑河下游的水量曾从1940年代的13亿立方米/年下降到1990年代的1亿立方米/年。按照国际通行标准，河流水资源的利用率不应超过40%，而黄河曾达到70%以上，海河曾接近90%，黑河曾达到120%（即已经将地下水也算上）。2003年3月24日，时任水利部部长汪恕诚在第三届世界水论坛部长级会议上的演讲《以水资源的可持续利用促进经济社会的可持续发展》中意味深长地讲道：“1998年，长江流域发生了罕见的大洪水，给灾区人民生命财产造成了重大损失，也给我们带来了许多教训和启示，促使我们以新的思路构建江河的防洪体系。这就是坚持人与自然的和谐共处。既要防洪，又要给洪水以出路；要逐步从无序、无节制的人与水争地，转变为有序、可持续的人与洪水和谐。”① 我国围绕着大坝建设和水利工程移民所产生的社会问题，如黄河小浪底水库、浙江千岛湖水库、长江三峡大坝等而引起的纠纷，用水利部部长汪恕诚的话，主要是人与自然的关系问题，即我国的大坝建设目前已经进入“生态制约阶段”。为此，汪恕诚于 2004 年 4 月 23 日，在中国水利学会第八次全国会员代表大会上的学术报告《再谈人与自然和谐相处——兼论大坝与生态》中指出：当前，中国水资源工作面临四项任务，即解决洪涝灾害、干旱缺水、水土流失和水污染严重等四大水问题；这些问题表面上是水对人的伤害，但本质上是人对水的伤害造成的后果；破解中国的四大水问题，最核心的理念是人与自然和谐相处，必须在牢固树立人与自然和谐相处理念的基础上，牢牢把握四个核心要点②；这四个要点的核心思想，就是要切实从人定胜天转变为人与自然和谐相处，进而实现以水资源的可持续利用保障经济社会可持续发展的目标。他还认为，“人与自然和谐相处，是可持续发展最核心的问题。因此，今后要坚持把人与自然和谐相处的理念作为指导各项水利工作的核心理念，推动治水事业再上一个新的台阶。这正是科学发展观在水利工作中的具体体现”③。

经过自 20 世纪 60 年代至今的数十年环境资源危机，无论是政府领导人、社会大众和科学技术人员都认识到：自然环境资源对人类社会的可持续发展具有十分重要的作用和意义；对人与自然关系处理或调整不当，人与自然关系的失衡和恶化，是造成环境污染、生态破坏、资源浪费的根本原因；防治环境资源问题，必须采用各种手段、通过各种途径，正确处理、协调人与自然的关系及与环境资源问题有关的人与人的关系。例如，早在 1991 年，时任国家主席的江泽民就对科技工作提出了“要在调整人和自然关系的若干重大领域，特别是人口控制、环境保护、资源能源的保护和合理开发利用方

① 汪恕诚．以水资源的可持续利用促进经济社会的可持续发展．中国水利，2003（4）．

② 四个要点是：第一，给洪水以出路，这是解决我国洪涝灾害问题的要点；第二，建设节水型社会，提高水资源的利用效率和效益，这是解决我国干旱缺水问题的要点；第三，充分依靠大自然的自我修复能力，这是解决水土流失问题的要点；第四，发展绿色经济，严格排污权管理，这是解决水污染问题的要点。

③ 汪恕诚．再谈人与自然和谐相处——兼论大坝与生态．中国水利，2004（8）．

面取得扎实的成果”的要求。[①] 2001 年 7 月 1 日，江泽民同志《在庆祝中国共产党成立八十周年大会上的讲话》指出：“要促进人和自然的协调与和谐，使人们在优美的生态环境中工作和生活。坚持实施可持续发展战略，正确处理经济发展同人口、资源、环境的关系，改善生态环境和美化生活环境，改善公共设施和社会福利设施。”[②] 2002 年 3 月 10 日，江泽民同志出席中央人口资源环境工作座谈会，强调：“为了实现我国经济和社会的持续发展，为了中华民族的子孙后代始终拥有生存和发展的良好条件，我们一定要……按照可持续发展的要求，正确处理经济发展同人口、资源、环境的关系，促进人和自然的协调与和谐，努力开创生产发展、生活富裕、生态良好的文明发展道路”[③]。2002 年 11 月 8 日，党的十六大报告《全面建设小康社会，开创中国特色社会主义事业新局面》提出了全面建设小康社会的目标，要求“可持续发展能力不断增强，生态环境得到改善，资源利用效率显著提高，促进人与自然的和谐，推动整个社会走上生产发展、生活富裕、生态良好的文明发展道路”[④]。2003 年 10 月 14 日，党的十六届三中全会通过的《中共中央关于完善社会主义市场经济体制若干问题的决定》提出了科学发展观，要求“统筹城乡发展、统筹区域发展、统筹经济社会发展、统筹人与自然和谐发展、统筹国内发展和对外开放”。时任中共中央总书记胡锦涛在阐明科学发展观时指出，“协调发展，就是要统筹城乡发展、统筹区域发展、统筹经济社会发展、统筹人与自然和谐发展、统筹国内发展和对外开放，推进生产力和生产关系、经济基础和上层建筑相协调。可持续发展，就是要促进人与自然的和谐，实现经济发展和人口、资源、环境相协调，坚持走生产发展、生活富裕、生态良好的文明发展道路，保证一代接一代地永续发展”，“要牢固树立保护环境的观念。良好的生态环境是社会生产力持续发展和人们生存质量不断提高的重要基础”，“要牢固树立人与自然相和谐的观念。自然界是包

---

① 江泽民．在中国科学技术协会第四次全国代表大会上的讲话（1991 年 5 月 23 日）．档案学研究，1991（3）．

② 江泽民在庆祝中国共产党成立八十周年大会上的讲话．人民日报，2001－07－02（1）．

③ 江泽民．在中央人口资源环境工作座谈会上的讲话（2002 年 3 月 10 日）．（2016－08－31）．http：//www.qstheory.cn/books/2016－08/31/c_1119486337_12.htm．

④ 江泽民．全面建设小康社会，开创中国特色社会主义事业新局面——在中国共产党第十六次全国代表大会上的报告（2002 年 11 月 8 日）．

括人类在内的一切生物的摇篮，是人类赖以生存和发展的基本条件。保护自然就是保护人类，建设自然就是造福人类"[①]。2004 年，《中共中央关于加强党的执政能力建设的决定》首次提出了构建社会主义和谐社会的概念，决定将"构建社会主义和谐社会"正式列为中国共产党全面提高执政能力的五大能力之一，强调"统筹人与自然和谐发展""大力发展循环经济，建设节约型社会"。建设和谐社会的伟大实践，向包括法学界在内的理论界提出了"如何正确处理人与人的关系、人与自然的关系，实现人与人的和谐、人与自然的和谐，促进经济、社会和环境的全面、协调、可持续发展"的重要任务和重要课题。胡锦涛在阐明和谐社会时指出，"我们所要建设的社会主义和谐社会，应该是民主法治、公平正义、诚信友爱、充满活力、安定有序、人与自然和谐相处的社会"，而"人与自然和谐相处，就是生产发展，生活富裕，生态良好"[②]。人类现代文明的最高表现是人性的进化，即人与自然的相融与和谐。作为人与自然关系的崇高目标的人与自然的和谐，是未来社会价值体系的核心概念。人与自然的和谐必然促进人与人的和谐，包括人与社会的和谐。2004 年 9 月，胡锦涛在纪念全国人民代表大会成立 50 周年大会上提出："坚持科学发展观，从法律上体现统筹城乡发展、统筹区域发展、统筹经济社会发展、统筹人与自然和谐发展、统筹国内发展和对外开放的要求。要坚持把立法同改革发展稳定的重大决策紧密结合起来，为促进社会主义物质文明、政治文明和精神文明的协调发展服务。"[③] 2005 年 9 月，胡锦涛在会见第 22 届世界法律大会的部分代表的讲话中指出："本届大会以'法治与国际和谐社会'为主题，具有十分重要的意义。法治是人类文明进步的重要标志。法治是以和平理性的方式解决社会矛盾的最佳途径。人与人的和睦相处，人与自然的和谐相处，国家与国家的和平共处，都需要法治加以规

---

① 胡锦涛．在中央人口资源环境工作座谈会上的讲话（2004 年 3 月 10 日）．中国环境报，2004－04－06．

② 胡锦涛．在省部级主要领导干部提高构建社会主义和谐社会能力专题研讨班上的讲话．人民日报，2005－06－27．

③ 胡锦涛．在首都各界纪念全国人民代表大会成立五十周年大会上讲话．人民日报，2004－09－16．北京：人民出版社，2004．

范和维护。”[①] 2007 年 10 月，胡锦涛在中国共产党第十七次全国代表大会上的报告提出了“建设生态文明”的新理念和“生态文明观念在全社会牢固树立”的新任务。[②] 2012 年 11 月 8 日，胡锦涛同志在中共十八大报告中指出，“必须树立尊重自然、顺应自然、保护自然的生态文明理念，把生态文明建设放在突出地位，融入经济建设、政治建设、文化建设、社会建设各方面和全过程，努力建设美丽中国，实现中华民族永续发展”，强调统筹“人与自然和谐发展”，“推动形成人与自然和谐发展现代化建设新格局”[③]。2015 年 9 月 28 日，习近平指出，“我们要构筑尊崇自然、绿色发展的生态体系。人类可以利用自然、改造自然，但归根结底是自然的一部分，必须呵护自然，不能凌驾于自然之上。我们要解决好工业文明带来的矛盾，以人与自然和谐相处为目标，实现世界的可持续发展和人的全面发展”[④]。2017 年 1 月 18 日，习近平在联合国日内瓦总部的演讲中指出：“人与自然共生共存，伤害自然最终将伤及人类。空气、水、土壤、蓝天等自然资源用之不觉、失之难续。工业化创造了前所未有的物质财富，也产生了难以弥补的生态创伤。我们不能吃祖宗饭、断子孙路，用破坏性方式搞发展。绿水青山就是金山银山。我们应该遵循天人合一、道法自然的理念，寻求永续发展之路。”[⑤]

综上所述，人与自然的关系及其调整在中国环境资源保护工作和生态文明建设中具有重要的意义和作用：追求人与自然关系的协调、和谐，实现人与自然的和谐共处，是中国环境资源法治建设和“五型社会”建设的动力和方向；正确处理人与自然关系被党和国家认为是生态文明建设和环境资源保护工作的核心和关键。调整（包括协调）人与自然关系是环境资源保护工作的内涵和应有之义，是环境资源法治建设和生态文明社会建设的主要内容。

---

① 第 22 届世界法律大会隆重开幕 胡锦涛会见大会代表并作重要讲话. 人民法院报，2005－09－06.

② 胡锦涛. 高举中国特色社会主义伟大旗帜，为夺取全面建设小康社会新胜利而奋斗——在中国共产党第十七次全国代表大会上的报告（2007 年 10 月 15 日）. 人民日报，2007－10－25.

③ 坚定不移沿着中国特色社会主义道路前进 为全面建成小康社会而奋斗——胡锦涛同志代表第十七届中央委员会向大会作的报告（2012 年 11 月 8 日）. 人民法院报，2012－11－18：1－4.

④ 习近平. 携手构建合作共赢新伙伴，同心打造人类命运共同体（2015 年 9 月 28 日）//十八大以来重要文献选编：中. 北京：中央文献出版社，2016：697.

⑤ 习近平. 共同构建人类命运共同体——在联合国日内瓦总部的演讲（2017 年 1 月 18 日，日内瓦）. 人民日报，2017－01－20.

当代社会一切合理开发、利用、保护、改善和管理环境资源的努力都是为了调整好人与自然的关系，实现人与自然的和谐共处；持续利用环境资源的实质和环境资源工作的宗旨，就是按照自然生态规律和社会经济规律调整好人与自然的关系。

2. 环境资源法所具有的功能和作用，表明它能够调整人与自然的关系

人与自然的关系和调整人与自然关系的重要性，是环境资源法应当调整人与自然关系的一个重要理由；环境资源法是否具有调整人与自然关系的功能和作用，则是决定环境资源法应否、能否调整人与自然关系的基本条件。在现实社会中，人们调整人与自然关系的行为或活动，包括开发、利用、保护、改善、建设、治理、修复环境资源等，其中环境资源法治建设和生态文明社会建设是调整人与自然关系的一种重要活动；人们调整人与自然关系的工具和方法，包括各种开发、利用、保护、治理自然的生产工具（机器设备等）、技术、工艺、社会规范、生产方法、科学实验方法、行政管理等，其中环境资源法律、政策和道德也是调整人与自然关系的一种工具和方法。环境资源法律之所以可以调整人与自然的关系，是基于环境资源法律的目的、任务、作用和功能，以及人与自然的关系是一种可以为人调整的关系这一基本性质；是基于人的行为可以影响自然环境、环境资源法律规范是一种行为规范或行为规则这一基本性质；是因为在环境资源工作或环境保护活动中人与人的关系和人与环境的关系并不是水火不相容的、有你无我的关系，而是一种共存、互容、密不可分的关系，即凡是对环境有影响的人为活动都可能同时产生这两种关系；是突出环境资源法律的主要调整功能，是抓主要矛盾。

环境资源法律之所以能够调整人与自然的关系，主要原因是环境资源法律是人们的环境行为的行为规则。人们的行为既可以作用于人也可以作用于物（包括自然、环境、资源，下同）。作用于人的行为可以影响（包括形成、维持和改变等，下同）人与人的关系，直接作用于人的行为除了直接影响人与人的关系外，还可能间接影响人与物的关系；作用于物的行为可以影响人与物的关系，直接作用于物的行为除了直接影响人与物的关系外，还可能间接影响人与人的关系。实践证明，在制定（包括创设、修改、废止等）和实施环境资源法的前后，人与自然的关系及与此相关的人与人的关系都会发生

明显的变化，因而环境资源法的制定和实施既能调整人与自然的关系，也能调整与此有关的人与人的关系。例如，在没有制定和实施《环境保护法》《野生动物保护法》《森林法》《草原法》等环境资源法律之前，在一些地方形成的是人们任意或不当向环境排放废物、滥捕野生动物、滥伐森林、滥垦草地的人与自然关系，而在制定和实施《环境保护法》《野生动物保护法》《森林法》《草原法》等环境资源法律之后，在法律适用的范围内则逐渐形成了人们依法保护环境、野生动物、森林、草原等人与自然的关系。在《环境保护法》等环境资源法律没有制定实施之前，人们污染环境、滥用自然资源的现象比较严重，环境质量很差，而在《环境保护法》等环境资源法律制定实施之后，环境质量得到了不同程度的改善，这说明环境资源法已经有效调整人与自然的关系。总之，环境资源法作为环境（生态）治理的主要依据和工具，基于法律所具有的规范功能和作用，表明它能够调整人与自然的关系。另外，环境资源法律之所以应当和能够调整人与自然的关系，还因为环境资源法律的目的、任务、理念和原则都是强调和突出保护环境、节约和合理开发利用资源，实际上就是调整人与自然的关系。

值得注意的是，有的学者往往用法律调整人、调整人的行为、调整人与人的关系、调整权利义务关系的区别或不同[①]，来否定环境资源法可以和能够调整人与自然的关系。例如，有观点认为："环境法的调整对象既不是人与人的关系，也不是人与自然的关系，而是与环境有关的行为"；"法律调整对象是社会关系，只不过是人们通常的一种选择，它在环境法面前竟如此脆弱，不堪一击"，"因而，法律的调整对象是行为，而非社会关系"[②]。就这一观点看来，人的行为、社会关系、人与人的关系、人与自然的关系之间似乎没有共通之处，法学家一方面可以主张环境资源法的调整对象是"与环境有关的行为"，另一方面可以认为社会关系、人与人的关系和人与自然的关系不是法律的调整对象。有些坚持"主、客二分"和"法律仅调整人与人的关系"的学者认为，上述第一级和第二级概念与第三级和第四级概念没有内在联系和共同之处，只有第三级和第四级概念具有内在联系和共同之处，因而

---

① 为了分析方便，笔者将调整对象是人称为第一级概念，调整对象是人的行为称为第二级概念，调整对象是人与人的关系称为第三级概念，调整对象是权利义务关系称为第四级概念。

② 徐祥明主编. 环境法学. 北京：北京大学出版社，2005：84，85.

不能用第一级和第二级概念来表示环境资源法的调整对象，只能用第三级和第四级概念来表示环境资源法的调整对象。笔者认为，上述看法值得商榷。在调整论看来，虽然法律调整人≠调整人的行为≠调整人与人的关系≠调整权利义务关系；但是，法律调整人、调整人的行为、调整人与人的关系、调整权利义务关系，不是相互隔离、否定的关系，而是存在十分密切的内在联系。

（1）人可以成为法律的调整对象，但需要对此进行具体分析。在上述四级概念中，法律的调整对象是人属于第一级概念即顶级概念，由于人包括人的思想与行为，人的行为包括人对人的行为和人对自然（或人对物）的行为，由人的行为所产生的行为关系包括人与人的关系和人与自然的关系，人与人的关系和人与自然的关系可以表现为权利义务关系，所以说法律的调整对象是人已经包括其下三级概念的内容，即法律的调整对象是人包含法律调整人的行为、人的行为关系、人与人的关系和人与自然关系、权利义务关系。虽然说环境资源法以人为调整对象不符合“主、客二分”范式（因为法律的调整对象是人意味着人成了客体），但它却符合“主、客一体”范式，并且突出了法治的作用和人的重要性。虽然说“法律的调整对象是人”的内容较多，没有突出人与人的关系；但是它并没有否定法律调整人与人的关系，而且增加了法律的调整对象，即将人与自然的关系纳入法律的调整对象范围，这也是环境资源法治建设和生态文明社会建设的需要。由于人既具有自然性又具有社会性，人本身就是人与人的关系和人与自然关系的统一，因而法律的调整对象是人包括法律调整人与人的关系和权利义务关系；所以，彻底否定法律的调整对象是人就是否定法律调整人与人的关系和权利义务关系，坚持“主、客二分”和“法律仅调整人与人的关系”的学者否定法律的调整对象是人是缺乏正当性的。

（2）法律调整人的行为，不等于法律调整人与人的关系，它包含法律既调整人与人的关系也调整人与自然的关系。人的行为是法律的调整对象，但需要对此进行全面分析。说法律调整人的行为，既是其上一级概念的应有之义，也与其下的第三级和第四级概念没有矛盾。因为法律调整人的行为，包括法律调整人对人的行为和人对自然的行为，包括调整由人对人的行为所产生的人与人的关系和由人对自然的行为所产生的人与自然的关系。虽然说法律调整人的行为没有突出或强调人与人的关系的唯一性，但它并没有否定法律调整人与人的关系。虽然说法律调整人的行为增加了人与自然关系的内容，但法律调整人与自然的关系与调整人与人的关系并不是有你无我的关系，而是可以互容共存的关系；而如果否定了法律能够调整人的行为，也就否定了法律能够调整人与人的关系。因此，环境资源法律既调整人与自然的关系又调整人与人的关系，这是法律调整人的行为的应有之义；某些学者基于“法律仅调整人与人的关系”的先验观而不赞同法律调整人的行为，是缺乏正当性的。

(3) 人与人的关系是法律调整的对象，这是上述第一级、第二级概念的应有之义。在法律调整人与人的关系这个问题上，调整论与反调整论的看法基本一致。有所不同的是，调整论认为环境资源法律既调整人与自然的关系也调整人与人的关系，而反调整论却坚持环境资源法律只能调整人与人的关系、不能调整人与自然的关系。

(4) 法律调整权利义务关系，不等于法律调整人与人的关系，它可以被解释为法律既调整人与人的关系，又调整人与自然的关系，甚至物与物的关系。“法律关系通说”坚持法律调整权利义务关系，或者说法律关系是指权利义务关系，主要有两种含义：一是认为“法律关系是由法律规范所确认和调整的人与人之间的权利和义务关系”[①]；二是认为法律关系是指“法律规范在调整人们行为过程中形成的权利和义务的关系”[②]。无论哪一种说法，“人与人之间的权利和义务关系”都是一种不确定的关系，因为它可以表现为权利与义务、权力与责任、权利与权力、义务与责任、权利与法益、权利与利益等各种不同的关系。因此，对待法律调整“人与人之间的权利和义务关系”或“权利义务关系”，调整论持对具体问题进行具体分析的态度。调整论并不一概反对法律调整“人与人之间的权利和义务关系”或“权利义务关系”，它不赞同的是某些学者对权利义务关系的先验定义，特别是不赞同其将人与自然的关系（或人与物的关系）排除出权利义务关系的认识。首先，调整论不赞同说法律调整的对象是法律关系中的权利义务关系。因为法律的调整对象是现实存在的社会关系，而不是经过法律调整后形成的权利义

① 中国大百科全书（法学）. 北京：中国大百科全书出版社，1984：99.

② 法学词典（增订版）. 上海：上海辞书出版社，1984：617.

务关系，如果说法律调整的对象是法律关系，等于说法律的调整对象是法律，这是同义反复。权利义务关系可以成为法律的调整对象，但需要将现实社会存在的权利义务关系与经过法律调整后形成的法律关系中的权利义务关系有所区别；即使说环境资源法调整权利义务关系，也不意味着它只调整人与人的关系、不调整人与自然的关系。其次，如果将“人与人之间的权利和义务关系”表述为一种复杂关系或“不确定关系”，应该将其具体化为双方关系或用“确定关系词”表示的关系，这样才能明确所讨论的法律调整对象问题。事实上，某些学者所称的“人与人之间的权利和义务关系”，可能被解释为包括“人与人之间的权利关系、义务关系、权利和义务的关系”；而人与人之间的权利关系，又可解释为包括“人与人的关系和人与权利的关系，以及因权利所产生的各种关系”；而人与人之间的义务关系，又可解释为包括“人与人的关系和人与义务的关系，以及因义务所产生的各种关系”；而人与人之间的权利和义务的关系，又可解释为包括“人与人的关系和人的权利与人的义务之间的关系”。在上述各种关系中，依据“主、客二分”范式，只有“人与人的关系”明确区别于“人与自然的关系”（或“人与物的关系”）；“因权利所产生的各种关系”和“因义务所产生的各种关系”属于用“不确定关系词”表示的关系，它可以包含因权利或义务所产生的人与人的关系和人与自然的关系；而“人与权利的关系”“人与义务的关系”属于“人与物的关系”（或“人与自然的关系”），“人的权利与人的义务之间的关系”属于“物与物的关系”，因为权利或义务都不是人而是物（即抽象物）。根据大陆法系的法学理论，无论是法国民法典还是德国民法典，权利（义务）被界定为物（抽象物、无体物）而不是人；无论是权利与权利的关系、权利与义务的关系，还是义务与义务的关系，逻辑上都是指物与物的关系，而不是指人与人的关系；即使将“权利与权利的关系”改换成“人的权利与人的权利的关系”，“人的权利与人的权利的关系”也仍然指的是物与物的关系。因此，说法律调整对象或法律关系是指“人与人之间的权利和义务关系”，可能蕴藏着法律调整对象或法律关系是指“人与人的关系”、“人与物的关系”或“物与物的关系”的意思，这比调整论说法律调整对象或法律关系“既包括人与自然的关系，又包括人与人的关系”的范围更广，与“法律关系通说”坚持的“法律仅调整人与人的关系”或“法律关系仅仅指人与人的关系”更加背道而驰。综上所述，坚持“主、客二分”范式和“法律仅调整人与人的关系”的某些学者所青睐和乐于采用的第四级概念（即法律调整权利义务关系或人与人之间的权利义务关系），并不都意味着法律的调整对象是人与人的关系，而是蕴藏着法律也调整“人与物的关系”（或“人与自然的关系”），甚至“物与物的关系”的意思。因此，与其说法律的调整对象或法律关系是指“权利义务关系”或“人与人之间的权利和义务关系”，是“法律关系通说”的一种表述方式，不如说，它是调整论的一种表述方式。因为调整论不仅仅是强调环境资源法律既调整人与人的关系又调整人与自然关系的理论，而且是主张根据法治建设和生态文明社会建设的需要而逐渐、适度扩大法律调整对象和对象范围的理论。

3. 环境资源法中有关人与自然关系的大量规则和丰富内容，是它调整人与自然关系的佐证和现实依据

首先必须指出的是，古今中外的不少法律或法律规范性文件，都有有关人与自然关系的内容。[①] 据有关资料，公元前两千多年的《乌尔纳姆法典》有关于使用土地的规定，《伊新国王李必特·伊斯达法典》有关于保护荒地和林木的规定；公元前18世纪巴比伦王国的《汉谟拉比法典》有关于土地、森林、牧场的耕种、垦荒和保护的规定，以及防止污染水源和空气的某些规定；古印度《摩奴法典》（大约成于公元前200年—200年）有关于荒地、矿山和湖泊、山川的规定；在古希腊的某些通都大邑，有防止噪声、禁止夜间喧嚣的规定。被称为罗马法起源的《十二铜表法》（公元前449年），以及罗马法集大成者的《查士丁尼法典》（Corpus Juris Civilis，公元530左右完成，又译作《国法大全》《民法大全》），也有很多保护土地和涉及自然资源的法律规定。目前国内外的许多环境资源法律和国际环境资源法律规范性文件，已经有明确表示调整人与自然关系的法律条款。正在兴起和成形的环境资源法律体系和环境资源法治建设实践，既是调整人与自然关系的法律依据和法律保障，也是对法律调整人与自然关系的验证和佐证。

（1）不重视人与自然的关系及其法律调整，是以往法律在保护环境方面有效性不足的一个重要原因。

① 有关涉及或调整人与自然关系的法律，请参看蔡守秋. 人与自然关系中的伦理与法：下卷. 长沙：湖南大学出版社，2009：第四章 人与自然关系的法律.

人与自然关系的失调与恶化，是由各种原因造成的。以往法律界和法制建设对人与自然关系的否定和轻视，是造成有关人对自然的法律规则和法律制度不够（即数量少）、不实（即不联系实际、不接地气）、不力（即缺乏可操作性）和有效性不足的一个重要原因。

在我国法学界，过去不同程度地存在着轻视人与自然关系的思想观念。中华人民共和国成立以来的法学理论基本上是有关人与人关系（即人际关系），特别是阶级关系的法学理论，没有或很少有人与自然或人与环境的关系的法学理论。当然，我国法学界对人与自然关系的忽视和轻视是有其政治历史背景和政治历史原因的，或者说我国法学界对人与自然关系的忽视和轻视受到了当时党和国家领导人思想的影响。例如，中国共产党和中华人民共和国的缔造者和第一代领导人毛泽东主席的社会发展观从理论上讲基本上是科学的、全面的，这可以从他的《矛盾论》《实践论》等重要著作中看出。但在实践中，由于受苏联模式的影响以及出于急于改变中国贫穷落后面貌、早日建成社会主义共产主义的善良愿望，在处理人与人的关系和人与自然的关系方面，他主要强调人与人的关系，特别是阶级斗争关系。在 20 世纪 50 至 70 年代，曾一度流行法律虚无主义，私法即民法理论没有基本的生存空间，更没有物权法存在的余地，在一个相当长时期内盛行的是对“对物关系说”（即人与自然关系说）的批判。虽然有些学者提出过零散的人与自然关系的学术主张，但立即被扣上资产阶级法学观的帽子而遭到批判和压制，结果造成了在法学界谁谈论人与自然的关系或人对物的关系谁就遭殃的局面。由于作为阶级斗争学说的马克思主义理论在用于推翻剥削阶级的斗争中主要突出的是阶级关系，苏联马克思主义法学家便将马克思主义创始人诸如“经济学所研究的不是物，而是人与人之间的关系，归根到底是阶级和阶级之间的关系”[①] 等论点发挥到极致，对整个有关人与自然关系的理论进行了相当激进的责难和批判。这种对“对物关系说”的批判，使得某些法学家在法学研究中患上了“谈虎色变”的“恐人与自然关系症”，并使有些人背上了“认为环境保护法直接调整人与自然的（环境）关系的观点，违背了法学的基本原理”的沉重包袱。在这种否定和轻视人与自然关系的“法律关系通

① 马克思恩格斯选集：第 2 卷. 北京：人民出版社，1995：44.

说”影响和束缚下，“人与自然和谐相处”的观点难以在我国法学领域传播，也妨碍了调整人与自然关系的法律功能和作用的发挥。笔者认为，有关法律是否反映或调整人与自然关系的争论是一种学术之争，不是无产阶级思想和资产阶级思想、马克思主义法学和资产阶级法学之争；从法学发展的历史看，很多资产阶级法学家也主张法律调整人与人的关系的观点，反对法律调整人与物（或自然）关系的观点；而马克思主义创始人并不反对法律调整或协调人与自然或人与物的关系。恩格斯早已预言，未来的社会将会用“对物的管理”取代“对人的统治”，而且国家将在这样的社会消亡①，也就是说未来的社会将会突出人与物的关系，而不是否定人与物的关系。

（2）环境资源法有关人与自然关系的法律规定，是其调整人与自然关系功能和作用的具体体现。

在国际环境资源法律政策规范性文件方面，已经有不少明确规定人与自然关系的内容。例如，1971 年 2 月签订的《国际湿地公约》申明，国际环境保护法“承认人类同其环境的相互依存关系”。1972 年《联合国人类环境宣言》强调“人类必须利用知识在同自然合作的情况下建设一个较好的环境”，即提出了“人与自然合作”的观点。1976 年《保护农畜欧洲公约》明确规定，应为动物提供住处、食物、水，对它们加以照顾，让它们行动自由，并提供光线、温度、空调和其他环境条件……要考虑它们的物种以及发展家眷的程度，按照现有的经验和科学知识来满足其生理和行为上的需要。1979 年《欧洲保护野生生物和自然界的伯尔尼公约》指出，“野生动植物构成具有美学、科学、文化、创造性、经济和内在价值的自然遗产，必须保存它们并将之传给后代”；明确规定要养育（保育）野生动植物及其自然生境，采取各种适宜的和必要的措施保护野生动植物物种。1979 年《保护屠宰用动物欧洲公约》明确规定，“各缔约国应保证屠房的建造设计和设备及其操作符合本公约的规定，使动物免受不必要的刺激、痛苦”。1982 年《世界自然宪章》指出，“人类的行为或行为的后果，能够改变自然，耗尽自然资源”，“应避免那些可能对大自然造成不可挽回的损害的活动”。该宪章宣布的保护自然的原则就是“指导和判断人类一切影响自然的行为”的原则。宪

① E. 博登海默. 法理学：法律哲学与法律方法. 邓正来，译. 北京：中国政法大学出版社，1999：99.

章强调“尊重大自然”，指出“每种生命形式都是独特的，无论对人类的价值如何，都应得到尊重。为了承认其他有机体的内在价值，人类必须受行为道德准则的约束”。1985 年《保护臭氧层维也纳公约》强调，缔约国“意识到臭氧层的变化对人类健康和环境可能造成有害影响”，“决心要保护人类健康和环境使人类免受臭氧层变化所引起的不利影响”，“采取适当的立法和行政措施，从事合作，协调适当的政策以便在发现其管辖或控制范围内的某些人类活动已经或可能由于改变臭氧层而造成不利影响时，对这些活动加以控制、限制、削减或禁止”。1986 年《保护用于实验和其他科学目的的脊椎动物的欧洲公约》明确规定，对实验行动进行管制以确保其符合人道。1987 年《欧洲保护宠物公约》明确规定，缔约国保证要确保宠物不遭受疼痛、折磨、灾难或遗弃。1987 年《关于消耗臭氧层物质的蒙特利尔议定书》强调：“铭记着它们（即缔约国）有义务采取适当措施保护人类健康和环境，使免受足以改变或可能改变臭氧层的人类活动所造成的或可能造成的不利影响”，“认识到全世界某些物质的排放会大大消耗和以其他方式改变臭氧层，对人类健康和环境可能带来不利影响”，“决心采取公平地控制消耗臭氧层物质全球排放总量的预防措施，以保护臭氧层”。1987 年联合国第 42 届大会审议通过的《我们共同的未来》确立了“人与自然和谐”的可持续发展观。1992 年联合国环境与发展大会通过的《里约环境与发展宣言》强调，人们“享有以与自然相和谐的方式过健康而富有生产成果的生活的权利”；并要求各缔约国“对于拟议中可能对环境产生重大不利影响的活动，应进行环境影响评价”，“将可能对他国环境产生突发的有害影响的任何自然灾害或其他紧急情况立即通知这些国家”，“将可能具有重大不利跨越国界的环境影响的活动向可能受到影响的国家预先和及时提供通知和有关资料”。1992 年联合国环境与发展大会通过的《21 世纪议程》是一个强调人与自然相互影响和调整人与自然关系的纲领性国际文件，它有 200 多处提及包含环境友好含义的“无害环境”（Environmentally sound）的概念，并正式提出了“环境友好”（Environmentally friendly）的概念。1992 年签订的《生物多样性公约》是一个通篇强调人对生物多样性影响、注重调整人与生物多样关系的国际条约，它将“生物资源”定义为“对人类具有实际或潜在用途或价值的遗传资源、生物体或其部分、生物群体或生态系统中任何其他生物组成部分”，“确认保护生物多样性是全人类共同关切的问题”，“认识到许多体现传统生活方式的土著和地方社区同生物资源有着密切和传统的依存关系”；并且针对“可能对环境产生不利影响”“对生物多样性造成重大不利影响”的人类活动制定进行管制或管理的原则、政策、措施和制度，如移地保护制度、就地保护制度、生物监测制度、环境影响评价制度[①]、事先知情程序等。欧洲理事会于 1998 年 11 月 4 日在斯特拉斯堡签署的《通过刑法保护环境公约》（又译为《1998 欧洲环境刑法公约》）强调，“确信有必要追求一种共同的刑事政策以实现对环境的保护”，“考虑到必须采取各种可能的手段来保护人的生命和健康、环境介质和动植物”，“坚信必须将引起严重后果的环境损害确定为接受适当制裁的刑事犯罪”，“确信尽管必须主要通过其他措施预防对环境的损害，刑法在环境保护方面有着重要的作用”。2000 年第 55 届联合国大会第 8 次全体会议通过的联合国《千年宣言》，将“尊重大自然”作为 21 世纪国际关系中必不可少的基本价值。欧盟委员会于 2001 年 3 月 13 日通过了《关于通过刑法保护环境的指令》[②]，这是欧盟通过的第一个有关环境刑法的法律。欧盟部长理事会于 2003 年 11 月 27 日制定了《通过刑法保护环境的框架决定》。[③] 2002 年《全球法官会议关于法律的作用与可持续发展的原则》强调，“我们一致认为……将联合国《千年宣言》中提出的……尊重大自然……等共同价值观变成行动，将上述人类价值观融入现代文明”。2004 年《欧洲议会和欧洲委员会关于预防和补救环境损害的环境责任指令》规定，本指令中的环境损害（environmental damage）是指对保护物种、自然栖息地（damage to protected species and natural habitats）、水和土地的损害，污染者不但要对有关人员和财产进行赔偿，还得对遭受污染损害的自然环境进行赔偿，“本指令旨在预防和补救环境损害，并不影响到对于在任何相关国

① 如《生物多样性公约》第 14 条规定，“每一缔约国应尽可能并酌情：采取适当程序，要求就其能对生物多样性产生严重不利影响的拟议项目进行环境影响评估，以期避免或尽量减轻这种影响，并酌情允许公众参加此种程序。采取适当安排，以确保其可能对生物多样性产生严重不利影响的方案和政策的环境后果得到适当考虑”。

② The European Commission，Directive on the Protection of the Environment through Criminal Law，Com（2001）139 final [OL].

③ The EU Council of Ministers，Framework Decision on the Protection of the Environment through Criminal Law，2003/80/JHA [OL].

际条约规定下所授予的请求传统损害赔偿的民事责任的权利”。2005 年在中国郑州通过的《黄河宣言——维持河流健康生命》[①] 申明，“人与河流唇齿相依，休戚与共”，“我们有责任与义务：践行和谐社会的理念，推动人与自然和谐相处的进程，维护河流应有的尊严与权利，保持河流自身的完整性、多样性和清洁性，使其在地球上健康流淌”，“我们有责任与义务：动员社会各界力量，研究河流健康生命的理论，探讨人水和谐关系，建立人与自然的伦理观念，通过立法和广泛宣传，使人们像珍惜自身生命一样珍惜河流生命，自觉保护河流健康”。2018 年 7 月 2 日，在北京召开的环境司法国际研讨会上，来自中国、澳大利亚、巴西、芬兰、法国、巴基斯坦、南非、美国，以及联合国环境规划署、欧洲环保协会等国家和组织的代表达成的《环境司法国际研讨会共识》申明：“人与自然是生命共同体。各方代表一致认同，生态环境是人类生存的必要条件和人类社会持续发展的重要基础。人类必须尊重自然、顺应自然、保护自然，人类对自然的伤害最终会伤及人类自身。各方代表深刻赞同经济社会发展与环境保护的协调共进，倡导推动形成绿色生产和生活方式，努力实现人与自然和谐共生。”[②]

在外国环境资源法律方面，已经有不少明确规定人与自然关系的内容。首先，环境资源法律的核心术语或逻辑起点就是“环境”和“资源”，而几乎所有的环境资源法律都非常明确地肯定环境和资源直接反映的是人与自然的关系，即将“环境”和“资源”定义为对人有影响或有作用的自然因素。[③] 其次，大部分环境资源法律法规都有明确规定或涉及的人与自然关系方面的法律条文。例如，1969 年《美国国家环境政策法》规定了人与自然的关系、

① 2005 年 10 月 17 日至 21 日，来自 60 多个国家和地区的专家学者以及 20 多个国际组织的代表，在中国郑州召开的第二届黄河国际论坛上共同发表了《黄河宣言——维持河流健康生命》。

② 环境司法国际研讨会共识. 人民法院报，2018－07－02.

③ 例如，日本《公害对策法》（1967 年）和日本《环境基本法》（1993 年）规定：“本法所称‘生活环境’，是指与人类生活有密切关系的财产，与人类生活有密切关系的动物和植物，以及这些动植物的生存环境。”韩国《环境保护法》（1978 年）明确规定，本法所称环境“与人类生活有密切关系”。澳大利亚《环境规划与评估法》（1979 年）将环境定义为“影响人类、个人或人的社会群体之周围事物的所有方面”。斯洛伐克 1993 年《环境保护法》将环境解释为“已经或可能被人类影响的那一部分自然界……生活环境是直接影响人类的那一部分环境”。印度《2010 国家绿色法庭法》第 1 章第 2 条规定，“环境，包括水、空气、土地及其交互联系，即存在于水、空气、土地与人类、其他生物体、植物、微生物及财产之间的双方或多方的关系”。上述环境定义都说明了环境与人的密切关系，包括环境对人的影响和人对环境的影响。

人对自然的影响与作用、人与自然的和谐、环境权等内容。1970 年《美国环境教育法》规定，“在本法中，‘环境教育’是指关于人与其自然环境和人造环境之间的关系的教育过程，包括人口、环境污染、资源分布和消耗、资源保护、资源和环境的开发技术和经济效果，以及城市和农村开发计划，同整个人类环境之间的相互关系”。1987 年《菲律宾宪法》规定，“国家保障和促进人民根据自然规律及和谐的要求，享有平衡的和健康的环境的权利”。1988 年《墨西哥生态平衡和环境保护基本法》规定，“所有人都有权享受一个健康的环境”，要求使用生态系统及其要素的方式必须保证可持续生产与生态整体性及平衡的最佳协调状况。1990 年修订的《德国民法典》第 90a 条规定，“动物不是物。它们由特别法加以保护。除另有其他规定外，对动物准用有关物的规定”。1990 年《韩国环境政策基本法》第 24 条规定，“鉴于自然环境和生态系统的保全是人类的生存及生活的基本，因此国家和国民应努力维持、保全自然的秩序和均衡”。1991 年俄罗斯《联邦环境保护法》第 1 条规定，“以保护自然资源和个人生活方式为目标、调整社会与自然的关系，是俄罗斯联邦环境立法的首要任务之一”。1991 年《韩国动物保护法》第 1 条规定，本法目的在于通过防止虐待动物以充分保护和管理动物，并培养韩国民众关心动物的生命和安全及尊重动物生命的精神。瑞典《自然保护法》（1991 年修改本）第 1 条规定，“必须正确地对待自然”。1993 年《日本环境基本法》明确规定，“在可能的限度内，减少因社会经济活动及其他活动而对环境的负荷及其他与环境因素有关的影响”（第 3 条），“提倡保持人与自然的密切接触”（第 14 条）。1997 年《瑞典牲畜权利法》规定，不能用过于拥挤和窄小的笼舍养鸡，在夏季必须把牛放出去吃草，猪要有稻草铺以便休息。1998 年《哥斯达黎加生物多样性法》第 9 条“普遍权利”第 1 款明确规定，“尊重所有的生命形式。所有生物都有生存的权利，而与其是否有实在的或潜在的经济价值无关”。1998 年《德国动物福利法》规定，“本法旨在保护动物之生命，维护其福利。此举乃基于人类对于地球其他生命伙伴之责任而为之。任何人不得无合理之理由致动物痛苦或伤害”。2001 年《德国动物保护法》（Tierschutzgesetz）规定，“本法的目的是，从人对动物作为同类的职责出发来保护其生命和生活质量。任何人都不允许对动物无正当理由地施加痛苦或损害”。2002 年修改的《联邦德国基本法》第 20a 条规定，

“通过立法并依法通过行政和司法，对自然的生活基础和动物予以保护”。2002 年修改的《俄罗斯联邦环境保护法》规定，“本联邦法调整在俄罗斯联邦领土范围内，以及在俄罗斯联邦大陆架和专属经济区进行经济活动和其他影响自然环境活动的过程中产生的社会与自然相互作用领域的关系。自然环境是环境的极重要组成部分，是地球上生命的基础”。2003 年颁布的《法国环境宪章》规定，“自然资源和自然的平衡是人类产生的条件；人类的未来，甚至存在都和他所在的自然环境不可分离；环境是人类共同的财富；人类对其生活条件和自身的发展所施加的影响与日俱增；某些消费或生产方式和对自然资源的过度开采对生物的多样性、人的充分发展和人类社会的进步产生了有害的影响”，“人人都享有在一个平衡的和不妨害健康的环境里生活的权利”，“人人都负有义务参与环境的维护和改善”，“每一个人，在法律规定的条件下，都应当预防其自身可能对环境造成的损害，或者，如果未能预防时，应当限制损害的后果”，“每一个人都应该根据法律规定的条件为其自身对环境造成的损害分担赔偿”。2008 年《厄瓜多尔宪法》规定，“自然，或者说孕育生命的大地母亲（Andean goddess Pachamama），有生存、保全并按照其周期、结构、功能与进化过程得到再生的权利；任何人、民族、团体或者部落，可以在公共机构面前要求其承认自然的权利。该权利的申请与解释遵从宪法随后制定的原则；国家鼓励自然人、法人和集体组织保护自然，促进对所有组成生态系统部分的尊重”（第 71 条），“自然有完整恢复的权利。该完整恢复区别于自然人、法人或国家对依靠自然条件生活的人、集体进行赔偿的义务；在造成严重或永久性环境影响，和对不可再生资源进行开发时，国家应建立最有效的机制进行恢复，并采取适当的措施排除或减轻有害环境影响”（第 72 条）。目前约有 105 个国家的宪法明确将环境保护作为国家的义务或目标，其中阿根廷、巴西、哥伦比亚、保加利亚、南非、韩国、葡萄牙等 41 个国家的宪法都是在确认了环境权的情况下，明确规定了环境保护的国家义务或目标；已有 60 多个国家在其环境保护法律中明确了环境权；已有 100 多个国家制定了有关动物福利和反虐待动物的法律。

在中国环境资源法律政策规范性文件方面，已经有不少明确规定人与自然关系的内容。例如：1989 年《环境保护法》和 2014 年修改的《环境保护法》都明确规定，“本法所称环境，是指影响人类生存和发展的各种天然的和经过人工改造的自然因素的总体”；并具体规定了调整人与自然关系的环境影响评价制度、环境监测制度、环境规划制度和环境污染治理制度。《中国 21 世纪议程——中国 21 世纪人口、环境与发展白皮书》（1994 年）在第二章“中国可持续发展的战略与对策”中要求：“在调整人和自然关系的若干重大领域，特别是在计划生育、环境保护、资源能源的合理开发和利用等方面开展科学研究和技术开发，取得重大成果，并加以推广和应用。”① 《环境影响评价法》（2002 年，2016 年、2018 年修正）确认了人的行为（主要是规划行为和建设行为）的环境影响，第 1 条强调该法的目的之一是“预防因规划和建设项目实施后对环境造成不良影响”，该法详细规定了对人的环境行为的环境影响评价制度。2003 年 1 月国务院发布了《中国 21 世纪初可持续发展行动纲要》，将“以人与自然和谐为主线”“坚持不懈地全面推进经济社会与人口、资源和生态环境的协调，不断提高我国的综合国力和竞争力”作为“我国实施可持续发展战略的指导思想”的重要内容；将“生态环境明显改善，资源利用率显著提高，促进人与自然的和谐，推动整个社会走上生产发展、生活富裕、生态良好的文明发展道路”作为“我国 21 世纪初可持续发展的总体目标”的重要组成部分。《中共中央国务院关于加快林业发展的决定》（2003 年 6 月 25 日）提出了“确立以生态建设为主的林业可持续发展道路，建立以森林植被为主体、林草结合的国土生态安全体系，建设山川秀美的生态文明社会”的指导思想。2005 年 12 月 29 日，第十届全国人民代表大会常务委员会第十九次会议通过了《中华人民共和国畜牧法》，该法明确规定：“畜牧业生产经营者应当依法履行动物防疫和环境保护义务，接受有关主管部门依法实施的监督检查”（第 6 条）；“国务院畜牧兽医行政主管部门应当指导畜牧业生产经营者改善畜禽繁育、饲养、运输的条件和环境”（第 8 条）；“畜禽养殖场应当为其饲养的畜禽提供适当的繁殖条件和生存、生长环境”（第 42 条）；“运输畜禽，必须符合法律、行政法规和国务院畜牧兽医行政主管部门规定的动物防疫条件，采取措施保护畜禽安全，并为运输的畜禽提供必要的空间和饲喂饮水条件”（第 53 条）。《国务院关于落实科学发展观加强环境保护的决定》（2005 年 12 月 3 日）强调指出，“为全面

① 中国 21 世纪议程——中国 21 世纪人口、环境与发展白皮书（1994 年 3 月 25 日国务院第 16 次常务会议讨论通过）. 北京：中国环境科学出版社，1994：9.

落实科学发展观，加快构建社会主义和谐社会，实现全面建设小康社会的奋斗目标，必须把环境保护摆在更加重要的战略位置”，“以促进人与自然和谐为重点，强化生态保护”，“要加大环境保护基本国策和环境法制的宣传力度，弘扬环境文化，倡导生态文明，以环境补偿促进社会公平，以生态平衡推进社会和谐，以环境文化丰富精神文明”，“依靠科技进步，发展循环经济，倡导生态文明，强化环境法治，完善监管体制，建立长效机制，建设资源节约型和环境友好型社会”，“大力倡导环境友好的消费方式，实行环境标识、环境认证和政府绿色采购制度，完善再生资源回收利用体系”，“推动生态省（市、县）、环境保护模范城市、环境友好企业和绿色社区、绿色学校等创建活动”。《中共中央关于构建社会主义和谐社会若干重大问题的决定》（2006 年 10 月 11 日中国共产党第十六届中央委员会第六次全体会议通过）强调，“按照民主法治、公平正义、诚信友爱、充满活力、安定有序、人与自然和谐相处的总要求”来建设和谐社会，“加强环境治理保护，促进人与自然相和谐。以解决危害群众健康和影响可持续发展的环境问题为重点，加快建设资源节约型、环境友好型社会。”《风景名胜区条例》（2006 年公布，2016 年修订）第 13 条规定：“风景名胜区总体规划的编制，应当体现人与自然和谐相处、区域协调发展和经济社会全面进步的要求，坚持保护优先、开发服从保护的原则，突出风景名胜资源的自然特性、文化内涵和地方特色。”第 24 条规定：“风景名胜区内的居民和游览者应当保护风景名胜区的景物、水体、林草植被、野生动物和各项设施。”2015 年 4 月，《中共中央国务院关于加快推进生态文明建设的意见》强调，“牢固树立尊重自然、顺应自然、保护自然的理念”，“加快形成人与自然和谐发展的现代化建设新格局”。时任国家发改委主任徐绍史在介绍《中共中央国务院关于加快推进生态文明建设的意见》时强调，“生态文明建设的关键，是处理好人与自然的关系，使经济社会发展建立在资源能支撑、环境能容纳、生态受保护的基础上，使青山常在、清水长流、空气常新，让人民群众在良好生态环境中生产生活”[①]。同年 9 月，中共中央、国务院印发的《生态文明体制改革总体方案》强调在生态文明建设中，要“以建设美丽中国为目标，以正确处理人与

① 赵超，陈炜伟．生态文明建设明确时间表和路线图——访国家发展改革委主任徐绍史．（2015－05－05）．http：//news. xinhuanet. com/politics/2015－05/05/c＿1115187800. htm.

自然关系为核心”，“推动形成人与自然和谐发展的现代化建设新格局”[①]。2017 年 10 月，中共十九大报告中进一步强调：“坚持人与自然和谐共生”；“像对待生命一样对待生态环境，统筹山水林田湖草系统治理，实行最严格的生态环境保护制度，形成绿色发展方式和生活方式，坚定走生产发展、生活富裕、生态良好的文明发展道路，建设美丽中国，为人民创造良好生产生活环境，为全球生态安全作出贡献”；“我们要牢固树立社会主义生态文明观，推动形成人与自然和谐发展现代化建设新格局，为保护生态环境作出我们这代人的努力!”[②] 2018 年 6 月，中共中央、国务院《关于全面加强生态环境保护，坚决打好污染防治攻坚战的意见》强调，“坚持人与自然和谐共生。保护自然就是保护人类，建设生态文明就是造福人类。必须尊重自然、顺应自然、保护自然，像保护眼睛一样保护生态环境，像对待生命一样对待生态环境，推动形成人与自然和谐发展现代化建设新格局，还自然以宁静、和谐、美丽”，“坚持用最严格制度最严密法治保护生态环境。保护生态环境必须依靠制度、依靠法治。必须构建产权清晰、多元参与、激励约束并重、系统完整的生态文明制度体系，让制度成为刚性约束和不可触碰的高压线”。另外，中国香港、澳门特区和台湾地区制定的环境资源法律规范性文件，也有直接调整人与自然关系的内容。例如，“台湾动物保护法”（2004 年修订）规定，“为尊重动物生命及保护动物，特制定本法”（第 1 条），“任何人不得恶意或无故骚扰、虐待或伤害动物”（第 6 条）。至于环境资源法律有关如何调整人与自然关系的理念、原则、规定和制度，笔者将在下面进一步介绍。环境资源法中有关人与自然关系的大量规则和丰富内容，既是环境资源法能够调整人与自然关系的佐证，也是人们有效调整人与自然关系的法律依据。我们切不可轻视这些具体的法律规定，因为对法律文本的解释是法教义形成的基础，任何法学理论都离不开对法律条文的研究和解释。

二、环境资源法调整人与自然关系的理论依据和理论意义

环境资源法调整人与自然关系的理论，不仅是对有关人与自然关系的法

---

① 生态文明体制改革总体方案（2015 年 9 月 11 日中共中央政治局会议审议通过，新华社北京 2015 年 9 月 21 日电公布）. 光明日报，2015-09-22 (2).

② 习近平. 决胜全面建成小康社会 夺取新时代中国特色社会主义伟大胜利——在中国共产党第十九次全国代表大会上的报告（2017 年 10 月 18 日）. 环球时报，2017-10-18.

律文本的理性解读，也吸收、总结了古今中外有关人与自然关系的各种法学理论观点和学说，特别是批判性地继承和发展了以“法律关系通说”为代表的“主流”法学理论；它既是我国环境资源法调整人与自然关系实践经验的理论总结和理论结晶，也是今后环境资源法更好、更有效地调整人与自然关系的理论指南。

1. 环境资源法调整人与自然关系的理论有丰富的理论渊源

以往轻视人与自然关系的人文社会科学理论，是造成我国环境资源法治建设有效性不足的理论根源，日益兴起的有关人与自然关系（包括人天关系、人地关系、人物关系等）的各种人文社会科学理论，是我国推进环境资源法治建设和生态文明社会建设的理论根据。

笔者通过分析《中华人民共和国学科分类与代码国家标准》（GBT 13745－2009，简称《学科分类与代码国家标准》，2009 年 5 月 6 日发布）中的学科分类表及各种学科的名称和内容发现，现代和当代社会发展和兴起的诸多自然科学、人文社会科学和综合科学（或综合学科，指具有极强边缘性、交叉性、跨领域跨学科性的学科），已经包含十分丰富的有关人与自然关系和如何处理、应对、调整人与自然关系的内容。例如，无论是生态学界还是环境资源法学界都普遍认为，生态学是指引人类正确调整人与自然关系的重要理论，其中人类生态学对于环境资源法关于调整人与自然关系的理论具有特别重要的影响，它主要从“人与自然的统一体”出发研究人与环境、人与自然的相互关系。另外，我国环境科学界都一致认为，环境学是研究人与自然相互作用的规律的科学。在 20 世纪 50 年代，我国学术界曾就自然对人类的作用问题进行过讨论，1959 年出版的论文集曾刊登苏联学者的一篇论文，文章转引了马克思的一句名言：“不是有着坚强的植物的热带气候，而是温带气候才是资本主义的老家”[①]。后来，包括法学界在内的我国学术界曾试图全面否定上述观点，将其打入反动的、资产阶级的“地理环境决定论”。其实这是马克思《资本论》中的观点，马克思认为：“过于富饶的自然‘使人离不开自然的手，就象小孩子离不开引带一样’。它不能使人的自身发

① P. M. 卡博. 自然与人的相互关系是社会文化地理学的对象//人口地理与城市地理. P. M. 卡博，等. 杨吾扬，等译. 北京：科学出版社，1959：14.

展成为一种自然必然性。资本的祖国不是草木繁茂的热带，而是温带。”[①] 随着人们对自然环境重要作用的认识不断深入，我国的地理学界、哲学界和法学界开始肯定或重视这种观点。在1990年代，《中国环境报》曾专门刊登一些为“地理环境决定论”翻案的文章，指出地理环境对该区域社会或民族国家的发展的影响是不以人的主观意志为转移的、长期的因素，因而是起决定作用的因素。现代科学证明，人体通过新陈代谢和周围环境即自然进行物质交换，物质的基本单元是化学元素，人体各种化学元素的平均含量与地球地壳中各种化学元素的含量相适应，例如人体血液中的60多种化学元素和地壳中这些元素的含量有明显的相关性。也就是说，自然或地理环境对人类发展的决定作用是不以人的主观意志为转移的，是先定的、长远的、内在的，自然的进化产生蛋白质和有机物，蛋白质的进化最终产生人，人体通过新陈代谢和周围环境进行物质交换，周围环境为人体提供的物质决定着人的特征，是进一步发展的物质基础。

按照《学科分类与代码国家标准》，马克思主义理论属于人文社会科学。但是，马克思主义是人类在认识自然和社会方面所创造的优秀成果的科学总结，它具有很强的综合性和跨学科性。马克思主义的一个重要组成部分，是马克思主义关于人与自然关系的思想。马克思主义关于人与自然关系的思想，是有关人与自然相互关系以及如何协调人与自然相互关系的理论，是中国环境资源政策和环境资源法律的理论指南，也是环境资源法调整人与自然关系的理论依据。马克思主义关于人与自然关系的思想，主要指马克思主义创始人（马克思和恩格斯）关于人与自然环境的思想，主要体现在马克思、恩格斯有关哲学、经济学、社会学、政治学的著述[②]中；这些思想的内容极其丰富，是整个马克思主义关于人与自然关系思想的基础，已经成为当代生态社会主义和社会主义国家环境资源政策的重要思想来源，也是中国环境资源法调整人与自然关系的指导思想和理论渊源。广义的马克思主义关于人与自然关系的思想，还包括坚持马克思主义的政党制定的纲领政策文件中有关人与自然关系的内容，以及信仰马克思主义的著名人物（如政治活动家、革

① 马克思．资本论//马克思恩格斯全集：第23卷．北京：人民出版社，1972：561.

② 如《资本论》、《1844年经济学哲学手稿》、《哥达纲领批判》、《反杜林论》和恩格斯的《自然辩证法》、《英国工人阶级的状况》等著作。

命领袖、国家领导人等）和学者的论著中有关人与自然关系的内容。我国《宪法》已经明确规定，在马克思列宁主义、毛泽东思想、邓小平理论、“三个代表”重要思想、科学发展观、习近平新时代中国特色社会主义思想指引下，“健全社会主义法治，贯彻新发展理念，自力更生，艰苦奋斗，逐步实现工业、农业、国防和科学技术的现代化，推动物质文明、政治文明、精神文明、社会文明、生态文明协调发展，把我国建设成为富强民主文明和谐美丽的社会主义现代化强国，实现中华民族伟大复兴”。当代中国的毛泽东思想、邓小平理论、“三个代表”重要思想、科学发展观、习近平新时代中国特色社会主义思想，包含非常丰富的人与自然关系方面的思想和观点；这些思想、观点也属于马克思主义关于人与自然关系思想的一个组成部分，或者说它们是马克思主义关于人与自然关系的思想在中国环境资源法治建设和生态文明社会建设中的继承、发展和具体化。中国环境资源法学区别于西方法治国家环境资源法学的一个重要特点，就是它建立在马克思主义关于人与自然关系的思想、关于生态文明的观念、关于法律的理论的基础上。因此，学习、掌握马克思主义关于人与自然关系的思想，特别是马克思、恩格斯有关人与自然环境关系的观点，以及毛泽东思想、邓小平理论、“三个代表”重要思想、科学发展观、习近平新时代中国特色社会主义思想有关人与自然关系的内容，对于理解、掌握有关调整人与自然关系的环境资源法律和政策，推动环境资源法治建设和生态文明社会建设具有重要的意义和作用。诚如习近平所指出的，“学习马克思，就要学习和实践马克思主义关于人与自然关系的思想”；“自然是生命之母，人与自然是生命共同体，人类必须敬畏自然、尊重自然、顺应自然、保护自然。我们要坚持人与自然和谐共生，牢固树立和切实践行绿水青山就是金山银山的理念，动员全社会力量推进生态文明建设，共建美丽中国，让人民群众在绿水青山中共享自然之美、生命之美、生活之美，走出一条生产发展、生活富裕、生态良好的文明发展道路”[①]。

笔者从 1985 年开始将马克思主义关于人与自然环境的思想，作为给环境法研究生开设的环境政策学课程的一项重要内容，并相继在《中国环境政

---

① 习近平在纪念马克思诞辰 200 周年大会上的讲话（2018 年 5 月 4 日）. 人民日报，2018-05-05.

策概论》[①]、《环境政策法律问题研究》[②]、《环境政策学》[③]、《和谐社会中的重大法律问题研究》[④] 及《环境资源法教程》[⑤] 等专著和教材中，比较全面、系统地介绍了马克思主义关于人与自然关系的思想。概括起来，马克思、恩格斯关于人与自然关系的思想主要体现在如下几个方面。

（1）认为人是自然的一部分，自然环境是人类生存、活动并表现自己的基本条件。

马克思认为，“人本身是自然界的产物，是在他们的环境中并且和这个环境一起发展起来的”[⑥]，“人直接地是自然存在物”[⑦]，“人靠自然界生活”[⑧]，“人是自然界的一部分”[⑨]。自然界是人生存发展的基本条件，人“不仅生活在自然界中，而且生活在人类社会中”[⑩]，“归根到底，自然和历史是我们在其中生存、活动并表现自己的那个环境的两个组成部分”[⑪]。马克思主义认为，不仅人离不开自然，人类社会的财富也离不开自然，自然是人类社会财富的源泉，是生产力的要素。恩格斯在《自然辩证法》中强调：“政治经济学家说：劳动是一切财富的源泉。其实，劳动和自然界一起它才是一切财富的源泉，自然界为劳动提供材料，劳动把材料变为财富”[⑫]；“没有自然界，没有感性的外部世界，工人就什么也不能创造。它是工人用来实现自己的劳动、在其中展开劳动活动、由其中生产出和借以生产出自己的产品的材

---

① 蔡守秋. 中国环境政策概论. 武汉：武汉大学出版社，1988. 该书的“第二章 马克思主义关于人与自然环境的思想”，包括4节约5万字。

② 蔡守秋. 环境政策法律问题研究. 武汉：武汉大学出版社，1999.

③ 蔡守秋主编. 环境政策学. 北京：科学出版社，2009. 该书的“第四章 中国环境政策的物质基础和理论基础”之“第三节　马克思主义关于人与自然关系的思想”，专门介绍了马克思主义关于人与自然关系的思想。

④ 李龙，蔡守秋主编. 和谐社会中的重大法律问题研究. 北京：中国社会科学出版社，2008. 该书专题研究了“人与自然和谐相处的法律问题”。

⑤ 蔡守秋主编的《环境资源法教程》第一版、第二版和第三版，由高等教育出版社分别于2004年、2010年和2017年出版。

⑥ 马克思恩格斯选集：第3卷. 北京：人民出版社，1995：45.

⑦ 马克思恩格斯全集：第42卷. 北京：人民出版社，1979：167.

⑧⑨　同⑦95.

⑩ 同⑥237.

⑪ 马克思恩格斯全集：第39卷. 北京：人民出版社，1974：64.

⑫ 马克思恩格斯选集：第4卷. 北京：人民出版社，1995：373.

料”[①]；“简言之，种种商品体，是自然物质和劳动这两种要素的结合…… 劳动并不是它所生产的使用价值即物质财富的唯一源泉。正像威廉·配第所说，劳动是财富之父，土地是财富之母”[②]。马克思主义还认为，自然环境也是决定生产力和生产率的重要因素，“劳动生产率是同自然条件相联系的。这些自然条件都可以归结为人本身的自然（如人种等等）和人的周围的自然”；在农业中，“资本主义生产一旦成为前提，在其他条件不变并且工作日保持一定长度的情况下，剩余劳动量随着自然条件，特别是随土壤的肥力而变化”[③]。

自然对人的重要性和基础性，还体现在自然规律对人的重要性和基础性上。列宁就黑格尔《逻辑学》一书中关于“人因自己的工具而具有支配外部自然界的力量，然而就自己的目的来说，他却是服从自然界的”一段话指出，“外部世界、自然界的规律，乃是人的有目的的活动的基础”[④]，并说“当我们不知道自然规律的时候，自然规律是在我们的意识之外独立地存在着并起着作用，使我们成为‘盲目的必然性’的奴隶。一经我们认识了这种不依赖于我们的意志和我们的意识而起着作用的（马克思把这点重述了千百次）规律，我们就成为自然界的主人”[⑤]。

（2）人与自然的关系是人类社会永恒存在的、不断发展的、对立统一的辩证关系。

马克思把“人类历史的第一个前提”确定为“有生命的个人的存在”和“个人对其他自然的关系”[⑥]。人与自然的作用“表现为双重关系：一方面是自然关系，另一方面是社会关系”[⑦]；“历史的每一阶段都遇到有一定的物质结果、一定数量的生产力总和，人和自然以及人与人之间在历史上形成的关系，都遇到有前一代传给后一代的大量生产力、资金和环境，尽管一方面这些生产力、资金和环境为新的一代所改变，但另一方面，它们也预先规定新

① 马克思恩格斯全集：第42卷．北京：人民出版社，1979：92.
② 马克思恩格斯全集：第23卷．北京：人民出版社，1972：56-57.
③ 同②560-561.
④ 列宁．哲学笔记．北京：人民出版社，1993：157.
⑤ 列宁．唯物主义和经验批判主义//列宁选集：第2卷．北京：人民出版社，1974：192.
⑥ 马克思恩格斯选集：第1卷．北京：人民出版社，2012：146.
⑦ 马克思恩格斯全集：第3卷．北京：人民出版社，1965：33.

的一代的生活条件，使它得到一定的发展和具有特殊的性质”①；“过去的一切历史观不是完全忽视了历史的这一现实基础，就是把它仅仅看成与历史过程没有任何联系的附带因素……这样就把人对自然界的关系从历史中排除出去了，因而造成了自然界和历史之间的对立”②；人们越来越认识到人类“自身和自然界的一致，而那种把精神和物质、人类和自然、灵魂和肉体对立起来的荒谬的、反自然的观点，也就愈不可能存在了”③。

另外，马克思主义创始人认为，人与人的关系总是同物相联系着，即总是离不开人与物的关系。例如，马克思指出：“经济学所研究的不是物，而是人和人之间的关系，归根到底是阶级与阶级之间的关系；可是这些关系总是同物结合着，并且作为物出现。”④ 必须指出的是，马克思说经济学所研究的不是物，并不是说经济学不研究人与物的关系，有些人将“物”理解为人与物的关系是曲解了马克思的原意；而马克思所指的“这些关系总是同物结合着，并且作为物出现”，则明确指出了在人与人的关系中总是包含着人与物的关系。

马克思主义认为在不同历史时期，人与自然的关系具有不同的性质。“自然界起初是作为一种完全异己的、有无限威力的和不可制服的力量与人们对立的，人们同自然界的关系完全像动物同自然界的关系一样，人们就像牲畜一样慑服于自然界，因而，这是对自然界的一种纯粹动物式的意识（自然宗教）。”⑤ 针对以第一次工业大革命为代表的资本主义社会，马克思在《资本论》中明确指出资本主义生产方式以人对自然的支配为前提，人与自然环境关系的一个特征是人对自然的征服和统治，即“把物质生产变成在科学的帮助下对自然力的统治”⑥。在人类文明和生产力高度发展的社会，即马克思、恩格斯所理想的共产主义社会，人与自然的关系也会发展到一个新的高度，那时“人终于成为自己的社会结合的主人，从而也就成为自然界的

---

① 马克思恩格斯选集：第1卷. 北京：人民出版社，1972：43.

② 马克思恩格斯全集：第1卷. 北京：人民出版社，1972：44.

③ 马克思恩格斯全集：第20卷. 北京：人民出版社，1911：520.

④ 马克思. 政治经济学批判//马克思恩格斯选集：第2卷. 北京：人民出版社，1972：123.

⑤ 马克思恩格斯选集：第1卷. 北京：人民出版社，2012：161

⑥ 马克思恩格斯选集：第2卷. 北京：人民出版社，1972：75.

主人，成为自己本身的主人——自由的人”①，“人们第一次成为自然界的自觉的和真正的主人……这是人类从必然王国进入自由王国的飞跃”②。值得注意的是，马克思主义所理解的“自然界的自觉的和真正的主人”是建立在“三个主人”（即人是社会的主人、人是自然的主人、人是自己本身的主人）基础上的，它表示一种和谐的人与自然的关系，没有统治、征服、剥削自然的意思，正如作为“主人”的人不可能统治、征服、剥削社会和人本身一样，作为“主人”的人也不可能统治、征服、剥削自然。

（3）人与人的关系和人与自然的关系是互为前提和影响的关系。

在人与人的关系和人与自然的关系之间的关系问题上，有些学者往往不分条件和语境，片面地强调人与人的关系对人与自然的关系的优先性、优越性、主导性，甚至决定性。其实，自人类社会形成以来或者就人类社会而言，人与人的关系和人与自然的关系是同时存在、互为前提、互相影响的。人与人的关系和人与自然的关系谁也不能代替谁，不仅是人与人的关系影响人与自然的关系，而且人与自然的关系也影响人与人的关系。在一定条件和语境下，人与自然的关系对人与人的关系具有优先性、优越性，甚至决定性。马克思主义认为，人的劳动或生产活动同时影响自然环境和其他人，即“不仅仅影响自然界，而且也互相影响”③；“人们对自然界的狭隘的关系决定着他们之间的狭隘的关系，而他们之间的狭隘的关系又决定着他们对自然界的狭隘的关系”④；“如果说人靠科学和创造天才征服了自然力，那么自然力也对人进行报复，按他利用自然力的程度使他服从一种真正的专制，而不管社会组织怎样”⑤。与只看到人与人的关系或者只看到人与自然的关系的社会学家不同，马克思、恩格斯在研究人的劳动过程或生产实践活动时，首先承认和肯定存在着人与自然的关系，即肯定“劳动首先是人和自然之间的过程，是人以自身的活动来引起、调整和控制人和自然之间的物质变换的过

① 恩格斯．社会主义从空想到科学的发展//马克思恩格斯选集：第3卷．北京：人民出版社，1972：443.

② 恩格斯．反杜林论//马克思恩格斯选集：第3卷．北京：人民出版社，1972：323.

③ 马克思恩格斯选集：第1卷．北京：人民出版社，2012：340.

④ 同③161.

⑤ 马克思恩格斯全集：第18卷．北京：人民出版社，1964：342.

程"[①]；然后，透过表面的人与自然的关系看到隐藏的人与自然的关系。

在马克思主义唯物论中，"人与自然之间"的关系表现为生产力，而"人与人之间"的关系则表现为生产关系。马克思主义关于生产力和生产关系的理论认为，在决定社会发展的生产方式中，生产力表示人与自然界之间的关系，生产关系表示在生产劳动中形成的人与人之间的相互关系，生产力是推动社会进步最活跃、最革命的要素，生产力的状况决定生产关系，生产关系对生产力具有反作用。马克思主义认为，生产方式是人类社会发展的决定力量，是人类社会赖以存在和发展的基础，是划分社会类型的基本标志；生产方式决定社会制度的性质和社会制度的更替，制约着整个社会生活、政治生活和精神生活的过程。生产方式是指社会生活所必需的物质资料的谋取方式，是在生产过程中形成的人与自然界之间和人与人之间的相互关系的体系。生产方式的物质内容是生产力，其社会形式是生产关系，生产方式是两者在物质资料生产过程中的统一。生产力是指生产主体利用劳动工具对劳动对象进行加工的能力，表现为人与自然界之间的关系，或者人类征服和改造自然的物质力量；生产力的本质是指生产主体与客体之间的关系；在法律上可以表现为产权，如经济主体对生产资料的所有权、使用权等内容。生产关系是指在生产劳动中形成的人与人之间的相互关系，这些关系有着各种各样内容，可以包括政治关系、经济关系、文化关系等，人们结成的经济利益或经济权利关系就被称为经济关系，制度经济学中常称之为相对产权，具体的表现形式有资本家与劳动者之间的关系、委托人与代理人之间的委托代理关系等。生产方式的两个方面即生产力和生产关系相互联系、相互作用，人与自然界之间的关系决定人与人之间的关系，人与人之间的关系又反过来制约着人与自然界之间的关系。

马克思指出，"下面这个原理，不仅对于经济学，而且对于一切历史科学（凡不是自然科学的科学都是历史科学）都是一个具有革命意义的发现：'物质生活的生产方式制约着整个社会生活、政治生活和精神生活的过程'，在历史上出现的一切社会关系和国家关系，一切宗教制度和法律制度，一切理论观点，只有理解了每一个与之相应的时代的物质生活条件，并且从这些

① 马克思恩格斯全集：第23卷．北京：人民出版社，1972：201-202.

物质条件中被引伸出来的时候，才能理解”[①]。恩格斯也指出，“全部人类历史的第一个前提无疑是有生命的个人的存在。因此，第一个需要确认的事实就是这些个人的肉体组织以及由此产生的个人对其他自然的关系……任何历史记载都应当从这些自然基础以及它们在历史进程中由于人们的活动而发生的变更出发”[②]。而马克思所讲的物质生活条件和恩格斯所讲的自然基础，就包括地理环境和自然资源。马克思主义认为，人类社会的历史，归根结底是生产方式依次更替的历史。在人类历史上，从低级到高级会依次存在原始社会的、奴隶制的、封建制的、资本主义的、共产主义的五种生产方式；以此为基础，人类历史也相应地划分为五种社会类型。马克思指出，“人的依赖关系（起初完全是自然发生的），是最初的社会形态，在这种形态下，人的生产能力只是在狭窄的范围内和孤立的地点上发展着。以物的依赖性为基础的人的独立性，是第二大形态，在这种形态下，才形成普遍的社会物质变换，全面的关系，多方面的需求以及全面的能力的体系。建立在个人全面发展和他们共同的社会生产能力成为他们的社会财富这一基础上的自由个性，是第三个阶段”[③]。

（4）人与自然的和谐相处是人与自然的关系的主要内容和理想目标，是由人的本质决定的人的本质特征。

人与自然的统一与和谐，就像人与自然的斗争一样，是人类社会的永恒主题。马克思主义的创始人把“人类整个进步”及“我们这个世纪面临的大变更”，即他心目中所追求的人与人的关系和人与自然的关系的主要内容，理解为“人类同自然的和解以及人类本身的和解”[④]，即人与自然的和谐及人与人的和谐这两个方面。马克思认为，“在社会主义的人看来”，“人对人说来作为自然界的存在以及自然界对人说来作为人的存在，已经变成实践的、可以通过感觉直观的”事实。[⑤] 马克思在强调，只有人类文明发展到高级阶段即他心目中的共产主义社会，才能真正实现人与自然的和谐，“这种

---

① 马克思．政治经济学批判//马克思恩格斯选集：第2卷．北京：人民出版社，1972：117.

② 马克思恩格斯选集：第1卷．北京：人民出版社，1995：67.

③ 马克思恩格斯全集：第46卷：上册．北京：人民出版社，1979：104.

④ 马克思恩格斯全集：第1卷．北京：人民出版社，1956：603.

⑤ 马克思恩格斯全集：第42卷．北京：人民出版社，1979：131.

共产主义，作为完成了的自然主义，等于人道主义，而作为完成了的人道主义，等于自然主义，它是人和自然界之间、人和人之间的矛盾的真正解决，是存在和本质、对象化和自我确证、自由和必然、个体和类之间的斗争的真正解决。它是历史之谜的解答，而且知道自己就是这种解答”[①]。马克思这种“自然界的人的本质”和“人的自然本质”、“自然的人道主义”和“人的自然主义”的统一，自然主义和人道主义在共产主义中的统一，与当代“人与自然和谐共处”的思想非常吻合。

人与自然的和谐相处不仅是人与自然的关系的主要内容和理想目标，也是由人的本质决定的人的本质特征。马克思在《1844 年经济学哲学手稿》中揭示，“自然界的人的本质只有对社会的人来说才是存在的；因为只有在社会中，自然界对人来说才是人与人联系的纽带，才是他为别人的存在和别人为他的存在，才是人的现实的生活要素；只有在社会中，自然界才是人自己的人的存在的基础。只有在社会中，人的自然的存在对他说来才是他的人的存在，而自然界对他说来才成为人。因此，社会是人同自然界的完成了的本质的统一，是自然界的真正复活，是人的实现了的自然主义和自然界的实现了的人道主义”[②]。黑格尔把人的本质归结到“自我意识”，否定了人的自然属性。费尔巴哈则把人的本质单纯地归结为人的自然性，否定了人的社会属性。马克思从人与自然关系的角度研究人、人性和人的本质，把人的“肉体”、“自然性”、“动物性”和“社会性”等纳入研究之中，既强调人的社会属性，也对人的自然属性进行了客观的认识。马克思不仅把人作为人化的自然来把握，指出了“人的自然的本质”[③]“人的自然主义”“人是自然界的一部分”，这实际上是把人拟物化；而且把自然作为人化的东西来把握，指出了“自然界的人的本质”“自然的人道主义”，这实际上是把自然拟人化。这些是自然界的真正复活，是人的实现了的自然主义和自然界的实现了的人道主义。因为人的本质是人的自然性和社会性的统一，社会是人同自然界的完成了的本质的统一，所以只有通过人与自然的和谐才能实现自然性和社会性这两种不同人性的统一，才能实现人与自然这两种不同实体的统一，也就是

① 马克思恩格斯全集：第 42 卷．北京：人民出版社，1979：120.
② 同①122.
③ 同①128.

说人与自然和谐是人的本质的必然要求和本质属性。

（5）人类可以通过各种方式、方法调整、控制、协调和改变人与自然的关系。

马克思主义认为，人可以调整人与自然的关系是人与动物的本质区别，“动物仅仅利用外部自然界，简单地通过自身的存在在自然界中引起变化；而人则通过他所作出的改变来使自然界为自己的目的服务，来支配自然界。这便是人同其他动物的最终的本质的差别，而造成这一差别的又是劳动”①。恩格斯在批判那种“只是自然界作用于人，只是自然条件到处在决定人的历史发展”的自然主义历史观时指出：“它忘记了人也反作用于自然界，改变自然界，为自己创造新的生存条件”②；“人创造环境，同样，环境也创造人”③；“随着自然规律知识的迅速增加，人对自然界起反作用的手段也增加了”④。马克思、恩格斯一方面强调人类的物质生产活动对社会、对人与人的关系的影响，重视调整人与人的关系；另一方面也相当注意人类的物质生产活动对自然、对人与自然的关系的影响，重视调整人与自然的关系。由于社会化的人往往以人们或人的组织或单位的形式出现，并且在人与自然的关系的后面往往隐藏着人与人的关系，所以要调整好人与自然的关系，必须相应地调整好人与人的关系，也就是说调整人与自然的关系和调整人与人的关系是可以同时进行的活动。

马克思、恩格斯认为人类的生产劳动活动是调整人与自然关系的基本方式，“劳动首先是人和自然之间的过程，是人以自身的活动来引起、调整和控制人和自然之间的物质变换的过程”⑤。马克思主义认为，不断调整人与自然的关系，对人类社会的进步、生产的发展具有重要的作用，“社会地控制自然力以便经济地加以利用，用人力兴建大规模的工程以便占有或驯服自然力，——这种必要性在产业史上起着最有决定性的作用”⑥；“劳动作为使用价值的创造者，作为有用劳动，是不以一切社会形式为转移的人类生存条

① 马克思恩格斯全集：第26卷．北京：人民出版社，2014：768.
② 马克思恩格斯选集：第4卷．北京：人民出版社，2012：922.
③ 马克思恩格斯选集：第1卷．北京：人民出版社，1995：92.
④ 马克思恩格斯选集：第4卷．北京：人民出版社，1995：274.
⑤ 马克思恩格斯全集：第23卷．北京：人民出版社，1972：201-202.
⑥ 同⑤561.

件，是人和自然之间的物质变换即人类生活得以实现的永恒的自然必然性”①。随着人类社会的进步和人类文明程度的提高，人调整人与自然的关系的方法越来越先进、合理、科学。只有当人行为的自由“不在于幻想中摆脱自然规律而独立，而在于认识这些规律，从而能够有计划地使自然规律为一定的目的服务”② 的时候，人和自然才能达到和谐。不言而喻，政策和法律作为人类适应和改造世界的一种工具，人类在掌握人与自然的关系的客观规律后，也可以通过政策或法律的改变来使自然界为自己的目的服务，即用政策和法律来调整人与自然的关系；而社会主义国家更应该自主地通过政策和法律来调整人与自然的关系。

（6）对传统的生产方式进行革命、结合经济再生产过程防治环境污染和破坏、树立爱护自然的好家长思想，是处理人与自然的矛盾、调整人与自然的关系的基本途径。

马克思、恩格斯关于人与自然的思想，不仅承认人与自然的关系的永久性和人与自然和谐共处的重要性，还指出人类调整人与自然的关系的基本途径和方法。马克思主义认为，环境污染和环境破坏是在经济活动和社会活动中产生的，人类对自然环境的不当“统治”、“征服”和“掠夺”与人们对待大自然的态度和意识有关，防治环境污染、解决环境问题要与经济再生产过程、社会变革运动和人的思想变革相结合。马克思和恩格斯发现，当时的环境污染和资源破坏问题与工业生产和农业生产存在着密切的联系，“经济的再生产过程，不管它的特殊的社会性质如何，在这个部门（农业）内，总是同一个自然的再生产过程交织在一起”③。据此，他们提出了结合经济生产过程解决环境问题的基本方法，强调通过“生产排泄物的再利用而造成的节约和由于废料的减少而造成的节约”④ 来防治环境污染。从他们有关合理控制废物和对废物回收利用的论述中，可以找到当代环境保护中重视减少废物（reduce）、再使用废物（reuse）、再生利用废物（recycle）的“3R”思想。

马克思、恩格斯通过对资本主义环境问题的揭露和分析，认为造成资本

① 马克思恩格斯全集：第23卷. 北京：人民出版社，1972：56.

② 马克思恩格斯全集：第20卷. 北京：人民出版社，1971：125.

③ 马克思恩格斯全集：第24卷. 北京：人民出版社，1972：398-399.

④ 马克思恩格斯全集：第25卷. 北京：人民出版社，1974：118.

主义社会环境问题的根源是只考虑眼前利益和直接利益的传统的生产方式，“到目前为止存在过的一切生产方式，都只在于取得劳动的最近的、最直接的有益效果。那些只是在以后才显现出来的，由于逐渐的重复和积累才发生作用的进一步的结果，是完全被忽视的”①。恩格斯在《自然辩证法》一文中指出：“我们在这一领域中，也渐渐学会了认清我们的生产活动的间接的、比较远的社会影响，因而我们就有可能也去支配和调节这种影响”；“但是要实行这种调节，仅仅有认识是不够的。为此需要对我们的直到目前为止的生产方式，以及同这种生产方式一起对我们的现今的整个社会制度实行完全的变革”②；“环境的改变和人的活动的一致，只能被看做是并合理地理解为变革的实践”③。马克思主义认为，社会主义对资本主义私有制的克服可以使人们自主地控制人与自然的关系。④ 克服资本主义私有制是一种革命，并且这种革命是与自然有联系的，恩格斯认为：“革命是一种与其说受平时决定社会发展的法则支配，不如说在更大程度上受物理定律支配的纯自然现象。或者更确切地说，这些法则在革命时期具有大得多的物理性质，必然性的物质力量表现得更加强烈。”⑤ 在 20 世纪 60 年代以后，这种基于人与自然关系变革的“革命”已经演变为一种“社会再生运动”和“生态运动”⑥，即环境保护“革命”。因此，从源头看，革命或政治离不开自然，革命和政治也反映了人与自然的关系，那种将政治问题或革命问题与人与自然关系问题截然分开的理论是很难成立的。

马克思主义重视人的文明意识对调整人与自然的关系的作用，主张文明进步的人类应该成为自然的好家长、好主人和好朋友，认为人只有“最终地

① 马克思恩格斯选集：第 3 卷. 北京：人民出版社，1972：519.

② 马克思恩格斯选集：第 4 卷. 北京：人民出版社，1995：922.

③ 马克思恩格斯选集：第 1 卷. 北京：人民出版社，2012：138.

④ 段忠桥主编. 当代国外社会思潮. 北京：中国人民大学出版社，2001：241.

⑤ 恩格斯. 恩格斯致马克思（1851 年 2 月 13 日）//马克思恩格斯全集：第 27 卷. 北京：人民出版社，1972：201.

⑥ 例如，德国的哈贝马斯（Jurgen Habermas）认为：“旧的革命”主要是针对政治、经济方面的利益再分配而言，解决的主要问题是阶级地位、权力分配、所得多寡问题；环境保护运动是一种“新的革命”，它和以往的“旧的革命”不同，它主要针对环境保护和环境利益，关心的是人类的未来、生活质量等更为普遍性的问题，即“旧的革命”以“量”为主，“新的革命”以“质”为主，前者是以政治家和工农阶级为主要参加者的阶级革命，后者是以知识分子和中产阶级为主要参加者的人类革命。

脱离了动物，从动物的生存条件进入真正的人的生存条件”，成为“自然界的自觉的和真正的主人”[①]，才能处理好人与自然的关系。“我们每走一步都要记住：我们决不像征服者统治异族人那样支配自然界，决不像站在自然界以外的人似的去支配自然界——相反，我们连同我们的肉、血和头脑都是属于自然界和存在于自然界之中的；我们对自然界的整个支配作用，就在于我们比其他一切生物强，能够认识和正确运用自然规律。”[②]“整个社会，一个民族，以至一切同时存在的社会加在一起，都不是土地的所有者。他们只是土地的占有者，土地的利用者，并且他们必须象好家长那样，把土地改良后传给后代。”[③]他们进一步指出：“社会化的人，联合起来的生产者，将合理地调节他们和自然之间的物质交换，把它置于他们的共同控制之下，而不让它作为盲目的力量来统治自己；靠消耗最小的力量，在最无愧于和最适合于他们的人类本性的条件下进行这种物质变换。”[④]

（7）社会科学应该与自然环境这一基础相协调，自然科学与社会科学的综合、人与人的关系和人与自然的关系在科学研究中的综合，是科学发展的方向和趋势。

马克思主义认为，物质生产力是全部社会生活的物质前提，同生产力发展一定阶段相适应的生产关系的总和构成社会经济基础；生产力和生产关系、经济基础和上层建筑相互作用、相互制约，支配着整个社会的发展进程。马克思认为经济基础是一个社会中占主体地位的生产关系的总和，政治经济学的研究就是建立在生产力即主体与客体关系基础之上的人与人之间的经济关系。包括社会学、法学在内的传统的社会科学只研究人与人的关系，即只研究社会、社会现象和社会关系；传统的自然科学只研究物与物的关系，即只研究自然、自然现象和物体关系。马克思和恩格斯一向反对这种将社会与自然、社会现象与自然现象、人与人的关系与人与自然的关系、人文社会科学与自然技术科学对立起来、分割开来的做法。恩格斯在《自然辩证法》中深刻地指出：“自然科学和哲学一样，直到今天还全然忽视人的活动

① 马克思恩格斯选集：第3卷．北京：人民出版社，2012：671.
② 同①998.
③ 马克思恩格斯全集：第25卷．北京：人民出版社，1972：875.
④ 马克思恩格斯全集：第25卷．北京：人民出版社，1974：926－927.

对人的思维的影响；它们在一方面只知道自然界，在另一方面又只知道思想。”[①] 极端的人类中心主义即唯心主义奉行“人主宰自然”的信条，将唯物主义归于主张“自然是人的主宰”的观点的行列，他们对人与自然的关系不感兴趣，他们在人文社会科学研究中排斥对人与自然的关系的研究。但是马克思指出，“自然规律是根本不能取消的”[②]。为了捍卫马克思主义的辩证唯物主义，列宁在《辩证唯物主义的认识论和经验批判主义的认识论》一文中曾专门批判如下观点：“科学的定律与其说是外部世界的事实，不如说是人心的产物”，“凡是把自然界说成人的主宰（sovereign）的诗人和唯物主义者，都过于容易忘记：使他们惊叹的自然现象的秩序和复杂性，最低限度也象人本身的记忆和思想一样，是人的认识能力的产物”，“人是自然规律的创造者”，“人把规律给予自然界这一说法要比自然界把规律给予人这一相反的说法有意义得多”[③]。马克思主义认为，包括哲学、法学等人文社会科学在内的各种思维、意识和知识是“人脑的产物，而人本身是自然界的产物，是在自己所处的环境中并且和这个环境一起发展起来的；这里不言而喻，归根到底也是自然界产物的人脑的产物，并不同自然界的其他联系相矛盾，而是相适应的”[④]。通过对自然、人与自然的关系以及对社会、人与人的关系这两个方面的综合研究，恩格斯得出了一个极其重要的结论，即“我们不仅生活在自然界中，而且生活在人类社会中，人类社会同自然界一样也有自己的发展史和自己的科学。因此，问题在于使关于社会的科学，即所谓历史科学和哲学科学的总和，同唯物主义的基础协调起来，并在这个基础上加以改造”[⑤]。站在综合自然和社会、人与人的关系和人与自然的关系的高度，马克思指出了今后科学发展的趋势，即“历史本身是自然史的即自然界成为人这一过程的一个现实部分。自然科学往后将包括关于人的科学，正象关于人的科学包括自然科学一样：这将是一门科学”[⑥]。这些观点对于促进法学与自然环境这一基础的协调，对于自然科学与社会科学的相互交叉与综合，对于

① 马克思恩格斯选集：第 3 卷．北京：人民出版社，2012：922.
② 马克思恩格斯选集：第 4 卷．北京：人民出版社，2012：473.
③ 列宁选集：第 2 卷．北京：人民出版社，1974：161.
④ 同①410-411.
⑤ 同②237.
⑥ 马克思恩格斯全集：第 42 卷．北京：人民出版社，1979：128.

建立和完善法律调整人与自然关系的环境资源法学理论，具有重要的意义和指导作用。

（8）法与自然环境存在着紧密的联系。

马克思早期接受自然法学派特别是孟德斯鸠的思想，注意实体法与自然法的联系和区别，即赞同“法的二元论”。马克思在关于莱茵省议会辩论的一篇论文中指出：法律应该是事物的法的本质普遍和真正的表达者，因此，事物的法的本质不应该迁就法律，恰恰相反，法律倒应该去适应事物的法的本质。也就是说，在法律之上存在着法，即在实在法之上存在着一个客观法或自然法，这就将法律与自然联系起来了。马克思主义的创始人认为，法律不能创造或废除规律，而只能适应和反映规律。“法律应该是社会共同的、由一定的物质生产方式所产生的利益和需要的表现”①；“其实，只有毫无历史知识的人才不知道：君主们在任何时候都不得不服从经济条件，并且从来不能向经济条件发号施令。无论是政治的立法或市民的立法，都只是表明和记载经济关系的要求而已”②；“如果说民法准则只是以法的形式表现了社会的经济生活条件，那么这种准则就可以依情况的不同而把这些条件有时表现得好，有时表现得坏”③。马克思主义的创始人一直认为法律和法律观念与包括自然地理条件在内的物质生活条件或经济条件有着密切的联系，“政治、法、哲学、宗教、文学、艺术等等的发展是以经济发展为基础的”④，体现资产阶级意志的资产阶级法律是“由你们这个阶级的物质生活条件来决定的”⑤，“法的关系正像国家的形式一样，既不能从它们本身来理解，也不能从所谓人类精神的一般发展来理解，相反，它们根源于物质的生活关系”⑥。关于物质生活条件或经济关系的内容，晚年的恩格斯在《致瓦·博尔吉乌斯》的信中说得十分清楚：“我们视为社会历史的决定性基础的经济关系，

---

① 马克思恩格斯全集：第6卷. 北京：人民出版社，1961：292.

② 马克思恩格斯全集：第4卷. 北京：人民出版社，1958：121－122.

③ 马克思恩格斯选集：第4卷. 北京：人民出版社，2012：259.

④ 同③649.

⑤ 《共产党宣言》指出：“你们的观念本身是资产阶级的生产关系和所有制关系的产物，正像你们的法不过是被奉为法律的你们这个阶级的意志一样，而这种意志的内容是由你们这个阶级的物质生活条件来决定的。”马克思恩格斯选集：第1卷. 北京：人民出版社，2012：417.

⑥ 马克思恩格斯选集：第2卷. 北京：人民出版社，1995：32.

是指一定社会的人们用以生产生活资料和彼此交换产品（在有分工的条件下）的方式说的。因此，这里面也包括生产和运输的全部技术装备。这种技术装备，照我们的观点看来，同时决定着产品的交换方式，以及分配方式，从而在氏族社会解体后也决定着阶级的划分，决定着统治和从属的关系，决定着国家、政治、法律等等。此外，包括在经济关系中的还有这些关系赖以发展的地理基础和事实上由过去沿袭下来的先前各经济发展阶段的残余（这些残余往往只是由于传统或惰力才继续保存下来），当然还有围绕着这一社会形式的外部环境"，"人们自己创造着自己的历史，但他们是在制约着他们的一定环境中，是在既有的现实关系的基础上进行创造的"①。也就是说，经济关系包括"地理基础"即自然和围绕着社会的"外部环境"即自然环境。马克思主义的创始人还指出，自然法是"人的行为本身的内在的生命规律，是人的生活的自然反映"②；"个别公民服从国家的法律也就是服从他自己的理性即人类理性的自然规律"③；"法律只是在自由的无意识的自然规律变成有意识的国家法律时才起真正法律的作用"④。对于那些将人的意志夸大到不适当程度、以为凭借人的意志可以任意制定任何法律的"唯意志论者"或"精神万能论者"，马克思主义创始人深刻地指出："立法者应该把自己看做一个自然科学家。他不是在制造法律，不是在发明法律，而仅仅是在表述法律"⑤；"人们往往忘记他们的法权起源于他们的经济生活条件，正如他们忘记了他们自己起源于动物界一样"⑥。

2. 环境资源法调整人与自然关系的理论，吸收、总结了国内外法学理论研究的丰富成果

（1）环境资源法调整人与自然关系的理论，吸收、总结了国外法学理论研究的丰富成果。

法律是对现实生活的有选择的反映，法律关系是对现实关系的有选择的

① 恩格斯. 致瓦·博尔吉乌斯//马克思恩格斯选集：第4卷. 北京：人民出版社，1972：505-506.

② 马克思恩格斯全集：第1卷. 北京：人民出版社，1995：176.

③ 同②228.

④ 马克思恩格斯全集：第1卷. 北京：人民出版社，1956：72.

⑤ 同④183.

⑥ 马克思恩格斯全集：第18卷. 北京：人民出版社，1964：309.

法定化，法学理论是对现实法律的理性认识和理论总结。法学可以被简单地定义为基于解释法律（包括法律规范、法律文本和法律现象）而形成的知识体系和理论。纵观法学发展的历史，几乎所有重要的法学概念都或多或少地与自然、人与自然的关系有关，或者都源于人们对自然的认识。作为人类法律杰出代表的罗马法和作为法学典范的罗马法学也不例外。根据《查士丁尼法典》（特别是《查士丁尼法学总论》和《查士丁尼学说汇纂》这两部具有法律效力的法学著作），罗马法中的“物”涵盖一切事物，主要是指“自然界中所存在的各种实体物，又指对物的权利，系法律上的利益”①。罗马法中物的概念与外延具有广泛性，包括自然界一切存在物，除自由人外的奴隶也被包含在内，还包括各种具有经济价值和社会意义的权利和利益，如继承权、债权、用益权、地役权等，物是能够满足人的需求的外部世界的某一部分或实体，并可构成法律关系的标的的事物。我国学者周枏指出，“在古代罗马，人们所称的物，是指除自由人外而存在于自然界的一切东西，不管是对人有用的，无用的，甚至是有害的，均属于广义的物。至于奴隶，在罗马奴隶社会，它不是权利义务的主体，而被法律规定为权利义务的客体，也是一种物。后来，法律和法学思想不断发展，罗马法逐渐把物限定为一切人力可以支配、对人有用，并能构成人们财产组成部分的事物，在优帝《学说汇编》中，它包括有体物、权利和诉权，又称‘财物’（bona），这是狭义的物”②。正如罗马人所认为的那样，“凡有经济价值并可转换为金钱价值的都是物。不论有形、无形，对世、对人以及法律上的利益，都在物的范围内，如空气、海洋、奴隶、山川、河流等都属物的范畴”③。马尔西安的《法学阶梯》（第3卷D.1，8，2，pr.）指出，“根据自然法，一些物为一切人共用，一些物为市有，另一些物不属于任何人，还有大部分物可因不同原因而为任何一个人私有”④。也就是说，罗马法中的物包括私有物、公共所有物和公众共用物（它属于非交易物、非财产物、不可有物、广义的无主物、不属于

① 冯卓慧. 罗马私法进化论. 西安：陕西人民出版社，1992：158；房守林，任锡君. 罗马法. 哈尔滨：哈尔滨工程大学出版社，1997：111.

② 周枏. 罗马法原论：上册. 北京：商务印书馆，1994：298－299.

③ 江平，米健. 罗马法基础. 北京：中国政法大学出版社，1987：116.

④ 桑德罗·斯奇巴尼选编. 物与物权. 范怀俊，译，北京：中国政法大学出版社，2009：4－5.

任何人之物、不能设立所有权之物)。罗马法律规定的地役权是土地与土地之间的关系，具有永久性；人役权是人与物之间的关系，具有暂时性的特点[①]；债权是人与人的关系。迄今主要存在两大民法体系。一是以盖尤斯的《法学阶梯》为基础创立的民法体系（又称罗马式编纂体例、法国模式或以《法国民法典》为代表的民法体系），该体系采用“人—物”式结构，把所有的实体法简单地划分为人法和物法，并形成了“人法—物法—诉讼法”的三分式体系，或《法国民法典》的三编制体系（“人”“财产及对于所有权的各种限制”“取得财产的各种方式”），不将物权和债权单独成编（即不区分物权和债权），其中人法主要涉及人与人的关系，物法主要涉及人与物的关系，诉讼法既涉及人与人的关系也涉及人与物的关系，以“对人的物权”或“对物的人权”表示的债权意思既涉及人与人的关系又涉及人与物的关系。二是以《学说汇纂》为基础而创立的体系（又称德国式编纂体例、潘德克吞体系，是以《德国民法典》为代表的民法体系），将民法典的构成分为总则、债法、物法、亲属法、继承法，将物权和债权单独成编，其中债法主要涉及人与人的关系，物权法主要涉及人与物的关系，亲属法主要涉及人与人的关系，继承法既涉及人与人的关系又涉及人与物的关系。因此，如果从法律调整的关系出发，可以将全部法律及相应的法学理论抽象地分为以下三大类型。

1）以突出调整人与人的关系为主的法律及其法学理论。这类法律包括传统的各种部门法律，如民法、商法、刑法、行政法等，基本上都是以调整人与人的关系为主；这里说的是“为主”，不是说“唯一”，在以调整人与人的关系为主的部门法律中，有时也涉及或调整一些人与自然的关系，但其根本目的是调整人与人的关系。基于解释这类法律所形成的法学理论，是专门研究和突出人与人的社会关系的法学理论，它们只承认、只研究人与人的社会关系，不研究、不重视人与自然的关系。

2）以突出调整自然体与自然体的关系为主的法律及其法学理论。对这类法律是否存在或包括哪些法律存在不同的观点。有的法学家认为，在人类活动的初期，那时人与动物没有区别，都是自然体，那时人与动物或人与自

① 屈茂辉．用益物权论．长沙：湖南人民出版社，1999：13.

然体活动的共同规则就属于调整自然体之间的法，即“自在法”，又称初级自然法。“罗马人从直观出发，认为地役权是物与物之间的关系，是需役地与供役地之间的关系”[①]，故需役地是地役权不可或缺的条件。自古以来的通例是，地役权的设立必须以有一需役地为前提，否则便不能成立。博登海默在《法理学：法律哲学与法律方法》中曾经引述乌尔比安（Ulpian）的如下论述：“自然法是所有动物所通有的法律。这种法律并不是人类所特有的，而是属于生活在陆地或海洋中的所有动物，也属于空中飞翔的鸟类。”[②] 有的新自然法学家认为，将来人类通过自身的进步和人类意识的升华，发展成为大自然中与其他自然体和谐共处的一员，那时人与自然活动的共同规则即是调整自然体之间关系的法律，又称高级自然法。基于解释这类法律所形成的法学理论重视研究物与物的关系或人类生态系统中生态要素与生态要素之间的关系，不少主张自然法的学者认为：自然法是引导人类与自然和谐共处的法，它与传统的人身法、契约法、经济法不同，它不仅调整人与人之间的社会关系、保护由人组成的人类社会及其社会秩序，而且着力推动人与自然的协调、互助、和谐，调整人与自然的关系，保护由人与自然共同组成的世界及由人与自然共同形成的秩序。自然法学派著名代表人物孟德斯鸠（1689—1755），是运用接近唯物主义的方法研究法律的典型人物，通过法律与自然地理环境的关系来研究法的精神，是他在法学理论上独树一帜的一个重要标志。他强调自然地理环境对社会政治法律制度的重要作用，认为法律与气候、土壤、地理位置等自然条件有关，甚至认为这种作用具有决定性。孟德斯鸠于1748年发表了他的名著《论法的精神》。他认为，法和政体的性质和原则，同国家的自然状态、气候、土地和农、猎、牧民的生活方式等因素都有关系。“从最广泛的意义来说，法是由事物的性质产生出来的必然关系。在这个意义上，一切存在物都有它们的法。上帝有他的法；物质世界有它的法；高于人类的‘智灵们’有他们的法；兽类有它们的法”[③]；“这种关

---

① 周枏. 罗马法原理. 北京：商务印书馆，1994：305.

② E. 博登海默. 法理学：法律哲学与法律方法. 邓正来，译. 北京：中国政法大学出版社，1999：16.

③ 孟德斯鸠. 论法的精神：上卷. 张雁深，译. 北京：商务印书馆，1997：1.

系在支配一切人的行为时，也就是人类的理性”[①]；自然法是人类处于自然状态时所适用的法，人定法是人类社会在进入社会和国家后所适用的法。在当代主张新自然法学派的理论著作中，有不少论述人与自然共同体或人类生态系统的观点。随着以利奥波德倡导的大地道德和生态伦理这种新的伦理观和生态整体主义的兴起，有关人类理性的自然法学逐步上升到一个新的高度，即人类超越自我、升华到惠及其他生物和大自然的高度。

3）以突出调整人与自然的关系为主的法律及其法学理论。这类法律包括各种环境资源法律，如环境保护法、自然资源法、土地法等，基本上以调整人与自然的关系为主，同时也调整和环境有关的人与人的关系，实际上是同时调整人与自然的关系和人与人的关系。这里说的也是“为主”而不是说“唯一”。“为主”是指环境资源法的根本目的和出发点是调整人与自然的关系，而为了调整人与自然的关系，必须同时调整有关的人与人的关系。基于解释这类法律所形成的法学理论，既承认、研究人与人的社会关系，又承认、研究人与自然的关系，认为这两种关系相互联系、相互影响，可以同时存在于法律之中。这种法学理论的典型代表就是当代环境资源法学理论。在古代或很早以前就有有关防治环境污染、保护自然资源的法律法令，但那时并没有形成现代意义的环境资源法和环境资源法学。在工业文明时代有关解释防治环境污染、合理利用自然资源和保护动植物、生态环境的法律的学说，大都以“极端的人类中心主义者”的意志、以调整人与人的关系作为出发点，将环境资源法律法规仅仅作为保护人、人的社会秩序和社会环境的手段和工具，甚至仅仅作为保护统治阶级利益和秩序的手段和工具，排斥“人与自然共同体”或“人与自然和谐论者”的意志，否认将这些法律法规用于保护自然、环境和资源的目的、动机和功用，没有认识到这些法律在协调人与自然的关系、促进人与自然和谐共处方面的作用；这种法学理论基本上属于基于工业文明的自由主义法学、现代法学、规范法学和法教义学。随着环境资源问题的日趋严重、环境资源保护活动的日益加强以及环境法的产生和发展，以调整人与自然关系为特征的环境资源法学理论逐步兴起。从 20 世纪 60 年代开始，结合后现代的批判法学、后现代法学、综合法学和各种评

① 中国大百科全书（法学）. 北京：中国大百科全书出版社，1984：77.

价性、反思性法学对自由主义法学、现代法学、规范法学和法教义学的批判，有关环境（生态）正义、绿色正义、环境（生态）公平、环境权和环境义务、动物权利、动物福利、自然体权利、大自然或“地球母亲”的权利、环境保护法、自然资源法、动物福利法等方面的著作、论文和教材不断涌现，西方工业发达国家的环境资源法学理论逐步形成，中国基于环境保护活动、生态运动和生态文明社会建设的环境资源法学理论也逐渐形成。[①]

必须指出的是，在法学研究领域中，上述三种法学理论并没有明显的界限，法学家往往根据所研究的问题，既研究人与人的关系，也研究人与自然的关系，还研究物与物的关系。例如，普鲁士王朝法学家、法律关系本座说的创立者萨维尼虽然认为法律主要调整人与人的关系，但仍然将物权看作是人与物之间的关系，并将民事法律关系分为与生俱来的权利、人对物的关系和人与人的关系三类。[②] 也就是说，他的法律关系中包括人与人的法律关系和人与物的法律关系。美国学者凯尔森在分析法律规范的调整功能时曾指出，“法律规范调整人的行为，而人的行为是在时间上和空间上发生的，因此，法律规范是与时间和空间有关的”，也就是说法律规范都与自然发生联系；他还明确指出，法律规范所调整的人的行为包括人的因素和物的因素，因而法律规范又具有属人和属物的效力范围，即法律规范影响人和物这两个方面，“属物效力范围是指法律规范所调整的事项。规范不仅可以因地、或因时、或因规范所拘束的人的不同，而且因它所调整的事项而不同”[③]。这实际上已经说明法律规范具有调整人与自然（包括自然时间、自然空间、自然物和自然事件）关系的功能。

从法学理论历史发展的角度看，调整论的一个重要渊源是民法学中关于调整人与物（财产）关系的物权理论或财产权理论。民法中的物权法和财产权法，一向有调整人与物关系的传统和机制。在罗马法的物法中，物权（ius in re）是指反映权利人的直接行使于物上的权利。至于英美法系中的产权，则更加体现人与物的关系。《新大不列颠百科全书》认为产权是“政府

---

① 有关环境资源法学理论，请参见蔡守秋. 基于生态文明的法理学. 北京：法制出版社，2014.

② 周永坤. 法理学——全球视野. 北京：法律出版社，2000：125.

③ 汉斯·凯尔森. 国际法原理. 王铁崖，译. 北京：华夏出版社，1989：76；汉斯·凯尔森. 国际法原理. 王铁崖，译. 北京：华夏出版社，1989：76.

所认可的或规定的个人与客体之间的关系”[①]，即产权是指人作为主体与物这种客体间的关系。“物权法以规范人对物的支配关系为内容，性质上属于财产法。”[②] 早有学者主张物权调整人与物的关系的观点，认为物权关系直接表现的是人与物的关系，这就是早期的乃至当今的许多民法都将物权定义为人对物的支配性权利的道理。例如，浅井清信于《物权法》一书中指出，“物权，乃对一定之物为直接支配之权利”[③]。从古至今，民法学界虽然对物权的定义、性质和特点有不同理解和认识，但大都肯定，物权就是主体人占有、支配、使用、收益甚至处分客体物的权利，即大都肯定物权体现人与物的关系。当代环境法学与物权法学具有密切的联系，民法物权法中的“物”与环境法中的环境资源和自然具有密切联系。从某种意义上看，当代环境法学是物权法学的进一步发展、改进和创新。传统的契约法主要调整人与人之间的财产关系，包括个人与个人之间的契约、个人与单位的契约、个人和单位与国家的契约；但契约法的进一步发展，已呈现出从人域关系进入人与自然关系的迹象，即开始订立人与自然或环境的契约。1992 年 6 月，联合国秘书长加利在联合国环境与发展会议闭幕式上的讲话中表达了如下观念：“除了与人签订社会契约之外，目前有必要与我们赖以生存的自然即地球签订道德的和政治的契约。”[④] 我国法理学家江山也认为：“契约不只是一种人域间资格主体的交易关系”，广义的契约包括“人与生境的契约，它是人际的，人与生态系统、存在同构的契约”[⑤]。从某种意义上可以说，环境法就是关于人与自然之间契约的契约法。

调整论的一个重要渊源是人权法中的天赋人权观。天赋人权观最深远的启示是，它开辟了一条从天赋人权向动物权利和大自然权利的通道。“天赋权利意识形态的力量在于：一场革命蕴含着另一场革命。”[⑥] 既然每个人仅仅由于其存在的缘故，就享有继续存在下去的天赋权利，既然每个人绝对拥

---

① 新大不列颠百科全书：第 26 卷. Encyclopedia Britannica，Inc. 1980：175.

② 梁慧星主编. 中国物权法研究. 北京：法律出版社，1998：1.

③ 同②17.

④ Closing speech of Mr. Boutros Ghali in Report of the United Nations Conference on Environment and Development，U. N. Doc. A/CONF. 151/26（Vol. IV）(1992)。

⑤ 江山. 法的自然精神. 北京：法律出版社，1997：168.

⑥ 纳什. 大自然的权利. 杨通进，译. 青岛：青岛出版社，1999：15.

有“其天生的、固有的、不可剥夺的天赋权利”，为什么只有人才拥有天赋权利而大自然没有权利？为什么包括动物、植物在内的大自然，仅仅由于其存在的缘故，就不享有继续存在下去的天赋权利？正是根据天赋人权观，一些环境保护人士、伦理学家和法学家提出了大自然权利的主张，推动了破除物种歧视的“动物解放论”“大自然解放论”的发展。在基于工业文明的法律中，动物一般不是法律主体；但是，在古代一些国家的法律中，动物却曾经作为法律的主体，例如，猫在古埃及、白象在暹罗（今泰国）因为享有法律上的权利而成为法律主体，在古犹太和古希腊也有动物因为承担法律上的义务而成为法律主体。将动物视为义务主体最典型的例子是在中世纪，那时，动物可以被法院传唤、被逮捕、被投入监狱。E. S. 利维特在 1978 年发表的《动物及其法律权利：对 1641 年至 1978 年的美国法律的考察》一文中，广泛考察了美国的法律，揭示了各州制定的试图用于调整人对动物的行为的法律的不同之处。有关动物的法律及有关动物权利的法学思想，为当代环境法调整人与自然的理论，特别是有关保护生物的法律和自然体权利的法学，提供了法律渊源和理论源泉。

在法律的发展史上反映和调整人与自然关系的一个重要途径和方式是设立法律拟制人。在传统的法学理论中，法律拟制人理论是法律调整人与自然关系的一个重要理论。“法律上的人并不一定仅仅就是我国法律上的自然人与法人两种，一些国家的古代法律曾经将神庙和动物也拟制为法律主体，在分析法学的观念中，这也是法律上的人，因为法律上的人不同于社会学和生物学上的人，它的本质特征在于法律的拟制，它只因法律的拟制而产生，而不因其他。”[①] 罗马法在人类法律史上第一次构建了与丰富多彩的现实人泾渭分明的“法律人”，这种“法律人”实际上是一种法律符号，例如人格化的动物或物体是当时罗马普通法上的第三种 persona，除了牛马等动物外，有时物体也会被赋予人格，如海商法上的船只。之后，各国法律相继规定公司作为法律主体。有些人习惯上将法律拟制人与生物的人视为同一，但法律拟制人往往不等同于生物的人。“法律上的人与生物上的人是不同的，法律中的人纯粹是法律的建构，法律中的人不必就是有生命和意志的人，动物也

① 郑永流主编. 法哲学与法社会学论丛（四）. 北京：中国政法大学出版社，2001：245.

可以成为法律上的人，而有生命和意志的人也不一定就是法律中的人”，“‘法律中的人’本质上是建立法律秩序的一种技术……法律中的人的本质是纯粹的法律建构，这一点一直为许多法学家所忽视”[①]。由于法律可以将动物、植物、物、抽象物等设立为法律拟制人，实际上也就调整了人与物（自然）的关系。

（2）环境资源法调整人与自然关系的理论，吸收、总结了中国国内法学理论研究的丰富成果。

根据我国《学科分类与代码国家标准》（2009 年 5 月 6 日发布），环境资源法学作为法学中的一门学科，它与法学一级学科中的许多三级学科都有关系，如理论法学（法学二级学科）中的法理学、法哲学、比较法学、法社会学等法学三级学科，法律史学（法学二级学科）中的中国法律思想史、外国法律思想史、法律制度史等法学三级学科，部门法学（法学二级学科）中的宪法学、行政法学、民法学、经济法学、民事诉讼法学、行政诉讼法学、刑事诉讼法学、刑法学、卫生法学等法学三级学科，国际法学（法学二级学科）中的国际公法学、国际私法学、国际刑法学、国际经济法学、国际环境法学等法学三级学科。其中，行政法学、民法学、经济法学、国际环境法学与环境资源法学的关系特别密切，国际环境法学既被列入环境资源法学，也被列入国际法学之中，有些大学的行政法学、经济法学学科点则将环境资源法学纳入其中。必须指出的是，调整论吸收了中国法理学、民法学、行政法学、刑法学等国内法学研究的最新成果，吸收了当代环境资源法学的一系列新的理论观点，即有关环境资源法调整人与自然关系的理论观点。

在法理学方面，有些法理学家在其法理学著作或教材中，已经明确认为法律调整对象包括人与自然的关系，法律关系包括主体与客体的关系，已经初步形成法律调整人与自然关系的理论。例如，张文显教授主编的《法理学》认为：环境资源法“是一个新兴的独立的法律部门，并具有其他法律所不具有的特殊性：在调整对象上，它既调整人与人的关系，也调整人与自然的关系”；“事实上，环境资源法规范大部分都是由技术规范被国家赋予法律效力而成，本来就是调整人与自然关系的”[②]。谢晖教授认为：“简言之，法

① 郑永流主编. 法哲学与法社会学论丛（四）. 北京：中国政法大学出版社，2001：276.

② 张文显主编. 法理学. 北京：高等教育出版社，北京大学出版社，1999：327－329.

律调整的对象是社会关系及人与自然间形成的密不可分的关系。”他认为人与自然的关系有两种情形，“其一是因人的主动性而形成的人与人造对象间的关系，如因人的劳作所形成的人对物的占有、使用、处分权关系，这种关系在本质上仍是社会关系。其二是因对象的主动性而形成的人与自然对象间的关系，如环境权关系，虽然并不排除人与人之间关系的方面，但在本质上它是人与自然间的一种自然关系。这种关系的特征在于说明自然与人类间的互动关系。法律对这种关系的调整，旨在使自然与人类间保持生态的和谐，使自然关系不因人类的过度创造而改变其本性。随着近现代以来工业化、城市化、社会化的大规模发展，人与自然间的关系越来越紧张，自然对人类的自发性影响大大超过了人类对自然的主动性作用。这使人们深切体悟到征服自然并非人类的目的，相反，因应自然才更符合人类自身的利益，并同时保持自然运行的平衡。这就使法律对人与自然关系的调整，摆脱了只限于人与自然间发生的社会关系的情形，而深入到人与自然间的自然生态关系。如‘减灾法’、‘环境保护法’、‘水污染防治法’、‘大气污染防治法’、‘外层空间法’、‘南极条约’等等，不仅开出的是人类行为的模式，而且是人与自然关系模式的法律表达。这些都表明，现代法律除了调整人们间形成的社会关系外，还在不断拓展其领域，深入人与自然间的自然关系。法律调整范围的扩大，意味着法律在人类文明进化中的功能日益扩大”[①]。在谢晖和陈金钊教授合著的《法理学》一书中，他们认为：“所谓法律调整，是指法律规则作为全人类或特定社群的最高的和至上的准则，自发地或强制地作用于社会关系及对社会主体密不可分的人与自然间的关系的活动过程”[②]；“在纯粹法学中，所谓法律调整，是指国家（国际组织）或者经过国家（国际组织）认可的法律规范，在主体法律意识或者国家（国际组织）强制力量的保障下，自发地或者强制性地作用于主体间以及主体与客体间交往关系的过程”[③]；“在纯粹法学的视域中，法律调整的主体是国家（或国际组织）的法律”，“法律调整的对象，是主体之间、或者主体与客体之间交往而形成的社会关

① 谢晖．法学范畴的矛盾辨思．济南：山东人民出版社，1999：327－329.

② 谢晖，陈金钊．法理学．北京：高等教育出版社，2005：210；谢晖．法学范畴的矛盾辨思．济南：山东人民出版社，1999：323.

③ 谢晖，陈金钊．法理学．北京：高等教育出版社，2005：210.

系或自然关系”。“大体上有两种社会关系，其一是人与人之间直接交往而形成的社会关系；其二是人因与对象交往而以对象为中介所形成的社会关系。这两种社会关系都在法律调整的视域之内。”所谓自然关系大体有两种：一种是纯粹自然现象之间的联系，人类法律对这类联系毫无作为；另一种自然关系则发生在人与自然对象之间，即人作为对象世界的一个存在环节，作为自然生态链上的一个链条，人与对象的关系可以被法律调整。“面对自然对象世界，法律对人类整体性行为的限制，恰恰表明了人与对象的关系内涵。随着生态主义的法律理念越来越受到人们关注，人们不再将人作为独霸世界的唯一主体，和人相对的对象世界照样应当拥有权利。于是，人与对象关系的法律调整，在事实上便不再是传统的社会关系，不再是人如何分配对象而界定‘群己权界’，而是人与对象之间如何和谐相处的‘权界’分配，从而使法律进入人与对象的关系中，进入人与对象相互适应的、良性互动的‘自然关系’中。”①

在民法学方面，有些民法学者已经冲破或扬弃法律仅调整人与人的关系的“法律关系通说”。例如，2004 年 3 月，社会科学文献出版社出版了徐国栋教授主编的《绿色民法典草案》（以下简称《绿典》）② 一书，标志着我国民法学者开始进入重新思考和深入研究民法调整人与自然关系问题的新阶段。徐国栋教授将“绿色民法典”诠释为“生态主义的民法典”，设计了一套民法调整人与自然关系的原则、途径和方式。他认为，民法调整平等主体间的人身关系和财产关系，其中人身关系解决人类社会的组织问题；财产关系解决人与资源的关系问题。③ 传统的民法是黄色民法，此处的“黄”是指植被遭破坏后，黄土地被迫露出其原貌，作为绿色观念的反观念存在的“黄色”，不过是反生态主义的代名词；绿色民法中的“绿色”不过是生态主义的代名词。④ 他以自创的新人文主义的民法哲学来昭明人的谦卑地位，承认资源耗尽的必然性和一定的可避免性，承认维持人与其他生灵以及自然的和谐关系的重要性，主张应当禁止和限制人类对资源的浪费性使用，提出了民

① 谢晖，陈金钊．法理学．北京：高等教育出版社，2005：212．

② 徐国栋主编．绿色民法典草案．北京：社会科学文献出版社，2004．

③ 笔者认为，徐国栋及其主编的《绿色民法典草案》中的人与资源的关系是人与自然的关系的一个重要组成部分。

④ 徐国栋．绿色民法典：诠释民法生态主义．中国环境报，2004－04－05．

法领域的“可持续生存”观念，强调尊重下一代的权利、动物的权利。他认为，“‘绿色’就是人与资源的平衡的意思，是对人类与其他生灵的和平共处关系的描述，是对人的谦卑地位的表达”①。他还为“绿色民法典”设计了许多有关调整人与资源（自然）关系的制度和方法，包括从主体方面缓和人与资源的紧张关系，努力减少可由人类自由支配的客体的范围。为了通过主体处理有关自然资源问题的方式来缓和人与资源的紧张关系，《绿典》序编第 9 条“绿色原则”规定“当事人进行民事活动，应当遵循节约资源、保护环境、尊重其它动物之权利的原则”。为了控制欲望主体滥用资源，《绿典》第一分编第 34 条、第 208 条对限制不正常欲望主体的行为能力作了限制，第五分编第 30 条规定了“以绿色方式行使物权”的基本原则，规定“权利人在行使其物权时，负有保护环境和节约资源的义务”，限制和取消了他们浪费资源的自由。《绿典》在序编的第 33 条“动物的法律地位”中，把动物分为畜养的食用动物和非畜养、食用的动物，把非畜养、食用的动物确定为“处于人与物之间的生灵，享有一定的由动物保护机构代为行使的权利”，并规定“民事主体负有仁慈对待上述两类动物的义务”。这实际上是要逐渐将其从客体的范畴内排除，从而达成人与其他动物的和平共处。《绿典》第五分编第 19 条规定，“对动物适用本民法典序编第三章第二节关于物权的客体的一般规定，但法律有不同规定的除外。在对具有生态价值的物行使权利时，应注意维护其此等价值，并遵守环境资源法等特别法的规定”。该项规定为环境资源法将动物作为主体排除了民法和民法理论上的障碍，为保护动物和生态价值提供了立法依据。另外，徐国栋教授在《民法哲学》（中国法制出版社 2009 年版）一书中对民法中的物权关系进行了详细分析，他认为民法学对物权关系长期存在着物权关系反映人对人的关系、人对物的关系、以及既是人对人的关系又是人对物的关系这三种观点，并解释了我国学者对对物关系说的接受的过程：“上个世纪 80 年代至 90 年代的红色中国学者支持‘对人关系说’而批判‘对物关系说’，原因在于马克思在批判普鲁东的财产权理论时说过这样的话：‘经济学所研究的不是物，而是人和人之间的关系，归根到底是阶级和阶级之间的关系。’这段话常常被用来作为批判

① 徐国栋．绿色民法典：诠释民法生态主义．中国环境报，2004-04-05.

‘对物关系说’及论证物权是一种人与人之间的关系的最有力的论据。但近几年的学术著作中，内地学者的观点多与台湾学者的观点接轨，倡导‘折中说’似为主流。[①] 所以，我国的物权定义是‘对物直接支配并排除他人干涉的权利’[②]。在这一定义中，‘对物直接支配，讲的是物权关系中的对物关系内容；‘排除他人干涉’讲的是物权关系中的对人关系内容。但是，这一定义还把对物关系当作物权关系的首要内容。”[③] 根据徐国栋教授的研究，目前中国民法学界多数学者的观点是：物权关系包括人对人的关系和人对物的关系这两个方面，而且把对物关系当作物权关系的首要内容。这与调整论所主张的“环境法既调整人与自然的关系，又调整与环境资源有关的人与人的关系，并且将调整人与自然的关系作为环境资源关系的首要内容”的观点，可谓不谋而合。黄茂荣（台湾大学讲座教授、终身特聘教授）认为，“作为法律规范对象之人类的社会生活，主要由人、物、事及人与人间之社会关系所组成。其中，例如人之性别、年龄、婚姻、宗教、种族、阶级；物之为动产或不动产、主物或从物；人与物之关系，例如占有、所有；人与人之间之各种债的关系，或身份的关系；以及人类之社会生活的建立与维持关系，特别是结社或其与国家之关系”[④]。他还认为，在市场经济及私有财产制度的运行过程中，会发生或引起人与人的关系、人与环境关系的变化，即“在建立市场经济及私有财产制度后，经过运转一段时间，很快会发生财产及经济力量趋于集中的现象。因此，首先关于人与人的关系，引起劳工与雇主间、大股东与小股东间、大企业与小企业间、关系企业间、企业与消费者间之经济利益的矛盾；关于人与环境的关系，引起经济发展与环境保护之冲突”[⑤]。他将人、物、事、人与物之关系、人与人间之社会关系等都纳入法律规范对象之范围，这与调整论的观点基本相同。

我国法学界一向认为，技术规范可以调整人与自然的关系，上升为法律规范的技术规范不仅调整人与自然的关系，也调整人与人的关系。“技术规

---

① 梁慧星. 是制定“物权法”还是制定“财产法”？——郑成思教授的建议引发的思考.（2007-05-05）. http：//www. civillaw. com. cn/weizhang/default. asp？ id=7696.

② 徐开墅主编. 民商法辞典（增订版）. 上海：上海人民出版社，2004：408.

③ 徐国栋. 民法哲学. 北京：中国法制出版社，2009：85.

④⑤ 黄茂荣. 论民法中的法理. 北方法学，2018（3）.

范是人们在生产实践中的经验总结和对自然规律的认识与运用，是调整人与自然之间的关系的行为规则。技术规范不同于法律规范。它依据生产经验与自然规则的要求，规定人们如何使用劳动对象、生产工具、交通工具等等。”[①] 技术规范之所以能够调整人与自然的关系，是因为人们通过技术规范的制定和实施，可以规定人对自然、环境资源和其他非人物体的态度和作用，可以确认、规定、改善、变更人与自然的关系。技术规范中的人与自然关系论对调整论的最大贡献是：包括环境资源法律规范、技术规范在内的行为规范能否调整人与自然的关系，和自然（物）是否成为主体无关；动物、植物和非人自然体无论是作为行为规范中的客体还是作为主体，包括环境资源法律规范、技术规范在内的行为规范，都可以调整人与自然的关系。《法学词典（增订版）》认为：“统治阶级往往把技术规范制定成法律规范，明确规定人们合理地利用、管理自然（物）和设备。由国家制定为法规的技术规范，即属于法律规范。它不仅调整人和自然的关系，而且调整人和人的关系。”[②]《中国大百科全书（法学）》在解释法时认为，统治阶级往往把遵守一定的技术规范确定为法律义务，如环境保护、资源保护等方面的法规，“这些技术性规范一旦被制定为法，不仅反映人与自然的关系，而且反映人与人的关系”[③]。随着当代治理理论的发展，技术规范已经摆脱仅仅处理人与自然关系的束缚，越来越多地具有处理人与人的关系的性质，技术规范特别是具有法律效力的技术规范与法律规范的融合日益明显。

在刑法学、行政法学、诉讼法学等部门法学领域，也有不少学者提出或阐明法律调整人与自然关系的理论，这里不再列举。

3. 环境资源法调整人与自然关系的理论意义

环境资源法调整人与自然关系的理论，既吸收了传统法学理论的合理内核，也吸收了当代自然科学和人与自然关系思想的科学成分，对于环境资源法治建设和生态文明建设具有重要的理论指导意义，对于包括环境资源法学在内的法学理论的进一步发展具有推动作用。

（1）法律调整人与自然关系的问题，是环境资源法学理论体系的一个核

① 姚梅镇主编．法学知识手册．郑州：中州古籍出版社，1983：20.

② 法学词典（增订版）．上海：上海辞书出版社，1984：395.

③ 中国大百科全书（法学）．北京：中国大百科全书出版社，1984：79.

心问题。

人与自然关系是有关“以人为本”和“以自然为根”的根本关系，正确处理和调整人与自然的关系是生态文明建设和环境资源法治建设的关键。所谓加强环境资源法治建设，实现环境资源法治，就是用法律调整人与自然关系的活动，就是用法律规范合理开发、利用、保护、改善和管理环境资源的活动。环境资源法调整对象的特殊性，是其作为一个独立的法律部门、区别于其他法律部门的基本标志，也是环境资源法具有综合性、科学技术性和公益性的基础。环境资源法既调整人与人的关系，又调整人与自然的关系，调整人与人的关系反映了包括环境资源法在内的法的共性，调整人与自然的关系反映了环境资源法的特性。从具体的环境资源法律关系看，调整人与自然的关系和调整人与人的关系，往往交织在一起，互为因果关系、目的与手段关系；从总体上看，调整人与自然的关系，是环境资源法这一独立的法律部门产生的基本原因、发展的决定因素、长期存在的根本目的，是环境资源法的主导方面、本质方面；调整人与人的关系，是调整人与自然的关系的需要，是实现人与自然的和谐共处的途径和手段。只有用调整人与自然的关系的法学理论，从人与自然的关系的本质特点出发，阐明环境资源法以保护环境资源为主、以调整人与自然的关系为主，既调整人与自然的关系又调整与之相关的人与人的关系、既保护自然环境又保护社会环境、既维护自然秩序又维护社会秩序，才能解释清楚环境资源法的性质和特征。

法律调整人与自然关系的问题，是关系到法学理论中的基础性理论的问题。攻破法律能否调整人与自然关系这一重大理论问题，将有助于解决如下基本理论冲突。

1）解决两种关系与三种关系的矛盾。自从人类社会出现以来，客观存在着三种关系，即人与人的关系，（非人）物与（非人）物的关系，人与（非人）物的关系。包括法学在内的基于工业文明的传统学科流行的是两种关系，即人与人之间的社会关系、（非人）物与（非人）物之间的自然关系，自然技术科学主要研究物与物之间的自然关系，人文社会科学主要研究人与人之间的社会关系。基于生态文明的新兴边缘学科（如生态学、环境学、环境资源法学等）流行的是三种关系，即人与人的关系、（自然）物与（自然）物的关系、人与（自然或环境）物的关系，主要研究人与自然（包括环境、资源）的关系。基于工业文明的传统法学或主流法理学仅仅研究人与人的关系，其研究范式（包括出发点、目的、原则和指导思想等）主要建立在人与人的关系的基础上，而生态学、环境学、环境资源法学等新兴边缘学科要研究人与自然的关系。这样，在基于生态文明的环境资源法学与基于工业文明的传统法学或主流法理学之间就产生了一个研究范式的矛盾。这个矛盾如何解决？传统的两种关系与新的三种关系发生冲突的焦点是，人与自然的关系到底应该被纳入传统“社会关系和自然关系二分法”中的哪一种关系，社会关系到底能否被纳入人与自然的关系？人与人之间的社会关系是我国传统人文社会科学，特别是传统法学中一个最根深蒂固的基本概念，人与自然的关系是新兴的生态哲学、环境科学、生态学和环境资源法学中的一个基本概念，对这两个基本概念的性质、特点、联系和区别，一直存在不同的观点和看法。对人与人之间的社会关系和人与自然关系之间的关系的看法，既是有关环境资源法能否调整人与自然关系和有关法理学问题的主要症结，也是当代我国人文社会科学领域许多理论争论和分歧的焦点。

2）解决法律规定的人与自然关系和“法律关系通说”的冲突问题。目前国内外的环境资源法律法规中都已经出现或规定大量的人与自然（包括环境、资源）的关系问题，现实生活中人与自然关系失衡、失调或恶化的状况，也要求法律加强对人与自然关系的调整。如果承认法律中已经明确规定的人与自然的关系，就要解决如何将法律规定的人与自然关系和法律规定的人与人的关系相协调的问题；如果坚持将法律规定的人与自然关系排除在法律关系之外，就应形成有关法律规定的人与自然关系的新理论；如果将法律规定的人与自然关系纳入法律关系的范畴，就应修改原来的法律关系理论，形成新的适合于调整人与自然关系的法律关系理论。

3）解决法律调整人与自然关系和调整人与人的关系的理论冲突问题。基于工业文明的法学理论已经形成一套调整人与人关系的概念和话语体系，包括一套法律调整人与自然关系的方法、机制、原则和制度。要想发挥法律调整人与自然关系的理论作用，就应该形成一套具有特色的法律调整人与自然关系的方法、机制、原则和制度，环境资源法学也应该相应地形成一套包括调整人与自然关系的概念、话语在内的理论体系。目前环境资源法治建设实践已经形成一整套的调整方法、机制、原则和制度；环境资源法学应该将它们上升为系统、严谨的法学理论。

综上所述可知，重视和强调研究人与自然的关系以及和环境资源有关的人与人的关系这一独特性质，是环境资源法学与以强调人与人的关系为特征的刑法学、民法学、行政法学、诉讼法学等传统学科相区别的重要特征。由于环境资源法调整人与自然关系的理论，重视和强调通过法律去调整人与自然（包括人与环境、人与自然资源）的关系，因而调整论属于环境资源法学的特色理论、基础理论。

（2）环境资源法调整人与自然关系的理论，是吸收法律和法学中最新成果的产物。

不赞同法律调整人与自然关系的法学理论，主要来自以 18 至 19 世纪大陆法系德国为代表的传统法教义学理论。对《德国民法典》等制定法文本的解释既是法教义形成的基础，也是法教义学的特色，它通过一套“概念—命题”、“价值—原则”体系和“演绎—公理”方法，将法教义学设想成在某个融贯的体系中潜在地包含一切可能的法学真理，它被赋予了自然科学意义上的知识属性，并被认为具有绝对、客观和有拘束力的思维方式。但是，这种教义学观念及其背后的主客体二分思想，受到了自然法学、经济法学、社会法学、批判法学和综合法学等 20 世纪诸多法学思潮和学派的批判和抨击。“毫不奇怪，深受批判法学[①]影响的话语使法律和经济学运动丑态百出。”[②] 德国传统法教义学公理体系的观念被逐步打破，独断论色彩日益消除，法教义学开始受其他学科或思维方式的影响，并推动了其持续、悄然的变化甚至新生。[③] “在后现代主义的冲击下，法理学者们开始努力将他们的工作与更广阔的社会发展叙事（社会发展进程）[④] 联系起来。”“目前，我们如何看待法律变成了一种反思。”[⑤] 与时俱进的法理学的任务就是为人们提供一种能够解释复杂法律现象并与之建立某种关系的手段，即为我们提供解释和重新解释法律现象的理论和方法。环境资源法调整人与自然关系的理论，就是对主流法理学的反

① 批判法学运动的起源是 1977 年在美国召开的一个“研讨会”，这是一次追求法律与社会研究的批判性方法的人们的聚会，致力于对主流法律教育的反思。

②⑤ 韦恩·莫里森. 法理学：从古希腊到后现代. 李桂林，李清伟，侯健，郑云瑞，译. 武汉：武汉大学出版社，2003：552.

③ 雷磊. 什么是法教义学?. 法制与社会发展，2018（4）.

④ 叙事是指“叙述事实真实状况”的人类叙事即叙述事实真相。

思与补充，是扬弃主流法学理论，吸收法律和法学中最新成果的结晶。

环境资源法调整人与自然关系的理论，对以18至19世纪大陆法系德国为代表的传统法教义学理论（简称“主流法理学”）提出了如下挑战：1）主流法理学认为，法律只能调整人与人的关系，不能调整人与自然的关系，人与自然的关系不能成为法律的调整对象。调整论认为，法律应该、能够并可以调整好人与人的关系和人与自然的关系，人与自然的关系可能成为法律的调整对象。2）主流法理学只研究法律中人与人的关系，千方百计地否定、回避、化解、轻视法律中人与自然的关系。调整论研究法律中人与自然的关系和人与人的关系，专门面对、研究、分析、深化法律中人与自然的关系。3）主流法理学只研究法律中主体与主体之间的关系，否定、回避、不研究法律中主体与客体之间的关系。调整论既研究法律中主体与主体之间的关系，也研究法律中主体与客体之间的关系。“一个法律，如若没有直接、具体、真实的客体对象，便会沦为空泛的政治原则，甚或意识形态。”[①] 既然客体和主体都很重要，法律不调整主体与客体的关系是说不过去的。4）主流法理学奉行“主、客二分法”的研究范式，坚持法律中的主体只能是人、永远是人，人不能成为法律中的客体，物只能是客体、永远是客体，物不能成为法律中的主体。调整论奉行“主、客一体化”的研究范式，认为人可以成为法律中的主体，在大部分情况下人是主体，但也可以成为法律中的客体；物在大多数情况下是客体，但在某些情况下也可以成为主体。5）主流法理学认为，现有的法律调整人与人的关系的理论完全能够解决环境资源法中的新问题，研究法律调整人与自然的关系、研究法律中主体与客体的关系没有积极意义和进步作用，甚至具有消极意义和有害作用。调整论认为，现有的法律调整人与人的关系的理论不能解决环境资源法中的新问题，研究法律调整人与自然的关系、研究法律中主体与客体的关系具有重要的理论意义和积极作用。6）主流法理学认为，“主、客二分法”完美无缺，研究提出“主、客一体化”的研究范式没有积极意义和进步作用，甚至具有消极意义和有害作用。调整论认为，“主、客二分法”有许多缺陷和弊病，研究提出“主、客一体化”的研究范式具有重要的理论意义和积极作用。

---

① 江山．制度文明．北京：中国政法大学出版社，2005：347.

上述理论问题的提出与解决，对于建立适应生态文明社会建设的法学理论，对于促进环境资源法学理论的深入发展和环境资源法学的学科建设，均具有重要和深远的理论意义。

（3）环境资源法调整人与自然关系的理论，对于环境资源法治建设和生态文明社会建设具有重要的理论指导意义。

人与自然关系的重要性，决定了用法律调整人与自然关系的必要性。实践证明，之所以产生包括环境污染、生态破坏和资源危机在内的环境资源问题，主要是因为人类没有正确处理好人与自然的关系和人与人的关系，它是人与自然关系处理不当、失当、失衡和日益恶化的结果；防治环境污染、保护和改善生态环境只能基于人与自然关系的改进和改善。当代社会一切合理开发、利用、保护、改善和管理环境资源的努力都是为了调整好人与自然的关系，实现人与自然的和谐共处；持续利用环境资源的实质和环境资源工作的宗旨，就是按照自然生态规律和社会经济规律调整好人与自然的关系。立法者、法学界对人与自然关系的否定、轻视，曾是造成我国环境资源问题和人地关系紧张、人天关系不和的一个重要原因；党和国家制定实施的有关调整人与自然关系的政策和法律，是我国实现经济、社会和环境的可持续发展，实现人与人的和谐、人与自然的和谐的基本保障。突出环境资源法调整人与自然关系的功能和作用，是为了使环境资源法更加接近现实、贴近公众、符合常识，从而有效促进人与自然和谐相处的目标的实现。环境资源法调整人与自然关系的理论，是吸收、总结我国环境资源法学有关法律调整人与自然关系的一系列理论成果的结晶，它从理论高度、法治思维的高度，充分阐明了环境资源法调整人与自然关系的必要性、重要性和有效性，对于促进全国人民自觉地依法调整人与自然的关系、正确处理人与自然的关系、实现人与自然的和谐共处具有重要的意义。由于人与自然的关系是环境保护和生态文明建设的关键和核心，由于以生态文明为旗帜的“五型社会”的基本特征是强调人与人的和谐相处和人与自然的和谐相处，而调整论正是有关法律既调整人与人的关系又调整人与自然的关系的理论，因而调整论是促进和服务于生态文明社会等“五型社会”建设的法学理论。

人与自然和谐相处的环境法治观，是人类在历经 20 世纪环境污染、生态破坏和资源危机后，在认真总结人与自然关系的经验与教训的基础上，经过反复思索和实践形成的一种崭新的理念，代表了人类对人与自然关系的最新认识，是可持续发展社会法制建设的思想基础之一。环境资源法调整人与自然关系的理论和环境资源法一样，是为了促进全社会树立人与自然和谐相处的环境法治观，建立人与自然和谐共处的法治秩序。调整论努力阐明和发挥法律调整人与自然关系的机制，并通过理论指导环境资源法治建设的实践，从而推动和加强环境资源法治建设、实现环境资源法治、实现人与自然和谐相处的崇高目标。

第三节　环境资源法可以有效调整人与自然的关系

人类可以通过生产、科学、技术、规划、法律、政策和道德等各种方式调整人与自然的关系，法律是其中的一个重要方式。环境资源法是协调人与自然关系和与环境资源有关的人与人的关系的调整器，是大自然的“捍卫者”。环境资源法调整人与自然的关系具有可行性、可操作性和有效性，它主要通过如下方法、途径和机制调整人与自然的关系。

一、通过法律所特有的方式、方法调整人与自然的关系

环境资源法调整人与自然的关系的方式、方法，不同于生产、科学、技术等调整人与自然关系的方式、方法，它是通过其特有的法律规范方法调整人与自然的关系。在理解环境资源法如何调整人与自然的关系这个问题前，我们首先应该理解法律如何调整人与人的关系这个问题。一般认为，法律通过规定法律目的、任务、理念、原则、权利、义务、责任、行为规则和制度来调整人与人的关系。同理，环境资源法也是通过规定法律目的、任务、理念、原则、权利、义务、责任、行为规则和制度来调整人与自然的关系。

1. 环境资源法通过规定法律目的、任务、理念和原则，指导和引导调整人与自然的关系

这里的法律目的、任务、理念和原则，是指具体法律或法律规范性文件中规定的立法目的、任务、理念和原则。我国《宪法》（2018 年修改）已经在序言中将推动生态文明发展、建设和谐美丽的社会主义现代化强国，作为国家的根本任务；已经在第一章总纲中规定如下国家的目标、任务、政策和

职责："国家保障自然资源的合理利用，保护珍贵的动物和植物。禁止任何组织或者个人用任何手段侵占或者破坏自然资源"（第 9 条），"一切使用土地的组织和个人必须合理地利用土地"（第 10 条），"国家保护和改善生活环境和生态环境，防治污染和其他公害。国家组织和鼓励植树造林，保护林木"（第 26 条），国务院行使"领导和管理经济工作和城乡建设、生态文明建设"的职权（第 89 条）。我国《环境保护法》（2014 年修订）已经将"保护和改善环境，防治污染和其他公害，保障公众健康，推进生态文明建设，促进经济社会可持续发展"（第 1 条）规定为该法的目的，将环境定义为"影响人类生存和发展的各种天然的和经过人工改造的自然因素的总体"（第 2 条）；规定"保护环境是国家的基本国策。国家采取有利于节约和循环利用资源、保护和改善环境、促进人与自然和谐的经济、技术政策和措施，使经济社会发展与环境保护相协调"（第 4 条）；明确规定"环境保护坚持保护优先、预防为主、综合治理、公众参与、损害担责的原则"（第 5 条）。我国《水法》（2016 年修正）已经将"合理开发、利用、节约和保护水资源，防治水害，实现水资源的可持续利用，适应国民经济和社会发展的需要"（第 1 条）规定为该法的目的，将"全面规划、统筹兼顾、标本兼治、综合利用、讲求效益，发挥水资源的多种功能，协调好生活、生产经营和生态环境用水"规定为"开发、利用、节约、保护水资源和防治水害"的原则。我国《风景名胜区条例》（2006 年）第 13 条规定："风景名胜区总体规划的编制，应当体现人与自然和谐相处、区域协调发展和经济社会全面进步的要求，坚持保护优先、开发服从保护的原则，突出风景名胜资源的自然特性、文化内涵和地方特色。"

德国法学家耶林认为："目的是全部法律的创造者。每条法律规则的产生源于一种目的。"① 法律申明的立法目的起着指导法律规则产生的作用，或者说法律规则的产生源于法律目的。我国环境资源法律部门的宪法规范，将"推进生态文明建设""保护和改善环境""保障自然资源的合理利用，保

① Pound. Jurisprudence：1. St. Paul，Minn.，1959. 博登海默认为："耶林法哲学的核心概念是目的。他在其主要的法理学著作的序言中指出，'本书的基本观点是，目的是全部法律的创造者。每条法律规则的产生都源于一种目的，即一种事实上的动机'……根据他的观点，法律在很大程度上是国家为了达到一定的目的而有意识地制造的。"E. 博登海默. 法理学—法哲学及其方法. 邓正来，姬敬武，译. 北京：华夏出版社，1987：104.

护珍贵的动物和植物。禁止任何组织或者个人用任何手段侵占或者破坏自然资源”等，规定为国家的目标、任务和国策，表明上述规范属于法律调整人与自然关系的基础性规范。进一步分析环境资源法的目的、任务可知，“保护和改善环境”就是将人与自然的关系调整为“保护与被保护、改善与被改善”的关系；调整人与自然的关系是环境资源法的根本目的和出发点，这必将引导产生调整人与自然关系的法律规则，成为保障环境资源法调整人与自然关系的法律基础。

法律理念是对法律所蕴含的价值取向或精神向导的最高认识，是指法律制定和实施的最高原理和指导思想。环境资源法学的基本理念是指合乎自然生态规律、社会经济规律和环境规律（即人与环境相互作用规律）的基本观念。我国环境资源综合性法律、单行法律和其他规范性文件中规定的“尊重自然、顺应自然、保护环境”“人与自然和谐”等基本理念，表明上述理念属于法律调整人与自然关系的价值目标和最高原理。进一步分析环境资源法的基本理念可知，“尊重自然、顺应自然、保护环境”“人与自然和谐”等理念是环境资源法调整人与自然关系的精神向导，必将指导产生调整人与自然关系的法律规则和法律制度，成为通过环境资源法的制定和实施而调整人与自然关系的指导思想。

在《布莱克法律词典》中，法律原则是指“法律的基础性真理或原理，为其他规则提供基础性或本源的综合性规则或原理，是法律行为、法律程序、法律决定的决定性规则”①。法的基本原则体现着法的本质和根本价值，是整个法律活动的指导思想和出发点，构成法律体系的神经中枢，决定着法的统一性和稳定性。② 环境资源法的原则是环境资源法确立的指导环境资源工作或指导环境保护活动的准则，是连接抽象的环境资源法理念与具体的环境资源法制度之间的桥梁和纽带。我国环境资源综合性法律和单行法律将“保护优先、预防为主、综合治理、公众参与、损害担责”“节约优先”“珍惜、合理利用土地”“经济社会发展与环境保护相协调”等规定为环境资源

---

① 布莱克法律词典（Black's Law Dictionary）. 西方出版公司，1983：1074.

② 沈宗灵. 法理学. 北京：高等教育出版社，1994：40.

法的原则①，表明上述规范属于法律调整人与自然关系的基础性规范、指导性准则和综合性规则。进一步分析环境资源法的原则可知，“保护优先”“节约优先”就是指在处理人与自然关系时将保护环境和节约资源放在优先地位，“保护优先”“节约优先”等原则是环境资源法调整人与自然关系的指导思想，它体现着环境资源法的本质、主要特点和主要价值；中国环境资源法对基本原则的重视，体现在所有的环境资源法律和政策文件中，特别是这些基本原则在中国《宪法》、《民法总则》和《环境保护法》等法律中确定下来，便使其具有了“普遍的”、至强的效力，也构成了中国环境资源法学的支柱，必将引导产生调整人与自然关系的法律规则和法律制度，成为保障环境资源法调整人与自然关系的决定性、基础性规则。

需要指出的是，有些否定环境资源法可以调整人与自然关系的学者，一方面认为环境资源法的目的和任务是保护环境，另一方面却否定环境资源法可以调整人与自然的关系；一方面承认“保护优先”“人与自然和谐”是环境资源法的基本理念或基本原则，另一方面却否定环境资源法可以调整人与自然的关系。在他们看来，环境资源法的调整对象与环境资源法的目的、任务、理念和原则是互不相关的。调整论认为，环境资源法的调整对象与环境资源法的目的、任务、理念、原则是紧密联系、不可分割的整体，只有将环境资源法的调整对象与环境资源法的目的、任务、理念和原则结合起来，才能更全面、更准确地理解环境资源法的调整对象问题。

2. 环境资源法通过规定权利、义务和责任，调整人与自然的关系

法律是有关法律权利、义务和责任的规范体系，权利、义务和责任是法律和法学的基础范畴和基本概念。正如法律是通过规定权利、义务和责任来调整人与人的关系一样，环境资源法也是通过规定权利、义务和责任来调整人与自然的关系。

一般认为，债权直接调整的是人与人之间的关系，物权直接调整的是人

① 例如，《土地管理法》（1986 年 6 月 25 日通过，2004 年 8 月 28 日修订）规定，“十分珍惜、合理利用土地和切实保护耕地是我国的基本国策”（第 3 条）。《节约能源法》（1997 年 11 月 1 日公布，2007 年 10 月 28 日修订，2016 年 7 月 2 日、2018 年 10 月 26 日修正）规定，“节约资源是我国的基本国策。国家实施节约与开发并举、把节约放在首位的能源发展战略”。《中共中央国务院关于加快推进生态文明建设的意见》（2015 年 4 月 25 日）提出，“坚持把节约优先……作为基本方针”。

与物的关系。自然资源所有权和使用权是直接调整人与自然资源关系的权利。物权关系直接表现的是人与物的关系。尽管有众多的责难甚至批判[①]，但不可否认的是，物权规则的基本目的，事实上就是确定“人”对“物”的支配关系。至于因人对物的这种支配关系而“产生”的人与人的关系，完全只是我们的想象。债权关系无论处于常态还是非常态，人与人的关系总是明白无误的；而物权关系如为常态，则只能看见人与物，只有在其处于非常态时（物权被侵犯时），人与人的关系方才凸现。然而要命的是，此时的物权却顿然隐匿，显现在我们眼前的，仍然是债权！[②] 有学者认为，物权表面上是调整人与物的关系，实质上是调整人与人的关系。对此，笔者认为，这是一种将自己的主观认识当作实质、将客观事实当作表面现象，以实质否定现象、以本质否定事实的“本质主义”辩论术。例如，有人在市场买回一条鱼，并且回到家里吃了这条鱼。调整论认为，这首先、直接反映的是人对鱼的关系，至于其中还隐藏或体现其他什么关系并不能否定人与鱼的关系。而“以实质否定现象、以本质否定事实”的“本质主义”者却认为，表面上看是某人在市场买回一条鱼，并且回到家里吃了这条鱼，是人对鱼的关系；但是，某人在市场买回一条鱼就是得到这条鱼的所有权，这是人与人的关系，吃掉一条鱼是处理和消灭了这条鱼的所有权，还是人与人的关系。所以，某人在市场买回一条鱼并且回到家里吃了这条鱼，始终都不反映人与鱼的关系，而只反映人与人的关系，或者说表面上看是人与鱼的关系，实质上是人与人的关系。笔者认为，对于人与自然的关系这种现象和事实，首先应该予以承认和肯定，绝不能通过什么本质分析去否定人与自然的关系这种现象和

① 基于对物权性质的不同理解及对物权所下定义的不同角度，早期德国学者就物权之本质展开过激烈争论，形成种种学说。其中，由中世纪的注释法学派提出的所谓“对物关系说”（即债权为人与人的关系，而物权为人与物的关系，因而物权应定义为人直接就物享受其利益之财产权利）曾首先获得德国学者邓伯格（Dernburg）等人的支持和积极倡导。但此种学说后来遭到卡尔·冯·萨维尼（Savigny）和温特夏德（Windscheid）等学者的反对，他们提出所谓“对人关系说”以为对峙（即一切法律所明定的权利均为人与人之间的关系，债权如此，物权也如此，故物权应定义为具有排斥任何人侵害之消极作用的财产权利）。但是，萨维尼在 1839 年对法律关系（Rechtsverhaltnis）作理论阐述时，一方面说法律关系是“法律规定的人与人之间的关系”，另一方面将民事法律关系分为与生俱来的权利、人对物的关系和人与人的关系三类。周永坤. 法理学——全球视野. 北京：法律出版社，2000：125.

② 物权被侵犯时，或者产生债权请求权（要求损害赔偿），或者产生物权请求权（要求返还原物、排除妨害等）。但即使是物权请求权，我认为其本质上也是一种债权。

事实；即使将通过环境资源法立法和实施所规定和形成的人与自然的关系视为表面现象，将人与人的关系视为本质或实质，也不能通过本质否定现象、通过实质否定事实，而得出“环境资源法只调整人与人的关系，不调整人与自然关系”的结论。值得注意的是，对本质和本质主义我们必须有一个全面而准确的认识。对于何谓现象或事物的本质，一直有不同的看法。有的人认为，现象或事物的本质应该是现象或事物的内在规律、基本性质、主要矛盾或主要矛盾的主导方面；也有人认为，一个事物的本质可以是多样的或变化的、发展的；但无论在现实生活中还是在学术研究中，有的人往往将他自己认为重要的事物的性质或矛盾或自己信奉的某种价值观上升为或强调成“本质”。例如，对于何谓社会主义的本质就一直存在不同的观点和认识。有人根据马克思、恩格斯等马克思主义经典作家的预测，认为社会主义（共产主义的初级阶段）的本质是公有制、计划经济、按劳分配。根据毛泽东主席提出的、1962 年党的八届十中全会形成的“以阶级斗争为纲”的理论，有人认为社会主义的本质是无产阶级专政。邓小平在 1992 年南方谈话中认为，“社会主义的本质，是解放生产力，发展生产力，消灭剥削，消除两极分化，最终达到共同富裕”[①]。2001 年江泽民在中国共产党建党 80 周年大会上的讲话中指出：“我们建设有中国特色社会主义各项事业……要努力促进人的全面发展。这是马克思主义关于建设社会主义新社会的本质要求。”[②] 这是把促进人的全面发展纳入社会主义的本质。《中共中央关于构建社会主义和谐社会若干重大问题的决定》指出，“社会和谐是中国特色社会主义的本质属性”[③]。2018 年修改的《宪法》则规定“中国共产党领导是中国特色社会主义最本质的特征”（第一章总纲中的第 1 条）。总之，不同的人（或组织）或相同的人（或组织）在同一时期或不同时期对同一事物的本质有不同的认识，社会主义本质反映的是人们对丰富多彩的社会主义实践和社会主义现实的一种具有价值导向的认识。

所谓本质主义，是指一种先验设定对象的本质，然后用此种本质来解释

① 邓小平文选：第 3 卷．北京：人民出版社，1993：373.

② 江泽民．论党的建设．北京：中央文献出版社，2001：523.

③ 中共中央关于构建社会主义和谐社会若干重大问题的决定（2006 年 10 月 11 日中国共产党第十六届中央委员会第六次全体会议通过）．人民日报，2006－10－19.

对象的存在与发展的模式或方法。本质主义坚持现象与本质、事实与价值的二元对立，它所称的本质是指预先设定的具有价值导向的理念即主观认识，它认为现象是可有可无的，而本质是永恒不变的。它不是在肯定现象的基础上认识本质，而是用本质否定现象。进入 20 世纪以来，由于传统本质主义的缺陷日益暴露，本质主义的研究方法逐渐式微，反本质主义的研究方法逐步走向勃兴。一些后现代哲学家如波普、德里达、罗蒂等人把“本质”当作伪哲学命题予以批判，从而形成了一种反本质主义的理论。反本质主义认为，既然我们是通过现象发现本质的，那么现象无疑是比本质更重要的东西，甚至可以说，现象比本质更“本质”。我们必须始终关注现象的变化，而不能借本质之名漠视现象；本质是多重的，而非唯一的，从不同的差异入手，会有不同的本质认识；本质也是变化的，而非僵化、凝固的。① 总之，本质离不开现象，认识也离不开事实，本质反映人对现象的认识，本质是对现象的归纳、总结与深化，但绝不是对现象的否定。如果否定了本质赖以成立的前提和事实，所谓本质或实质就会成为无源之流、无本之木。“以实质否定现象、以本质否定事实”论者对有关社会关系、法律关系和人与自然关系等问题的本质认识，在许多情况下反映的是其先定或先验的观念和思维方式。对待人与自然关系的现象和本质问题，应该从所谓的“本质”回到事实本身，从法学家“先验的、主观的意识”回到社会生活的现实、法律现象和法律事实，从概念法学思维、法律关系的通说回到丰富的环境资源法治建设和生态文明社会建设的实践中。

自然资源权是关于水、土地、矿产、森林、草原、海域等各种自然资源的权利的概括和总称。它是一组权利束，包括具有排他性的自然资源所有权、具有排他性的自然资源使用权、具有非排他性的自然资源共同享用权等权利。它通过对自然资源权属的界定，明确自然资源的归属、使用以及由此产生的法律后果的分配，是围绕自然资源的开发、利用、保护和管理进行相关法律制度设计的逻辑起点。各种自然资源权利首先、直接调整的是人与自然的关系，当然也调整与自然资源有关的人与人的关系。

公众环境权又称个人环境权、自然人环境权，是指公众中的每一个人有

---

① 陈红桂．论邓小平理论精神的时代性——一种反本质主义视域中的解读．湖北行政学院院报，2004（1）．

权自由、直接、非排他性享用健康、清洁适宜的环境的权利；"非排他性享用健康、清洁适宜的环境的权利"是指公众中的每一个人可以与公众中的其他人共同享用健康、清洁适宜的环境的权利。例如，你、我、他（或她）即公众中的所有个人或大家都可以共同地、非排他性地呼吸新鲜空气、欣赏十五的月亮等。公众环境权可具体分解为清洁水权、清洁空气权、亲水权、观景权、眺望权、环境美学权等，它们都表示人与环境的关系，因而是调整人与环境关系的权利。

同理，环境资源法中规定的环境义务和责任也具有调整人与自然关系的功能和作用。例如，《环境保护法》（2014 年修订）第 6 条有关"一切单位和个人都有保护环境的义务"的规定，就是通过明确单位和个人的保护环境的义务来调整人与环境的关系；有关"地方各级人民政府应当对本行政区域的环境质量负责"的规定，就是通过明确地方各级人民政府的责任来调整人与自然的关系；有关"企业事业单位和其他生产经营者应当防止、减少环境污染和生态破坏，对所造成的损害依法承担责任"，就是通过明确企业事业单位和其他生产经营者的环境责任来调整人与自然的关系；有关"公民应当增强环境保护意识，采取低碳、节俭的生活方式，自觉履行环境保护义务"，就是通过要求公民自觉履行环境保护义务来调整人与自然的关系。

3. 环境资源法通过规定和实施行为规则和法律制度，具体调整人与自然的关系

法律是人的行为规则或行为规范，是具有法律效力的行为规则或行为规范；某类目的、性质和功能相同的行为规则或行为规范形成某项具体的法律制度。正如法律是通过规定和实施行为规则和法律制度来调整人与人的关系一样，环境资源法也是通过规定和实施行为规则和法律制度来调整人与自然的关系。

行为科学认为，行为是指人在环境的作用下有目的的活动，是人和环境交互作用的产物和表现。英国法学家迪亚斯将行为归结为"可受意志所控制的、与环境和结果发生联系的身体活动"①。从一定意义上可以理解为，法律中的人是由人的一系列行为构成的，人等于他自己的一连串行为。正如马

① R. W. M. Dias, Jurisprudence, Butterwords (5th edition), 1985. p. 309.

克思指出的，“对于法律来说，除了我的行为以外，我是根本不存在的”①。法之产生、存在的初始动因是对人的行为的规范化。法律规范作为人的行为规范或行为规则，其主要功能和作用是规范人的行为，即法律规范规定人应该如何行动，包括禁止、限制和鼓励什么行为。所谓人的环境行为（环境资源行为的简称），是指作用或影响环境资源的各种人的行为或活动的总称，主要指开发、利用、保护、改善环境资源的各种活动或行为。显然，环境资源法中的人的环境行为都与环境（包括社会环境和自然环境）和结果（包括人与人关系的变化和人与自然关系的变化）具有密切的联系。

研究分析《环境资源法》(2014 年修订）等现有环境资源法律发现，它们包含大量直接规定人对自然如何行为的规则或行为规范；通过这些直接规定人对自然行为的法律规则，它们实现了对人与自然关系的定向而有效的法律调整。例如，《水污染防治法》(2017 年修正）包含大量禁止人们向水体排放、倾倒废水、油类、废渣、垃圾和其他废弃物的规定，从而调整了人与水的关系。《野生动物保护法》(2018 年修正）包含大量禁止人们捕杀野生动物、禁止人们破坏野生动物栖息地的规定，从而调整了人与野生动物的关系。

人与自然的关系所构成的社会是环境自由与环境限制、环境利益与环境责任、环境权利与环境义务相统一的社会。生态文明制度的重要功能就是通过产权界定和明确责任尽可能减少“公用物悲剧”的发生。② 环境资源调查监测制度、环境影响评价制度、自然保护区制度、生态修复制度等环境资源制度，就是通过制定一系列有关人对自然的规则以及与环境资源有关的人对人的规定，而形成的调整人与自然关系的法律制度。

二、因时因地制宜地推进环境资源法调整人与自然关系的进程

环境资源法不能凭空创造人与自然的关系。环境资源法调整人与自然的关系是对现实的人与自然关系的正当化、法定化；但不能反过来说，现实中的所有人与自然的关系都应该法定化。环境资源法或立法机关只能根据人与

① 马克思恩格斯全集：第 1 卷. 北京：人民出版社，1956：16 - 17.

② 黄世贤，李志萌. 绿水青山就是金山银山——学习领会《习近平谈治国理政》第二卷关于生态文明建设的重要论述. 人民日报，2018 - 01 - 16 (14).

自然关系的不同类型、特点和公众需要，有选择地调整某些人与自然的关系；这意味着环境资源法对各种不同的人与自然的关系，应该区别对待，具体分析研究其相关性、对称性、可逆性和双向性等特点，不宜采用一种调整标准、一个调整模式。

环境资源法调整人与自然的关系，无论从调整的具体对象范围看，还是从调整的方法和机制看，都是一个不断发展的过程，应该通过评价不断改进，做到与时俱进。法律调整什么类型和范围的人与自然的关系、何时开始调整、以什么方式或机制调整，是有选择的、有取舍的、因时因地制宜的。正如法律对人与人关系的调整是一个渐进的、不断选择的、不断发展的过程一样；环境资源法对人与自然关系的调整也是一个渐进的、不断选择的、发展的过程，在不同时期、不同国家和不同的法律中，法律所调整的人与自然关系也不完全一样。正如人与人的关系可以通过道德、政策、组织内部章程、“家法”和乡规民约等不同社会规范调整，法律只调整一部分人与人的关系一样，人与自然的关系也可以通过道德、政策、组织内部章程、“家法”和乡规民约等不同社会规范调整，环境资源法也只调整一部分人与自然的关系。那些一提到环境资源法调整人与自然关系的问题，就要求环境资源法调整所有的人与自然的关系，而看不到以往的和现行的法律所调整的大量的人与自然的开发、利用、管理、保护关系，是对环境资源法调整人与自然关系的过于“性急和求全的要求”或苛求。其实，不仅目前环境资源法不可能调整一切人与自然的关系，今后环境资源法也不可能调整所有的人与自然的关系。我们不能因为现行法律没有调整某种人与自然的关系，或现行立法机关没有采纳某项调整人与自然的关系的法律、法规、法律制度、法律原则、法律理念、法律条款的立法建议或观点，就否定法律能够调整人与自然的关系。

环境资源法所调整的人与自然的关系，是指环境资源法已经规定并通过其实施加以影响、作用和控制的人与自然的关系，法律没有规定或没有发生实际影响、作用和控制的人与自然的关系不是环境资源法正在调整的人与自然的关系。过去已经调整的某种人与自然的关系，现在可以不进行法律调整；现在没有调整的，将来可以调整；现在正在调整的，将来可能不再调整；现在的法律没有调整的，或现在法学家存在不同意见的，不等于以后不能调整。曾经有些法学家拿“法律如何调整人与麻雀、人与老鼠的关系”来嘲笑环境资源法调整人与自然关系的理论，其实法律调整“人与麻雀、人与老鼠的关系”并不是一种天方夜谭。例如，古今中外的法律对麻雀就曾经予以多次调整。据史书记载，普鲁士国王弗里德里希（也称腓特烈大帝）喜吃樱桃，他看到成群的麻雀在果园里啄食樱桃十分恼火，于1774年下令消灭麻雀。由于举国上下围剿麻雀，不久麻雀便被捕杀殆尽，而与此同时果园里的害虫也开始泛滥成灾。害虫吃光了树叶和果子，使樱桃园面临毁灭。国王只好下令不打麻雀，并从外地引来麻雀，才使害虫逐步得到抑制，果园恢复生机。① 在20世纪50年代，中国曾掀起一场除“四害”（老鼠、麻雀、苍蝇、蚊子）的群众运动。1955年11月，毛泽东主席在杭州和天津与部分省委书记讨论并商定了《农业十七条》，其中第13条规定：“除四害，即在七年内基本上消灭老鼠（及其他害兽），麻雀（及其他害鸟，但乌鸦是否宜于消灭，尚待研究），苍蝇，蚊子。”1956年1月，中共中央政治局和最高国务会议讨论通过了《全国农业发展纲要（草案）》，其中第27条规定：“从1956年开始，分别在5年、7年或者12年内，在一切可能的地方，基本上消灭老鼠，麻雀，苍蝇，蚊子。”② 1958年2月12日，中共中央和国务院联合发布《关于除“四害”、讲卫生的指示》，提出消灭‘四害’，“不但可以在十年内实现，而且完全可能提前实现”。同年3～4月在全国掀起了全民灭雀运动的高潮，人们使用竹竿、红旗、鞭炮、石子、弹弓、锣鼓、喇叭筒、洗脸盆、气枪、假人、草人等各种武器投入消灭麻雀的战斗。1958年4月19日，首都北京300万人总动员，“围剿麻雀总指挥部”派出30辆摩托车四处“侦察”，经过一天的“战斗”，战果“极为辉煌”，全市共累死、毒死、打死麻雀83 249只（见1958年4月20日《人民日报》）。12月13日凌晨，上海“消灭麻雀战役”打响，全市10万面彩旗迎风飘扬，楼房顶、弄堂内、马路中、空地上，还有郊县的田野上，到处是人民群众“警惕的眼睛”，打麻雀

---

① 薛攀皋．历史教训决策镜鉴——为麻雀翻案的艰难历程．炎黄春秋．1998（12）．腓特烈大帝下令消灭麻雀的史料，出自1878年出版的经典著作《自然界的奥妙》一书中的“麻雀篇”。

② 1957年10月26日，《人民日报》公布经过修改后的《1956年到1967年全国农业发展纲要（修正草案）》，将“除四害”的条文改为：“从1956年起，在十二年内，在一切可能的地方，基本上消灭老鼠、麻雀、苍蝇、蚊子。打麻雀是为了保护庄稼，在城市和林区的麻雀，可以不要消灭。”

的呐喊声此起彼伏，市郊各县为打麻雀抽调了一半的劳动力组织起“灭雀”大军。经过一天的“人雀大战”，到晚 8 时，全市共消灭麻雀 194 432 只（见 1958 年 12 月 14 日《解放日报》）。据不完全统计，北京市和上海市 3 天内就分别捕杀麻雀 40 万只和 50 万只；1958 年全国共捕杀麻雀 2.1 亿余只。在动员全民扑灭麻雀之后，由于缺少了抑制条件，1959 年春夏，上海、扬州等城市树木害虫大量发生，有的地方人行道旁的树的叶子几乎被害虫吃光。以中国科学院实验生物所所长、生物学家朱冼为代表的一批科学家，强烈要求为麻雀“平反”。1960 年 3 月 18 日，毛泽东为中共中央起草《中共中央关于卫生工作的指示》，转变了对麻雀的态度，提出“麻雀不要打了，代之以臭虫，口号是‘除掉老鼠、臭虫、苍蝇、蚊虫’”[①]。这次消灭麻雀的运动过后，1990 年代在中国又刮起了一次“吃雀风”，麻雀被大量捕杀，结果一度在城市和村庄再也看不到麻雀的踪影。2000 年 8 月 1 日，国家林业局把麻雀首次列入《国家保护的有益的或者有重要经济、科学研究价值的陆生野生动物名录》；2002 年重新修订的《湖南省地方重点保护野生动物名录》，首次把麻雀（学名为树麻雀）列为省重点保护野生动物。[②] 在中国，老虎也经历了从法律鼓励枪杀到法律予以保护的调整过程。例如，20 世纪 50 年代，中国的原始森林里还游荡着四千多只华南虎。当时政府号召开山造田，致使百兽之王华南虎因流离失所而频频出没村庄，偷食牛羊，甚至伤人。当时政府许诺数以万元计的奖励，号召军人与民兵持枪进山打虎。对于那些“打虎英雄”，各地党报纷纷登载和宣传他们的英雄事迹，并给予各种至高荣誉，致使轰轰烈烈的打虎行动持续了 30 年。据资料显示，“英雄”们共猎杀了 3 000 只华南虎。直到 1973 年，老虎作为“人民公敌”的身份才得以平反。1989 年 1 月 14 日，经国务院批准，国家林业部、农业部发布的《国家重点保护野生动物名录》，已经将华南虎列为国家一级保护野生动物。但是，当法律对华南虎作出坚决保护的规定时，人们已经很难发现它们的踪迹了。

对人与老鼠的关系，法律不是不能进行调整，而是已经经历过多次调

---

① 李兴濂. 麻雀劫难五十年祭.（2013－10－09）. http://history.sina.com.cn/bk/jgcqs/2013－10－09/141756022.shtml；薛攀皋. 历史教训决策镜鉴——为麻雀翻案的艰难历程. 炎黄春秋，1998（12）.

② 丁文杰. 麻雀成为湖南重点保护野生动物. 中国环境报，2002－12－10.

整。在中世纪的欧洲，法律把老鼠当作和人类相平等的社会成员，对于它们糟蹋庄稼、扒墙盗洞、传染疾病的行为，非但不以杀灭的手段处理，反而设立动物法庭，指定律师为其罪行进行辩护。1480年在法国普罗旺斯省的农村，鼠灾非常严重，但农民们不敢杀死一只老鼠，而是联名向动物法庭提出了公诉。奥杰纳主教认为这是“民事诉讼”，便对此案进行了审理，除了起诉人之外，还有老鼠的律师巴·西亚利奈以及23名法官出席。本来应由被告出庭，可是一开庭西亚利奈便指出：“被告无法出庭。因为第一，农村中的老鼠居住得太分散，无法接到出庭的通知；第二，它们都住在深穴暗洞中，通知也无法送到；第三，也是最重要的一点便是被告如果要来出庭，则须穿过森林，翻过高山，通过河流和沼泽，而这中间的每一步都埋伏着可以使它们丧命的猫、猫头鹰、黄鼠狼等，所以它们根本不能出庭。”西亚利奈的辩护获得了成功，奥杰纳主教只好在被告缺席的情况下听取了公诉人的公诉和证人的证词，而后做了一篇充满感情的判决书。他庄严地在法庭上宣判道：“缺席的被告们，你们也是神的造物。大地是我的，也是你的；我本不希望加害于你，但你却巧取人们的财物，毁灭人们的葡萄园，盗走了人们的食物，一句话你夺走了人们的劳动果实。我陈述了你的罪状，祈求神的慈悲，告诉你应该去的地方，不要再在我们这里居住。”这个无可奈何“驱逐出境”的判决，立刻遭到西亚利奈的反对。他发表了热烈的演说：“这种判决不是公正的，法庭要尊重事实，就是说对老鼠不能一概而论，要确认每只老鼠的具体罪行，区别对待。”毫无疑问，这是根本做不到的，可是法庭又反驳不了他，结果这场官司不得不以老鼠的胜利而告终。西亚利奈一下出了名，成了为老鼠辩护的专家。1639年，意大利的鼹鼠被控“掘土为穴，毁坏庄稼”，由法院判决“立即驱逐出境”。因为律师的干涉，法庭以“慈悲为怀”，决定对幼小的鼹鼠及有幼小子女的鼹鼠宽限14天。

无独有偶，在中国古代也曾发生过类似事情。张汤①是汉武帝时期的一代名臣、法官和酷吏，司马迁在《史记·酷吏列传》里曾记载他少年时一件审理老鼠的小事，反映了他具有动物也可以成为诉讼当事方的思想，原文如

---

① 张汤，西汉杜陵（今陕西西安东南地区）人，具体出生年份不详，约为汉景帝中期，史载张汤死于汉武帝元鼎二年。《汉书》记载其为典型的法家式官僚子弟出身，少儿时即以司法程序审讯偷食的老鼠而出名，后起于书吏，曾为长安吏、茂陵尉、侍御史，后迁升御史大夫，位至三公。

下："父为长安丞，出，汤为儿守舍。还而鼠盗肉，其父怒，笞汤。汤掘窟，得盗鼠及余肉，劾鼠掠治，传爰书，讯鞫论报，并取鼠与肉，具狱磔堂下。其父见之，视文辞如老狱吏，大惊，遂使书狱。"[①] 这段记载的意思是[②]：张汤的父亲是长安丞，他在一次外出时要张汤看家。他回来后发现老鼠偷了家里的肉，为此大发脾气，用竹板、荆条打了儿子张汤一顿（笞刑是古代中国常见的正规刑罚之一）。受了委屈而又倔强的小张汤掘地三尺捕获盗鼠后，并非出口恶气一杀了之，而是一本正经地自设公堂，对着老鼠及其所偷的肉，传布文书，刑讯定罪，最后宣读判决，将老鼠处以极刑，磔（肢解暴尸，磔刑是远古残酷周刑之一，即今人俗语"五马分尸"）于堂下。担任公职多年的父亲见儿子所作出的判词如同老狱吏作出的判词，不禁"大惊"，从此发现了张汤的天赋，让他助理代案，专写司法文书。纵观汉代诉讼审判制度，文献记载不多，主要描述就在《酷吏列传》及张汤审鼠这一段。[③] 这些十分难得、有限的史料反映了中国古代狱吏即法官对动物作为诉讼当事人参与诉讼的宽容态度。也就是说，按照中国古人的法律观点，动物作为诉讼当事方（按照现代法学观念，这意味着动物可以作为法律主体即诉讼中的被告，享有诉讼权利）是顺理成章的事。

尽管某些坚持法律只能调整人与人的关系、不能调整人与自然的关系的法学家，将历史上出现的或某些国家出现的调整人与自然（包括人与动物）关系的法律法规和司法案例视为落后、不文明的现象，但法律史并没有按照他们的"理性"和价值观而发展。随着工业文明观的落伍与生态文明观的兴起，大量既调整人与自然的关系又调整人与人的关系的法律法规（例如保护环境的法律、合理利用自然资源的法律、动物福利的法律、防止虐待动物的法律等）已经产生并呈繁荣发展之趋势，法律已经成为调整人与自然关系的强大武器和有力工具。目前已经有 100 多个国家制定了专门的动物福利法、反虐待动物法和动物保护法，这些法律大都有调整人与动物关系的动物权益（包括动物权利和动物利益）的规定。例如，2008 年 9 月 28 日厄瓜多尔以全民公决的形式通过了修订的新《宪法》，该《宪法》用 4 个条文详细而明确

① 史记・卷一百二十二・酷吏列传.

② 张晋藩. 中国法制史. 北京：中国政法大学出版社，2002：91.

③ 同注②110.

地规定了“安地斯大地之母”（Andean goddess Pachamama）的权利以及包括河流、森林在内的自然体的权利。其中第71条规定：“自然，或者说孕育生命的大地母亲（Andean goddess Pachamama），有生存、保全并按照其周期、结构、功能与进化过程得到再生的权利；任何人、民族、团体或者部落，可以在公共机构面前要求其承认自然的权利。该权利的申请与解释遵从宪法随后制定的原则；国家鼓励自然人、法人和集体组织保护自然，促进对所有组成生态系统部分的尊重。”第72条规定：“自然有完整恢复的权利。该完整恢复区别于自然人、法人或国家对依靠自然条件生活的人、集体进行赔偿的义务；在造成严重或永久性环境影响，和对不可再生资源进行开发时，国家应建立最有效的机制进行恢复，并采取适当的措施排除或减轻有害环境影响。”

考察法律调整人与自然关系的历史发现，迄今为止，法律所调整的人与自然关系已经从调整狭隘的人与物的关系（某些物是环境资源因素）、人与财产的关系（某些财产是环境资源因素）、人与自然资源的开发利用关系逐步发展为人与环境资源的保护关系、人与环境资源的管理关系、人与家养动物的人道主义关系、人与珍贵稀有野生植动物的保护和代理关系等类型。随着环境污染、生态破坏、资源危机的恶化，环境保护事业的发达，以及环境资源法治建设的发展，当今所有的环境资源法律或法规，都毫无例外地包含人与自然的关系、反映人与自然的关系、调整人与自然的关系。目前，法律所调整的人与自然的关系多种多样，非常丰富。一部良好的环境资源法律就是一张人与自然关系的关系网，就是一幅反映、描绘人与自然和谐共处关系的蓝图。

三、构筑环境资源法律调整人与自然关系的理论平台

在对人与物关系、人与自然关系实施法律调整时，存在不同的观点和学派：重视和强调法律调整人与财产的占有关系、支配关系的属于调整论中的稳健派，重视和强调法律调整人与自然资源的开发利用关系的属于自然资源学派，重视和强调法律调整人与自然资源的管理关系的属于管理学派，重视和强调法律调整人与环境的保护关系的属于环境保护学派，重视法律调整人与动物的人道主义或仁慈主义关系的称为动物仁慈主义学派，重视和强调人

与动物的平等关系的属于动物解放学派，重视和强调法律调整人与大自然的平等关系的属于大自然权利学派。调整论最重要的理论贡献，是将古今中外法律中规定的人与其占有物的关系、人与其支配财产的关系、人与其开发利用的自然资源的关系、人与其管理的环境资源的关系、人与其保护和改善的环境的关系、人与其驯养家养动物的关系、人与其加以人道主义或仁慈主义关怀的动物的关系、人与其尊重和平等对待的大自然的关系、人与其崇拜和景仰的自然之神（包括自然之父、大地之母）的关系，用"法律调整人与自然关系"这根绿色之线联结起来，形成了一个相互联系、相互补充的"调整人与自然关系的法律体系"。通过调整论，不仅过去被遗忘、被忽视的对物关系论、天赋人权观、技术规范论、法律拟制主体论、动物权利论和自然法理论等传统法学理论重新被派上了用途，新近提出的大自然权利论、人与地球签约观、人与自然和谐共处论、可持续发展论和环境保护论等获得了长足发展的理论支撑，而且传统的和新兴的法学理念开始形成一种与调整人与人的关系的法学理论相媲美的法学理论。调整论构筑了一个新的运用法律调整人与自然关系的法学理论平台，在这个平台上，法学家和法律工作者们可以综合运用当代新的自然科学理论、社会科学理论，进行创新思维，拓展法的调整范围、功能和作用，进一步促进法学理论的革新、繁荣和发展。

无论你将自然（包括组成自然环境资源的各种要素）当作财产、权利客体、法益（利益）、介质、环境、资源、圣地和神物，还是将自然（包括组成自然环境资源的各种要素）视为敌人、征服（掠夺、统治）对象、管理（治理）对象、法律客体、朋友（伙伴）、父母子女、上帝神灵、法律主体，都表明人对自然（包括组成自然环境资源的各种要素）的某种态度，都形成某种人与自然的特定关系。无论你从个人利益、单位利益、国家利益、人类利益出发，还是从动物利益、生物利益、生态利益、环境利益、人与自然的共同体利益出发，都表明人在权衡（或衡平）和处理人与自然的关系。无论是人类中心主义、生物中心主义，还是生态中心主义、生态整体主义，都是有关处理人与自然关系的主义。无论是乐观论、悲观论，还是科学发展观、可持续发展观，都是对待人与自然关系的理论和观点。

值得指出的是，有的学者强调，他们之所以反对法律调整人与自然关系的调整论，是因为他们信奉和坚持人类中心主义或弱人类中心主义。其实，无论是人类中心主义还是弱人类中心主义，都是有关人与自然关系的思想认识和价值观，即它们主张在处理人与自然的关系时的坚持以人类为中心或以人类利益为主或优先。而个人主义或个人中心主义才是处理人与人关系的主义，即它们主张在处理人与人的关系时，特别是在处理个人与国家、个人与集体的关系时，坚持以个人为中心或以个人利益为主或优先。也有的学者强调，他们之所以反对法律调整人与自然关系的调整论，是因为他们信奉和坚持“主、客二分法”，即他们坚持人是主体、自然是客体。其实，“主、客二分法”正是处理人与自然关系的研究范式，即主张在处理人与自然的关系时坚持以人为主体、以自然为客体，将人与自然的关系视为主体与客体的关系。“主、客二分法”不是适用于处理人与人的关系的研究范式，因为按照“主、客二分法”，人都是主体，在人的内部根本不存在客体，因而“主、客二分法”对处理人与人之间的关系没有用武之地。

调整论主张依据“主、客一体”的研究范式、“人与自然是生命共同体”的思想、“人类生态系统”的整体观、“人与自然和谐”的理念，去调整人与自然的关系。调整论和环境资源法一样，是为了促进全社会树立人与自然和谐相处的环境资源法治观，建设人与自然和谐共处的法治秩序和生态文明社会。环境资源法治观和生态文明观，是人类在历经 20 世纪环境污染、生态破坏和资源危机后，在认真总结人与自然关系的经验与教训的基础上，经过反复思索和实践形成的一种进步思想，代表了人类对人与自然关系的最新认识，是可持续发展社会法治建设的思想基础之一。某些学者表面是以“主、客二分法”、人类中心主义或弱人类中心主义去反对和否定法律调整人与自然关系，实际上他们是在坚持用“主、客二分法”、人类中心主义或弱人类中心主义去调整人与自然的关系。围绕着法律应否、能否调整人与自然关系的法学争论，实际上是用什么理论和思想（包括用什么主义、什么指导思想、什么范式、什么理念等）去调整人与自然关系的争论。

因此，不能因为在法律如何调整人与自然关系的问题上存在各种不同主张、观点、学说、理论和学派，而否定法律应当和可以调整人与自然关系。在如何调整人与自然关系的问题上存在不同主张、观点、学说、理论和学派是正常现象，是适应人与自然关系的多样性所产生的人类文化多样性的表现。只有通过“有关法律如何调整人与自然关系”的不同主张、观点、学说、理论和学派的争鸣、比较、相互补充，才能促进法律在调整人与自然关系的理论和学说的发展和完善，才能更好地发挥法律调整人与自然关系方面的功能和作用。

四、形成环境资源法调整人与自然关系的方法与机制

调整论不仅提出了法律如何调整人与自然关系的各种理论主张，也研究分析了法律调整人与自然关系的方法、机制和制度，这就是根据环境资源法的目的、任务、功能和特点，有选择性地将现实生活中调整人与自然关系的方法、机制①法定化。

环境资源法的调整方法，是指环境资源法律对其调整对象施加影响的办法、方式、手段、工具和类型的总和。环境资源法的调整机制，是指由环境资源法律调整主体、调整对象、调整行为（包括调整方法和调整过程）结合起来的整个系统的内部结构、内在联系和运作方式的统一，主要指环境资源法律对其调整对象实施影响、实现其调整功能的运作机理和运作方式。研究阐明并建立健全环境资源法的特有的调整方法和调整机制，是环境资源法学理论研究创新的一个重要方面。随着法律、政策和管理学科的发展，以及环境资源法律及其法学的兴起，环境资源法在一般的调整方法和调整机制的基础上，形成了某些富有特色的调整方法和调整机制，它们共同构成环境资源法律调整人与自然关系的方法和机制。

一般而言，环境资源法的调整方法和调整机制，是指法律在环境资源方面所采用的各种调整方法和调整机制的总和，包括传统的法律调整方法和调整机制（如民事法律调整方法、行政法律调整方法、刑事法律调整方法和其他相关法律部门的调整方法），以及环境资源法所特有的方法和机制（即生态化调整方法和调整机制）。它也可以分为：以政府组织为主体的行政调整机制②；

① 在现实生活中，人类可以通过各种工具和方法调整（包括直接调整和间接调整）人与自然的关系，正如人类可以通过各种工具和方法调整人与人的关系一样。

② 行政调整机制，是指通过行政性政府组织，以行政手段这种“看得见的政府之手”（如政府责令企业限期治理污染等行政命令措施），来调整人与人的关系和人与自然的关系。行政调整机制也称国家机制、政府机制或统治机制，它以行政手段即政府命令为主要手段和特征。行政调整的主要手段是指令性控制手段（CACs）。理想的政府调整机制是“善政”（good government）。

以营利性的企业组织为主体的市场调整机制①；以非政府非营利组织和社会公众为主体的社会调整机制。② 笔者将包括三种调整的综合机制称为多元合作共治机制［简称治理（governance）机制］，它相对于传统调整机制而言是在增加第三种调整机制的基础上实现了三种调整机制的协调与融合。正是鉴于政府和市场调整的弊病或失灵，愈来愈多的人主张以治理机制应对单纯市场调整和政府调整的失败。治理机制以各种公共的或私人的个人、单位和机构的合作和协调为特征，以包括各种正式规则（其中法律规则是主要正式规则）和非正式规则在内的各种规则为社会规范。理想的治理机制称为“善治”（或良治，good governance）。善治的要素有：合法性（legitimacy，严明的法度）、透明性（transparency，要求公开的信息）、责任性（accountability，常见的中文翻译是责任、公信度、公信力、问责性等，要求清廉的官员）、法治（rule of law）、效益（effectiveness，要求很高的行政效率），回应性（responsiveness）等。这种治理机制反映了政府、企业和公众共同承担防治环境资源问题、保护环境资源的责任的趋势，目前大多数国家已经广泛采用这种机制。中国环境资源法的一个重要特点，就是依据治理（governance）和善治（good governance）理论，综合运用“三只手”（即政府那只“看得见的手”、市场那只“看不见的手”和社会公众“另一只看不见的手”）去对付“一只脚”（即人类污染、破坏环境资源的行为），建立包括“政府管理、市场调节、社会调整”这三种调整机制，形成“党委领导，政府负责，社会协同，公众参与”的多种调整机制、综合调整机制和环境治理的新格局。

---

① 市场调整机制，是指通过作为市场主体的营利性企业组织，以市场机制或市场这一“看不见的手”，来调整人与人的关系和人与自然的关系。市场调整机制简称市场机制，它以市场手段即自主契约、自由交易和公平竞争为主要手段和特征。市场调整的主要手段是基于市场的经济刺激手段（MBIs）。理想的市场调整机制是自由的公平竞争和法治的自由市场。

② 社会调整机制，是指通过非政府非营利组织（Non-Governmental、Non-Profit Organizations）和社会公众，以社会舆论、社会道德和公众参与等非行政、非市场方式，来调整人与人的关系和人与自然的关系，如利用环保群众运动和环境道德舆论去克服外部性的败德冲动。社会调整机制又称非行政非市场调整机制、非政府非营利组织调整机制或第三种调整机制，说它是社会调整机制是因为它主要适用于非政府非营利组织，说它是第三种调整机制是因为它区别于传统的第一种调整机制（行政调整机制）和第二种调整机制（市场调整机制）。第三种调整机制的主体部分是建立在合作和协商基础上的环境协议手段（EAs）、环境公开（又称绿色公开，GPs）手段和环境公众参与手段。

环境资源法所特有的调整方法和调整机制即生态化调整方法和生态化调整机制，是环境资源法律专门规定的调整人与自然关系的方法和机制。其基本内涵和特点是：在基本理念上主要强调环境正义、环境公平、环境安全、环境秩序（人与自然和谐相处）、环境效率（生态效益、经济效益和社会效益的统一），承认环境或环境要素是公众共同享用的资源和资产，承认动植物、江河湖海、生态系统的内在价值，坚持人与自然是生命共同体即生态整体观、综合生态系统观、生态基础制约或环境承载力有限观、人与自然和谐相处观，坚持经济、社会和生态的协调和可持续发展原则；在方法上主要采用生态学的方法和综合生态系统管理方法；在内容上主要由大量义务性、激励性、禁止性环境行为规范和环境资源权利、义务、责任规范，以及环境影响评价、环境资源行政许可、生态修复、环境损害赔偿、环境公益诉讼等系统性的环境资源法律制度组成；它是对传统法律目的、法律价值、法律调整方法、法律关系、法律主体、法律客体、法律原则和法律责任的绿化或生态化，它以法定化的政府环境行政指导、环境技术规范、生态伦理道德和提倡环境民主、公众参与为特色手段，旨在实现人与人的和谐共处和人与自然的和谐共处的目的。

生态化调整方法的典型代表是综合生态系统方法（Intergrated Ecosystem Approach，IEA），简称生态系统方法（the ecosystem approach，EA）、生态方法等。综合生态系统方法在环境资源生态法治建设中的应用主要是综合生态系统管理（IEM，integrated ecosystem management），又称综合生态系统管理方法（Intergrated Ecosystem Management Approach，IEMA）。[①] 联合国秘书长安南向联合国大会第61届会议提出的《海洋和海洋法》的年度综合报告（A/61/63，简称联合国秘书长安南有关生态系统方法的报告）[②]

---

① 对生态系统方法和综合生态系统管理的内容规定得较为全面的国际法律政策文件，是2000年《生物多样性公约》缔约方大会第五次会议通过的第V/6号决定《生态系统方法》，它提出了有关生态系统方法的5项导则和12项原则，即COP-5原则；2006年3月9日，联合国秘书长安南向联合国大会第61届会议提出的题为《海洋和海洋法》的年度综合报告（A/61/63），对生态系统方法作了比较全面的介绍。

② 参见《生态系统方法和海洋》，摘自联合国秘书长安南于2006年3月9日向联合国大会第61届会议提出题为《海洋和海洋法》的年度综合报告（A/61/63），该报告于2006年6月提交给在纽约召开的《联合国海洋法公约》第十六次缔约国会议审议。

指出："对'生态系统方法'还没有国际商定的统一定义，一般指根据'对维持生态系统结构和功能所需的生态相互作用和过程的最佳理解'进行管理。使用的若干相关术语有基于生态系统的方法、生态系统管理方法、生态系统综合管理和生态系统考虑因素。所有这些术语的共同基础是，它们都是指一种以科学为基础保护和管理自然资源的全面方式。"《生物多样性公约》中的有关文件对综合生态系统管理的概念及其内容作了明确规定。2004 年召开的《生物多样性公约》缔约方第七次会议通过的《生态系统方式决定》(UNEP/CBD/COP/7/21，VII/11 生态系统方式）指出："生态系统方式是综合管理土地、水和生物资源，公平促进其保护与可持续利用的战略。生态系统方式的应用将有助于实现《公约》以下三个目标的平衡：保护；可持续利用；以及公平和公正分享基因资源的利用所带来的利益。此外，生态系统方式已被可持续发展问题世界首脑会议确认为加强可持续发展和减缓贫穷的一个重要手段。""中国—全球环境基金干旱生态系统土地退化防治伙伴关系土地退化防治能力建设项目"方案①对综合生态系统管理（IEM）的定义是：综合生态系统管理是"强调生态系统各生态功能和服务之间的关联（比如碳的吸收和储存、气候稳定和流域保护、有益产品），生态系统与人类社会、经济和生产系统之间关联的一种综合管理的方法"。从环境资源法学上进行概括，综合生态系统管理是指管理自然资源和自然环境的一种综合管理战略和方法，它要求综合对待生态系统的各组成成分，综合考虑社会、经济、自然（包括环境、资源和生物等）的需要和价值，综合采用多学科的知识和方法，综合运用行政的、市场的和社会的调整机制，来解决资源利用、生态保护和生态系统退化的问题，以达到创造和实现经济的、社会的和环境的多元惠益，实现人与自然的和谐共处。② 综合生态系统管理既是一种新的理念、

① 全球环境基金（Global Environment Facility，简称 GEF）是关于生物多样性、气候变化、持久性有机污染物和土地荒漠化的国际公约的资金机制。GEF 通过其业务规划，支持发展中国家和经济转型国家在生物多样性、气候变化、国家水域、臭氧层破坏、土地退化和持久性有机污染物的重点领域开展活动。GEF 资助的第十二个业务领域（业务规划 12-OP12）是"中国—全球环境基金干旱生态系统土地退化防治伙伴关系土地退化防治能力建设项目"。该项目又称综合生态系统管理项目，主要针对发展中国家日益严重的土地退化问题，旨在采用综合生态管理手段解决土地退化问题。

② 蔡守秋．基于生态文明的法理学．北京：中国法制出版社，2014：346－421："第六章 综合生态系统方法理论"．

原则，又是一种新的管理策略、方式和方法，它是运用多学科知识、多种调整机制的综合方法框架，是体现当代生态学理论、治理（governance）和良治（good governance）思想的管理方法，它对整个环境资源管理、环境资源法治建设和环境资源法学的发展具有重要理论意义和实践意义。环境资源法通过采取生态系统方法，即采取协调的、科学的、参与式的、适用性的综合生态系统管理方法来管理生态系统和自然资源，将人类活动纳入生态系统的协调管理，公平衡量、协调和分配各种利益主体的不同利益，理顺所涉区域内的环境管理体制，科学配置各政府管理部门的职责，增强环境管理机构职能和环境监管的综合性、协调性和整体性，促进私人向公众的转化，从而充分调动各利益主体和广大公众保护环境生态的积极性和创造性，实现从对自然生态的统治（government）和“善政”（good government）向“治理”（governance）和“良治”（good governance）转变，实现对生命系统与非生命系统的统一管理和对人与自然关系的科学调整。

目前有不少环境资源法律和国际环境资源法律政策文件已经确认生态系统方法的作用和地位。例如，《跨界水道和国际湖泊保护与利用公约》（联合国欧洲经济委员会 1992 年 3 月 17 日于赫尔辛基签订）第 3 条规定，“提倡包括利用生态系统方法在内的可持续水资源管理”。1997 年 6 月 28 日，联合国大会第十九届特别会议第 11 次全体会议通过的《进一步执行 21 世纪议程方案》指出，“土地退化和土壤流失对亿万人民的生计和未来粮食安全构成威胁，并对水资源和保护生物多样性造成影响，迫切需要制订办法，制止或扭转全球土壤退化加快的趋势，同时应利用生态系统方法”。可持续发展问题世界首脑会议通过《可持续发展世界首脑会议实施计划》（2002 年 8 月，在南非约翰内斯堡召开的可持续发展世界首脑会议上通过）提出，“鼓励到 2010 年应用生态系统办法，注意到《关于海洋生态系统负责任渔业的雷克雅未克宣言》和《生物多样性公约》缔约方会议的第 5/6 号决定”；“制定和促进多种办法和工具的应用，包括生态系统方法”；“促进生态系统方法的广泛实施和进一步发展”；“建立并支持国内和跨界保护区，按照生态系统办法促进生态系统的保护和可持续的旅游业的发展”。美国为了实施综合生态系统管理方法，于 1995 年由美国环境质量委员会、农业部、陆军部、国防部、能源部、住房和城市发展部、内政部、司法部、劳动部、国务院、运输部、环境保护局和科学技术政策局等，签署了《鼓励生态系统方法的谅解备忘录》，接着成立了联邦部门间生态系统管理任务组（Federal Interagency Ecosystem Management Task Force），以促进美国联邦政府有关部门对生态系统方法的认识。1999 年通过的《加拿大环境保护法》在其前言中强调“加拿大政府认可生态系统方法的重要性”；在第 2 条中强调，在本法的执行中，加拿大政府除应当遵守加拿大宪法和法律外，还应当“实施考虑到生态系统的独特的和基本的特性的生态系统方法”。《俄罗斯联邦土地法典》（2001 年）在第 12 条中明确规定，“利用土地应当采取能够切实保护生态系统的方式”。《俄罗斯联邦森林法》（1997 年制定，2007 年修改）也纳入了“生态系统方法”，规定了一个程序上一致的、综合性的（生态系统方法、多目标森林经营）森林规划，并在森林经营原则中规定：“森林经营必须是可持续的，维护森林生物多样性并遵循生态系统方法的要求”；“森林保护措施必须反映主要的土地条件和森林的生态特性”。

中国的法律政策文件从 21 世纪初开始正式引入生态系统方法或综合生态系统管理理念，探索创立一种跨越部门、行业和区域的可持续的自然资源综合管理和生态环境保护框架。国务院 2000 年 11 月颁布的《全国生态环境保护纲要》已经体现出综合生态系统管理的思想。① 国家环境保护总局于 2002 年 3 月发布的《全国生态环境保护“十五”计划》，已经将“生态系统方式的管理思想”作为我国生态环境保护的一项重要指导原则，该计划在“指导原则”中强调“生态系统方式的管理思想。要树立大系统、大环境的观念，在搞好单要素保护的同时，强化区域 、流域多要素、多系统的综合管理和生态结构与功能的维护”。2003 年，时任国家环保总局自然保护司司长杨朝飞强调：要坚持“生态系统方式”的管理思想，即近年来在国际上推崇和流行的生态保护综合管理的指导思想，主张生态保护应以生态系统结构的合理性、功能的良好性和生态过程的完整性为目标，进行从单要素管理向多要素综合管理的转变，从行政区域向流域的系统管理转变，生命系统与非

① 国家环境保护总局副局长祝光耀指出：《全国生态环境保护纲要》遵循自然规律，统筹考虑资源、环境和人口三者的关系，注重生态系统功能的恢复与重建，始终把预防和保护放在首位，把确保国家生态环境安全和经济、社会的可持续发展作为最终目标，充分体现了当前国际上推行的综合生态系统管理的思想。祝光耀．努力开创生态环境保护工作新局面．中国环境报，2001－03－02．

生命系统的统一管理，生态监测与科研为基础的科学管理，将人类活动纳入生态系统的协调管理；生态环境是一个完整的、有机联系的系统，对生态环境的诸要素应采用系统的观点，统筹管理，更加强调生态环境管理体制的统一性和综合性。[①] 2005 年 12 月，《国务院关于落实科学发展观加强环境保护的决定》（2005 年 12 月）明确指出："按照区域生态系统管理方式，逐步理顺部门职责分工，增强环境监管的协调性、整体性。" 2009 年 12 月 26 日通过的《海岛保护法》比较全面、系统地反映了生态系统方法。制定该法的目的是"保护海岛及其周边海域生态系统"，该法"所称海岛保护，是指海岛及其周边海域生态系统保护"。该法采用了生态系统、生态系统破坏、生态保护、生态建设、生态修复等生态学术语。《中共中央关于全面深化改革若干重大问题的决定》（2013 年）提出了"必须建立系统完整的生态文明制度体系""建立空间规划体系""完善自然资源监管体制，统一行使所有国土空间用途管制职责"等改革要求。习近平总书记在《关于〈中共中央关于全面深化改革若干重大问题的决定〉的说明（2013 年 11 月 9 日）》中指出："山水林田湖是一个生命共同体，人的命脉在田，田的命脉在水，水的命脉在山，山的命脉在土，土的命脉在树。用途管制和生态修复必须遵循自然规律，如果种树的只管种树、治水的只管治水、护田的单纯护田，很容易顾此失彼，最终造成生态的系统性破坏。由一个部门负责领土范围内所有国土空间用途管制职责，对山水林田湖进行统一保护、统一修复是十分必要的。"[②] 这是对综合生态系统和综合生态系统管理的科学认识。2014 年修改的《环境保护法》加强了生态环境的保护，体现了综合生态系统管理的思想。中共中央、国务院印发的《生态文明体制改革总体方案》（2015 年）强调："树立山水林田湖是一个生命共同体的理念，按照生态系统的整体性、系统性及其内在规律，统筹考虑自然生态各要素、山上山下、地上地下、陆地海洋以及流域上下游，进行整体保护、系统修复、综合治理，增强生态系统循环能力，维护生态平衡。"中共中央办公厅、国务院办公厅《关于设立统一规范的国家生态文明试验区的意见》（2016 年）要求："坚持尊重自然顺应自然

① 王娅．树立科学的生态保护观．中国环境报，2003-03-25.

② 习近平．关于《中共中央关于全面深化改革若干重大问题的决定》的说明（2013 年 11 月 9 日）．人民日报，2013-11-16.

保护自然、发展和保护相统一、绿水青山就是金山银山、自然价值和自然资本、空间均衡、山水林田湖是一个生命共同体等理念，遵循生态文明的系统性、完整性及其内在规律。"《建立国家公园体制总体方案》（中共中央办公厅、国务院办公厅 2017 年 9 月印发）强调，"坚持将山水林田湖草作为一个生命共同体，统筹考虑保护与利用，对相关自然保护地进行功能重组，合理确定国家公园的范围。按照自然生态系统整体性、系统性及其内在规律，对国家公园实行整体保护、系统修复、综合治理"。《中共中央国务院关于全面加强生态环境保护 坚决打好污染防治攻坚战的意见》（2018 年 6 月）进一步强调，"坚持山水林田湖草是生命共同体。生态环境是统一的有机整体。必须按照系统工程的思路，构建生态环境治理体系，着力扩大环境容量和生态空间，全方位、全地域、全过程开展生态环境保护"。党的十九大报告强调，"人与自然是生命共同体，人类必须尊重自然、顺应自然、保护自然"。笔者认为，"山水林田湖草是一个生命共同体"和"人与自然是生命共同体"是对综合生态系统方法理论的通俗表达，是综合生态系统方法和管理的中国化。只有坚持"山水林田湖草是一个生命共同体""人与自然是生命共同体"的理念和思想，在环境生态治理中运用生态系统方法和综合生态系统管理，按照生态系统的整体性、系统性及其内在规律，统筹考虑保护与利用，统筹考虑自然生态各要素、山上山下、地上地下、陆地海洋以及流域上下游，对资源环境生态实行整体保护、系统修复、综合治理，才能处理好人与自然的关系，实现人与自然的和谐共处。我国《宪法》（2018 年修正）规定，"中国共产党领导是中国特色社会主义最本质的特征"。中国共产党的环境政策和中共中央的政策文件是中国环境资源立法的基础和重要依据，中国环境资源法律正在将中国共产党确立的"山水林田湖草是一个生命共同体""人与自然是生命共同体"的理念，作为环境资源法处理人与自然关系的指导思想，形成法定化的生态系统方法和综合生态系统管理，建立健全一系列调整人与自然关系的法律规范和法律制度，实现人与自然的和谐共处。

通过综合运用各种调整方法和调整机制，目前环境资源法已经形成一整套调整人与自然关系的法律规范和法律制度，主要有：环境资源调查（监测、监视、勘查、普查、抽查等）制度；环境资源信息显示（报告、统计、公告、牌示等）制度；环境资源问题预防（包括环境影响评价、规划、功能分区、生态红线、风险防范和预警等）制度；环境资源行为（包括提倡、禁止、允许、要求某种行为）规范体系和制度；环境资源整治（治理、修复、恢复、改善等）制度；环境资源补偿（赔偿）制度；环境资源行为激励和责任追究机制（包括各种激励制度、奖励制度、惩罚制度，以及追究环境资源民事责任、行政责任、刑事责任的法律责任制度）；环境资源行为监督（包括立法机关监督、监察委员会监督、行政监督、司法监督、中国共产党监督和其他社会监督）制度；环境资源公众参与和环境公益诉讼制度；等等。

主要参考书目

周柯主编. 生态文明建设与法律绿化. 北京：中国法制出版社，2018.

蔡守秋主编. 环境资源法教程：第3版. 北京：高等教育出版社，2017.

蔡守秋. 生态文明建设的法律和制度. 北京：中国法制出版社，2017.

中共中央文献研究室编. 习近平关于社会主义生态文明建设论述摘编. 北京：中央文献出版社，2017.

蒋传光. 马克思主义法学理论在当代中国的新发展. 南京：译林出版社，2017.

何勤华. 西方法学史纲：第3版. 北京：商务印书馆，2016.

孙国华. 法的真谛——孙国华精选集. 北京：中国人民大学出版社，2015.

刘星. 法律是什么——二十世纪英美法理学批判阅读. 北京：中国法制出版社，2015.

黄建武. 法律调整——法社会学的一个专题讨论. 北京：中国人民大学出版社，2015.

郭明哲. 拉图尔的行动者网络理论（ANT）研究. 北京：中国文史出版社，2014.

蔡守秋. 基于生态文明的法理学. 北京：中国法制出版社，2014.

蔡守秋主编. 环境政策学. 北京：科学出版社，2009.

蔡守秋. 人与自然关系中的伦理与法：上、下卷. 长沙：湖南大学出版社，2009.

蔡守秋主编. 环境法案例教程. 上海：复旦大学出版社，2009.

陈泉生，等. 科学发展观与法律发展：法学方法论的生态化. 北京：法律出版社，2008.
周柯主编. 环境法学研究. 北京：中国人民大学出版社，2008.
李龙，蔡守秋主编. 和谐社会中的重大法律问题研究. 北京：中国社会科学出版社，2008.
蔡守秋. 河流伦理与河流立法. 郑州：黄河水利出版社，2007.
曹明德. 生态法新探. 北京：人民出版社，2007.
王曦. 国际环境法. 北京：法律出版社，2005.
高利红. 动物的法律地位研究. 北京：中国政法大学出版社，2005.
谢晖，陈金钊. 法理学. 北京：高等教育出版社，2005.
江山. 制度文明. 北京：中国政法大学出版社，2005.
蔡守秋，常纪文主编. 国际环境法学. 北京：法律出版社，2004.
徐国栋主编. 绿色民法典草案. 北京：社会科学文献出版社，2004.
沈宗灵. 法理学. 北京：高等教育出版社，2004.
陈慈阳. 环境法总论. 北京：中国政法大学出版社，2003.
蔡守秋. 调整论——对主流法理学的反思与补充. 北京：高等教育出版社，2003.
金瑞林，汪劲. 20世纪环境法学研究评述. 北京：北京大学出版社，2003.
金瑞林主编. 环境法学. 北京：北京大学出版社，2002.
蔡守秋主编. 欧盟环境政策法律研究. 武汉：武汉大学出版社，2002.
郑少华. 生态主义法哲学. 北京：法律出版社，2002.
刘少杰. 后现代西方社会学理论. 北京：社会科学文献出版社，2002.
韩德培主编. 环境资源法论丛：1卷. 北京：法律出版社，2001.
王树义. 俄罗斯生态法. 武汉：武汉大学出版社，2001.
周珂. 生态环境法论. 北京：法律出版社，2001.
汪劲. 环境法律的理念与价值追求. 北京：法律出版社，2000.
吕忠梅. 环境法新视野. 北京：中国政法大学出版社，2000.
王利明主编. 民法. 北京：中国人民大学出版社，2000.
张明楷. 法益初论. 北京：中国政法大学出版社，2000.
余谋昌. 生态哲学. 西安：陕西人民教育出版社，2000.
赵国青主编. 外国环境法选编. 北京：中国政法大学出版社，2000.

蔡守秋. 环境政策法律问题研究. 武汉：武汉大学出版社，1999.
王曦主编. 国际环境法资料选编. 北京：民主与建设出版社，1999.
梁慧星主编. 中国物权法研究. 北京：法律出版社，1998.
江山. 法的自然精神导论. 北京：法律出版社，1997.
金瑞林主编. 环境法学. 北京：北京大学出版社，1996.
孙国华主编. 法理学教程. 北京：中国人民大学出版社，1994.
国家环境保护局，译. 21 世纪议程. 北京：中国环境科学出版社，1993.
全国人大环境保护委员会办公室. 国际环境与资源保护条约汇编. 北京：中国环境科学出版社，1993.
王曦. 美国环境法概论. 武汉：武汉大学出版社，1992.
肖乾刚. 自然资源法. 北京：法律出版社，1992.
马骧聪. 苏联东欧国家环境保护法. 北京：中国环境科学出版社，1990.
蔡守秋. 中国环境政策概论. 武汉：武汉大学出版社，1988.
程正康. 环境法概要. 北京：光明日报出版社，1986.
金瑞林. 环境法——大自然的护卫者. 北京：时事出版社，1985.
中国社会科学院法学研究所编译室. 外国环境保护法规选编. 北京：中国社会科学出版社，1979.
古斯塔夫·拉德布鲁赫. 法哲学. 王朴，译. 北京：法律出版社，2013.
帕特莎·波尼、埃伦·波义尔. 国际法与环境：2 版. 那力，王彦志，王小钢，译. 北京：高等教育出版社，2007.
戴维佩珀. 生态社会主义：从深生态学到社会正义. 刘颖，译. 济南：山东大学出版社，2005.
富勒. 法律的道德性. 郑戈，译. 北京：商务印书馆，2005.
哈罗德·伯尔曼. 法律与宗教. 梁治平，译. 北京：中国政法大学出版社，2003.
韦恩·莫里森. 法理学：从古希腊到后现代. 李桂林，李清伟，侯健，郑云瑞，译. 武汉：武汉大学出版社，2003.
叶俊荣. 环境政策与法律：第 1 版. 北京：中国政法大学出版社，2003.
卡尔·拉伦茨. 法学方法论. 陈爱娥，译. 北京：商务印书馆，2003.
理查德·A. 波斯纳. 法理学问题. 苏力，译. 北京：中国政法大学出版社，2002.
戴斯·贾斯丁. 环境伦理学环境哲学导论：3 版. 林官明，杨爱民，译. 北京：北京大学出版社，2002.
大卫·雷·格里芬主编. 超越解构：建设性后现代哲学的奠基者. 鲍世斌，译. 北京：中央编译出版社，2002.
卢曼. 生态沟通——现代社会能应付生态危害吗?. 台北：桂冠图书股份有限公司，2001.
爱蒂丝·布朗·魏伊丝. 汪劲，于方，王鑫海，译. 公平地对待未来人类：国际法、共同遗产与世代公平. 北京：法律出版社，2000.
亚历山大·基斯. 张若思编译. 国际环境法. 北京：法律出版社，2000.
阿图尔·考夫曼. 后现代法哲学——告别演说. 米健，译. 北京：法律出版社，2000.
E. 博登海默. 法理学：法律哲学与法律方法. 邓正来，译. 北京：中国政法大学出版社，1999.
饭岛伸子. 环境社会学. 包智明，译. 北京：社会科学文献出版社，1999.
原田尚彦. 环境法. 于敏，译. 北京：法律出版社，1999.
纳什. 大自然的权利. 杨通进，译. 青岛：青岛出版社，1999.
大卫·雷·格里芬. 后现代精神. 北京：中央编译出版社，1998.
奥尔多·莱奥波尔德. 沙乡年鉴. 长春：吉林人民出版社，1997.
蕾切尔·卡逊. 寂静的春天. 长春：吉林人民出版社，1997.
芭芭拉·沃德、勒内·杜博斯. 只有一个地球——对一个小小行星的关怀和维护. 长春：吉林人民出版社，1997.
世界环境与发展委员会. 我们共同的未来. 王之佳，柯金良，等译. 长春：吉林人民出版社，1997.
哈特. 法律的概念. 张文显，等译. 北京：中国大百科全书出版社，1996.
阿尔伯特·施韦兹. 敬畏生命. 上海：上海社会科学出版社，1995.
加藤一郎. 民法和环境法的诸问题. 北京：中国人民大学出版社，1995.
大卫·佩珀. 生态社会主义：从纵深生态学到社会主义. 济南：山东大学出版社，1993.
伯尔曼. 法律与革命. 贺卫方，等译. 北京：中国大百科全书出版社，1993.
世界自然保护同盟，联合国环境规划署，世界野生生物基金会合编．国家环境保护局外事办公室，译．保护地球——可持续生存战略．北京：中国环境科学出版社，1992.
汉斯·萨克塞．生态哲学．北京：东方出版社，1991.
野村好弘．日本公害法概论．康树华，译．北京：中国环境科学出版社，1982.
笛卡尔．哲学原理．北京：商务印书馆，1958.
北京大学哲学系编译．古希腊罗马哲学．北京：商务印书馆，1961.

图书在版编目（CIP）数据

中国环境资源法学的基本理论/蔡守秋著．—北京：中国人民大学出版社，2019.4
ISBN 978-7-300-26677-0

Ⅰ.①中… Ⅱ.①蔡… Ⅲ.①环境法学-研究-中国 Ⅳ.①D922.604

中国版本图书馆CIP数据核字（2019）第028586号

“十三五”国家重点出版物出版规划项目
中国特色社会主义法学理论体系丛书
中国环境资源法学的基本理论
蔡守秋　著
Zhongguo Huanjing Ziyuan Faxue de Jiben Lilun

出版发行	中国人民大学出版社		
社　　址	北京中关村大街31号	**邮政编码**	100080
电　　话	010－62511242（总编室）		010－62511770（质管部）
	010－82501766（邮购部）		010－62514148（门市部）
	010－62515195（发行公司）		010－62515275（盗版举报）
网　　址	http://www.crup.com.cn		
	http://www.ttrnet.com(人大教研网)		
经　　销	新华书店		
印　　刷	涿州市星河印刷有限公司		
规　　格	170 mm×240 mm　16开本	**版　　次**	2019年4月第1版
印　　张	26.5　插页3	**印　　次**	2019年4月第1次印刷
字　　数	417 000	**定　　价**	96.00元